懒蚂蚁
微百科

知识的
历史

［美］查尔斯·范·多伦◎著
（Charles Van Doren）

张圆◎译

A
HISTORY
OF
KNOWLEDGE
PAST, PRESENT, AND FUTURE

重庆大学出版社

致读者

关于人类观念发展的文献浩如烟海，这注定了其中必然鱼龙混杂。有的作品非常深刻甚至让人备受启发，而有的作品却非常肤浅，有时甚至荒诞不经。例如，有的思想家（特别是在19世纪）反复强调我们的日常生活在各个方面都会越来越好的安慰性愿景。

这类观点在人们论及经济、政治、道德以及艺术的发展进程时已经被证明是愚不可及的了。事实上，我们很难有效地证明，在人类历史上，人类的总体财富、总体治理、人类行为一般或典型的表现以及伟大艺术作品的产生是一个进步的过程。

有时候，在这些领域似乎确有真实且可衡量的进步，不过另一些时候却似乎毫无进步可言。因此，那些激情四射的进步论者——例如法国社会哲学家奥古斯特·孔德——相信人类为之努力的所有领域都必然取得进步的观点是毫无根据的。即便我们曾经相信进步论是真的，但现在不能再接受这种观点了。

知识的进步

人类知识的进步是另一个问题。我们可以肯定地说进步是必然的。法国哲学家、数学家和神秘主义者布莱士·帕斯卡写道："不仅每个人天天都在进步，作为整体的人类也在不断进步着……相应地，宇宙在日渐衰老。"正如后来一位历史学家提出的，人类作为理性存在的本质就是通过积累前代人的经验来发展自身的潜能。

在日常生活中，我们至少能记住一些学过的知识并不断学习新知识，所以我们每个人在日复一日、年复一年的积累中能掌握得越来越多；同样，人类历史上的集体记忆至少可以保有一些过去的知识，同时不断有新的发现。

个人的记忆会消退，个体会死亡，但人类的记忆却是永存的，或者我们至少可以预期只要人类还在继续写书和阅读，人类的知识就可以继续保存下去，当然，越来越常见的方式是，为了让后代方便使用，人们会用其他媒介来保存知识。

人类总体知识增长的速度在不同的时代是不断变化的，有时候增长得非常快（例如现在或公元前5世纪），有时候又很慢（例如"黑暗时代"）。无论如何，从根本上来讲，知识的进步从未停止；或者说，只要人类存在，这种进步就不会停止。

知识进步的类型

知识的扩张和积累分为很多不同的类型。相比100年前或1 000年前，今天的我们更了解自然是如何运转的，为此我们可以预期100年后我们会知道得更多。我们很容易理解和接受知识或技术进步的理念，并对其在可预见的未来的进展表示乐观。

其他类型的知识进步**或许**也在发生。比如说，只要历史学家可以自由撰写过去发生的事，读者也可以随意地阅读他们的书籍（罗马历史学家塔西佗曾警示过我们，情况并非总是如此），我们就绝不会忘记在18世纪的英国、美国和法国发生过的革命中曾经提出的和为之奋斗的正义政府这一新理念。这并不意味着更好的统治势在必行；将来我们回顾民主在全球大部分地区繁盛的幸福时光的时候，一定会不由得一声叹息。但即便到了那个时候，我们**所知的**关于统治的事儿肯定比曾经知道的更多。

简而言之，苏格拉底、耶稣、亚西西的圣方济各以及马丁·路德·金等显耀的名字绝不会陨落，因为我们能够通过阅读了解他们的生平，并认识到他们是如何激励我们像他们那样生活的。这并不意味着我们能成为更好的人，但我们可以知道人能够做到多么了不起。

世界历史

在人类依靠口口相传的方式传承种族记忆的时候，知识进步的速度相当缓慢。比如，有些原始人很早就发现了人类的强敌——火——是能够被驯化并让人生活得更好的。但由于缺乏有效的交流手段，这个新知识很可能需要好几代人的时间才能变成普遍的常识。从根本上讲，伴随着文字的发明，人类建构知识体系的进程已经极大地加快了。今天，存储和回忆人类累积的知识的设备（例如计算机）**本身**已经成为促进其自身发展的主体了。

事实就是如此，人类的历史就是人类知识进步和发展的历史。至少可以说，由于世界历史很少涉及个人行为甚至是民族、种族的成就和失败，因此世界历史更像是对人类知识如何增长和变迁的记录。

世界历史，也就是所谓的知识史，不是人类所有发现或发明的记录年表。许多——也可能是绝大多数——发明或发现的价值实在不值一提。相反，有价值的是且只能是那些被广泛流传的、被平实地表述的故事：人们在数个世纪以来掌握的、不断加入知识储备的重要新知识。有时候，这些故事讲述了知识的变迁要比其增长更剧烈；有时候，这些故事则讲述了某些知识的主要内容是怎样被摒弃或完全失传的，因为它在后来的年代里看起来已经变得不合时宜了。

比如，罗马帝国的衰亡差不多可以说是世界性的大变动，导致了整个欧洲世界无尽的痛苦与灾难。尽管如此，有可能正因为如此，在其后（罗马帝国衰亡）的几个世纪里涌现出了许多不同类型的新知识。绝大多数新知识并没有留存下来，但它却留下了一种已经被我们抛弃的卓越的生活方式，也许在将来的某个时候我们会回到这种生活方式中去。而当那些早就被遗忘的古希腊和罗马知识在文艺复兴时期被重新发现的时候，它们显现出极大的激励作用，帮助人们塑造了今天我们生活的这个世界。

又如，在17世纪的东方和西方世界，都不只是战争与征服，同样还有大量相对微不足道的发明和发现增加了人们的舒适度。虽然这些发明和发现与那个时代科学领域的重大发现相比起来黯淡无光，但事实证明它们恰好是过去3个世纪里各类知识取得巨大进步的关键。

最后，我们这个时代的"知识爆炸"现象意味着，如果我们试图描述每个碎片化的零星新知识，必定是徒劳无益的。但是，我们这个世纪确已见证了许多知识的重大进展，而这些进展必然会影响未来数代人的生活方式（不一定是向着好的方向发展）。绝大多数进展都是基于过去人类知识的渐进式发展；这也是知识重要的原因所在。因此，知识也是世界历史的一部分。

知识的重大进展、变迁或失传就是本书的主题。本书是关于人类所生存的世界以及人类自身知识的积累的通史，虽然人类有时候既不了解这个世界也不了解其本身。本书不仅揭示了数百年来知识积累的显著模式，也试图对知识未来的进步前景做出预测。我们越是清晰地认识到过去——尤其是不久前的过去——知识的变迁和增长情况，就越能准确预测其在未来——至少是不久的将来——可能产生的变化。

原始人

很多动物有超过人类的生理机能优势：它们的视力、听觉、嗅觉更灵敏，它们跑得更快，咬得更狠。动物和植物都不需要住在房子里，也不需要上学去接受教育，以便学会如何在这个并不友善的世界里生存。如果不穿衣服，人类不过是一种"裸猿"①，只能在寒风中瑟瑟发抖，忍饥挨饿，还逃脱不了恐惧与孤独的痛苦。

但人类拥有知识，并因此征服了地球。我甚至怀疑，连地球之外的宇宙都在恐惧不安中等待人类的到来。

我们很难知悉并理解他人的想法，即便是你很熟悉的人也是如此，包括那些跟你一起生活、工作以及你每天都能见到的人。那么，要深入了解一对"裸猿"——第一个男人和第一个女人——的思想就更困难了，他们可能生活在25万年前。不过，我们还是有必要试着想象一下他们的思想。

我们的祖先可能看起来跟我们差不多。男性可能比现代人更矮小一些，女性则更矮小，都不会超过五英尺②高。想象一下，有一对原始人夫妇就站在你面前。再想象一下，你正望着他们的眼睛。你会看到什么？他们又是怎样看你的呢？

---

① Naked Ape 在英文中有人、人类的意思。——译者注
② 1 英尺=0.304 8米。——译者注

姑且不论你是否感受到了恐惧，他们肯定会感到恐惧。

假设你能克服这种彼此间的恐惧，再试想一下你们可以自由地相互了解。但是别假设你能跟他们对话；因为你可能不懂他们的语言。而且，他们之间能互相交流，你也看得懂他们在交流。你观察他们的一举一动，也让他们观察你的一言一行。这样的话，你或许可以体会到他们的一些想法。

当你想象原始人在活动、打手势、相互交流；追赶捕杀猎物或是采集食物，准备和享用食物；洗澡、穿上兽皮或树叶御寒；互相爱抚和做爱——当你想象他们的一举一动时，想象一下他们就站在你对面，你自然会得出一个结论：他们真是懂得不少东西。

你了解的事物，这些原始人同样也知道。但他们肯定还晓得一些你不知道的事情，除非你是一位经验丰富的野外求生者。当你得出这个结论时，你意识到你所知晓的大部分事情，以及你知晓的方式，他们也可以做到。进一步讲，你知晓的绝大部分事情，跟原始人知晓的差不多。

细节知识

原始人知道自己身处何方，在哪里可以藏身和逃命。而且，如果原始人会给他们知道的那些藏身处取名的话，比如"西四环"或"市中心"，那么他们就必须能够同时辨识现实事物周围的标记和他们记忆中的标记，这样才能随时弄清楚自己身在何处。他们还知道在自己周围有其他人存在，所以就得发明自己的符号或标记以便跟其他人的区分开来。

事实上，正如你所想的，原始人必须掌握无数类似的知识：一只松鼠在那棵树上有个窝；老虎总在晚上到这眼泉水来饮水，不过早上在这里汲水是很安全的；那条溪流里的石头很适合用来磨箭头。我们都知道无数这类知识，差不多满脑子都是这些东西。

在动物的脑袋里和记忆里也差不多全部是，或者说只有这类知识。动物知道自己身在何处；它们不会迷路，有很多故事都讲过动物是如何从不熟悉的地方回到自己家里的。我家的黑狗也晓得许多它周遭环境的事情——哪些人和车是安全的，哪些是不安全的，哪里可能发现鹿和土拨鼠，以及吃一两块涂了黄油和果酱的面包片可以让肚子不饿。我家的猫的脑袋里也装满了这类**细节**知识，我还可以肯定地说，我们院子里的鸟、晚上穿过我们田地里的狐狸以及谷仓里的老鼠同样知道许许多多周围世界的事情。老鼠所知道的事一定都是**细节**知识，猫的知识没准也是，狗的知识很可能也是吧。

常　识

还有一种知识是我们知道而原始人和动物不知道的。我们知道太阳在早上升起、穿过天空、在晚上落下。我们知道太阳每天都这样运行，即便有时它的运行轨迹会被云层遮蔽起来，而且我们知道太阳总是这样运行直到世界末日。我们知道冬天接着春天，春天过了是夏天。我们还知道所有生物都有生有死，只不过是早晚而已。简言之，我们知道事物的成因——至少知道一部分。

这一类知识我们称之为常识，我们用来表述这些知识的语言跟我们形容**细节**知识时的语言是不同的。

　　一只松鼠在那棵树上有个窝。
　　所有的生物都有生有死。

这两种表述的分量和美感是多么不同啊！第一种表述，通常来说不太重要，不过如果恰好你很饿，这句话就很重要了。这句话的正确性需要特定的情境。第二句话则是无论何时何地看都有广泛且合理的意义。

我们认为动物没有常识——即人们常说的"概念"——而人是有常识的。从我个人来看，我对此并不确定，因为有些动物看起来似乎也有常识，比如说我的狗就是，不过，我也不能证明它有常识，因为它不能说话并告诉我它的想法。它是一只不会说话的动物——所有动物都不会说话——因此，除了通过它的举动来猜测它的想法，我没办法准确知道它的想法。

我们可以轻松地推测出动物拥有许多**细节**知识，但我们不能说它们有常识。在此之前我们也假定了我们不能跟想象中的那对原始人夫妇对话。我们只能盯着他们，看他们在做什么。只通过观察他们，难道我们就能推测出原始人知道太阳是晨出东海夜归西山的吗？他们到底知不知道所有生物都是有生有死的呢？他们知不知道某些事物的成因呢？

如果他们不知道，就有一种最简单的解释法：我们回到过去的时间太久了。让时钟快一点，迟早我们能碰上这样一对原始人男女，他们已经是完全的人类，跟我们知道的一样多了。他们有可能还是裸体的，可能还会感到害怕，甚至还会试图从我们面前逃掉，或者是想法杀死我们。但他们本质上已经跟我们一样了，而且很可能他们很快就能说话并跟我们交流了。

人类是从什么时候开始第一次思考的？这个问题确实超出了我们的知识范围。或许是在100万年前，或许只是在一万年前。人类是怎么开始思考的同样是个谜。重要的是人类确实开始思考了，并且人类开始用这种新的方式了解世界，开始意识到他们自己的思考行为，跟动物不再一样。这本书的重要故事由此开端。

确定的知识

我们的细节知识大部分是确定无疑的。例如，当我们知道自己在哪里时，我们可能是对的也可能是错的，不过如果我们是对的，我们就肯定是对的。如果我们在"市中心"，并声称我们在"市中心"，那么毫无疑问事实就是如此。

我们对自然如何运作和人类行为方式的常识在某种程度上是存疑的。甚至当谈到太阳升起的时候，我们也只能说这具有最大的可能性，而不是确定无疑的。因为很有可能某天地球或太阳出了什么事导致明天太阳不再升起了。（当然，如果太阳真的不再升起了，我们也没法在这儿看到。）

两类常识具有确定性。一类是不证自明的知识命题，另一类是信仰。

不证自明的命题并不多；有的哲学家认为没有不证自明的命题。我们不必纠缠于哲学上的争论，去厘清到底是怎样的。例如，有这样一个一般命题：

一个有限的整体要比组成它的任何一部分都大。

只要我们弄懂"有限的整体""部分"和"都大"是什么意思，我们就能理解这是一个毫无疑问的真命题。

我们再来看一个不证自明的命题：

　　一个物体不能同时在某个方面既是又不是其自身。

　　同样地，只要我们理解了这些概念的含义，命题的真实性也是毋庸置疑的。

　　托马斯·杰斐逊说过，他在《独立宣言》中使用的一般命题——"人人生而平等"——就是一个不证自明的命题。很多人不认为这是一个不证自明的命题，即便他们承认这个命题是真命题。事实上，除了以上两个命题之外，为人们广泛接受的不证自明的命题并不多。

　　对很多数学命题而言，如果我们接受其假设的基础，那么这些陈述就是真的。例如，一旦我们用特定的方法定义了"二""加"和"等于"（虽然要定义它们并非易事），那么"二加二等于四"就一定为真。同样地，我们也可以说"三角形三内角之和等于两直角之和"这个命题是真命题，以及其他更复杂的数学命题为真。但数学世界并非真实的世界；数学的确定性是我们设定的，所以能发现数学的确定性并不值得惊诧。不证自明的命题的确定性在自然事物里是固有的。但只存在很少这类命题。

　　信仰同样是确定的知识，信仰是上帝向我们启示的知识。如果上帝的启示是直接的，正如摩西告诉我们的那样，那么就是确定无疑的。对有的人而言，相比起上帝的直接启示，就不那么容易坚定不移地接受那些间接启示。也就是说，事实上，如果没有上帝的帮助和恩赐，一个人是很难完全接受启示的。根据这个论证思路可知，如果没有上帝的恩赐，无论你多么努力你都不能具有"上帝一定存在"这个信仰。如果你要问，我怎么知道我受到了上帝的恩赐呢？答案是：如果你确信上帝存在，你就是受到上帝恩赐了；如果你不确信，你就没有受到恩赐。

　　尽管这个论证是明显的循环论证，但对大多数信徒来说也足够可信了。无论如何，有很多人不仅相信上帝存在，还相信其他间接命题都是真的：上帝创造了世界，上帝统治世界，上帝爱人，以及一切都是最好的安排。这些都是关于现实世界毋庸置疑的真命题，就像我说太阳晨起暮落一样确定。

　　信仰不是人类新近的感悟。很可能我们想象中的那对原始人男女已经知道或相信一些事物，类似于今天的信徒那样对信仰有着近乎顽固的确定性。

　　假设他们已经知道太阳每天升起落下，那么他们也许还知道或更加确信，如果他们不礼拜太阳，太阳就不会再升起了。他们还可能同样确信，如果没有取悦或抚慰好某些神，生命就不能产生（至少人类的生命是如此），而且死亡只会发生在那些触怒了神的人身上。

换句话说，他们可能会认为，自己理解了神就理解了世界，而且，由于他们与世界、与神的关系，世界就必然是他们相信的那个样子。

"因为我们相信世界就是如此，所以世界必须是我们相信的那样"——这种想法是让无数人感到安适的根源，或许连我们的远古先人也是这样想的，但这种想法也让另外一些人感到不安。原因在于，很久以前（没人知道到底是多久以前），人类开始认为他们的知识和信仰体系对其生命的意义至关重要，为此他们必须杀掉那些持不同观念、有不同信仰的人。这就是知识并不总是让人幸福的原因之一。

知识与幸福

动物似乎没有不幸福的感受，至少不像人类那样会感到不幸福。正如沃尔特·惠特曼在《自己之歌》中写道的：

> 我想我可以转而同动物一起生活，
> 它们是如此温和，如此沉默寡言……
> 没有哪种动物是可敬的，也没有谁会感到不幸福。

人们往往因为知或无知而感到不幸福。无知只有在不被感知时才是极乐状态；人们一旦知晓自己无知，就不愿意再处于无知当中。对猫来说，这就叫好奇心。对人而言，则是另一种更深层的，甚至是更本质的需要。

只要你意识到自己无知，求知的欲望就会无处不在且无法抗拒。这是人的原始诱惑，无论男女（特别是儿童）都无法长时间克制它。正如莎士比亚所说，这种欲望，越喂养，越增长。我们永远不可能熄灭渴求知识的火焰。而且你越聪慧，对知识的渴求就越强烈。

细节知识本质上不会是永无止境的，而且细节知识是可以通过理性获得理解的。因此，唯一能够治愈对知识的无尽欲望的良方就是信仰，即上帝的恩赐。

我们的远古先人或许也有类似于原始信仰的信念。无数的近代学者拥有这种原始信仰，或者说他们认为自己具有原始信仰。然而，现代人能否声称自己对自己所有的知识都感到满意，并不需要了解更多知识呢？抑或是对知识的无尽欲望这种病症已经在全球都蔓延开了呢？

本书大纲

本书分为15章。第一章"远古的智慧"从人类有文字的历史开始（大约是公元前3000年），描述了远古时代的人们拥有的最重要的常识，包括古埃及人、阿兹特克人和印加人。从本质上讲，这是古希腊思想爆发（公元前6世纪左右）之前人类拥有的知识。

第二章是"希腊人的爆发"。本章描述了划时代的事件，并揭示了希腊人的知识如何影响了其后所有的知识进程。希腊文明被罗马帝国吸收并改造，后者认为希腊人所知的实在可疑。无论如何，即便他们对此并不感兴趣，罗马人仍确保了古希腊最重要的知识被保留下来。

在第三章"罗马人知道什么"中，我们可以知道，罗马人同样拥有重要的知识，其中有些内容成为今天我们知识体系的基础。在5世纪，罗马帝国衰亡，被蛮族征服。

第四章"黑暗时代之光"和第五章"中世纪：伟大的试验"讲述了罗马帝国之后的世界。那个时期的生活千差万别，知识体系也是形态各异。特别是在罗马帝国灭亡后，一个伟大的统治试验持续了1 000多年，却最终以失败告终，不过这一试验给未来以深刻的教训。

第六章"'文艺复兴'复兴了什么？"讲述的是在被遗忘了数千年后，希腊古典文明被重新发现所引发的知识变迁。本章还向我们展示了人们是怎样尽力理解古代世界，并不断把新发现的知识植入那些被中世纪打断的文化中，进而把人类思想抛入当下这个动荡不安的旅程里的。1500年左右，世界历史，也即知识史，进入了一个新的阶段。世界人口花了差不多10万年才增长到4亿，也就是1 500年左右达到这个数字；而世界人口在1995年到2000年的五年间就增长差不多4亿。

　　第七章"欧洲的触手"试着解释这个超乎寻常的变化。本章着重强调哥伦布的成就，他继承了一个分裂的世界，给我们留下一个正在走向统一的世界，而且，这个一体化的进程在未来会更加完善。

　　人类的进步当然不仅是西方人知识的进步。不过，1550年到1700年，西方人发明了一种很快会普及到全球的获取知识的方法。正如第八章"科学方法的发明"所说的，除了科学知识，人类还有其他知识。不过，在目前和可预见的未来，没有哪种知识能具有与科学知识分庭抗礼的力量、声望和价值。科学已然成为最具特色的人类活动，也是居住在这个星球上的数十亿人得以存续不可或缺的工具。牛顿在1687年提出了"运动三大定律"，机械运动原理支配世界的思想深入渗透到了其后的时代。这一观念产生了巨大的影响，包括拉开了工业革命的大幕，但这是另一种革命，更能体现18世纪的特点。

　　接下来，第九章"革命年代"论及了1688年的英国"光荣革命"、1776年美国独立战争和1789年法国大革命，向我们展示了一种全新的政府构建理念是如何被发现的，它如何引领人们发现在我们这个时代人类最终——或者说近乎最终——能够实现的最好生活。

　　第十章"19世纪：现代性的前奏"讲述了从1815年滑铁卢战役后开始的多事之秋，直到1914年那即将开始的第一次世界大战。本章讲述了社会体系和经济体系的彻底变化，这些变化不仅是由工业革命引起的，而且还部分受到前几个世纪政治革命的影响，正是这些变化开启了我们今天生活的这个已经天翻地覆的全新世界。尽管这些变化的具体实践要到20世纪才能实现，但这些变化的所有要素都能在19世纪的思想中找到根源。

　　第十一章"1914年的世界"开启了孕育当今新世界的舞台，这个新世界如今已被我们熟知。在那个年代，地球上发生的任何事都会影响到其他地方，所以毫不奇怪1914年那场战争被称为世界大战。可是，为什么第一次世界大战会为了尚在雏形中的新世界摧毁秩序井然的旧文明呢？根源不仅在于人类的知识，还在于人的本性。

　　第十二章"民主的胜利"，第十三章"科学与技术"以及第十四章"艺术与传媒"主要探讨20世纪。这三章论述了人类知识进步的巨大成就，几乎可以算得上第一次世界大战后约75年时间里发生的第二重大事件。许多在世的人都见证了这些事情的发生及其引起的众所周知的巨大变化。或许没有哪个在世的人（包括我）能毫无偏见地描述那个辉煌、残酷又充满创造力的世纪①。然而，绝大多数读者会理解书中描述的新知识的产生，并肯定它的重要性。

　　第十五章是"未来一百年"。本章描述了人类知识的许多变迁，并专门描写了那些我认为很可能在2 100年之前会被广泛运用的知识。虽然我不能肯定，但本章还是论述了一些在未来100年内可能发生的事。如果这些事确实发生了，就可能进入人类知识史上最重要的事件之列，当然也会成为人类历史上最重要的事件。

---

① 指20世纪。——译者注

目　录

第一章 远古的智慧

从人类有文字开始，也就是大约 5 000 年前，人类已经掌握了远比我们的远古先人知道的更多的知识。

世界各地的人类不仅发明了如何用兽皮和鸟羽制作衣服，还发明了纺羊毛、棉线和麻线来织布制衣。他们不仅学会了如何打猎捕鱼为生，还知道该怎样播种谷物，烤制发酵的和不发酵的面包，还会用大米做糕点。他们学会了在野地里播种，平整田地、耕耘土地以及灌溉、施肥。他们不仅懂得在洞穴和其他天然屏障里安家，还知道怎么用木头、石头、砖块以及其他材料来盖房子和修建其他不朽的建筑，这些建筑材料有些是天然的，有些则是人造的。他们还学会了制作和复制雕塑以及其他艺术品，学会了从地下开采、熔炼矿石，并把各种天然金属炼制成合金。

人类的很大一部分聪明才智被用来发明屠杀和折磨其他人的新方法，用痛苦或死亡作威胁成了统治绝大多数人最好用的（通常也是唯一的）手段。在世界上很多地方，帝国已经建立起来或正在建立，开始统治世界的绝大部分地域和无数生灵。这些帝国给他们的臣民立法，也就是说，给他们提供和平与安全的措施，以防被其他跟他们一样的人侵犯。但法律并不保证臣民不受统治者的侵犯，因为那时候的统治者就是靠暴力和诡计来统治的，他们的意志是要被绝对服从的。

那时，几乎所有地方的神职人员的任务都是解释神同样绝对和专制的意志，这一任务与当时统治者控制人民的手段结合在一起。被统治者只能臣服，别无选择。或许他们根本就没想过还有不被统治的可能性。世人总是统治他人或被人统治，没有人设想过还能自我统治。

简而言之，斗争无处不在，人与人之间如此，统治者与臣民之间也如此。正如修昔底德所言，强者恣意妄为而弱者只能忍受，概莫能外。强制之外无仲裁，正义和权力无处不在，却都只是强者的利益。

即便这样，人类的族群依然繁盛起来，人口在不断增加。为了从更庞大的动物那里夺取支配地位，人类的首要任务就是摆脱这个星球上的"敌人"——剑齿虎、猛犸象以及其他凶猛动物。在公元前两千年左右，几乎所有的大型猛兽都被猎杀灭绝、驯化或被当作"猎物"了。换句话说，这些猛兽都被当作宠物、劳动工具或食物了。

在世界的某个角落，一个自称犹太人的族群开始崛起，并创作了一个关于创世记的故事。一开始，这些人说，唯一的上帝创造了伊甸园，人就是由于犯了错（或者是由于女人犯了错）从伊甸园里被驱逐出来了。从此以后，上帝告诉人，他必须自食其力，但由于上帝爱世人，因而他赐予人土地和地上的万物以维生和繁衍。根据上帝的指令，动物和植物王国的一切理所当然地任由人类取用。这也是自然法则，是弱肉强食的正义。因为它是神赐的，所以也是正确的。

埃 及

最初的帝国都发端于欧洲和亚洲的主要大河流域。埃及，自称是尼罗河的产物，或许是最早的人类帝国。埃及大概在公元前3000年到公元前2900年间被建立和统一起来，直至公元前30年被罗马征服，一直以半独立国家的形态存续了3 000多年。

埃及的确是举世瞩目的、存续超过了3 000年的古代文明，这部分要归功于这个国家独特的地理位置，使其在世界竞争中处于相对自由的状态。埃及三面环绕着几乎无法逾越的沙漠，因此入侵者通常会从苏伊士地峡进入埃及，而这块狭长的通道又是极其易守难攻的。

其他的帝国也想要遗世独立，但却没能永远存续下去。埃及人拥有3 000年来都不曾被遗忘的巨大秘密。他们害怕和憎恨改变，并随时随地避免改变的发生。

埃及的国家政权缺乏今天在我们看来十分必要的高效政府，但它依然运行良好。几乎所有人都接受了这样的信条：如果它还能运行，就不要试图去改良它。一旦建立起一个王国，形成了依赖于尼罗河每年一次泛滥带来福祉的农业经济，埃及的统治者和被统治者就变得在任何方面都近乎决然地不愿意进步了。

像所有古代帝国一样，埃及也是等级社会。神处于社会的最高等级，神之下依次排列着去世的先人。等级的最底层则是作为整体的人，其中绝大部分被认为是埃及人。

法老占据着独特而权威的地位，居于人和去世的先人之间（神在去世的先人之上）。在埃及社会的上层等级中，只有法老是人类，他是连接活人世界和精神世界的灵魂纽带。

法老是人但又超越人类，这不是他个人决定的，而是他在宇宙等级中的超然角色决定的。人们必须敬畏、崇拜、服从法老，因为如果不这样的话就会导致对一切事物的怀疑：埃及社会所赖以生存的尼罗河一年一度的泛滥，以及埃及的守护神"玛特"大神——"社会秩序"都会受到挑战。在那个极度保守和固守传统的社会里，秩序就是最根本的。

由于尼罗河每年的泛滥会带来肥沃的土壤，埃及农业十分高效和高产。因此，劳动力常有富余。从埃及人对社会秩序的理解来看，不应该有闲人存在，为此富余的劳动力就被征召去建设巨型工程。埃及大金字塔①从公元前2700年一直修建到公元前2300年，历时400余年，这项工程即使以今天的建筑能力来看也是极其浩大的，而当时的埃及人甚至连用来凿取石头的金属工具都还没有。他们的刀和凿子都是用一种叫黑曜石的火山玻璃制成的。这不仅是一个巨大的物理学挑战，同样是庞大的经济负担。劳作的工人绝大部分都不是奴隶，而他们似乎都是心甘情愿参加这项工程的。

为什么埃及人会如此固守传统，如此保守呢？为什么社会秩序如此重要以至于任何改变和进步都必须为之牺牲呢？是不是尼罗河在赐予埃及社会以生命的同时也留下了不可变更的轨迹呢？是不是埃及人陷入了他们的历史中，已然形成一个无法打破的习惯了呢？抑或是因为埃及人的性格中具有某些因素，让这些非凡

---

① 埃及大金字塔是胡夫金字塔、哈夫拉金字塔和孟考拉金字塔的总称。——译者注

的人选择了一条孜孜以求、通向永生的永恒之路呢？

我们实在很难解答这些谜题。不过有一个事实值得注意：尽管极端保守，但古埃及人似乎非常热爱死亡。人虽然活着，但终将死去，于是他们耗尽一生的时间和财富来为死亡做准备。然而，埃及人的死亡跟我们平时理解的不同，是一种悬而未决的、变幻莫测的不朽状态。逝者总是环绕在生者周围，在空中，在田野里，在尼罗河水里。

或许这还是没能回答为什么埃及人会这样考虑这个问题。不过我们可以肯定的是，即便在今天，也有不少人接受埃及人的那种生活态度：就算改变意味着进步和提高，他们仍乐于维持生活现状不做任何改变。换句话说，埃及人的举动本质上是人性的表现。唯一让人惊诧的是他们居然毫无例外地全都这样生活行事。

要辨识清埃及人的生存智慧也相当重要。为改变而改变是一种可疑的价值观。如果生命可以接受它本身的状态，为什么要改变它呢？从专制君主的观点来看，循规蹈矩是再重要不过的了。对专制君主来说，任何改变都是向坏的方向改变。因此，埃及人发明了一种最隐秘的价值观，这种价值观对千古以来的专制君主而言都是极为重要的。

印　度

公元前2500年以后的一千年里，我们见证了印度河流域一个古老河谷文明的兴起和衰落，而印度河至今依然在西巴基斯坦流淌不息。当时，摩亨朱-达罗和哈拉帕这两个主要城市的人口都超过了5万，连同周围其他规模稍小的人类定居点一起，构成了比现代巴基斯坦面积更大的文明区域。公元前2000年左右，由于占地最广，印度河谷文明涵盖了比埃及或美索不达米亚更大的范围，成为那个时代最大的帝国。

摩亨朱-达罗在公元前1500年左右突然消失了，显然是因为遭到了雅利安人的入侵。雅利安人所过之处尸骸遍地。在南印度半岛，文明得以保留下来，很可能逐步融合成为后来以印度中部和西部为核心的文化圈。

我们对印度河谷文明的社会组织情况知之甚少，但其后继者都遵循着具有等级制特征的种姓制度。数个世纪以来，种姓制度一直是一种强有力的统治工具，控制着无数的财富、权力和地位都各不相同的人。

现代印度有数千个种姓，但只有四个主要的种姓族群可以追溯到公元前。社会等级的最高层是婆罗门（祭司），然后是贵族和战士，再下是平民和商人，最底层是首陀罗（工匠和劳工）。从这个方面看，种姓制度与其他古代等级制社会并没有明显差别。种姓制度的精髓在于它强有力的反馈机制。一个人不仅生来就是首陀罗，同时生来就只能从事那些首陀罗必须遵从且只有首陀罗会从事的职业。既然种姓的"熏染"无法避免，那么每个人都受自己的职业、规定的饮食习惯、习俗所"熏染"，也就接受了这个现实。

任何地方都一样，大多数人都处于社会等级的最底层。与那些更幸运的同时代人相比，社会底层的人的生命更下贱、更野蛮，而且寿命要短得多。为什么这些大多数人会安于被剥削的状态呢？处于社会顶层的少数人拥有武力统治权，但单单是武力不能说明全部问题。一定是人人都相信，而不是只有部分人相信，存在着一个社会等级的系统。所有人都普遍接受了种姓制度这个事实保证了它能延续下去。

我们没有生活在种姓制度中，所以我们很容易谴责生活在种姓制度中的印度人。但是，印度的社会阶层与种姓制度有千丝万缕的联系。最低阶层的成员通常认为自己理当属于这个阶层；更高阶层的人也认为自己理当属于自己的阶层。无论是哪个阶层的成员，如果他跟其他社会阶层的人在一起，他都会感到不自在。而且，社会职业也是严格区分的，每个阶层的人都不会从事其他阶层的职业。不同阶级的人的食物各不相同，在家庭生活、婚恋等方面也有不同习俗。

印度次大陆的古代文明被发现是最先发展出这种井然的社会秩序的文明。但他们绝不是唯一发展出这种社会秩序的民族。在今天，它依然兴盛如常。阶级差异是社会平等这一同样伟大的理念的头号劲敌。它甚至比平等理念有更久的历史。

中 国

大概在距今35万年前，有人类开始定居在今天的中国领域。目前，世界公认的有史料可证的第一个朝代是商朝[1]，统治时间大概是公元前1750年到公元前1111年。在商朝末年[2]，商的一个支系——周人推翻了商朝统治，建立了周朝，直到公元前255年左右才灭亡。随后，一个动荡不安的时代接踵而至，到公元前221年，中国才形成一个真正意义上的统一国家。

秦朝完成了统一大业，在秦朝生活着四五个互不相同但又紧密联系的族群。秦的皇帝称"始皇帝"，意思是"第一个至高无上的皇帝"。他的领土界定了当时中国的边界。虽然其后中国领土范围不时变动，但秦始皇的领土始终都是中国领土不可分割的一部分。

新皇帝很快着手巩固他的统治。他的第一个重要工程是建设一套道路交通网络。第二个举动则是连接起并加固北部边境的长城。成千上万的人被迫参与到这项可以算是人类最伟大的工程当中。在短短十年内，他们修完了长城，使其从渤海湾一直延伸到甘肃，总长超过5 000公里。

秦始皇最重要的改革措施是社会组织的改革。他一举废止了中国社会延续了几千年的分封制度，并代之以法家思想为基础的复杂国家官僚体制。[3]

孔子生于公元前551年，卒于公元前479年。他出生于破落贵族家庭，自幼父母双亡，出身寒微。虽然是自学成才，但他却成了那个时代最有学问的人，并因此闻名四海。尽管学问出众和才能显赫，孔子却没能获得一个可以施展才华的职位。因此，孔子开始广收门徒并亲自教育他们。他最终成了中国历史上最著名的教育家和对中国历史最有影响力的人。

儒家思想非常复杂，数个世纪以来几经变迁。不过，其中最核心的原则没有改变，即所有盛名都应是实至名归的。孔子认为，不是人的出身，而是人的能力和美德让人有资格称王。美德源于学习——在其后的数个世纪，儒家思想成了国家的道统，被记载在儒家经典上。

秦始皇自幼接受儒家思想教育和熏陶，他把自己的新社会制度建基于美德这

---

① 中国第一个有史料可证的朝代是夏朝，约公元前2070年到约公元前1600年。——译者注
② 商朝是约公元前1600年到公元前1046年。——译者注
③ 作者对秦始皇的这一段描述不准确，秦朝的建立是以法家思想为主的。——译者注

一原则之上。除了那些专为皇族保留的高官厚爵，人们要进入官僚统治阶层就必须具有高尚的美德。这就是新的官僚体制与分封制的天壤之别——在分封制下，权力是由出身和军功决定的。

封建贵族不会毫不抵抗就投降。很多文人尤其坚决反对废除旧体系。秦始皇不能容忍任何异见。460多名参加抗议的文人被酷刑折磨，最后被活埋。中国的文人通常都有免受君主惩罚的特权，因此，秦始皇的做法震惊了世人。更让人震惊的是，秦始皇下令焚烧书籍，只有少部分法律、园艺和中医药方面的书得以幸免。其他知识都被认为是危险的。

秦始皇最希望的是自己能够长生不老。国家出资讨好所有可能让人长生不老的神祇，方士们四处寻访长生不老的药方。但没人找到长生药，在帝国仅仅建立12年后，秦始皇就去世了。

秦始皇去世后，秦帝国也随之覆亡，但就此埋下了大一统的种子。事实证明，要统治像中国那么庞大的国家，秦始皇的改革是至关重要的。在公元前200年到200年这段时间里，中国是世界上面积最大、人口最多的国家。秦始皇的影响包括：这个国家或多或少建立和存续在美德的基础之上，而美德来自学习；由于所有剩余劳动力都被投入宏大的建筑工程中，因此这导致了对经济的严密控制；以及所有非正统倡导的知识都是危险的这个基本观点。

中国人从来没忘记这三方面的影响。不过，这些基本原则已经被历史上其他专制君主，甚至是其他民主政体所吸纳。直至不久以前，要想进入英国外交事务圈，人们不仅要掌握古希腊语和拉丁文，还要具备把经典文献翻译为优雅的英语散文的能力。一个人如果能够学好古希腊语和拉丁文，他就理所当然地能掌握其他任何知识，包括外交知识。

我们这个时代的一些极权主义政权也驱使民众参与浩大的建筑工程，部分原因是为了显示政权的荣耀，部分是因为这样一来就没人会因为失业而焦躁不安，进而产生祸患。历史上的每个专制君主都试图愚弄民智，除了最实用性的知识以外，把他的臣民与其他所有知识都隔绝开来。见多识广的民众总会追求自由和正义，而这恰好是专制君主最不愿意给予他们的。

美索不达米亚

中国最早的文字起源于商代（公元前18世纪到公元前12世纪）①。到公元前1400年，中国的文字已经有2 500多个字，其中的绝大多数都能被现代人辨识出来。当前文字的形态大概在秦朝（秦始皇，公元前221—前226）被固定下来。

虽然口语已经完全不同，但中国文字是日文和韩文的前身。中国书法既古老又影响深远。

然而，中文却不是世界上唯一古老的文字。率先发明文字的荣誉应归于苏美尔人，他们早在公元前三四千年就定居在美索不达米亚（今天的伊拉克南部地区）。底格里斯河与幼发拉底河是西亚最大的两条河流，发源于东土耳其的山脉地区，沿东南方向流经叙利亚北部和伊拉克。这两条大河在流经2/3的流域后到达美索不达米亚平原的边界，并在交汇处形成淤泥沉积而成的富饶三角洲。在平原的低洼处，两条河流汇成阿拉伯河，再经过100多英里②的距离，极其平缓而曲折地流进波斯湾。

"两河之间的土地"——美索不达米亚是人类文明最早的栖息地。早在公元前8000年左右，在这片极度富饶的地区就产生了某种原始文字。到公元前3500年，这个文字体系变得更加清晰。公元前3100年，我们可以确定文字体系已经与苏美尔语联系在一起。

古代苏美尔人发明的楔形文字有1 200多个不同的符号，代表数字、名字以及诸如衣服、奶牛之类的具体事物。文字最早被用来记录某人拥有的奶牛或布匹的数量。数百年来，文字都主要用于计数。随着人类生活日益复杂，越来越多的事物需要被记录下来，文字也随之变得更加复杂。在公元前1000年左右，苏美尔人的字母被阿卡德人采纳过去后，变得更为复杂多样。阿卡德人战胜苏美尔人，从苏美尔人那里继承许多东西，但保留了自己独有的社会结构和所有制体系。随后，巴比伦人和亚述人打败阿卡德人，成为美索不达米亚新的统治者，又为美索不达米亚文明增添了复杂性。

---

① 国内一般公认为商朝是公元前17世纪到公元前11世纪。——译者注
② 1英里=1 609.344米。——译者注

从公元前4000年起，美索不达米亚经历了无数政治变迁，大多数时候处于苏美尔人统治之下，直到公元前529年被居鲁士大帝统治下的波斯人征服才算暂时安定下来。不过，文字知识从来没消失过。即便是最繁荣的时候，也可能只有1%甚至更少的美索不达米亚人受过教育。然而，除了我们之外，或许美索不达米亚文明算是最依赖读写能力的文明了。为国王和平民写信、记事和记账的书记员总是拥有极大的权力。正如一则古代的招收学生和学徒广告上说，当别人在劳动的时候，书记员则只消写写算算即可。

对苏美尔人、阿卡德人、巴比伦人和亚述人而言，懂得读写即是通向财富和权力之路。即便是今天，读写能力依然被视为进步的关键所在。比如说，能够读懂一张纸上那些小黑标记的技能为大多数美国人开启了一条新路，而缺乏阅读能力的少数人则不得不面对穷困潦倒的一生。从亚述时代开始，能够阅读的人所占的人口比例在不断变化，但这条原则始终没变过。

阿兹特克人与印加人

1519年，西班牙征服者到达墨西哥谷地。13年后，也就是1532年，他们到达安第斯山脉山谷，他们惊异地发现了一些在皇帝统治下的人口众多的繁荣城市，其规模堪与当时欧洲最大的城市媲美。墨西哥的阿兹特克人和秘鲁的印加人都有过辉煌的文明，也都在欧洲人武力入侵之前就已经消亡。阿兹特克王国在埃尔南·科尔特斯①到达的一年之内就消失了。印加人维持得稍长一些，但他们的帝国也在弗朗西斯科·皮萨罗和他的168名西班牙士兵入侵后的三年内覆亡了，皮萨罗的队伍打败了印加人装备精良的庞大军队，而这支军队背后是一个拥有1 200万人口的帝国。

阿兹特克人并非第一个在中美洲建立起强盛国家的族群。在他们之前是托尔特克人，后者早已隐入史前的层层迷雾之中。那时候，在今天的墨西哥地区，人口增减总随着帝国的兴衰而起伏。西班牙人来征伐时，至少有500万阿兹特克人处于阿兹特克最后一位皇帝蒙特祖玛二世的直接统治之下。其时，阿兹特克帝国

---

① 埃尔南·科尔特斯（Hernán Cortés，1485—1540），西班牙探险家。1519年率探险队入侵墨西哥，征服了阿纳华克地区的阿兹特克人。——译者注

周边地区的小国家和部落都要向阿兹特克的统治者朝贡。

阿兹特克人发明了文字，他们还掌握了高度精确的历法，在没有金属工具的条件下也能用石头修建庞大而精美的建筑。他们最突出的成就可能是农业。他们依靠繁复的水利灌溉系统，熟练地实行一整套农作物多样化耕作。他们种植了许多种西班牙征服者闻所未闻的谷物、蔬菜和水果。今天，世界上60%的粮食作物都是500年前墨西哥和秘鲁地区种植的作物的后代。

印加帝国的领域从今天的厄瓜多尔首都基多延伸至智利首都圣地亚哥，涵盖长达3 000多英里的区域。跟阿兹特克人一样，印加人也非常富有，不过与那些更重视金银的货币价值的西班牙人相比，他们更看重金银的装饰作用。当他们意识到西班牙人对黄金的狂热时，印加人很乐意给西班牙人黄金；只要西班牙人离开印加帝国，想要多少黄金，印加人就会给多少。但是西班牙人没有离开，而印加帝国就这样被征服了。

印加人是伟大的建筑家，他们美丽的马丘比丘城位于巍峨的秘鲁安第斯山脉之巅，是世界上最激动人心的考古遗址之一。皮萨罗从未到达过马丘比丘城，因为他在1532年到达库斯科的时候，印加人早已遗忘了那座山顶之城。直到1911年，美国探险家海勒姆·宾厄姆才偶然发现了那座遗忘之城。它已经沉寂500多年，而它沉寂的原因我们将永远不得而知。

印加人还是伟大的筑路师，他们营建了连接帝国所有城市的皇家道路网线，翻山越岭蜿蜒数千英里。不过，印加人没有发明带轮的车，因此他们的道路都是步行道，有时候仅仅是在高高低低的山边悬崖上凿出的一串串石阶而已。

印加人也没有文字。他们生活在延续数百英里的中美洲数百年的时间，但他们对其他人及其他人的成就一无所知。他们的知识和某方面的技能，以及他们对其他人的漠不关心都让我们感到惊奇。

为什么西班牙人能如此迅速和轻易地摧毁这两个相当繁荣的文明，以至于今天除了那些不朽建筑的遗迹、曾经数以百万计的黄金饰品中少得可怜的零散遗物以及他们种植过的农作物（这最后一项也绝非微不足道的）之外，我们对这两个文明知之甚少呢？答案或许就在这两个帝国的组织原则当中。

恐惧与暴力统治着这两个帝国。阿兹特克人和印加人在相当程度上都是暴发户。这两个国家都是由残忍的、半野蛮少数民族征服、替代了其在先的、衰弱的民族。这些新统治者通过无情的武力征伐实现了征服，当然会继续用武力来实行统治。他们从不试图获得被统治者的爱戴与忠诚。除了抵抗欲望和对外部敌人加以安全防御之外，他们从不愿意给予臣民其他任何东西。事实上，内部的敌人——也就是统治者自己——比外族敌人更可怕。而且，免于匮乏的代价是非常高的。

这代价以儿童和青年的血来偿付。人牲现象在这些逝去不久的、无人惋惜的文明中十分常见。在阿兹特克人中，人牲的数量令人瞠目结舌。在西班牙人入侵前的最后年月里，每周都有数以千计最优秀的儿童和青年被献祭。他们被穿上华贵的长袍，灌下毒药，再被人拖拽上高高的金字塔，摁倒在祭坛上。祭司手持血淋淋的刀刃，割开长袍，迅速切开人牲的胸膛，另一只手探进去抓出还在跳动的心脏，然后高高举起，展示给那些麋集在广场上的围观人群。一周一千名人牲，其中的大部分人是他们袭击墨西哥谷地其他邻近部落的俘虏。在被献祭之前，每周都有一千名最优秀的儿童和青年被关押在监牢里等待受死。毫无疑问，阿兹特克人的敌人都急切地与西班牙侵略者结盟，并协力推翻那个残暴的政权。不过，这种联盟对这些狂热想要结盟的部落毫无益处，他们也成了获胜的侵略者的奴隶。

印加人并不是有规律地屠杀、献祭大量人口，但是一旦有皇帝去世，献祭的数量就会十分可怕。数以百计的处女被毒杀、砍头并与死去的统治者埋在一起。每当国家面临困境或要做出重大决定时，都会屠杀数以百计的人。冷血的祭司声称，只有这样做神才能被取悦，才会帮助人，美丽的少男少女们却因此死在臭气熏天的祭坛之上。

由于印加人已经征服了其可及之处的所有部落，皮萨罗并未得到部落联盟的帮助。然而，王室的内讧出卖了印加帝国，其中一个统治者和他叛乱的家族一起，欢迎西班牙人的到来，因为他认为西班牙人是来帮助他的。结果他被判入狱后被处以极刑，而其他觊觎王位的人很快陷入极端混乱之中。每周都有成千上万的印加人在安第斯山的矿山里死去，成为西班牙国王对金银无尽欲求的牺牲品，印加帝国的1 200万人口在短短50年内迅速缩减到只有50万人。

人 牲

献祭是宗教中最基本、最普遍的仪式，几乎所有的宗教都曾经或仍在进行这种仪式。正如仪式本身具有很大的随意性，献祭的动物或其他祭品的种类有很大的自由度。

所有古代宗教献祭的核心，祭品通常是某种动物，一般来说是很珍贵的动物：一头公牛或公绵羊，它们的力量和雄性气度被供奉给神，神就会回赐人以力量和雄性气度。有时候，诸如酒或水、面包或谷物等无生命的东西也被当作有生命的祭品来使用。不过，从某种意义上说，这些东西并不是"无生命的"。它们也是某种神赐予人的生命体，被返还供奉给神，以祈求神再次把生命赐予酒或谷物。

人牲或许发端于最早从事农业耕作的民族。显然，在农耕民族之前的采集狩猎民族几乎不会用人来献祭，它只存在于最古老的宗教里。早期希腊罗马人、早期犹太人、中国人和日本人、印第安人以及其他古代民族都曾用人来祭祀他们的神。人牲通常被穿上华丽的服色，饰以珠宝，这样他就能将荣耀归于神。人牲通常选择那些年少貌美的人（神喜欢最好的），他们被活活淹死或者活埋，有时会割开他们的喉咙，这样鲜血就能滋养大地，有时他们的血也被洒在祭坛上。人们也按照仪式割开公牛、公绵羊和公山羊的喉咙，把血洒在大地上以求取悦于神，或者是用来在神与求神帮助的人之间订立契约。

似乎世界上绝大多数地方都曾经进行过两种截然不同的宗教献祭仪式。一种方式是将宰杀好的祭品，焚烧掉一部分（这就意味着供奉给神了），剩余的部分则被人们在充满欢愉的订约宴上吃掉，这也被认为是跟神分享了祭品。另一种方式则是要完全毁掉祭品。如果祭品是供奉给天上的神祇的，祭品就会被烧掉，烟雾自然会升上天际到达神的居所；如果祭品是供奉给地下的神祇的，祭品就会被埋掉。

荷马曾说过，第一种献祭仪式在围攻特洛伊的亚加亚人当中最为常见。伊利亚特公牛就常常被作为祭品，它们的血被洒在大地上，脂肪被投入火堆，这样焚烧祭品的烟雾就会升入天堂。战士们则可以尽情享用剩下的肉。而在《奥德赛》里，渴望探索地狱的奥德修斯会向神献祭动物，但不会吃掉它。他们不是烧掉而是埋掉祭品的一部分，就当祭礼已经被供奉了。希腊人称这种献祭为神秘仪式。他们通常在夜里找一个山洞或其他黑暗的地方举行祭祀，而且只允许祭祀的发起人参加。

亚伯拉罕把他的儿子以撒献祭给上帝的故事可以追溯到公元前2000年。《圣经·创世记》第22章记载了这个故事：

在反复试探了亚伯拉罕以后，上帝现身并吩咐他说：亚伯拉罕，看，我在这里。

上帝说，现在带着你的儿子，你最钟爱的独生子以撒，往摩利亚地去。在我所要指示你的山上，把他献为燔祭。

亚伯拉罕清早起来，备好驴，带着两个仆人和他的儿子以撒，也劈好了燔祭用的柴，就起身往神指示的地方去了……

他们到了神指示的地方，亚伯拉罕在那里筑坛，把柴火堆好，捆住他的儿子以撒，放在祭坛的柴堆上。

亚伯拉罕伸手取刀，就要杀他的儿子。

主的天使从天上呼唤他："亚伯拉罕，亚伯拉罕。"他说："我在这里。"

天使说，你不可杀这童子，也不可稍有加害于他。现在我知道你是敬畏神的了，你没有将你的儿子，也就是你的独生子，留下不给我。

亚伯拉罕举目四望，恰好看到一只公羊，两角给稠密的灌木丛缠住了。亚伯拉罕就取了那只公羊，代替他的儿子献作燔祭。

那么，是不是说犹太人率先认为人牲是错误的，上帝并不喜欢用人来献祭呢？很有可能。很明显，犹太教自此以后再没有用人做祭品供奉上帝。沿袭了犹太教传统的基督徒也没有使用过人牲，虽然他们的宗教信仰正是基于一次至高无上的牺牲的。这个牺牲就是"上帝的羔羊""父的独生子"——耶稣基督之死，他为所有人的永生而死。至少在罗马天主教看来，这个至高无上的牺牲在每次弥撒中都会重复一次，用酒代表耶稣的血、面包代表耶稣的肉，上帝与参与弥撒仪式的众人缔约，并共享这盛宴。

同世界上其他伟大宗教一样，从一开始到现在，佛教和伊斯兰教都反对人牲。要是上帝给亚伯拉罕最初的教训能够被阿兹特克人、印加人以及更早史前文明的人类知晓就好了！

犹太教

亚伯拉罕是犹太教创始人。《圣经·创世记》中记载的亚伯拉罕的生平大致是根据公元前2000年左右的史实来撰写的，虽然现在我们已经确定其中有些内容并不是史实。故事里讲，亚伯拉罕和他的父亲他拉、侄子罗得、妻子撒拉一起离开了位于美索不达米亚南部迦勒底的吾珥，在上帝的指引和关注下慢慢向前迁徙，向着迦南地进发（现在的以色列和黎巴嫩）。他拉死后，亚伯拉罕成了家长，与上帝立了约。亚伯拉罕与上帝的约定（或者说承诺）中提到，亚伯拉罕的后代将得迦南地为业。

犹太人是否真的曾经从吾珥迁徙到迦南地呢？除了《圣经》上有记载之外，历史记载和考古发现也肯定了这一点。为什么亚伯拉罕要离开吾珥呢？他是不是为了躲避宗教迫害，或者寻求新的经济机会呢？他会不会是真的（或假装）受到了某种神启指引而行事的呢？无论如何，迦南地在数百年间聚集了许多犹太人，他们都尊奉同一个神——耶和华。在那个多神教盛行的世界，他们变成了——而且很可能是世界历史上第一个信仰一神教的民族。

耶和华最初是亚伯拉罕、以撒和雅各的神。这是否意味着他并不是人类的神，唯一的神呢？我们很难确定耶和华（或称为雅赫维）是具体什么时候成为耶稣那个时代唯一的真神的，也很难确定他是什么时候成为当今时代唯一真神的。我们只能说，有可能亚伯拉罕的上帝最早只是某个部落的神，而且只是诸神中的一位（可能是最大的神），现在成了全世界犹太教、基督教和伊斯兰教尊奉的唯一神。

从犹太教信仰来看，犹太人是上帝的选民。这是什么意思呢？他们相信自己被上帝选中，与上帝建立起某种特殊而长久的关系。这种关系包括三个约定。第一，他们接受上帝的律法，包括摩西在西奈山顶接受的"十诫"和《圣经》的前五卷律法书中所载的关于饮食、行为举止和社会交往的种种规定。第二，上帝许诺他们，或者说与他们立约，永远不会遗弃他们，并恩赐他们在地上的事业。第三，上帝要求他们做上帝存在、仁慈和公义的见证人。他们要把所见的传播给世界各地的所有人。

犹太教和犹太人的历史是一个漫长又复杂的历史，充满了血与泪。犹太人为充任唯一真神的见证人忍受了许多苦难，然而，当弥赛亚来临时，犹太人却拒绝接受上帝及其先知们，至少基督徒和穆斯林是这样认为的。犹太人试着与其他人和平相处，但由于种种原因他们很难被人接纳。在我们这个时代，他们经历了纳粹大屠杀，在以色列也一直遭到他们的阿拉伯邻居的仇视。

尽管如此，从本质上讲，犹太人至今仍是顽强的、有奉献精神的民族，坚守与上帝订立的三条约定，或许今后犹太人还会这样继续下去。首先，他们是遵从《圣经》中摩西律法的民族。其次，他们是上帝的选民，与上帝订立了永恒的约。最后，他们是且永远是上帝的见证者。

古代犹太人复杂的智慧，以父传子的方式流传了近四千年，同时传播到其他所有人当中。不过概括起来讲，该智慧就是犹太人与上帝的三个重要约定。

基督教

耶稣基督是犹太人，他毫无疑问地从父辈那里接受了三个约定。不过他改写了这三个约定。

由于伯利恒的旅馆客满，耶稣基督降生在旅馆的马槽里。据记载，耶稣降生的时间是公元元年12月25日，那一年也被世界上绝大多数地方当作纪年的元年。拿撒勒的耶稣被尊奉为犹太人的王。30年的那个受难日①，耶稣殉难于耶路撒冷的各各他（意思是骷髅之地）山上。他被钉死在十字架上，从某种程度上说，统治耶路撒冷的罗马总督要为耶稣之死负责。基督教教义里说，耶稣降到阴间，浴火重生——也就是飞升到亚当、夏娃以及其他先知灵魂所在的天堂——然后，在死后的第三天复活，他复活的那一天被基督徒庆祝为复活节。

耶稣说，他丝毫不会改变犹太教的任何律法，但他却以爱的名义而不仅是以

---

① 受难日（Good Friday）指耶稣受难的那个星期五，现在通常指复活节前的那个星期五。——译者注

公义之名，额外增加了许多律法。基督教是这样理解的：耶稣以他的死亡为人救赎了从亚当和夏娃而来的原罪，并许以人类在天堂的永生，或者说至少那些相信他是上帝存在和仁慈的新见证者和立约者的人可以得到永生。《新约》中最严苛的训导出自《登山宝训》①，耶稣重新阐释了他所坚持的修正过的摩西律法。

《马太福音》中描述了这个经典场景，即耶稣"登上了山顶"，开口训示：

> 虚心的人有福了，因为天国是他们的。
>
> 哀恸的人有福了，因为他们必得安慰。
>
> 温柔的人有福了，因为他们必承受地土。
>
> 饥渴慕义的人有福了，因为他们必得饱足。
>
> 怜恤人的人有福了，因为他们必蒙怜恤。
>
> 清心的人有福了，因为他们必得见神。②

耶稣几乎都是以寓言的方式传道，因此从古至今都需要人们不断地解读。这些寓言中的智慧十分深刻，却与其他古代宗教导师传授的智慧并没有很大分歧。不过，在耶稣对人的训示中有一个独一无二的核心理念，那就是他把早期犹太教的素朴与基督教的神秘主义思想结合在一起了。

人们认为是耶稣建起了基督教会，如耶稣所说，扎根在磐石上。其实，这是一个文字游戏，是耶稣在戏弄他的使徒彼得，"彼得"在希腊文的意思就是"磐石"。因此，所有基督徒都相信，教会是基督的创举，要忠于耶稣的训示。

据圣马可记载，有人记住了耶稣最严苛的训示，却对此感到疑惑。耶稣说，"因为凡要救自己生命的，必丧掉生命；凡为我和福音丧掉生命的，必救了生命。人若赚得全世界，却赔上自己的生命，有什么益处呢？"③

这看起来对那些高贵、富有和有权势的基督教会来说并不是很大的挑战，为此，耶稣又说道："若有人要跟从我，他就当舍弃自己，背起自己的十字架，然后跟从我。"④

难道还有比耶稣的这些简明训示更精彩、更冷酷无情的言辞吗？

---

① 《登山宝训》指《圣经·新约》马太福音5-7里记载的，耶稣在山顶作的训示。——译者注

② 《圣经·新约》马太福音5：3-8。——译者注

③ 《圣经·新约》马可福音8：35。——译者注

④ 《圣经·新约》马可福音8：34。——译者注

之所以说它精彩，是因为这些言辞可以激励每个人从琐碎的日常生活中觉醒，去过一种充满意义和目标的生活。

之所以说它冷酷无情，是因为这些言辞向人们索取的远比能给予他们的要多得多。

犹太教和基督教的比较

《旧约》是犹太教的圣经。基督教也把《旧约》当作圣经，但却有不同的理解。《旧约》除了被当作犹太人的历史，以及耶稣从这个民族诞生和创立基督教的历史，它还被基督徒当作未来基督降临的预言书。《旧约》里的所有事件都被理解为具有双重含义。例如，以撒被献祭的结局不仅象征着犹太教禁绝了人牲的做法，还预表着耶稣的受难。亚伯拉罕把他的独生子献给神作为他忠于上帝的标记；一旦他通过了这个测试，他的儿子也就随之得救。天父献出他的独生子以使所有人都能救赎其原罪；他的独子也能升入天堂，坐在天父的右边。

犹太教的上帝是一位狂暴的神，以公义为标志。基督教的上帝虽然也要审判活人与死人，但却是一位仁慈的神。人类因基督的牺牲而得救并获得永生。

基督教吸纳了犹太人被上帝拣选、见证他是所有人的主宰这个理念。但是犹太教认为耶稣基督是一位先知，而不是上帝的独生子，也不可以位列"圣三位一体"——圣父、圣子、圣灵。这个分歧成为犹太教和基督教之间不可逾越的鸿沟。从历史的观点进一步讲，许多基督徒认为，在拿撒勒的耶稣之死的事件里，犹太人扮演了终极叛徒的角色，不仅背叛了基督，还背叛了犹太人自己的信仰。那毫无根据的控诉"犹太人杀死了基督"成为千百年来基督教世界里，犹太人不得不背负的最沉重负担。

《新约》是基督教独有的圣经。绝大部分内容是讲希腊语的犹太人用希腊文撰写的，其中记录了许多耶稣的生平和言论、关于末日论的作品（圣约翰的《启示录》）和一些圣保罗与其他地区基督教主教的书信，书信中暗示了他们应当信奉这个新建立的宗教。

"保罗书信"与《旧约》中的内容尤为不同。《旧约》主要是记载史实，"保罗书信"主要是神学研究。保罗是犹太人，但他受希腊文化影响很深。保罗把希腊神学的精义和思考注入基督教教义中，由此决定了其后2 000年基督教教义的基本特征，与犹太教完全区分开来。

历史上的耶稣可能是一个叫艾赛尼派的犹太教派的成员，这个教派比其他更早的犹太教派别更神秘、更注重神学分析。耶稣的绝大多数言论都是寓言式的，这让其后60代思想家都冥思苦想、反复推论。我们很难探究神秘莫测的耶稣到底是谁。不过，无论他是不是上帝之子，我们说他是一个伟大的人和导师是毋庸置疑的。

伊斯兰教

570年，穆罕默德出生于麦加。他父亲在他出生之前就去世了，他的祖父在他8岁的时候也去世了。两次成为孤儿，这让他在中世纪的阿拉伯这个男性主导的社会中不但没有男性保护人，还缺乏具体指引。换了其他更弱小的人或许就消逝在历史长河之中了。但是穆罕默德熬过来了，到632年他在麦地那去世的时候，他不仅建立了一种新的宗教，建立了阿拉伯半岛所有阿拉伯人的统一国家，还在他死后的20年内，点燃了他的信徒征服绝大部分拜占庭帝国和波斯帝国的热情；在他死后100年内，他的信徒甚至建立了在规模和制度上都可与鼎盛时期的罗马帝国相匹敌的大陆帝国。

610年左右，也就是穆罕默德大约40岁的时候，他第一次受到真神的直接感召。在形式上表现为某个圣体的幻象（之后确认是大天使吉布里尔）告知他："你是上帝的使徒。"这标志着他作为上帝使徒或先知这一伟大事业的开始。从那时起直到他去世，穆罕默德频繁地收到神的启示——他坚信这是神的直接口谕。这些神的启示被收集记录下来，最终编撰成为伊斯兰教的圣书《古兰经》。

穆罕默德开始向他的亲戚和熟人们布道，但他很快发现自己受到麦加反对者的困扰，麦加是当时阿拉伯半岛最繁华的地区。10年间，穆罕默德的处境越发艰难，他开始筹划着逃离家乡。622年9月24日，在75名信徒的陪伴下，他离开麦加前往麦地那。这一天就是伊斯兰教的"穆罕默德出走日"，又称为"迁徙日"。这一年被定为伊斯兰传统的历史起点，伊斯兰历法由此开始。

与穆罕默德同时代的人都钦佩他的勇气和公正无私，后来他就被尊为穆斯林的道德典范。他不仅建立了一个国家，还建立了一种最终为近10亿人接受的宗教。他道德观念的严肃认真在当时几乎是绝无仅有的。他也是历史上最显赫、最具魅力的人之一。

犹太教、基督教与伊斯兰教比较

穆罕默德在世时，麦加有许多犹太人社区；他肯定受到犹太人影响，从犹太历史学家和思想家那里学到很多东西。他跟基督教教士也十分相熟。他认为亚伯拉罕是第一位宗教元老（这样一来，亚伯拉罕同时是三个宗教的圣人了），并深信基督是他自己之前最伟大的先知。不过，他不承认耶稣自称（或是耶稣的信徒所声称的）是上帝的儿子。

最初，穆罕默德对犹太教和基督教的态度还算惺惺相惜。犹太人和基督徒是"圣书的子民"，因此也有宗教自主权；不过，他们必须支付人头税。在穆罕默德逝世后的一个世纪里，这个措施实际上迫使许多犹太人和基督徒改宗伊斯兰教。他们的处境跟异教徒完全不同，异教徒要么选择改变信仰，要么只能被杀死。伊斯兰教从一开始就是一种激烈的、战斗性的信仰，这种信仰把伊斯兰教和教外世界区分得干净决绝，最终促使伊斯兰教在那些凝聚力不那么强大的社会和文化中，有强大的影响力。

基督在与彼得的对话中谈及了税金，做了很明确的界分："恺撒的归恺撒，上帝的归上帝。"换句话说，宗教和世俗是两个不同的领域，二者不该相互冲突，也不该相互混淆。犹太教也作了类似区分，但伊斯兰教没有。一开始伊斯兰教就设定了自己的宗教特性，即要从精神和肉体两方面都把人连接在同一个团体中，力图把个人与神的关系、人与人之间的社会关系和政治关系统一在一起。

对人类而言，这三个密切联系又相互冲突的宗教是否依然充满生机活力呢？世界上有数十亿人认为答案是肯定的。虽然600万名犹太人在第二次世界大战的大屠杀中丧生，欧洲犹太人几乎被扫荡殆尽，但对以色列、俄罗斯、美国以及其他一些地方成千上万的人来说，犹太教依然是最有活力的宗教。基督教由于形态的多样性，它拥有的信徒可能比其他宗教信仰拥有的都多。而伊斯兰教也出现了近代的复兴，许多国家都经历了保守主义运动恢复传统习俗。

佛　教

印度第一个帝国大概诞生于公元前325年。孔雀王朝的开国皇帝号称旃陀罗笈多，在他之后孔雀王朝统治了印度次大陆几百年。在鼎盛时期阿育王（统治时间公元前265~前235年）的统治下，印度第一个统一国家可能拥有近100万平方英里的领土和超过5 000万人口。

作为理所当然的王位继承人，阿育王一登基就发动了一次军事行动。他大获全胜，但他的胜利并没让他感到高兴。相反，他深受打击，因为他发动的战争给胜利者和战败者双方都造成了痛苦。阿育王证悟的时候才只有30多岁。

公元前563年，佛陀（"了悟者"的意思），也就是乔达摩·悉达多出生在北印度一个王室家庭。他的婚姻和生活都极尽奢华。然而，在他29岁的时候，他意识到人的命运总是有生老病死。他无法控制自己的哀伤，开始寻求减少人生痛苦的途径。

乔达摩离开妻儿，一路南下来到摩揭陀国，希望寻找导师替他解答人生受苦的意义这一难题。跟当时印度的宗教传统一样，他像导师们那样进入神秘的冥想境界。但他不满足于仅仅是冥想。另一些导师向他保证，如果他能够进行极度苦修，就一定能有更深的领悟。于是，好几个月他都袒身露体，几乎不进饮食。通过苦修，乔达摩明白了什么是苦，但还是没能参透人生受苦的原因。

于是，他放弃苦修，开始进食并逐步恢复了健康。不过他从没放弃自己的探索。公元前528年5月的一个清晨，他身处一个叫菩提伽耶的地方，盘腿坐在一棵巨大的菩提树（印度榕树）下，决心不证道绝不起身。

乔达摩苦想了数个小时，头脑中翻江倒海。魔王魔罗出现并引诱他放弃证道。魔罗说，"你继续受苦有什么意义呢？"乔达摩不理会他，拒绝了一切诱惑。

魔罗被打败，最终离开了。乔达摩继续冥想，通宵达旦，直到5月25日的清晨。也就是在他35岁的这一天，他觉悟了，成为佛陀。

他学到了什么呢？"我证到这就是真谛"他对自己说，"这很深奥、很难看清、很难明白……人被激情蒙蔽，被无尽黑暗笼罩，因而无法看到真谛。真谛不在当下，它高远、深邃、精微，难以领悟。"

佛陀证得的真谛很难用几句话描述清楚。我们或许需要用一生的时间来领悟它。佛陀用隐晦的比喻来描述真谛。人应当在自我放纵与自我禁欲之间找到一条中道。这条中道就是"八正道"，即正见、正思维、正语、正业、正命、正精进、正念和正定。

正如佛陀所示，真谛包括"四圣谛"：第一谛"苦谛"是他在出游之前就已经证悟的，即人生充满冲突、哀伤和痛苦；第二谛"集谛"表明，所有的业与痛苦都源于人的欲望；第三谛"灭谛"说明人可以通过某种途径解脱并获得自由——涅槃；第四谛"道谛"告诉我们，"八正道"就是实现自由解脱的途径。

从某种角度来看，佛教不算是一种宗教，因为它不崇拜神。然而，这种主要是道德信条的思想迅速流传开来，部分是由于它在各处都引起了狂热的追捧，部分是由于它翻天覆地的新论调。佛陀这位思想深邃、满怀同情与悲悯的人提出，所有人在生死问题上都是平等的。因此，佛陀反对种姓制度。他的信徒把社会平等的理念传播到南亚地区，不但引发了政治问题，还启迪了许多古代国家的政治进步。

佛陀涅槃后300年，阿育王在自己证悟后弃绝了战争与暴力，力求与臣民和邻国和平共处，开创了印度历史上被后世视为"黄金时代"的崭新一页。

佛教在许多亚洲国家的政治生活中依然发挥着重要作用。它强调社会平等以及很多人因病致穷的学说激发了无数地区的自由主义改革运动。佛教徒也常常支持反对殖民主义、恶意占领或敌对民族群体的民族主义运动。因此，佛教始终是世界上最具活力的伦理思想体系。虽然佛教徒在任何地方都不占大多数（除了缅甸），但佛陀思想的神秘力量却对人类的思想保持着持久而深远的影响力。

历史经验

很多古代王国或帝国都是从冲突的家族、村落或部落中崛起的。对所有国家而言，建立政治和社会秩序是最重要的任务，而秩序往往要借助武力建构起来。面对近在眼前的死亡威胁，只要武力存在，大多数人都会保持沉默和顺从，现在也是如此。不过，武力不能无时无刻存在，那么当武力不在的时候怎么维持秩序呢？

我们发现，埃及人的解决之道是拒绝改变。他们所坚持的事物或许不完美，但他们更不愿意做出改变。所有文明都或多或少地认可这种观点，不过埃及人比任何其他民族都更讨厌改变。

印度人建立了种姓制度来解决这个问题。一个人的出身就解释和证明了他的社会地位，这种观念得到了广泛认可。这同样是一个有效的原则，因为一个人的出身总是无可争议的。我们的父母属于哪个等级，我们就属于哪个等级。如果有人认为子传父业直至无穷，富人永远是富人，穷人则永远是穷人，这看起来不太公平，那么答案就在于，为了维持社会秩序，值得我们付出所有不公平的代价，这种秩序被埃及人称为"玛特"。什么可以取而代之呢？持续不断的混乱与冲突，最终必然导致毁灭。

中国人用一种更为新颖的方式来证明社会不平等。出身并不能决定一个人的全部，一个人只有一生进取并达到内在的崇高境界，才能获取较高的社会地位。但这个原则不需要在任何时间、任何地点都被遵守。皇帝可以为皇族保留最高的官职爵位。这很实际。谁会不这么做呢？不过，上级之所以优越是因为他们理应如此，这种观点得到了广泛的认可。而优越性理当体现在对儒家思想的更好的理解上这个说法似乎就不那么容易被人们接受了。然而，在用某种客观测试来选拔人才方面，儒学的科举考试要比其他测试方式都好。

在我们这个时代，优势是通过在另一种客观测试——所谓的学术能力测试（SATs）——中的高分表现出来的。这个测试跟儒家学说毫不相干，但选才原理是一样的。

由于读、写能力在美索不达米亚文明都得到了发展，它变成了一种不同的优越性测试。读写能力并不能决定一个人的社会地位和政治地位。相反，读写能力只是进入权力阶层的敲门砖，占少数的权力阶层控制了这个国家的大多数国家事务和私人事务。拥有读写能力的人掌控社会信息系统，这对国计民生至关重要。在今天，信息系统则更为关键了。据统计，在现代工业国家，信息产业要占国家生产总值的一半。在古代美索不达米亚，信息是一项新兴的产业。在我们这个时代，信息已经成为最大的产业了。

有一个很奇怪却又无可争辩的事实，那就是所有伟大导师和宗教创始人都反对前文中列举出的社会组织结构。他们都是造反派、改革家，反对他们那个时代的既得利益者与权威。那么，我们能不能把他们的成功归因于，或至少部分归因于他们的叛逆心呢？

亚伯拉罕及其他犹太教元老和先知们最初声称他们部落的神是最伟大的神，后来就坚持强调他们的神是耶和华——所有人唯一的神。多神论的异教徒至少信仰两种神——善神和恶神。善神主导好事，恶神主导坏事；尊奉恶神是为了容许他们存在，并因此尽量避免他们带来厄运。犹太人是最新确信人应当为自己的行为负责的民族；他们认为人不应当责怪神。

耶稣和基督徒以及传教士们的革命性更加彻底。夏娃被撒旦诱惑，而亚当又被夏娃引诱。两人都堕入罪恶与死亡之中。但人不遵守上帝的律法不能归咎于撒旦。人被驱逐出伊甸园是咎由自取，男人和女人都必须永远承担这一后果。由于上帝爱亚当和夏娃以及他们的子孙后代，因此用他独生子的血来拯救和赎回人的罪。不过，正如犹太人所说：这罪责乃是出自人的灵魂。

孔子的思想可能受到他独特的人生环境影响，因此他反对当时以人的出身决定其社会地位的封建宗法制度。孔子认为，社会或国家里的领导地位应当由智者担任，而智慧源于学习。中国人只采纳了这个原则最表层的含义。如果孔子能够活在当代，他会不会提出真正的智慧要用多种多样的知识测验来评价，不管这些知识是不是他写的？孔子思想的深度和革命性是否就仅限于此呢？

佛陀反对在印度已经占据统治地位的种姓制度。他说，在苦难面前，众生平等；所有人都要经受考验，最终殊途同归。在那个野蛮的不平等时代，佛陀深刻预见到人人平等。当然，大卫王、耶稣和穆罕默德都有同样的平等观。在真神面前，出身或学问都不能赢得上帝的青睐。所有男人和女人都一样，只要真心寻求并热爱天国，这个人就能进天国。

　　社会平等的观念的确具有颠覆性。直至两千多年后，平等才被真正作为社会组织建构的正义原则。这时候，犹太教徒、早期基督教徒、穆罕默德及其直接追随者、佛陀、孔子以及其他东方圣贤，当然还有无神论者苏格拉底，他们的影响却已经流芳百世了。

字　母

　　世界上最早的字母可能出现在美索不达米亚，在公元前1500年左右，而腓尼基人应该是最早发明第一批标准字母的人。今天，我们使用的字母中有很多都是从腓尼基字母演化过来的，这些字母早在公元前1100年就已经被使用了。不过，腓尼基字母只有辅音字母，没法有效记录印欧语系的语言。大约在公元前8世纪中期，希腊人发明了元音字母。这样一来，字母表跟我们今天使用的字母表就相差甚微了，这是睿智而富有创造力的希腊人为后世所做的最宝贵贡献之一。

　　并非所有文字都是拼音文字。汉字就不是拼音文字。古埃及人、古苏美尔人和古希伯来人的文字都不是拼音文字。汉语和日语都有很强的表意性但却很难清楚明白地书写出来。像希腊文、拉丁文、德文和英文之类的拼音文字，在书写的时候要比其他文字都来得更清楚。原因就在于字母本身的特性。

　　公元前1000年左右，古希伯来语、阿拉姆语以及其他北方闪族语系的字母有很多变形，但其差别不是单个词汇拼写不同，而主要是使用时在上下文之间表达的含义不同。直至今日，希伯来语依然没有元音，为了清楚起见，采用在某些字母上加注符号的方式来表示元音字母，不过在短语中不使用符号。由于英语当中很少有变形，所以没有元音字母就无法有效地表意。我们作一个对比：先看一个希伯来语字母bt，再来看bat, bet , bit, both和but这几个英语单词。很明显，这几个单词的含义完全不同，相互之间没有任何语义上的联系。从书写上看，是a, e,i,o,u五个元音字母表示出了它们之间的差别。从文字表达来说，这种差别是很模糊的。（当不同口音的人说出这些单词的时候，或许这些单词的差别也会不甚明了。）

中国文字运用了无数不同的符号来表达无数个不同的音，每个符号的含义各不相同。英语跟汉语一样有很多不同的音，但或许有更多的单词和含义，却只需要26个字母就能写出语言中的所有单词。其效率之高简直让人吃惊。

由于没有元音字母，因此在腓尼基字母是不是真正的字母系统这个问题上，学者们的观点不尽相同。如果腓尼基字母不算的话，那么希腊字母系统就是第一套真正意义的字母系统了。能够流传四方就足够荣耀了。希腊人的发明同样让人震惊，因为它发明得更早。

印加人没有发明文字。他们也没能明白他们运用的工具的基本原理。他们发明了特殊的工具来完成特定的任务，但是他们却没能理解特殊的工具背后的抽象原理，例如，他们发明了杠杆却不明白其道理。与之类似，虽然能熟练解决大量生活中的具体问题，埃及人和美索不达米亚大部分地区的民族似乎也都没弄清其中的普遍原理。

印加人的语言非常成熟，具有很强的表现力。如果没有语言，他们就与动物无异了。不过，没有文字或许可以解释他们为什么缺乏一般知识，以及他们为什么会很快被那些拥有文字的民族击溃。这也许是因为如果不能写下并让其他人清楚理解自己的想法，人类就无法抽象思考和掌握一般知识。

口传心授在人类历史上持续了很长一段时间。最早的帝国都是在没有文字的情况下建立起来的。不懂文字艺术的人同样创造了伟大的艺术品，甚至创作了伟大的诗歌。历史上第一位伟大的诗人荷马就没受过读写训练。在他那个时代（公元前1000年），绝大多数人都不会读写。

即便是像在美索不达米亚、埃及、中国这种地方，人们学习书写的目的也仅仅是记事。他们从来没有把书写看作更好思考不可或缺的手段。

希腊人在创造了一套完整的字母表之后，很快就明白了这个道理。我们所知和所生存的这个社会也因此开始出现。

0

希腊人很快就意识到，以字母表为基础的文字有许多意想不到的好处。他们几乎还没准备好接受巴比伦人的另一项重大发明：位值制记数法。

当我们写下任何一个数字，例如568，我们往往没有意识到我们正在使用一种非常高效的速记方法。如果要准确地表述568这个数字，那么我们有两种书写方式。一种方式是：

$$(5×100) + (6×10) +8 = 568$$

另一种方式更抽象：

$$(5×10^2) + (6×10^1) + (8×10^0) = 568$$

如果我们只能用这种烦琐的计数法，那么我们就不能在有限的时间内做这么多计算。计算机可能不会为之困扰。但学生们在学习算术的时候，就会感到这种计数法要比平时用的位值制记数法麻烦多了。

对我们来说，位值制记数法就像第二本能。在写数字时我们几乎不会想到记数法的问题。但并非人类历史上的所有文明都享有使用这种实用、快捷的计算法的便利。

然而，本章中论及的好几个古代帝国都各自发明了位值制记数法。16世纪西班牙人到达墨西哥谷地时，他们吃惊地发现玛雅人已经在复杂的历法中使用位值制记数法计算日期了。埃及人也许在大约4 000年前就独立发明了位值制记数法，但是，最先发明这种方法还得算是巴比伦人。

当绝大多数人类还在掰着指头计数时，苏美尔人和巴比伦人已经是很高明的计算者了。据历史学家埃里克·坦普尔·贝尔考证，差不多早在公元前3500年，他们就已经把位值制记数法用于六十进制计数法（以六十而不是十为基数的进位制计数法）中了。

长期以来，巴比伦人无法避免另一类数字的歧义，例如508。在我们看来，508跟568似乎没什么不同。但对几个世纪之前的巴比伦人和埃及人来说简直是个无解之谜。

数字508可以这样写：

$$(5×100) + (0×10) +8 = 508$$

这对我们来说没有问题。对巴比伦人而言，就很有问题了。他们不明白算式中的**"零个十"**是什么意思。于是，他们常常干脆不在十位数上填任何数字。

位值制记数法只有在每个位数上都填上数字时才有效，即便在某一个位数上的没有数值可记。在数字508当中，0是非常重要的。省去0的话，508就变成58了。巴比伦人常常省略了数字0，所以，如果不密切关注上下文的内容，他们的算术就会陷入无可救药的混乱之中。

直到公元前350年前后，巴比伦人才发现了数字0的必要性，这比他们发明位值制记数法要晚3 000多年。埃及人或许在稍早就发明了数字0，但他们没有始终坚持使用它，这意味着他们并不理解0的重要意义。

公元前350年以后，巴比伦的天文记录表（六十进制计数法）逐渐开始使用数字0。后来，从希腊天文学家到200年左右的托勒密，都沿袭了巴比伦人的做法，用来ō表示0。但他们在天文学中都保留了六十进制计数法，这种计数法虽然有其优点，却仍有不必要的累赘之处。

1200年左右，或许要更早些时候，印度人开始在十进制计数法中使用0。他们通常被视为数字0的发明者，但他们很可能是从希腊人那里学到这个数字的。他们整合了十进制计数法，而且在记数时始终使用0，这种做法被证明解决了计算上的重大难题。总体而言，自此以后全世界都在使用这种计数法。

因此，我们要感激巴比伦和埃及的数学家。但我们也不应忘记一个令人费解的事实，那就是，早期希腊数学家以其深刻的直觉和在几何领域的辉煌成就著称，却没有意识到位值制记数法的重要性。毫无疑问，他们在巴比伦人的基础上建立起数学知识，而在几何学上他们又远远超过了老师。不过，希腊人并不是好的计算者。他们忽视了简单的算术问题，即便这个问题困扰了他们很久也没有得到解决。

第二章　希腊人的爆发

在人类历史上有两次知识爆炸。第一次知识爆炸发端于公元前6世纪的希腊。第二次知识爆炸发生在四五百年前的欧洲，并持续至今。

第一次知识爆炸延续了很久，并从希腊迅速传开，最终影响了整个世界。这次知识爆炸始于一种通信装置的发明和一种新的获取知识的办法，随之而来的是数学的惊人进步，最后以关于物质和力的颠覆性理论进入高潮。这一切跟我们这个时代的知识爆炸都非常相似。

第一次知识爆炸并不像我们这个时代这样，在探索、理解和控制外部自然界方面有如此大的成就。不过，尽管没有像今天我们引以为傲的经济学、社会学和心理学方面的"人文"科学成就，但是古希腊学者至少跟我们一样懂得关于人类本质和合理的良善生活。如果说我们在物理学上取得了希腊人梦寐以求的进步，那么可能希腊人在哲学，尤其是道德哲学方面的成就是我们望尘莫及的。

当我们看到在物理学上取得的进步，以及在为这些进步感到骄傲的同时，也要意识到这些成就部分要归功于希腊思想。它在被埋没了一千多年后的现代得以复兴，并重新被应用起来。从这个意义上说，希腊人的知识爆炸或许比我们时代的知识爆炸影响要深远得多。

当然，希腊人在自然科学和人文知识上都犯了很多严重错误。有的错误导致了灾难性后果，遗患直至今天。不过我们这个时代的知识爆炸同样犯过错，有的错误甚至可能最终导致全人类的灾难。

两次知识爆炸的错误都源于傲慢：这是一种过度自信的、唯我独尊的推定，藐视了有序宇宙中对人类行为规范的限制。希腊人专门用一个词来形容人类的傲慢："自大"。他们认为自大是种罪，尊奉复仇女神涅墨西斯，认为她会惩罚那些自大的人。

今天，我们没有一个专有名词来形容人类的傲慢，也不再尊奉涅墨西斯。但是，涅墨西斯的报复却时刻发生在我们周围。

泰勒斯的疑问

希腊本土是一座半岛，从欧亚大陆向地中海延伸，蜿蜒曲折深入海中。希腊半岛东岸遥望是安纳托尼亚（现在土耳其最西的行省，位于达达尼尔海峡南部）。在希腊与安纳托尼亚之间是一片海，海上海岛星罗棋布，灯火熠熠生辉——这就是爱琴海。或许，在世界上面积相近的海洋里，爱琴海算是最负盛名的了。

公元前12到公元前10世纪，说希腊语的人横穿爱琴海，在安纳托尼亚西岸建起了定居点。他们没有深入腹地，而是沿着海岸线建起了城市，控制了沿海地区。沿海有非常多优良的天然海港，他们的船可以安全地锚泊于此。他们把这个新定居点称作爱奥尼亚。

爱奥尼亚最大、最繁华的希腊城市是米利都。它位于爱奥尼亚最南部，紧靠安纳托尼亚海岸向东转向深入地中海的狭长末端处。后来，米利都被克里特人占领。大概在两千多年前，由于两个优良海港被泥沙淤塞而废弃，米利都衰落了，除了废墟什么也没有留下。

今天，乘坐商用喷气式飞机从米利都旧址飞到古埃及的首都只需要不到一小时，但在那个遥远的年代，不管是从海路还是陆路走，这都是一次漫长的旅程。公元前8世纪中叶，野心勃勃的米利都人开发了这条常规航线，与埃及人做贸易，带去希腊人的知识和货物，带回埃及人的智慧与黄金。他们发现埃及人早在2000年前就已经学会利用尼罗河畔生长的一种名叫纸莎草的植物，把它制成平滑、细薄、柔韧且能长久保存的东西，可供人在上面书写。

不过，没有证据可以表明希腊人在公元前8世纪中叶之前有文字。突然之间，随着莎草纸的进口，希腊人开始书写文字作品，这样一来，商业记录和技术类的论著开始在希腊世界广泛传播开来。文字创作的中心就在米利都，不仅因其商业发达而闻名，更由于其是发明和思想的起源地而著称。

公元前625年左右，一个人出生在米利都，他是唯一一个能够利用家乡城市提供的特殊机遇的人。他的名字叫泰勒斯。他被称为古希腊第一个哲学家和第一个科学家。

我们对他的生平或职业知之甚少。他可能是一名成功的政治家。他还被称为"七大智者"之一。其他六位都是希腊的政治领袖，泰勒斯则是因为其他成就被希腊人和罗马人爱戴。相传是他发现了《欧几里得原理》中的一些定理。据说他还成功地预测了585年的那次日食；如果是真的，他就是第一个预测到日食现象的人。

据古代注疏者记载，泰勒斯是第一个提出物质宇宙的本原的思想家。本原即世界唯一的根本，是所有变动不居背后不变的实质。注疏者确信，泰勒斯把世界的本原或第一因确定为水。

要理解泰勒斯的思想，我们有必要弄清他想要解决的问题，以及他很可能是第一个意识到解决这个问题的重要性的人。如果是这样，他的确算得上第一个哲学家。

当我们环顾四周时，我们会看到不同类别的事物，我们所能辨识的这所有事物都处于变化之中。众生都总是从出生、成熟到死亡。植物从地里萌发、茂盛直至死亡。大海处于永久运动中，就连巨大的山脉也会因风化而发生改变。甚至是我们的地球母亲，无时无刻不在变化。是否万物都在变化呢？又是否有恒常不变的事物呢？

我们在思考这个问题时，就开始意识到所有事物中必定有某种不变的东西，否则当它们已经变化了的时候，我们怎么能在不同的时间内认出这是同一种东西呢？取一团泥，我用手揉搓它，泥团就变小了。但它仍是一团泥。虽然这泥团的许多方面，例如质量、重量改变了，但"它"里面一定有某种东西没有改变。事实上，所有的质量都改变了，但里面的某种东西依旧保持原样；否则我们就不会说是"泥团"发生变化了。

我们说我手里的这一团东西是"泥"。但光是给这团东西命名并没有解决泰勒斯的疑问。我可以一点点磨掉整团泥，拍掉手上的尘土，把它抖落。这时候，那团泥被揉搓得四散开来，但它从不曾停止存在，即便我现在对它置之不理也是一样。

我可以把其中一部分扔在水塘里，一部分撒向天空让它随风吹走。我还可以扔一部分去喂鸡。当某一天"它"再次出现的时候，就不再是一团泥土了。但新出现的这个东西也并非无中生有，它来自原来那团泥。即便经历了这样彻底的改变，泥土当中某些东西仍被保留下来了。

再过几年、几百年，还会发生更深层、更深远的改变。人类和家庭在变化，国家在变化，大陆被冲走，新的年轻的山脉从原来的大海里隆起。甚至宇宙也在改变。数十亿年里，星系从诞生到毁灭，黑洞吞噬无数与太阳相似的星球，把它们变成我们无法理解的某种东西。

在这一切变化的背后有没有一个最本质的东西呢？所有事物都不再跟以前一样了的时候，是否还会保留下某种相同的东西呢？

对所有个体事物而言，我们总能发现其不变的本质。在两个世纪之内，美国从一个只有300万人口的国家发展为拥有2.5亿人口的国家，美国的州也从13个增加到50个。但可以肯定地说，某种本质的东西是没有变化的，也就是美国本身。对一个人来说，或者对我们居住的地方、我们读的一本书、我们所说的一个单词而言，都是同样的道理。虽然我们在这些事情上成功地辨识清了本质，但并不意味着泰勒斯的努力也能成功。在宇宙中任何时间、任何地点的所有变化背后是否有一个不变的本质？

如果没有，那我们怎么想象事物的普遍性呢？我们怎样为之命名呢？名字是否就是一个声音的幻象呢？或者说是否真有东西存在呢？有没有那种坚固、持久或者永恒的东西存在呢？

泰勒斯认为有，那是一种跟世界（或者叫"宇宙"，源于希腊文）一样永世不变的东西，它的本质——事物变化背后的东西——是水。我们无法确切地知道他指的是什么，但他肯定不是说所有事物都是由水"构成的"。例如，他明确知道石头不会是由水构成的。

但是，如果石头像前文中干燥的泥团一样被碾碎，扔在水里的话也就溶掉了。或许泰勒斯的意思是水是万能溶剂。或者说，泰勒斯在说本原是水或者"润泽"的时候，他所指的是水的液态特性或者易变的形态。当水被加热时，会蒸发成汽；而当温度降至冰点以下时，水又会变成固体的冰。或许水是个不坏的世界本原的选项。

不管水是不是一个不错的世界本原，也无论泰勒斯所说的"万物的本原是水"到底是什么意思，他都提出了一个至关重要的思想：在世界上所有事物背后有某种最本质的物质或元素存在。他的这种观点表明，他开始用一种全新的方式来理解这个世界。

泰勒斯有两件非同寻常的壮举。第一，他没有去用万物有灵论来解释这个世界所发生的事情。也就是说，他在解释那些无法理解的事情时没有说："我不知道这是怎么发生的，所以我猜这是神让他们发生的。"

第二，他做出了独到的假设，假设世界（宇宙）是一种人的思维**可以**理解的事情。

泰勒斯拥有工具和简单的机械，他明白它们的工作原理。他住在一间简陋的房子里，弄懂了如何修房造屋。或许他还弄清楚了太阳系运行的规律。但他"万物的本原是水"的假说几乎是人类思想可以达到的最深远程度。因为它意味着泰勒斯相信世界上所有的事物，包括世界本身都是可以为人所知的。世界的秩序、组织和构造都可以为人类思维所理解。从根本上讲，它不是一个谜，也不是神的玩物。

在《早期希腊哲学》一书的前言中，约翰·伯内特写道：

> "用希腊人的方式思考世界"就是对科学的准确表述了。因此，那些从未受希腊思想影响的族群中没有发展出自然科学。

我注意到，泰勒斯的假说几乎达到了人类思想在理解世界方面的极致。世界的运转能够用一个或多个事物来加以理解和解释。但很重要的是，泰勒斯并没有这样做。他并没有把所有事物都纳入人类可理解的范围。为此，泰勒斯不是第一个科学家，而是第一个深入思考一系列至今尚未解决的知识难题的人。

泰勒斯试图理解和解释的世界是物质世界、可见世界。也就是说，这个世界的所有事物都是我们的感官可以感知的。这样一来，就包括了其他人的身体，也包括泰勒斯本人：他能看到的手和脚、他能感觉到的自己脑袋后面的头发，他能闻到的身体散发出的气味，他能听到的自己发出的声音。

但是，其他人的思想，以及泰勒斯自己的思想却不在其中，思想是不可感知的。我们还记得，那些不能被我们的感官感知，但却在梦中可以梦到，甚至幻想出来的从不存在的东西，如独角兽或狮鹫①，都属于可感知的事物。然而，我们不能感知思维，无论是他人的还是自己的。思维是非物质的存在。

有人说，世界上所有物质都是由水或其他某种不变的单一粒子构成的。其他人则声称所有东西包括思维都是由一种或多种物质元素构成的。虽然其后的一些哲学家这么认为，但泰勒斯也许并没有这么说。

泰勒斯的作品都没有流传下来，但他肯定写过很多著作，曾经广为传播。作为他作品的精髓，他的新思想很快传遍了整个希腊世界乃至更远。他的新思想包括：世界总体而言可以被人感知，外部世界和人类思维之间有深刻的不可通约性，以及思维不是外部世界的一部分。除泰勒斯之外还有很多希腊人都"用希腊人的方式思考世界"。整个爱奥尼亚及受希腊文化影响的大陆，人们开始探求并提出另一些在变动不居的世界里可能永恒不变的、能为人感知的主要元素。

数学发明：毕达哥拉斯学派

萨摩斯岛位于距离爱奥尼亚海岸几英里的地方，离米利都很近。在古代，萨摩斯曾是一个繁荣的城邦，与其他爱奥尼亚城邦争夺希腊小亚细亚地区的领导地位。波利克拉底在公元前532年成为萨摩斯的王，在他的统治下，萨摩斯达到了鼎盛。显然，波利克拉底是一位开明的专制君主，吸引了大量雕刻家、画家和诗人来归顺他。但他跟萨摩斯一个最著名的人相处得并不愉快。

那个人就是毕达哥拉斯，公元前580年左右出生于萨摩斯。由于不喜欢或者不同意波利克拉底的观念，在这个专制君主开始执掌大权的那年，他率领自己的信徒前往南意大利，在那里他建立了一个由他亲自掌控的哲学学派兄弟会。有很多关于他的传说，比如说，他有一条金腿。他的信徒们在提及他时从不说名字，而是称他"圣人"，在主张他们理论的权威性时也总是说"圣人如是说"，意思是"圣人亲授"。

---

① 狮鹫，希腊神话中半狮子半鹫的怪兽。

就像他们曾经惹恼萨摩斯人那一样，毕达哥拉斯及其信徒的傲慢与神秘的狂热似乎也惹恼了南意大利的新邻居，几年之后他们又被逐出了克罗岛，即今天的克罗托纳。最后，毕达哥拉斯搬到塔兰托湾附近的一个小城，据说公元前500年，毕达哥拉斯饿死在了那里。

与毕达哥拉斯同时代的人把许多神秘主义信仰都归责于他。例如，他声称他能回忆起他曾经在四个已经亡故之人的身体里栖息过，其中一个是《伊利亚特》史诗中的普特洛克勒斯，他是阿喀琉斯的挚友，因为严重受伤被赫克特刺死。毕达哥拉斯相信灵魂转世说，这可能是他从埃及人那里学到的，其后或许被柏拉图改造继承。中世纪的天文学家哥白尼声称，他是从毕达哥拉斯那里继承了所谓的哥白尼体系的，虽然毕达哥拉斯认为的太阳系布局到底是怎样的我们并不知道。

毕达哥拉斯发明了音阶，这与他的数学思想是一致的。传说有一天，毕达哥拉斯腿上放着某种乐器，突然他意识到紧绷的琴弦发出的声音有一种独特的和谐美，可以用数字来表明音程的数量比例关系，也就是1:2，2:3，3:4，今天我们把这些节拍写成1/2，2/3和3/4。这个神奇的事实震惊了热爱音乐的毕达哥拉斯。对他而言，数字与琴弦之间居然有如此奇妙的联系，以至于能让听众感动流泪或得到精神的提升，这实在让人惊诧。

在毕达哥拉斯思考这个奇怪关系时，他开始觉得数或许对物质事物有更大的影响力。他和他的信徒很快得出一个结论：万物皆数，数即万物。由此，数与物质世界之间的紧密联系被发现，从那时起，它既启发了思想家们的灵感，又让他们感到迷惑。

当毕达哥拉斯本人用数来解释外部世界的时候，可能他自己的理解并不是这么清晰。他所说的绝大部分内容都具有神秘主义色彩。例如，传说他曾提出数字10是正义的数字，因为当把4、3、2、1排成一个三角形的时候，这些数字相加的结果等于10（见下图）。

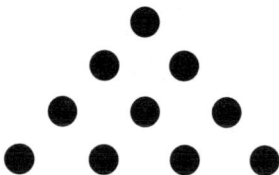

然而，毕达哥拉斯凭借其本能的洞察力认为，真实世界中确有可以用数字，甚至是只能用数字来理解的东西，这个观点在人类思想史上是巨大的进步。在那个时代，鲜少有比这更具影响力、成效更显著的思想了。

毕达哥拉斯死后，由于政治观点不同，他的门徒们被人从一个城市驱逐到另一个城市，却仍继续数学研究，把他们的重要发现都归功在已经去世的导师身上，增加他的荣耀。其中一个发现就是毕达哥拉斯定理的证明，即是说在一个直角三角形内，斜边长的平方等于两条直角边的平方之和。例如，如果一个直角三角形的三条边分别是3、4、5，那么3的平方（9）加4的平方（16）等于5的平方（25）。

由于证明了所有以圆的直径为其中一条边的三角形都是直角三角形（这是毕达哥拉斯学派证明的另一个定理）且90度圆周角对的弦是直径，毕达哥拉斯定理是最有用的数学定理之一。

毕达哥拉斯学派的数学研究大概在公元前4世纪中期停止了。然而兄弟会从来没有失去进攻性，也没有消亡。从我们的观点看，毕达哥拉斯学派停止数学研究更重要的原因是研究工作经常遇到难题，他们认为这些困难极度危险以至于无法解决。

问题就在于此。所有直角三角形并不都像上个例子中的三角形那样，所有的边长都是整数。事实上，三边都是整数的直角三角形很少见。绝大多数直角三角形，即便是那些两条直角边为整数的直角三角形的斜边也不是整数。

如毕达哥拉斯学派发现的最简单的三角形存在一个问题。我们来假设一个两条直角边都是1的直角三角形。1的平方是1（1×1=1），1的平方加1的平方等于2（1+1=2）。但是，2不是一个平方数。也就是说，没有哪个整数与自身相乘会等于2。

毕达哥拉斯学派发现，2的平方根（这个数与自身相加等于2）是一个相当奇怪的数字。他们意识到，2的平方根不是有理数；也就是说，这个数不能用两个整数之比来表示。（有理数有时又被称为分数，如2/3，4/17等。）然而，如果2的平方根不是有理数，就必然是无理数。而这个结论对毕达哥拉斯学派的人来说是个很可怕的想法。

他们为什么害怕呢？因为他们最初的假设认为数就是物，物就是数。还因为在所有毕达哥拉斯学派研究背后的泰勒斯的思想，即人的意识可以理解这个世界。而人的意识的力量在于理性，即人的理性能力；如果世界是无理性的，或者有无理性的事物存在，那么泰勒斯或者毕达哥拉斯二人中必定有一个是错的——如果他们两人都是正确的，那么在人性中必然有非理性的部分来对应自然界中的非理性因素。然而，人无理性的话还怎么理解其他事物？更不用说理解世界了。

这要归功于毕达哥拉斯学派的研究者，他们没有否认他们所了解到的情况。他们直面这个问题，并承认在某些地方有某种深层次的不平衡存在。这确实需要勇气。但他们没有足够的勇气继续前进，解决这个难题。麻烦就出在他们的神秘主义信仰上，他们素朴地相信事物、包括世界本身都是数。可一样事物不单单是数。例如，就某种真实事物而言，一个正方形的边和对角线之比，只能用无理数来表示，但这并不意味着正方形本身是无理性的，或者说这样的图形是不合理的，所以无法为人理解或进行推理。

我们已经不再害怕毕达哥拉斯学派未解决的这个难题。我们明白数是不同于具体事物的另一类存在，即便数与事物之间依然表现出毕达哥拉斯学派早已发现的紧密联系。今天，我们甚至使用比毕达哥拉斯发现的无理数更晦涩难懂的数字。无理数一点也不可怕；有的无理数（这要更专业一点）是一个代数数，即整系数多项式的复根。但有的无理数并不属于这一类，其中有些还很有名，例如 π 是圆的周长与其直径之比。还有所谓的虚数，由两个部分构成，$a+bi$，式中 a 和 b 是实数，i 是 -1 的平方根（也就是说，i 是一个与自身相乘等于 -1 的数）。还有许多其他类别和层级的数字，远远超出了"复杂"二字可以形容的范畴，数学家或许会认为它们很美。

毕达哥拉斯学派或许怀疑无理数在真实世界里是不存在的。可如果无理数不存在于真实世界，那么又存在于哪里呢？这些奇怪而危险的数是否就是通向希腊人一直恐惧的混沌的大门呢？它们是不是未知的、邪恶的神的标记或象征呢？这些类似的想法或许可以解释，在公元前4世纪中叶，毕达哥拉斯学派和其他希腊数学家为什么会停止对数学的创造性研究。

大约在公元前300年，欧几里得完成了他的《几何原本》，这本书几乎与

《圣经》齐名，直至不久之前，西方的大多数学校还把它当作教材使用。不过，虽然欧几里得是一位无与伦比的教育家，但他的原创思想却不是在算术方面。他的思想主要涉及力学、天文学以及其他数学领域。然而，巨大的创造性冲动已经消耗殆尽了。

当代，科学方面同样出现了停滞，至少可以说是出现了停滞的危险。第二次世界大战以后，很多科学家和非科学家呼吁，不应当继续进行原子能方面的研究，因为这种研究可能对地球上的所有生物造成威胁。在我们这个时代，也有人主张生物技术专家应当停止遗传工程学实验。不过，虽然潜在的威胁的确存在，但这两种研究都没有停止。我们是不是比毕达哥拉斯学派更勇敢呢？或许是吧。又或者我们其实是更加有勇无谋呢？

原子论的创立：德谟克利特

公元前460年左右，德谟克利特出生于阿布德拉。阿布德拉是位于色雷斯东南角的一个小城，距马其顿的边界仅数英里。德谟克利特的父亲非常富有。据说在德谟克利特出生前20年，当波斯军队路过色雷斯时，他的父亲接待过波斯帝国国王薛西斯[①]。德谟克利特的父亲去世时留下了三个儿子，他的财产被分为三份：土地、房产和现金。其中现金的份额最少，但德谟克利特却选择继承现金那一份，因为他想自由地到处旅行。

带着继承到的一百塔兰现金，他出发去周游世界。他第一站到了埃及，在那里他跟祭司学习了几何学。他又到波斯跟随占星术士学习，随后又穿越今天的巴基斯坦到达印度，在印度他拜访了天衣派教徒，他们是苦行主义的印度教哲学家，主张裸体并让自己进入神秘的冥想。他取道埃塞俄比亚和埃及回到希腊，据说在雅典终老。他鄙视雅典，或许是因为雅典曾经瞧不起他。

德谟克利特十分长寿，虽然后来失明了，但他仍然保持乐观的心态；他断定快乐是一种重要的善。在晚年，德谟克利特回到阿布德拉。他耗尽了财产，但当他在公民大会上选读了他的一本著作后，地方议会决定额外奖励他一百塔兰。因

---

① 薛西斯，波斯帝国国王（公元前485~前465年在位）。

为他嘲笑所有事物，包括他自己，因此又被称为"含笑的哲学家"。

据说德谟克利特有70多本著作，涉猎范围非常广泛，包括了伦理学、数学、物理学、音乐、文学、医学、历史和预言，可惜没有一篇流传到现在。据其一个世纪后的亚里士多塞诺斯记载，柏拉图曾想烧掉德谟克利特的所有著作，但被他的学生劝住了，学生告诉柏拉图说，这些书已经广为流传，烧掉它们也无济于事。柏拉图的对话录有好几百页流传至今，可德谟克利特的著作一页完整的都没有留下。

和与他同时代的希腊思想家一样，德谟克利特被泰勒斯提出的问题深深吸引，他发明了一个解决方法，这显示出他的睿智。德谟克利特认为，所有物质事物都是由无数离散的微粒构成的，德谟克利特称这些微粒为"原子"，原子的聚合与离散造成了事物的产生和消亡。他认为，原子数量无限且永存不灭。原子在虚空中运动，虚空也叫空间；虚空是非存在，而原子是存在。

世界上存在有限种原子，例如构成水的原子是圆的、平滑的，由于其原子的形状，水可以自由地滑动和流动。其他原子有钩子和齿状痕，这让它们能够紧密地黏合在一起，构成钢铁或黄金之类的重物。

如果宇宙在空间上是有限的，那么无论个体的原子多么小，无限数量的原子总能填满这个空间。德谟克利特认识到这点，同时他也认识到我们的世界并不是充满了物质，他提出宇宙包含了无数个与我们这个世界类似的世界。

事实上，根据德谟克利特的说法，有无数个世界存在，至少有一个，也很可能不止一个世界跟我们的世界一模一样，有跟你我一样的人存在其中。无限宇宙中包含许多不同世界的想法也为其他思想家认同，包括哲学家尼采。

德谟克利特的著作有一些残篇被留存下来。其中一个非常著名，是因为它经常被其后反对他原子论的批判者引用。在他作品的残篇中，有一段提到，辩证地说，理性是感觉的对立面。

> 理性。表面上有颜色，表面上有甜味，表面上有苦味，而实际上只有原子和虚空。
>
> 感觉。可怜的理性，你从我这里获得证据，又想抛弃我们吗？我们被抛掉了，你也就垮台了。(残篇 D125)

德谟克利特相信，原子和虚空的世界是无色的、冰冷的，没有质量。他认为一定是这样。即便所有证明世界存在的证据证明这不可能。这是有多疯狂？这就是科学。这就是用希腊式思维来思考的世界。

德谟克利特关于物质都是由原子和虚空构成的这个直觉判断被成功地证实了。与此同时，同样不容置疑的是我们思考的基础是我们的感觉提供给我们的。而这种自相矛盾造成了人的"思想紧张"[这是德国哲学家伊曼努尔·康德（1724—1804）的说法]，这或许正是我们智力活力的重要来源。

德谟克利特原子论的主要理论是什么呢？

很多理论都非常现代化。第一，原子很小，小到肉眼看不见。原子在质上都是相同的，在量上有所区别，如形状和大小。虽然具有不可入性（德谟克利特不知道原子可以分裂），但它们相互作用，聚集并相互黏附在一起，就这样产生了我们看得到的物体。原子之外的空间是虚空：与德谟克利特同时代的很多人都不能接受这个观点。

第二，原子处于永恒的运动中，在虚空里向各个方向运动。德谟克利特认为，在虚空里没有上下、前后之分。用现代术语来讲就是，虚空是各向同性的，这是一个很复杂的概念。

第三，原子的持续运动是固有的。它们拥有所谓的惯性力量。亚里士多德和其他一些思想家不接受原子不需第一推动力就持续运动这个观点。亚里士多德认为，只有天体在依靠自身的力持续运动，因为它们是具有神性的。亚里士多德及其追随者们拒斥了德谟克利特的观点，而他们坚持的惯性定律阻碍了物理学的发展两千多年。

第四，原子乃至其聚合物是没有重量或重力的。在这一点上，德谟克利特确实错到没边了。

第五，德谟克利特到底是对是错在今天都是无法解决的。他提出，灵魂就是呼吸，因为呼吸是物质性的，因此是由原子构成的，而灵魂也应当是由原子构成的。

所有用来形容灵魂的词最初都是呼吸的意思：心智、圣灵、心魂等，到目前看起来都还不错。不过这是否与主张灵魂或思维是物质性的观点相一致呢？如果灵魂是像石头或水一样的实物，那么就一定遵循自然法则，灵魂也就不是自由的。但我们怎么可以说灵魂，或者说思想、意志是不自由的呢？我们比确定任何其他事更能肯定自己的自由——我们能自由地举起或不举起手指，可以前进而不是后退，还可以早起或是赖床。假如我们接受了既定的、物质性的思想和灵魂这个观点，就必须面对道德的荒谬性，因为如果我们不能按自己的意志自由行动的话，我们怎么能为自己的行为负责呢？

这又出现了一个悖论。我们至少能接受德谟克利特的部分假设，即我们的身体的包括呼吸的部分是物质的，我们能理解这些部分是由原子和虚空构成的。但我们不能接受自己的思想、灵魂和意志是物质的，从属于这个世界。即便那些思想强大的人声称接受这个理论，但实际上却不会这样行事。他们可能否定他人与生俱来的自由，但却像自己拥有自由一样行事。

许多个世纪以来，事实证明由这个悖论产生的紧张是非常多的。尽管如此，灵魂是物质的这个观点不被亚里士多德学派和基督徒接受，致使原子论假说在其后差不多2 000年的时间里都萎靡不振。

泰勒斯提出的问题：最终解决方法

如果德谟克利特的70本著作得以传世，德谟克利特会不会与亚里士多德齐名呢？德谟克利特对话录会不会比柏拉图对话录更受欢迎呢，他的书失传后谁才是最大获利者？这种猜想很是有趣。德谟克利特的著作为什么会失传？是不是因为它们是错误的或者无趣的呢？为什么柏拉图和亚里士多德的书又得以幸存呢？是否因为他们的书写得更好、更真实呢？抑或是因为德谟克利特相信的事情让人厌恶甚至具有危险性，以至于人们不得不毁掉他的著作，以此毁损他的声名呢？

谈到柏拉图，我们就不难理解为什么他曾试图烧掉德谟克利特的书了。柏拉图的老师苏格拉底对科学研究不感兴趣，他只关心道德和政治。他甚至不愿意到乡间去，因为他觉得离自然太近，就没有人可以与之交谈和辩论了。

柏拉图继承了这种基本的偏见，反对系统地研究物质世界，还加上了对物质本身的蔑视。跟所有希腊人一样，他对物质背后的东西更感兴趣，但他认为物质背后的东西是非物质，而不是物质。他把这种东西称作"理念"①，用来指称诸如桌子、猫、人等物质以及我们所说的"善""真""美"的事物都具有的抽象特性。

所有被我们称为猫的动物分享了什么一般特性呢？柏拉图认为是猫的理念。虽然所有的猫都是物质存在，而猫的理念是非物质的。所有我们认为善的事物分享了哪些特性，让我们可以称他们为"善"的呢？是善的理念，这是一个更高的理念。虽然很多善的事物都是物质的，但善的理念同样是非物质的。

对泰勒斯提出的问题，有一种更高端、更复杂的解决办法。从哲学的观点看，这种解决办法是绝妙的，不需要修正。从科学的角度来看，这种办法却百无一用。

柏拉图的学生，亚里士多德发现，在柏拉图对泰勒斯问题的解决方案中缺乏平衡性。他运用了一系列让人眼花缭乱的形而上学的方法来修正它。亚里士多德认为，质料只是潜在的东西，在获得形式之前它什么都不是，但它却具有成为任何东西的潜能。

形式是物质变成某物时的样子。质料和形式是事物存在的必要条件。质料好比是蜡一样，被形式塑造出来。质料这个概念不同于我们所知的物质世界的具体物质材料。如果只有质料，那么就连人类都不存在了。人就只能是潜在的状态。如果只有形式，我们可以理解"人"，但由于没有质料，我们就只能抽象地理解他。人就仅仅是一系列形容词、数量词、象征性的事物或动词，亚里士多德说，这种形式的人不会呼吸、不懂恐惧与爱。质料和形式必须结合在一起构成人或其他任何真实存在的事物。（亚里士多德认为，对生物来说，如猫和人，母体贡献出质料，父体贡献出形式。如果古代人需要论证女性的从属地位，这是另一个很好的理由。）

在亚里士多德看来，质料和形式都不能单独存在。他不同意柏拉图的一个观点，即柏拉图提出形式（理念）可以单独存在。因此，亚里士多德教我们认识和进行哲学思考的世界就是我们眼前的真实世界。真实世界充满了客观事物，亚里士多德称之为"实质"。实质有某个潜在方面，允许它们发生变化；还有一个真正的或本质的方面，让它们能为人理解，并让我们能够明白它们。为此，我们理解的是事物的形式，而不是事物本身，因为形式可以像存在于事物里一样存在于

---

① Form，理念，又译为"形式"。后文中在讲述柏拉图思想时使用"理念"的译法，以便与后文亚里士多德的"形式"概念区分开。——译者注

我们的头脑中，而事物本身是不可能进入我们头脑里面来的。从这方面说，亚里士多德提出了一句名言，我们能够知道的只是我们已知的。

有一个更复杂巧妙的解决泰勒斯提出的问题的办法。从哲学的角度看，这是终极的解决办法，没有比这更好的办法了。不过，从科学的角度看，这个办法是否真实有效还有待商榷。跟柏拉图不同，亚里士多德不是一个反物质者。他没有假设一个本质上非物质的，或者说"理念的"世界存在于我们头脑中。对亚里士多德而言，真实的事物就是真实的事物，除此之外别无他物。但是对质料概念的理解，亚里士多德提出的"质料是纯粹的潜在性，而非真实存在"的观点可能会产生不少误解。那么德谟克利特的原子又该是怎样的呢？原子是物质材料还是质料呢？亚里士多德并没有说清这个问题，而是把它留给我们去思考和争论。

道德真理与政治的权宜之计：苏格拉底、柏拉图与亚里士多德

柏拉图和亚里士多德不止是存在论者或关于存在的专家，他们还讨论过其他很多东西，而不仅是形式和质料。现在我来介绍他们以及他们伟大的前辈和导师——苏格拉底。

公元前470年，苏格拉底诞生在雅典。在雅典和斯巴达的伯罗奔尼撒战争中他曾作为步兵为雅典而战。据柏拉图所说，苏格拉底救了雅典将军亚西比德的命。他是位智者，或者说教授哲学的人，但跟其他智者不同的是，他从不因为他的教学而收取金钱。相反，他声称自己一无所知，把时间花在与其他公民的辩论上，特别是跟那些职业智者辩论，因为他们声称自己知道很多。

就算苏格拉底一无所知，他也一定知道如何辩论、如何提出难题。事实上，作为一名哲学家，人们认为他几乎已经讨论过所有能够提出的难题。他提问的一生让很多雅典人不喜欢他，在公元前399年，他被人起诉，被控不敬神和败坏青年，因为那些青年喜欢听他挖苦他们的长辈，也喜欢苏格拉底带给他们的启示。由于在陪审团中大多数人的投票，他被判有罪，并被迫喝下了一杯致命的毒芹汁。

苏格拉底没有著述，但《柏拉图对话录》中记录了很多苏格拉底的生平，特

别是很多他与同时代的名人、智者的对话。公元前427年或公元前428年，柏拉图出生在雅典一个贵族家庭。在苏格拉底被执行死刑后，柏拉图和其他"苏格拉底派"去往麦加拉避难，随后数年都在周游希腊。在避难时，他跟叙拉古的僭主狄翁成了朋友。据说柏拉图曾试图向狄翁讲授哲学，希望他能够成为"哲学王"。在公元前387年，柏拉图建立了雅典学园，在学园里系统研究哲学和数学，终身主持学园。他撰写了苏格拉底（作为谈话主角）与其他人的对话录，"其他人"的代表人物是一个"雅典陌生人"。有一种很吸引人的说法是，那个"雅典陌生人"代表柏拉图本人，但事实上我们很难区分柏拉图和苏格拉底的思想，即便不能说不可能。

公元前384年，亚里士多德出生于马其顿的斯塔吉拉。因此，人们常常称他为"斯塔吉拉人"。公元前367年，他被送到雅典学园。他在那里学习了20年，成为柏拉图最出名的学生，毫无疑问，由于他是刺儿头，师徒二人在很多问题上的意见都不统一。公元前348年或公元前347年，柏拉图死后，亚里士多德离开雅典，旅行了12年，在好几个城市建立了新学园，并娶了一位国王的女儿为妻。回到马其顿后，他花了三年时间教育国王腓力的儿子亚历山大。公元前335年，他在雅典开办吕克昂学园。跟雅典学园不同，吕克昂学园专注科学研究。公元前323年，亚历山大大帝去世，在雅典兴起了一场反亚历山大大帝的运动。作为已故英雄曾经的老师，亚里士多德遭到怀疑。亚里士多德说，不能让雅典人杀掉两位哲学家，于是他逃到卡尔基斯。公元前322年，亚里士多德在卡尔基斯去世。

亚里士多德教会我们理性认识我们看到和感知到的世界：他发明了逻辑学。就像语法是说话和写作的规范一样，逻辑是思考的规范。他的贡献还不止于此。他还发明了按照学科的不同领域，根据它们的主题内容和研究方法来进行学科分类的方法。他还对许多自然事物进行了有用的观察，例如鱼、人和星星。

尽管他对自然科学有浓厚的兴趣，他称之为自然哲学，亚里士多德还是跟柏拉图有很多共同之处，正如柏拉图跟苏格拉底有很多共同之处一样，他们都有着高傲的自负，对政治和道德着迷。他们从不怀疑，世界上最重要的存在就是人。他们认为只有人，只有抽象意义上的人具有理性的灵魂。同样，由于我们必须跟真实的人一起生活，我们的幸福和痛苦取决于我们能不能跟他们很好地相处。

对苏格拉底和柏拉图来说，鉴于他们的盛名，"人"包括所有人，包括妇女、外国人甚至可能还包括奴隶。对亚里士多德而言，这个概念就很难是广包性的了。奴隶是劣等人——不然的话，他们也不会让自己处于被奴役的状态；妇女也是劣等人——不然的话，她们就不会在男人管理城邦的时候，只能管理家务了；非希腊人也是劣等人，因为他们不会说希腊语也不懂如何进行哲学思考。

对亚里士多德来说，奴隶和妇女的劣等是天生的，没法改变。非希腊人是可以教化的，但这么做有相当的风险。因此，亚里士多德警示他的学生亚历山大，让他禁止军官跟蛮族通婚，以免劣等人的特质玷污了优等种族。

我们不得不遗憾地说，亚里士多德的确认为除了希腊男性贵族之外，几乎其他所有人都是劣等人，因为亚里士多德与前者有共同的经济利益和其他利益，自认为是其中的一员。在他著名的论著《尼各马可伦理学》一书中，他完成了一系列相互博弈的精彩论证，却最终得出了一个严重错误的结论。

肯定后件

《尼各马可伦理学》主要讲述美德及其回报：幸福。谁是有美德的人？他——鲜少是她——习惯性地做出正确选择，而不是一时或偶然地这样做。可什么才是正确的选择呢？亚里士多德说，正确的选择就是在两个极端当中选择中道。比如说，勇气就是位于怯懦和鲁莽之间的中道。

这个说法目前看来似乎是对的。然而，亚里士多德接着指出，用中道和极端的方法来分析道德是理论化的做法，并没有什么实践价值。有一个鉴别习惯性选择的更好办法，就是去观察具有美德的人的行动。好人做出的选择总是正确的；好人就是做出了正确选择的人。直到你反思其后果之前，你会觉得这种循环论证似乎还挺有趣。

这种循环论证在今天依然存在。当一个人主张说，妇女或者黑人、同性恋者、拉丁裔人、穷人或者原住民等凡是你能说出来的人群，他们之所以被当作低等人对待是因为他们是低等的，这就完全是同一种思维方式。这种逻辑错误有一个名称，是亚里士多德本人命名的：肯定后件。这种表述还可以反过来说，即一个人之所以被当作上等人是因为他是上等人。正义的统治：我们拥有的是因为我们应得；他们之所以没有是他们不配。

"肯定后件"这种做法在确定社团成员资格时经常被使用。这个人"属于"本社团，而那个人"不属于"。新好男人之所以好是因为他们所想、所做、所感都是正确的事；正确的事之所以正确是因为它们是新好男人所想、所做和所感的。

在《理想国》中，柏拉图讨论了关于正义的话题，他曾经为一个说法辩护，即如果统治者受过集中而深刻的教育，那么他们就成了哲学家，就理当统治国家。

> 除非哲学家是国王，或者这世上的国王和王子拥有哲学的精神和力量，使政治权力和智慧合而为一，那些庸碌无为的人被迫清除出去，靠边儿站，不然的话，我们的城邦将无法从他们的邪恶中解脱出来——不，正如我深信不疑的，即便是人类本身都无法解脱。

苏格拉底如是说。他继续说道，直到那个时候，人类必须满足于某种阴影下的正义，其特点是"高贵的谎言"，其大概意思是统治者理当统治，被统治者理当被统治。

这篇文章含有深刻的讽刺意味，在最后一章里我们可以看到另一种形式。孔子生活的年代与苏格拉底差不多（虽然他们肯定对彼此都一无所知），他也宣称只有那些值得充任领导的人才有资格做领导。从表面看，这种精英政治跟苏格拉底倡导的贵族政治是一样的，但其背后却有相当重要的差异。

孔子思想暗示了人天生是不平等的，他们的这种不平等是通过他们对某些书面文字或强或弱的理解力来证明的。至于苏格拉底，很难说他认为人是不是生而平等的。至少我们可以肯定，苏格拉底认为让男人和女人都接受一系列绝对机会平等的学校教育，在此基础上进行测试，并不能分辨他们是优秀的还是劣等的。任何通过测试得到证明的优越性——我们假设这种测试是公平的——可能是基于个人的长处，但是这种长处必须被假定不是天生的。因此优秀的表现可能是基于巨大的努力，也可能是因为强大的天赋或理解能力。这又有什么关系呢？我们最终考虑的是让那些熟知如何统治的人获得领导权。其他的都不太重要了。他们是如何掌握这些知识的——是更努力地学习还是天生更有领悟力——相比起来也不那么重要了。

简言之，对苏格拉底而言，人与人之间有一种基本的平等。除非他们能证明自己与众不同，否则所有人都是平等的。一个生活在公元前5世纪的人能有这种想法确实是太妙了。在苏格拉底的思想中，对"高贵的谎言"的反讽还说明了，根本的平等不应被用来证明直接民主的正当性。也就是说，按照苏格拉底的说法，并不是说因为所有人都是平等的，所以他们都同样有资格进行统治。这样一来，国家必须传播这样的思想，即为了找到有才干的统治者，所有人都**不是**平等的。他认为，除非认为统治者是天生优秀的，否则绝大多数人都不会接受他人的统治。

前文中引用的关于哲学家做国王的段落非常有名。在《理想国》里另一段话中——这段话不那么有名——苏格拉底讨论了一种可以宣称为人人平等的社会，他认为这恰好是人类的真实状况。

苏格拉底正在寻找正义的含义。他承认，这确实很难找得到。因此，他提出试着假设在一个国家的范围内来寻找正义，因为国家的正义要比个人的正义更大一些、更容易发现。于是，他开始了探索，结果即便只是描述一个很简单的国家类型，这个探索过程依然非常漫长。下面就是人们将要如何在这个国度生活的情况。

> 他们不必为自己种粮食、酿酒、缝衣、制鞋和修建房屋吗？当他们修房造屋时，一般来说，在夏天是赤膊光脚的，但在冬天总得穿很厚的衣服和鞋子。他们用大麦粉和小麦粉做主食，把它们做成糕点或者烙成薄饼，盛放在苇叶或其他干净的叶子上端上来。然后，他们躺在铺满紫杉或桃金娘叶子的床上。他们和孩子们一起尽情享用，饮着自酿的美酒，头上戴着花冠，高唱颂神的诗篇，相互谈笑，其乐融融。他们小心谨慎地照顾家庭，使他们不逾矩，对贫穷与战争保持警惕。[1]

在这个对话中，苏格拉底年轻的对谈者格劳孔反对他的观点。"是的，苏格拉底，"他说，"如果你是在建立一个猪的城邦，除了上面这些东西而外，你还给点什么别的饲料喂这些牲畜吗？"格劳孔继续坚持为他理想的小城邦的公民提供

---

[1]　原文出自柏拉图《理想国》372C。——译者注

比苏格拉底提供的更多的舒适，他希望在城邦里能找到正义。苏格拉底回答说：

> 你的问题看来不止是要建造一个城邦，而是一个繁荣的城邦。这或
> 许不是个坏主意，因为在繁荣的城邦里我们更容易看出正义和不正义是
> 怎么产生的。

后来的注疏者们很少认真对待苏格拉底的态度，即比起后来提到的"极度狂热的"城邦，苏格拉底显然更偏爱"猪的城邦"。也许他们是正确的，从某种意义上说，苏格拉底不会相信人会满足于猪的城邦那样的简单生活。但毫无疑问他更偏爱"猪的城邦"。尤其是这样的城邦不需要"高贵的谎言"，所有人都是平等的，所有适合的人都可以参与统治，因为在那里统治并不需要特殊的专门知识。

当亚里士多德提出的"肯定后件"的逻辑错误被用于"高贵的谎言"这一说法时，就会产生另一种反讽。出现这种情形的时候，这个说法就变成了非正义的理论。假设所有人都是平等的。并假设有人是统治者，有人是被统治者，那么这个原则之所以被接受，是因为被统治者接受了"高贵的谎言"这种说法。按照"肯定后件"的逻辑方法，这种做法是假设"高贵的谎言"不是谎言；换句话说，有的人——也就是统治者——真的是优秀的人，否则他们就不会成为统治者了。事实上，亚里士多德情愿让这种逻辑谬误蒙蔽自己，也不去承认苏格拉底派关于人人平等的真理；也就是说，他承认"高贵的谎言"是真实可信的。他说，在一个正义的国家，因为天生的优越性，统治者理当成为统治者，而不仅是因为他们具有可以成为统治者的优秀品质。而且，如果一个不称职的人统治了一个国家，这个国家本身就是不正义的、败坏的，需要进行修正。

亚里士多德声称，"如果所有人都是朋友，就不需要正义了。"这个著名的论断是论证政府的必要性的重要论据之一：因为显然并非所有人都是朋友，而政府可以施之以正义，所以政府是必要的。同样地，这个说法仍然是一种循环论证，可以用于邪恶的目的。例如，它也能意味着一个团体的成员不需要约束他们自己的规范，他们只需要那些排除不属于本团体的外人的规矩就行。正义只是在处理与"他人"的关系时才需要，通常是针对那些劣等人。正义让那些劣等人待在他们应该待的地方。

我对亚里士多德十分苛刻，但不是没有原因的。他作为一名伟大的哲学家和

最初的科学家是不容置疑的。然而，他的错误也产生了持久的影响。他关于天生劣等和妇女劣等的言论，分别成为证明奴隶制以及性别歧视一直到我们这个时代合理存在的证据。他巨大的权威性还有助于证明僭主制的合理性，以"仁慈的"专制为名证明其合理。此外，他关于种族劣等的观点更是有利于证明种族歧视的合理性。如果没有亚里士多德，所有这些错误——它们的确是错误的——可能也会被容忍下去，但要为这些错误辩护就会困难得多了。

反讽的苏格拉底派关于高贵的谎言的困惑至今困扰着我们。想一想这个问题：当你走进投票站，为下一届国家领导人的选举投出至关重要的一票时，你是会选择那个你认为更好的男性或女性候选人呢，还是那个可能成为更好的统治者的候选人呢？或者说在你的头脑中，这两种选择本来就没有什么差别呢？

很可能这两种选择是有差别的。你试想一下这个情形：一个很糟糕的候选人——他/她不是坏人，但跟其他候选人相比就显得不那么优秀——能够成为更好的统治者吗？那么，美德是不是一位合格的领导者或统治者应当具有的品质呢？当然，美德很重要，但是不是全部呢？是否知识和经验也都不重要呢？

你是不是像苏格拉底一样，相信所有男人和女人作为人来说都是平等的呢？但是，这是否意味着每个人都同样具有成为领导者的资质呢？

一些希腊的城邦就是根据这样的假设采取行动的。他们用抽签决定领导者，就是基于这样的理念，即任何人都不具有任何特殊资质可以统治其他与之平等的人。与此同时，他们缩短统治的时间，任何人都只能统治几个月，或许他们认为在这么短的时间内谁都不能造成很大的损害。

那种极端的民主制让苏格拉底非常愤怒。苏格拉底认为：我们选择一个人从事某项工作，都是基于他的经验和专业知识，比如说将军、医生和律师、驯马师、建筑师和鞋匠等。可我们却通过抽签来决定领导者。真是蠢透了！

希腊对波斯：卓有成效的冲突

希腊是一个小小的、相对来说人口较少的、边远的城邦。它处于文明的边缘，由一系列的城邦国家组成，他们使用共同的语言、信仰相同的宗教、特别喜欢争辩诉讼。喜欢争讼的特征导致频繁的争议，以至于很难形成政治共同体，更难保持住政治共同体。

雅典人长期以来既畏惧又景仰波斯帝国，最终在亚历山大大帝的统治下，雅典征服了波斯。公元前7世纪，波斯兴起在中亚开阔的疆域上。这个国家最初由米提亚人建立，很快就被居鲁士大帝（从公元前550年开始统治）和大流士大帝（从公元前520年开始统治）统治下的波斯人接管了。在大流士的继承人薛西斯一世（统治时间公元前486~前465）统治的鼎盛时期，帝国的范围跟后期罗马帝国的范围可以匹敌——东到印度西部，北至里海和黑海，西到地中海东岸，向南包括了埃及和色雷斯地区。波斯帝国的大城市，如萨迪斯、尼尼微、巴比伦、苏萨城都有波斯御道相互连通。苏萨城东边是波斯波利斯城，它虽不是帝国的政治中心，但由于有一座巨大的宗教纪念碑,被奉为帝国的精神中心。因其朴实无华的壮美和宏伟，波斯波利斯城成为世界的建筑奇观之一。

波斯帝国北边是西徐亚人的领地，他们从未被波斯人征服过（罗马人也未能征服他们）。帝国南边是素有不毛之地之称的阿拉伯沙漠，西边则是小小的、粗野的、贫穷的半岛，居住着马其顿人和希腊人。大流士大帝认为，如果那些光惹麻烦的外国人拒绝尊敬波斯大帝，或者说他们想要把城市建设成民主制的，也就是用"民主"的方式或由"人民"来治理城邦的话，向他们展示波斯的力量就是既不可避免又轻而易举的事。

波斯第一次集中进攻希腊是在公元前490年，那时候，波斯军队在著名的马拉松战役中被米太亚德率领的希腊人打败了。波斯人大为震惊，退守回去了十年。公元前480年，他们在新皇帝薛西斯一世的领导下，组成了一支更庞大的军队和更强大的舰队，卷土重来。

斯巴达人在温泉关英勇地阻击波斯大军，但没能够阻止他们的进攻。公元前480年9月21日，大军继续进发，包围了雅典，攻占并焚烧了雅典军队的大本营，准备继续征服希腊其他地方。但是，9月29日，在萨拉米斯，波斯海军被地米斯托克利指挥的雅典舰队包围并摧毁殆尽。公元前479年8月27日，一支希腊联军在普拉蒂亚成功阻挠了波斯陆军的进攻。在此之前，薛西斯一世痛恨，也可能是厌倦了这种让人抓狂的军事行动，返回了他位于苏萨城的奢豪行宫，因此，在接下来的一个世纪里，希腊人得以庆祝和欢享他们的胜利。他们有理由感到兴高采烈，因为他们的智慧和勇气，才使相对弱小、贫穷的城邦国家联合起来打败了世界上最强大的军队，还让敌人最强大的海军葬身海底。

他们是怎么做到的呢？希腊人为保护家园与入侵的外族敌人作战，这是他们的优良传统（参见1812年俄罗斯人反抗法国人入侵，以及1941年反抗德国人入侵的例子）。希腊人自认为与波斯人是不同的。希腊人说：波斯士兵和水手们常常是被鞭打着走向战场，而我们是自愿参战的。我们的原则就是自由的人有自由选择的权利。我们作战是因为我们想要作战，而不是被逼参战。他们还说：我们绝不会投降，因为这是对自由的背叛，而自由是我们最珍视的东西。

虽然停止向希腊派兵，但波斯人也没有放弃。相反，他们派出了"波斯弓箭手"①，即一面铸有弓箭手形象的金币。当波斯士兵在希腊落败的时候，波斯金币却大获全胜。在伯罗奔尼撒战争中，它们被用于在不同的时候去贿赂雅典人和斯巴达人，以至于从公元前431年到公元前404年，雅典人和斯巴达人以及他们的盟国之间始终存在极具破坏性的文明冲突，虽然这种冲突偶尔有所缓解。最后，斯巴达人打败了雅典人，但它的胜利并不长久。因为在接下来的一个世纪里，斯巴达卷入了波斯帝国在爱奥尼亚的内战，这使得它被其他希腊军队打败，长期处于衰落之中。至此，在波斯人的"帮助"下，雅典和斯巴达都相继败亡了。

不过，城邦国家的覆亡并不意味着烦人的希腊人和呆笨、强大的波斯人之间漫长而痛苦的冲突结束了。公元前336年，亚里士多德在马其顿的学生亚历山大大帝继承了王位。公元前334年春天，在巩固了他在希腊的统治权威之后，他开始了远征波斯的盛举。公元前334年到公元前333年的那个冬天，他征服了小亚细亚西部，包括米利都和萨摩斯岛。公元前332年7月，他猛攻海岛城市提尔城，赢得了最著名的战役。接下来的几个月里，他征服了埃及，留下希腊人统治那个国家，直到三百年后被罗马人征服为止（克里奥佩特拉是希腊人，而不是埃及人）。公元前330年，在已经攻克了所有波斯圣城之后，亚历山大大帝到达了波斯波利斯城，为了纪念他泛希腊的复仇之战的结束，他将这座城市付之一炬。

---

① 原文为persian archers，意思是上面铸有"波斯弓箭手"形象的波斯金币，是波斯人仿制的希腊人金币。——译者注

从某种意义上说，波斯人还是取得了最终的话语权。波斯帝国辽阔的领土上，那些国王或统治者都远行至苏萨城或波斯波利斯，向波斯大帝，也就是他们所说的"万王之王"致以敬意，他们拜服在他面前，五体投地、目不敢视地爬向他，直至爬到他的脚下。希腊人称这种惯例的朝拜为"崇拜"，他们十分鄙视一个人崇拜另一个人，好像那人生来就是伟大的神一样。

亚历山大大帝去世前，他已经被波斯人称颂王、把王奉为神明的观念腐蚀了。因此，他接受了惯例的朝拜，要求他的追随者们，包括马其顿人和希腊人，都拜服于他。倔强又老派的马其顿勇士们对这个新要求冷嘲热讽，亚历山大感到十分尴尬，很快就抛弃了这个惯例。（不久之后，他处死了那个带头嘲讽他的人。）但是除此之外，我们找不到任何更惨烈的证据证明他忘掉了那个帮助他继承王位的、关于个人自由的传统观念。

公元前5世纪早期的波斯战争是对希腊人的鼓舞。尤其是对雅典人来说，虽然比起斯巴达人而言他们是希腊的小国，但却在马拉松战役和萨拉米斯战役取得了巨大胜利。雅典人重建了被焚毁的雅典卫城，此后两三百年内，帕特农神庙都被雅典人视为雅典卫城的标志性建筑，纪念自由战胜了帝国专制统治。

诗人用激动人心的诗篇赞颂胜利，诗篇极具创新性又十分强有力，传诵了一两千年。两位历史学家希罗多德和修昔底德发明了一项新的科学和一项新的文学纪念形式，并试图分析所发生的历史事件。

雅典悲剧

埃斯库罗斯（公元前525—前465）被奉为戏剧的发明者，因为据说他在雅典每年庆颂酒神狄奥尼索斯的戏剧演出中加入了第二位演员。在埃斯库罗斯之前，戏剧演出主要表演宗教诗歌，由一位演员交替扮演神或者英雄的角色，同时由一支合唱团扮演普罗大众。一旦戏剧里有了两位演员，二人交替表演，真正的戏剧就此开始。最初，合唱团在戏剧表演中依然扮演着重要的角色，但随着时间流逝，合唱团消失了，整个行动和思想发展的重担都由演员承担。直至今天依然如此。

在马拉松战役中，埃斯库罗斯与希腊人一起抗击波斯人。一个古老的墓志铭上记录了这件事，但并没有提及他的剧作。他的剧作是古希腊珍贵的文化遗产。它们以宏伟壮丽的语句，以卓尔不群的诗篇描述了人与神的冲突这个古老难题。在至今保留下来的埃斯库罗斯最伟大的作品《阿伽门农》中，描绘了阿伽门农、他那凶残的妻子以及他意欲复仇的儿子阿瑞斯忒斯。埃斯库罗斯展现出阿伽门农的傲慢导致了他的死亡，及其给他的家庭带来的无尽痛苦，他们被复仇女神三姐妹追索，最后遭到冥王哈迪斯的惩罚。埃斯库罗斯说到，正义"就是常人房舍里的炊烟"。就像薛西斯一世那样，伟人都是傲慢的，都会遭到愤怒的神的惩罚。

索福克勒斯（公元前496—前406）为悲剧的发展添加了非常宝贵的元素。他看出，不只是伟人，而是所有人都会陷入无法改变的困境中。人们总是被生活情势所驱使，好像他们知道未来会发生什么一样。然而，他们跟俄狄浦斯王一样被命运束缚，因为事实上他们对未来一无所知，因此不能避免犯错，也不能逃避自己所犯错误带来的伤害。索福克勒斯的合唱诗具有无法超越的神圣的平静感和美妙性，但正如亚里士多德评价的那样，索福克勒斯讲述的故事却能在很短的时间内向观众传递让人无法逃避的惊人惨状。

下文是《俄狄浦斯在科罗诺斯》里讲述的故事：

> "一个人最好是不要出生，这比会思想、会说话更好。
>
> 一旦出生了，求其次是，
>
> 从何处来,尽快回到何处去。"[1]

欧里庇得斯（公元前484—前406）是公元前五世纪雅典的第三位也是最后一位伟大的悲剧家。他不能超越埃斯库罗斯和索福克勒斯，但他构想了未来戏剧的发展路径，并开启了这条路径。他把神和英雄从天上带到人间，把他们变成了凡人，跟普通的男人和女人一样，具有虚荣、贪婪、妒忌和骄傲的性格，他还描述了一幅有时候充满悲剧，有时候又近乎喜剧，但都是不可抗拒的真实人生。他的戏剧里充满了女人和奴隶，把过去英雄的形象塑造成脸谱化的男性角色，他借此向那些为他的艺术着迷但不喜欢他的雅典人揭示了他们内心和思想真实的一面。

---

① 节选自《俄狄浦斯王》——译者注

　　埃斯库罗斯在伯罗奔尼撒战争爆发之前就去世了，但索福克勒斯和欧里庇得斯活过了这次战争，几乎是从战争开始活到战争结束（这两人都死于公元前406年，也就是雅典最终战败前的两年）。战争导致的肉体的和精神的痛苦，深深地渗透在他们后期的剧作中，这些剧作向那冷漠的天国呼号，控诉战争的不公、冷酷和愚昧，它消耗了雅典人的骄傲和财富，而这一切都是他们在半个世纪之前打败波斯人之后辛苦建立起来的。正如剧作家所写的，雅典人的悲剧正是源于傲慢，这傲慢曾经把阿伽门农和俄狄浦斯带向了地狱，所有的有钱人四散奔逃，没有人为他们的命运哀痛哭泣。

> 战争之神，那死亡的贩卖者，
> 为掌控战斗的平衡高举标枪。
> 从伊利乌姆尸横遍野的战场，
> 把骨灰送到至亲人儿的手上。
> 即便泪水充溢着沉痛与苦涩，
> 也静静地将骨灰在瓮中收藏，
> 他们曾是活生生的人啊！
> 人们用泪水赞颂他们，
> 他们深谙战斗的艺术，
> 敌人在杀戮中把命丧。
> ……
> 伊利乌姆的墙边，
> 年轻人在最美丽的岁月被埋葬，
> 埋葬在他们憎恨着、征服着的异乡。
>
> 　　　　　　　　——埃斯库罗斯
> 　　　　　　　　　《阿伽门农》
>
> 人们为战争投票，没人算到自己的死亡；
> 这来得太快，他想或许别人才会遭到厄运。
> 可他投出一票时，死亡就笼罩在他身上。
> 希腊绝不会因战争的疯狂而腐朽。

可我们人类应当知道两个词更好：

能够衡量战争带来的"善"与"恶"，

和平实在要比战争好太多！

缪斯女神最是垂青和平，

复仇女神却憎恨着她。

她的爱赐福给健康的儿童，她的荣耀归于财富。

可邪恶的我们抛弃了她，

发动战争，把战败者变成奴隶，

自此人捆缚住人，城紧锁住城。

——欧里庇得斯

《祈愿的妇人：伊莱克特拉》

希罗多德、修昔底德和历史的发明

很多世纪以前，在埃及、美索不达米亚和中国，人们都已经学会记录过去发生的事情。但是，在希罗多德之前，没有人试着写出连贯的故事，有起源、有中间过程，有结局，并就事情为什么会发生做出详细的解释。

跟戏剧家受到启发一样，同样是公元前490—前480年，雅典对波斯战争的胜利激发了雅典史学家的灵感。他们觉得，以前从来没发生过如此令人震撼又如此精彩绝伦的事情；这次重大的胜利要求他们更努力地去理解这场战争，远远超出以往人们对类似事件的理解。

他们同样受到公元前6世纪的爱奥尼亚哲学家的启发，从泰勒斯以后的哲学家们教会希腊人用新的方法观察世界，正如我们今天所做的一样。正如外部自然必须遵循一定的规律才能被我们所理解，人的行为必定也有某种可以解释的根源，以至于我们能够理解人们为什么会做出那些举动，并预期他们将来会怎么做。

希罗多德生于公元前484年左右，可以说是听着希腊人胜利的故事长大的。他是一位伟大的旅行家。多年的广泛游历让他几乎走遍了波斯帝国、埃及和希腊所有城市的每寸土地。显然，他细心地记录下他走过的每个地方，记下他观察到的东西和他与采访过的名人的谈话。他的好奇心无边无际，而他也穷其一生沉迷其中，并撰写了波斯战争的历史，或者如他所说的，他关于波斯战争的起因和发展的"研究"。

他意识到，战争的起因源于古老的过去，于是他开始撰写米提亚人的兴起，波斯人从荒无人烟的沙漠崛起，最后变成地球上最强大帝国的统治者的故事，而他也相信这是历史事实。由于他在埃及度过了相当迷醉的几个月，因此在写作时，他说这个故事是关于一个古老王国的。不过，他从没忘记过他作品的核心问题，即屈指可数的希腊士兵和海军们怎么能够打败人数是数十倍于自己的强大军队，而且不只是一次，而是几年之内好多次地战胜敌人。

他给出的答案决定了我们思考的方向。一方面，勇敢的波斯人傲慢且自负。当薛西斯一世来到达达尼尔海峡时，正值海浪滔天，迫使他的军队不得不推迟跨越这狭窄的海峡。薛西斯一世狂怒非常，下令鞭打海水，仿佛海水是不听话的奴隶一样。那些迫使波斯人撤退的希腊人就完全不同，他们抑制住那些让他们更加烦乱的情绪，为保住了自己的家园感到十分满意。希罗多德想，这就是所有希腊人都应当学习的经验。

据希罗多德记载，薛西斯一世具有某种哲学倾向。这段话非常著名。

> 现在，他注视着满是他舰队的达达尼尔海峡，注视着站满阿拜多斯的每寸海岸和平原的他的士兵，薛西斯开始称颂自己的好运；可不久他就开始哭泣起来。
>
> 国王的舅舅阿塔巴鲁斯……听到国王在哭泣，就走向他说：
>
> "陛下，您现在的作为跟刚才是大不相同啊！刚刚您还在庆颂自己；现在，您瞧，您却哭起来了。"
>
> "一阵悲悯突如其来啊"，薛西斯回答说，"因为我想到人生如此短暂，一百年后所有这些人都将不复存在。"

希罗多德在公元前420年之前去世，他离世得太早，还没能完成他对伯罗奔尼撒战争悲惨的自我毁灭的解读。因此，理清产生致命冲突的原因这一任务就交给了他的继任者修昔底德。

修昔底德生于公元前460年左右，年轻时他就决心要连续记录下贯穿他和他同时代人一生的这场战争。他自己本身就是一名优秀的战士。由于在一场重要的战斗中失利，他被削去了指挥权并被放逐，但他始终关注这场持久冲突的军旅故事。他运用自己发明的技巧使这些故事生动有趣，插入对战争中重要人物的讲述，因为他们的口才和逼真的描述在历史上几乎算得上是独一无二的。

修昔底德经常因为他的革新被人诟病：他不能真正到现场观看重要人物的谈话。他承认他的确不能亲临现场，于是调整了写作方式，改称自己尽可能深入地调查了事实真相。他相信，即便他无法弄清当时到底说了些什么，但他的努力仍是有价值的。换句话说，一名见多识广且心无偏见的研究者认真思考在历史事件中必然或可能发生了哪些事情，这也属于真实历史的一部分。

鉴于修昔底德的这种做法，我们才能拥有令人动容的伯里克利（公元前495—前429）的演说[①]。伯里克利是希波战争早期的雅典政治家，在这次演说中他对将士们的勇敢与敢于冒险的精神，以及他们的智谋和军事才能给予的极高赞誉。

> 我们的城邦向世界开放，从不因外国人的外来行为而放弃任何学习和观察的机会，即便有时敌人的间谍会因我们的自由而获益；比起制度和政治，我们更信赖公民的自然精神；当敌人还在用痛苦的训练来塑造勇气时，雅典人却在尽情享受生活，从而能随时直面每一次危险的挑战……

> 我们追求风雅却不奢华，多智而不娇柔；我们尽享财富，却从不炫耀；我们不因贫穷而感到耻辱，却鄙视因贫穷而不择手段。我们不仅关心个人事务，还关心城邦政治。每位普通公民即便忙于追求自己的事业，也从不忘记在公共事务中做出公正的判决。跟其他国家不同，他们的公民总是擅自行动；而我们雅典人总是在事情开始之前做出讨论和判断，我们认为讨论绝不是行动的绊脚石，而是所有行为之前必备的条件……

> 我们都一样慷慨，通过给予来结交朋友，而不是为求取好处。这样做使得我们之间的友谊更为牢固，因为我们一直施恩于对方，有时使得对方在对我们好时，仿佛是为了报偿我们而这样做……只有雅典人，不

---

① 这次演说就是著名的《在阵亡将士葬礼上的演说》。——译者注

畏惧被征服，从不计较私利，总是对自由充满信心。

总之，我可以说，我们是希腊人的榜样……

修昔底德认为，没有人曾经这样被领导人深情地赞誉过，也没有其他人值得如此高的赞美。

然而，雅典人对自由和正义的热爱并没能让他们逃过接踵而来的战争灾祸，以及斯巴达人对雅典人家园年复一年的入侵，他们无情地杀戮国人，焚毁庄稼、果园和橄榄林。在接下来的无数次战争中，迫于战争的压力，正义有德的一方变成了更不正直的一方，雅典人变得跟敌人一样残忍和暴虐。修昔底德暗示道，赢得了战争却丧失了灵魂，这才是雅典真正的悲剧。

修昔底德的历史故事在战争结束前就完结了。虽然我们没有找到关于他确切死亡时间的证据，但很可能他在公元前404年战争结束之前就已经去世了。有的注疏者反复求证，想知道修昔底德没有完成他的书稿是否因为他实在是太伤心了。

希腊思想的精神

在泰勒斯之前，很多人类知识都是实践性的，包括很多成功经营事务的内容：从成功狩猎到种植谷物，从如何安排好家务到管理城邦，从创作艺术品到发动战争。人类数千年来一直都在进行实践知识的积累，这种积累并没有因为希腊人开始对自然界的哲学思考而停止。相反，随着好奇的希腊人跟随着他们的文化英雄奥德赛，开始离开三面环海的半岛四处远行，实践知识的积累开始不断加快：

他见过许多种族的城国，

领略了他们的见识，

心忍着许多痛苦，

挣扎在浩淼的大洋。

希腊人经历了很多挫折，但他们主要了解城市和人的思想。他们的知识在迅速增长，包括了耕种粮食、栽培葡萄、制作陶器、经商推销、财务管理、锻造金属、打造武器以及发动战争。

奇事怪物虽多，却没有一件比人更奇异；
他要在狂暴的南风下渡过灰色的海，
在汹涌的波浪间冒险航行。
那不朽不倦的大地，
最高的女神，
他要去搅扰她的安宁，
用高大的骡马耕地，
犁头年年来回地犁土。

他用多眼的网兜捕那欢乐的飞鸟、
凶猛的野兽和海里的游鱼
——人真是聪明无比！
他用技巧治服了居住在旷野的猛兽，
驯服了鬃毛蓬松的马，
使它们引颈受轭，
他还把不知疲倦的山牛也驯养了。

他学会了怎样运用语言和像风一般快的思想，
怎样养成社会生活的习性，
怎样在不利于露宿的时候
躲避严寒，为自己遮风挡雨。
什么事他都有办法，
对未来的事也样样有办法。
甚至难以医治的疾病他都设法避免，
只是不能逃避死亡。

他聪明得超出想象，
这聪明有时让他遭遇厄运，
有时又让他好运非常。

——索福克勒斯

《安提戈涅》

希腊人学到了知识，不仅因为他们富有好奇心，并到处旅行。更重要的是他们革命性地发现了如何系统地进行学习，也就是说，他们发明了使知识系统化、条理化的方法。在泰勒斯之前，掌握知识就是成功的保证，就意味着幸福而不是痛苦，是国王和祭司等统治阶级的专享特权。泰勒斯及其追随者把知识从"神秘的"事物变成了公众的东西。任何会阅读的人都能分享知识的好处。任何能理解知识规范的人都能增加知识的内容，既有利于他人也有利于自己。

在很多知识领域，亚里士多德都曾被誉为"最卓越的智者"。在很多不同的学科上，他都建立起了不同的方法和不同的知识体系。在接触到某个学科时，他总是先综述前人及同时代人的贡献，批判他认为错误的东西，并吸收他认为有价值的内容。此外，他还创建了研究团队来研究特别难的问题，例如植物学和当时的政治理论。

最重要的是，亚里士多德撰写和出版了很多书，希腊人走到哪里就把他的书带到哪里。亚历山大大帝曾经是他的学生，这也是亚里士多德创造的一笔财富。这位伟大的征服者把自己当作亚里士多德的研究者之一，给他老师送去他的研究报告，还送去动物学和植物学的样本以供老师辨识和分类之用。

简而言之，仿佛一夜之间有一种新的事物横空出世，希腊人称之为知识，我们则称之为科学；系统的知识。所有公共知识都是基于允许所有人不断地综述、检验和质疑的原则基础上建构起来的。

这种知识体系产生了一系列后果。首先，人们发展出一种认识，即任何事物只有一个真理而不是许多真理。人们或许不同意这个观点，但只要他们同意，那么就必然一些是正确的，而其他的是错误的。进一步讲，现在正确的事物过去也是正确的，将来也一定是正确的；真理不会因为时间的流逝和观念的改变而发生变化。这并不意味着关于事物的所有真理都已经为我们所知了。对真理的理解是会改变和提高的。但是真理本身处于人类的思想之外，就像指引人回家的灯塔一般岿然不动。

其次，人们认为，在知识者和所知的事物之间有一种最根本的关系。或许我们可以称之为外部世界与内部思想的"互洽"。世界本质上是理性的，由于我们具有理性，所以我们能理解这世界。或许我们现在还不理解这个理性世界，或还没有理解它的全部；也可能我们永远也不能完全理解它。希腊人之前的人类就是这样认为的，但这并不是因为世界是不可知的。这只是因为，对我们来说，要了解这个复杂世界的每一件事物实在是太困难了。

再次，人们采用了一种新的教育理念。父亲总是教育儿子他们统治的"艺术"；母亲教会女儿如何自我约束；国家则坚持要青年学会遵守生活在这个国家的规则。不学会规矩将要受到的惩罚是放逐或死刑。不过，没有人能够教授全部的系统知识，也没人希望所有年轻人能学会全部知识。突然间，又出现了一种新事物，希腊人称之为"教化"（paideia）：一种适合每个人（通常要排除掉妇女、奴隶和外国人等）学习的课程，学习了这门课程，他们就能成为好人，也能成为好公民。

最后，古希腊出现了科学这个概念，以及科学年轻的皇后——数学。希腊人如饥似渴地追求所有事物的科学知识，特别是数学这门纯粹理性的科学。这种狂热既美妙又可怕。或许这种美妙是不用多说的，而它的可怕则有待商榷。

在永不停歇的追求中，希腊人兴高采烈地学习新事物，把他们的思想带到足迹所到之处，并向当地人传授这些知识。希腊人本质上一直都是敢于打破陈规的人；他们最喜欢质疑旧观念，常常出乎意料地推翻别人信以为真的观念。这种特质在统治过埃及的希腊人身上尤为突出，他们是当年被亚历山大留下来统治埃及的。即便希腊人在此之前的好几个世纪里已经做得非常好了，他们还是想要使埃及"现代化"起来。

打破偶像可以是很激动人心的事，也可以让人害怕。它挑战那些你能理解得很清楚的旧的、安全的事物。几千年来，作为整体的人类能够存活、繁盛，依靠的就是过去已知的这些知识。而希腊人带来了新的、善于疑问的精神这一全新的礼物，这要求人们重新审视每样事物，这种新的精神并不是所有人都能接受的。

希腊人是水手和探险家。海洋就是他们的家园。他们像奥德赛那样，乘坐着脆弱的小船远航，周游世界，在很远的地方建立殖民地，跟朋友和敌人做各种贸易。

因此，对他们来说，驾着智力的航船探索未知的思想领域就是再自然不过的了。在无限膨胀又难以言表的天赋驱使下，他们开启了这趟探险旅程，从公元前6世纪米利都城的第一次哲学智慧激荡开始，直到4世纪亚历山大图书馆的丰功伟绩，用了差不多一千年的时间。

在我们这个时代，我们跟古希腊人非常相似。作为打破传统的人和探险家，我们质疑每个传统并试图改变每一个定规。

第三章　罗马人知道什么

《荷马史诗》中的奥德修斯是遥远的希腊历史上一位勇于探索的神秘人物，在古希腊罗马时期他就已经是希腊的一位传奇人物了。直到公元前5世纪，《荷马史诗》依然是希腊人教育的重要课程。到公元前4世纪，在亚里士多德的影响下，"教化"的理念才逐步开始列入对历史、哲学和自然科学的系统学习。不过，奥德修斯的英名从未褪色，直至今天依然光辉熠熠。

奥德修斯是一名流浪者、探险家，因他的远行探索而著称。他挚爱的妻子佩内洛普一直在痴心等待着他，而他却总是去不同的城市探险、征服新的地方、爱上别的女人。

在公元前1世纪末，维吉尔（公元前70—前19）写下了他伟大的拉丁史诗《埃涅阿斯纪》，他以奥德修斯为摹本告知罗马人他们的光荣历史，向他们揭示了他们作为人的特性。他还把这本书的主人翁埃涅阿斯也塑造成一位探险者。但是，二者确实有很大的不同。

跟奥德修斯刚好相反，埃涅阿斯是一名宅男。他被驱逐离开家乡特洛伊，被迫在海上四处游荡，寻觅一块新的家园。他在意大利找到一块地方并定居下来，娶了一位当地姑娘为妻（他的第一位妻子没能在家乡残酷的战火中幸存下来），并重新建立了一个特洛伊流亡者的家园。他总是不停地抱怨自己悲惨的命运。他是一名探险者，却并非出于自愿。家园就是他的心之所向，对大多数罗马人来说都是如此——希腊人则从来不这样想。

埃涅阿斯从火光冲天的伊利昂城逃出来的时间不太确定——我们假定是在公元前1150年。逃跑时，他把年迈的父亲扛在肩上，一只手牵着年幼的儿子，另一只手则托着家宅的和城市的神祇。（确切地说他应该是扛着神像。）据维吉尔记载，他一直在东地中海游荡了七年，跟他的手下一起寻找一处能让他们的神祇重新安身的地方。在非洲北岸，传说中迦太基的开国女王狄多把自己和自己的国家交付给了这群流亡的特洛伊人。然而，由于命运的驱使和大神朱庇特的意志，埃涅阿斯抛弃了她。他再一次穿越内海，在拉丁姆靠岸，这地方在意大利西海岸，靠近台伯河口。在那里，他找到一位仁慈的国王拉丁努斯，他是一个名叫拉丁人的原住民部落的统治者。拉丁努斯有个女儿拉维妮娅，他把女儿嫁给埃涅阿斯为妻。爱着拉维妮娅的图尔努斯妒火中烧，因此他和埃涅阿斯之间爆发了战争。最后的胜利者埃涅阿斯为自己、为手下人和他们的神祇赢得了新的家园。

埃涅阿斯不是罗马的建立者。罗马的建立是在好几个世纪之后的事了。根据维吉尔的故事所说，拉丁姆阿尔班王国最后的国王努米托尔有个女儿，名叫瑞亚·西尔维娅。西尔维娅是位贞女，本应当保守处女之身，但却被战神玛尔斯引诱，生下一对孪生子——罗慕路斯和雷莫。一位新王篡夺了努米托尔的王位，下令将双胞胎淹死在台伯河里。但兄弟俩奇迹般得救，得到一头母狼的哺乳，活了下来。国王的牧羊人福斯徒劳发现了灌木丛中的兄弟俩，把他们带回去抚养长大。随着年岁渐长，他们知道了自己的身世，决定找一座城安身，远离篡位者后人的暴虐。

然而，两兄弟之间起了冲突，相互争斗起来。雷莫被杀死，罗慕路斯则继续在台伯河上建立自己的城市，用他的名字将这座城命名为罗慕路斯。传说中这一事件发生在公元前753年。现在，考古学家断定这座城建立的确切时间可能要比传说更早。

最初，因为急需居民入住，罗慕路斯为逃跑的奴隶和杀人犯提供庇护所，所以这座草草兴建起来的城里差不多尽是男人，没有女人。罗马的光棍们运用阴谋诡计，从邻近的城市萨宾掳掠妇女，带回去做妻子。他们对萨宾妇女的强奸行为引发了另一场战争。不过，和平很快降临，在罗慕路斯的统治下，罗马人和萨宾人合力建起了一个新的国家。

罗慕路斯和他的神祇死后，伊特鲁里亚人成为国家新的统治者。伊特鲁里亚位于罗马城的东边和北边（即现在的托斯卡纳地区）。伊特鲁里亚国王显然更喜欢原本就已经很繁华的塔尔奎尼亚和科尔托纳，对这座位于台伯河口前哨阵地的城市有点漫不经心。公元前500年左右，罗马人重新崛起，在经过艰苦卓绝的斗争之后，他们宣布独立。他们随后建立了一个共和国，以其美德、正义和长盛不衰上面加短横著称于世。

这个国家的座右铭是Senātus Populusque Rōmānus，意思是"元老院及罗马人民"。（这句座右铭的缩写SPQR至今在罗马随处可见。）这句话的出处已经不可考。公元前509年，由贵族成员组成的顾问团——元老院取代了被推翻的君主制。在共和国内，元老院继续扮演它的审议顾问角色，为通过选举产生的执政官提供咨询，执政官则负责治理国家。

最初，"人民"只包括少部分富人和最有权力的公民。无论如何，这都比那种假设共和国只是元老院和人民之间虚构的一个合伙契约要强得多。几个世纪之后，公民权和有效的管理权被赋予越来越多的人。此外，罗马的官僚机构内还出现了普通人的代表，称为保民官。保民官不时和执政官发生冲突。这类冲突通常能和平解决，因为罗马的领袖深知共和国的力量和财富要依赖于普通民众，甚至也有赖于穷人和奴隶。

这个工作伙伴关系是依照希腊城邦建立的。斯巴达人最初建立了类似的体制，历史上科林斯就曾经是这样的城邦。但是，希腊城邦总是纠结他们是该由多数人来统治（民主制）还是由少数人统治（僭主制）。事实上，罗马共和国声称这个国家既是民主制又是僭主制的。跟罗马人对其他希腊思想的改造一样，这是一次非常实用且相当成功的综合平衡。

现在，公元前4世纪，永不疲倦的希腊人控制了埃涅阿斯及其手下探索过的大部分东地中海地区。希腊人四处探险，把商业贸易做到了所到之处。在亚里士多德的得意门生亚历山大大帝的率领下，希腊人征服了埃及和东方，那些古老的帝国仿佛镰刀之下成熟的麦穗一样，在亚历山大大帝面前纷纷凋落。

公元前323年亚历山大大帝在巴比伦去世，他曾想把巴比伦作为帝国的都城。亚历山大去世时年仅32岁。他和他的军队从他出生的马其顿出征，途经色雷斯，渡过博斯普鲁斯海峡，然后到达苏萨城和波斯波利斯，他把波斯波利斯付之一炬，然后抵达撒马尔罕，深入亚洲大陆，随后向南取道印度河谷，进入阿拉伯海，在那里折返至波斯波利斯，最后回到巴比伦。十年内，他行进了一万英里，征服了三个帝国：埃及、波斯和印度。

他的离世标志着希腊权势的巅峰，没有了亚历山大的天赋英才，这种权势很快就开始衰落了。不过，希腊的衰落要比预想的慢得多，因为最初没有谁能取而代之。那时候，罗马人自己都还麻烦缠身。

罗马早期最强劲的敌人是迦太基而不是希腊，迦太基城是一座人口稠密的城市，位于现代突尼斯的东北方。从提尔来的腓尼基殖民者建立了这座城，时间比罗马稍晚一点。居住在迦太基（腓尼基语"新城"的意思）的是一群被罗马人称作"腓尼"（poeni）的人，腓尼这个词源于形容词"反复无常"（punic）。大约在公元前250年到公元前150年，罗马人和迦太基人为争夺领土发生了三次迦太基战争，战争延缓了两个文明的增长。公元前201年，迦太基人第一次战败，它的著名将领汉尼拔在突尼斯北部的扎马平原被大西庇阿打败。但是，迦太基很快再次崛起，直到公元前146年才最终被彻底摧毁，城墙被推倒，土地被撒上盐①。

西侧得以安全后，罗马人转而把注意力集中在东方。公元前2世纪的最后十年，希腊人在东地中海的霸主地位结束了。此后，希腊与罗马合而为一。

接下来的三个世纪，也就是从公元前150年到150年，是古典文明的高峰，也是西方人发现新大陆之前的最高成就时期。公元前100年，罗马人的扩张仍在继续，几乎没有遇到任何障碍。内战毁掉了罗马人的生活，不过可以称为罗马帝国的实际领土仍在无情地增长，到公元元年，它几乎已经囊括了罗马人所知的"全世界"。（当然，罗马的领土范围不包括印度、中国和日本，以及尚未发现的北美洲和南美洲大陆。）

罗马共和国在这个时期陨落了，正如我们所知的，在覆亡之前罗马共和国早已经历了长久的衰退，即便尤里乌斯·恺撒和未来的皇帝奥古斯没有促成其死亡，罗马共和国也会自己走向灭亡的。事实上，从公元前30年到14年，在罗马开国皇帝的漫长统治岁月里，奥古斯都（公元前63—14）曾经试图重建共和制。他把最高权力牢牢掌握在手中，但与元老院、执政官、保民官一起共享行政权，后者依然通过选举产生。实际上，他是首席执政官，其他人跟他一起行使管理权。他的继承人把这个半自由政府的国家变成了极权主义的国家。

---

① 罗马元老院下令彻底摧毁迦太基城，推倒所有城墙，在土地上撒上盐，使土地不能再耕种。——译者注

14年，奥古斯都去世时，帝国的范围已经向东扩展到今天的比利时，一直到今天的叙利亚，南至埃及，向西直至北非海岸，即今天的阿尔及利亚，穿过大海直抵西班牙，向北又与比利时接壤。在接下来的一个世纪里，罗马帝国的领土又零星地在增加：不列颠岛、毛里塔尼亚（今天的摩洛哥）、今天德国莱茵河西岸的大部分地区、达契亚和色雷斯（今天的罗马尼亚和保加利亚）、黑海东岸富饶的土地（亚美尼亚、亚述、美索不达米亚和卡帕多西亚）以及阿拉伯半岛毗邻约旦和埃及的部分。

在图拉真皇帝（在位时间 98—117）统治时期，罗马帝国的版图达到顶峰。在图拉真皇帝之前，罗马帝国版图的边界只存在于士兵的头脑和意愿里，他们四处征伐，穿越丛林和沙漠，沿着河岸与海岸长驱直入，从来没有边境的概念，因为边境意味着在另一边有很多坚固的、永久不变的标记。图拉真和他的继承人哈德良把士兵头脑里的边界用石头城墙和堡垒固定下来，防御外敌的入侵，却也把敌人囊括进来了。哈德良还决定放弃东边的部分领地，从那以后，为了保持帝国的平衡，皇帝们放弃了越来越多他们不需要的领地。

《罗马帝国衰亡史》（1776—1788）的作者爱德华·吉本（1737—1794）认为，在安东尼时代，罗马史和世界史都到达了一个巅峰时期，即从98年图拉真即位到180年马可·奥勒留去世这段时间。在这个时期，四位皇帝成功地统治着罗马，138年，安东尼努斯·皮乌斯继承哈德良的帝位；161年，他指定马可·奥勒留在他死后做他的继承人。虽然这四位皇帝在某些方面都很幸运，不过皮乌斯应该算得上最幸运的了。

安东尼努斯·皮乌斯在位的23年在罗马帝国史上几乎是一片空白，战事和国外的动乱很少，几乎没有国内冲突，所有阶层的人都很富裕很幸福。总之，安东尼努斯这位谦逊而睿智的人，总是遵纪守法，仿佛他不是全能的皇帝而只是一位平民百姓。马可·奥勒留（121—180）的自传《沉思录》流传至今，是古代的重要精神财富。奥勒留相信，生在那个年代具有无可比拟的优越性，还能够获得到"那人"，即他养父赐予的权柄。但是，与他的祖先不同，即便非常聪慧，马可·奥勒留也没能掌控好他拥有的帝国。吉本或许是对的，他认为，180年，奥勒留的离世意味着伟大的罗马帝国末日的来临。

在四位伟大皇帝在位的三百年里，台伯河上的罗慕路斯城可能依然存在，直至15世纪之前它都是西方文明的一个中心城市。（在中世纪有过一段时间的中断，当山羊还在啃食着朱庇特山上和河边哈德良大帝墓上的青草时，教皇却把这些地方变成了抵御穷途末路的饥民进入城市的堡垒。）罗马帝国统治的最后时期完全是无尽的溃败，德国历史学家奥斯瓦尔德·斯宾格勒（1880—1936）称之为"没落"。帝国边界日益内缩，蛮族洗劫了帝国的城市，罗马也未能幸免，文化、权力和雄心壮志的中心就此一溃千里。

5世纪，帝国分崩离析，帝国的西部不再受罗马控制，而是被拉文纳统治着，东部则处于君士坦丁堡（现在的伊斯坦布尔）控制之下。君士坦丁堡位于地中海与黑海之间的交界处。在成立后的三个世纪里，东罗马帝国继续使用并书写拉丁文，并保留了罗马的习俗。然而，在750年左右，君士坦丁堡开始讲和书写希腊文。因此，大约一千年以后，虽然输了所有战役，希腊人却最终赢得了与罗马人的战争。

希腊理论，罗马实践

任何人只要参观收藏着希腊罗马时期展品的博物馆，就一定会发现希腊文化对意大利半岛产生的影响。即便是比伊特鲁里亚人更靠前的意大利文化似乎也是希腊文化。伊特鲁里亚的艺术和宗教显然是希腊文化，当罗马人在公元前4世纪和公元前3世纪征服伊特鲁里亚人的时候，他们很快发现自己被希腊人的思想、想象和世界观影响了。

罗马人重新命名了希腊的神，并把他们作为自己的神。宙斯变成朱庇特、雅典娜变成密涅瓦，阿尔特弥斯变成了戴安娜，阿波罗则沿用了原来的名字。他们还接受了希腊字母表这项辉煌的发明，像希腊人用在希腊文里那样，罗马人把它应用在自己的语言中。虽然随着时间的推移其中一些字母已经变化了，但我们至今仍在使用字母表。罗马人学会了马其顿的作战序列和斯巴达人的金属武器和盔甲，带着学到的这些东西征服了所到之处。他们从希腊人那里学会了诗歌和戏剧，他们学习哲学（但无法理解其中的微妙之处，因为用拉丁文表达不出来）。

他们还模仿希腊所有的雕塑艺术。罗马人甚至着迷于希腊人的家务事，比起传统的罗马式生活，很多罗马人更喜欢希腊人的生活方式。

另一些罗马人则拒绝像希腊人那样生活。对他们来说，读柏拉图没问题，或者至少可以读仔细诠释柏拉图著作的罗马人的作品，比如说，西塞罗的作品。你可以雇用一位希腊雕塑家来重塑古典时期的作品，把它放置在花园的一角或是墓门旁边。你可以在观看普劳塔斯和特伦斯的希腊式喜剧时放声大笑，也可以被辛尼加的希腊式悲剧吓得发抖。模仿希腊式陶器和装饰，以及希腊钱币同样是完全可以的。

不过，一旦涉及像希腊人那样生活，监察官加图（公元前234—前149）这样的人则会坚决反对。公元前184年，加图被选为两位监察官之一，或者说是财富和道德操守的评审官。他力图保持古代罗马人的习俗，并努力灭除所有希腊文化的影响，他认为希腊文化败坏了古老的罗马道德标准。他认为，至少大多数希腊人是虚弱、荒淫和不道德的，在性方面尤其如此。加图觉得，他们奢华的生活方式、他们的玩世不恭，以及缺乏对宗教和道德准则的信仰导致了他们被罗马军队打败，如果罗马人学会这种生活方式，就会被蛮族打败。

古罗马人最普遍的典型特征之一就是对希腊的矛盾情感。一方面，罗马人被希腊思想吸引；另一方面，又被加图这类人的警告吓退。希腊式的优雅、精明、品味和魅力让很多罗马人既羡慕又害怕。类似的矛盾心理在其他时代也出现过。整个18世纪，英国人都为法国人的东西着迷，但这并没有让两个国家停止持续不断的争战。同样，这也不能阻止英国的道德家表达他们对法国人行为的强烈不满。在第一次世界大战之前的十年，英国绅士反过来成了德国上流社会争相模仿的完美对象。今天，美国人则对日本人的很多东西充满了矛盾情绪。

罗马人为希腊文化着迷的一个原因在于罗马几乎没有完全本土的罗马文化。在罗马一千年的历史中，几乎没有一件艺术作品是真正的罗马作品，绝大多数都是借鉴和模仿得来的。但这绝不意味着帝国时代的罗马生活缺乏优雅和风格。罗马人毕竟从希腊人那里学会了如何生活。更重要的是，罗马人给这种完全不同的但又互补的文化混合体带来了一些至关重要的观念，这**不是**他们从希腊人那里学来的，事实上，这些思想恰好与希腊人的信仰是相反的。

罗马人知道些什么？从某种意义上说，要回答这个问题很简单。他们所知的绝大部分内容来自希腊；罗马人知道的就是希腊人知道的。不过，他们还知道一些希腊人从不知道的东西，或许正是这些东西帮助罗马人在战争中打败了希腊人。由于非常有才华，也可能正是因为太过才华横溢了，希腊人算不上是务实的民族。希腊人本质上喜欢打破传统，热爱探险生活，他们狂热地追求所有新奇的事物，仅仅因为不再新鲜了就抛弃旧事物，而不是因为它们已经坏掉了，不得不更换。罗马人恰好相反，他们总是擅长并习惯性地从事实务。他们的务实性从很多方面都可以得到证明。他们稀释了希腊哲学的内容，把它加工得更适合大众的口味。他们减少了高贵而复杂的"教化"，这是亚里士多德等人创立的教育体系，改为修辞术和演讲术课程，因为他们认为懂得如何在商业和政治生活中进行有说服力的演讲是成功的必由之路。用现代词汇来讲，这种观念导致了职业教育的自由度大大降低。罗马人还改变了希腊人关于不朽的荣誉这一观念，仅把它转化为凡人的荣誉，这使得罗马人形成了把皇帝当作活着的神来崇拜的习惯，因此进一步使荣誉和荣名两个词的含义变得混为一谈。最后，奥古斯都的胜利将那辉煌但最终不可行的共和国变成了沉闷而危险，但又非常高效的极权帝国。

在所有这些改变背后有一个重要的信念，罗马人相信它而希腊人不相信：毫无用处的宏大观念还不如一个有用的小观念有价值。在这个信念的指导下，罗马人构建了一个存续千年的城市帝国。

法律、公民权和道路

希腊哲学家的伟大目标专注于抽象的正义标准。苏格拉底、柏拉图、亚里士多德以及其他人都对这个问题有深入的研究，这对西方的思想产生了持久影响。此外，很少有希腊的法律流传下来，不管是法律规定还是法律程序。部分原因在于每个城邦国家都有各自的法典；即便在古希腊时期，也从来没有一部整个希腊民族的共同法律。

与此相反，公元前450年，《罗马法》最初以《十二铜表法》的形式固定下来，直至5世纪蛮族入侵之前都在西方的日常生活中普遍使用，在东罗马帝国则一直使用到1453年帝国崩塌为止。《罗马法》至今对西方世界几乎所有法律系统有着重大影响。

罗马人一直以来都强烈地尊重和热爱法律。他们把古代的法律和习俗视为国家的命脉。他们还是法律的热心学生，不断地改进他们的法制。特别是在公元前146年打败迦太基之后、罗马迅速扩张的两个世纪里他们尤其重视法律。他们把法律带到所征服之处，用来统治被征服的人们。结果，在罗马帝国最鼎盛的时期出现了一种情景，即从大不列颠到埃及、从西班牙到黑海，所有人都受同一种法律的制约。

《十二铜表法》，最初是木制的，后来用铜铸成，鏨刻着国家的法律，树立在罗马广场上。这样，《十二铜表法》就成为公共财产，可以引起每位公民的注意。两千年后，约翰·洛克①写下了这样的名言，说《十二铜表法》是"赖以生存的站立着的规矩"，它适用于所有人，无论这人伟大还是渺小、富裕还是贫穷。罗马军队把《十二铜表法》的复刻版带在身边，并树立在所攻克的城市中，以便告知战败者是什么样的人征服了他们。

《罗马法》复杂且精巧，但罗马人从没忘记其目的是规范普通人的生活。因此，《罗马法》中有遗产法和继承法、债权法（包括合同法），还有人法（包括家庭、奴隶和公民权）。最初这些法律都浅显易懂，其法律程序也同样明白，后者不像希腊人的法律那样晦涩难懂和复杂，很容易被所有公民接受。

5世纪末，《罗马法》的体量已经极大地扩充。人们做了很多简化它的尝试，但没有成功，部分原因在于作为全世界数百万罗马公民的管理体系，罗马法律本身是非常成功的。最后，在529年，居住在君士坦丁堡的查士丁尼大帝（统治时间：517—565），公布了著名的《查士丁尼法典》，该法典的制定是以《罗马法》为主要来源和主导法律的。自此以后，没有收录在这部法典中的法律都被视为无效。《查士丁尼法典》在其后一千多年时间里都在使用，它至今都是大多数欧洲国家和美国路易斯安那州法律体系的基础。这是罗马带给法律史的最主要遗产。

希腊人在他们无与伦比的军事天才亚历山大的领导下，在征服衰落的帝国上取得了辉煌成就。然而，这些征服却没能持久。

---

① 约翰·洛克（John Locke，1632—1704），17世纪英国哲学家。——译者注

亚历山大受到他的业师亚里士多德的教诲，相信蛮族跟希腊人相比是劣等人，不能够娶作妻子或在被征服的国家里担任管理职务。亚历山大作为马其顿人而非真正的希腊人，本身就有一点野蛮，他直觉地意识到这种观念的错误，并且娶了一位蛮族公主为妻，即大夏酋长奥西亚提斯之女罗克珊娜。他还敦促他的军官们与蛮族妇女结婚，并为和被征服地方的贵族一起分享统治权做出了相当多的努力。

亚历山大去世后，罗克珊娜也没有活太久，传统的希腊排外性占了上风。不过，排外的亚历山大帝国的希腊继承人非常狡猾、虚荣、野心勃勃，却又害怕他们统治下的人们。他们的管理理论是合逻辑的，但在真实的生活中常常不管用。

罗马人花了近三个世纪才学会统治被征服民族的技巧。在共和国建立之后到最终打败迦太基人的这段时间内，他们在意大利半岛上不断扩张，打败了所有邻近国家，把它们的土地合并到罗马帝国的领土中来。起初，他们试图把所有被打败的男男女女都充作奴隶，但奴隶们工作得不太好，或者不太情愿工作。他们苦苦地抗争，不愿当奴隶。即便他们已经被打败，却依然想保有自由。务实的罗马人决定，虽然我们必须有奴隶，我们还可以在别处找到人，从而把意大利人当公民对待。臣服的意大利人一下子变成了罗马人，拥有了公民的所有（或者说大多数）权利——即法律、公民权和道路。

即使是最穷的罗马公民，只要他为元老院服务了一定的期限（通常是20年），就可以获得一块可供耕作和修房的土地。如果他是城里人，就可以每天获得定量的口粮。如果他在一个阳光灿烂的午后无事可做，城里有马戏团，他可以免费去那里看一场战车比赛；或者免费看一次角斗，角斗场上奴隶角斗士英勇搏斗，而基督徒角斗士遭受痛苦。人与人没有什么不同，当然有时候有人更富有一些，有的人甚至是巨富，只有这一点不同而已。不过，在内心里，一位罗马公民感到自己和其他任何罗马公民都是平等的。这是一个人人都渴望的身份。

渴望得到罗马身份的人遍布全世界。在西班牙，在北非，在希腊人千辛万苦颠覆的古老波斯帝国的所有领域，在埃及，军人纷纷扔下武器，恳求来做罗马公民。胜利的罗马人几乎不会拒绝他们。授予公民权只需要很小的代价，如果它能使胜利变得更容易，为什么要拒绝给予他们公民权呢？这是罗马人务实的绝好例证。

接下来就是罗马道路。毫无疑问，希腊人一贯是航海家和善于贸易的商人，但他们的帝国从未深入内陆。除了古老波斯帝国的领土，因为他们继承了波斯人的皇家道路。本质上说，希腊人从来都没有明白道路的重要性。由于缺乏内部交流，他们的帝国很快就四分五裂了。

罗马人很懂得道路：如何修路，在哪里修路，以及如何维护道路。罗马道路的耐用性简直是个奇迹。在使用了两千年以后，至今仍有数百英里的罗马道路保存完好。比如，从罗马向南通往那不勒斯和布林迪西的阿皮亚古道至今仍可以通行现代机动车。

当然，道路是一直都是有的。南意大利的希腊殖民者修建了一个狭窄的道路网，伊特鲁里亚人在托斯卡纳也修了道路。事实上，很可能是伊特鲁里亚人教会罗马人很多修筑道路的知识。不过，由于罗马人天生能够很好地利用别人的好点子，因此他们照例在现有规范的基础上提高了修路水平。希腊人的路修得很快，但需要大量的维护，罗马道路则几乎不需要维护。伊特鲁里亚人的道路是七弯八拐的，罗马道路则尽可能地笔直，必要时可以翻过高山、横跨山谷、越过河流，甚至挖出穿越天然屏障的通道。

为了让带有他们标记的所有事物都能坚固持久，罗马人挖得很深，用沙子、瓦砾和碎石填塞路基的沟渠以利于排水，然后用切割好的石块严丝合缝地铺平路面，路面在人脚下、马蹄下、马车轮下都纹丝不动。在石块被保留下来没有挪作他用的地方（这在数个世纪以来一直发生在它们身上），它们通常依然可以作为路基来使用。

罗马的第一条主干道是阿皮亚古道，由盲人阿庇乌斯·克劳狄乌斯（公元前312年执政）兴建，因此这条路以他的名字命名。很多年来，阿皮亚古道是唯一一条这种类型的道路，但是随着第二次布匿战争军事需要的结果，公元前2世纪末，罗马人修建了更多道路，沿着海岸线从罗马到热那亚，穿过大山直抵亚得里亚海边的拉文纳城。罗马道路甚至修到了国界之外，因为教会被征服者修筑道路跟给予他们法律或公民权同样有用。在图拉真大帝时期，即1世纪，罗马已经有数千英里罗马道路，承载着帝国的交通和通信。

拱门是罗马人有实际效用的另一个发明。在埃及和希腊都曾经有过拱门，但都只是小规模地使用，通常是用于装饰，却从来没被考虑使用在纪念性建筑上。埃及人和希腊人都偏爱修建正方形建筑，以此来表达对神的崇拜或用作制定法律的礼堂。罗马人不仅在庙宇和大教堂里使用拱门，还在修桥和水道时使大量使用拱门。

后面这种应用相当关键。拉丁姆平原十分干旱，随着罗马的扩张，淡水很快就供应不上了。引水渠把水从遥远的大山里引到城中，这样一来，罗马城的人再多也不用为水犯愁了。在图拉真大帝统治下，罗马城容纳了超过一百万人口，是当时世界上最大的城市。

不久之后，帝国的所有地下水源不足的城市都修建了引水渠。至今仍有许多罗马引水渠的零星遗址遗存至今，提醒我们罗马人务实的天才。

卢克莱修

或许，要理解罗马人知道什么，最好的办法就是把罗马人版本的重要希腊思想和希腊人的原创相比较。因为罗马的作者们会告诉我们差异所在。

T.卢克莱修·卡鲁斯生于公元前95年，卒于公元前52年或公元前51年。据一份古代文献的神秘记载，卢克莱修是自杀身亡的。他于公元前58年开始撰写的哲理史诗《物性论》是献给一位朋友的作品。因此，这部作品肯定有某种版本存在，但却从来没有写完。这并不要紧，因为这部长诗并不是叙事体，而且如果它是一部完整的作品，可能还受不到如此多的仰慕。

《物性论》是一部极其怪异的长诗。它是一部哲学论著却极其优美，主要阐述物理学原理，却也包含着深刻的人生智慧。它专注于描写"享乐"，却给读者留下这样的印象：是节制的美德造就了幸福。

卢克莱修是希腊哲学家伊壁鸠鲁（公元前341—前270）的忠实信徒，伊壁鸠鲁出生在萨摩斯岛，后半生一直居住在雅典。伊壁鸠鲁在雅典的一所花园内建立了一所非正式的学校，因此这所学校被称为"伊壁鸠鲁花园"。这所学校接收妇女，还至少接收了一名奴隶，这个年轻人有个古怪的名字——茅斯[①]。

---

① Mouse在英文中是老鼠的意思。——译者注

伊壁鸠鲁认为快乐是最大的善。他所谓的快乐，主要是指避免痛苦，一种没有痛苦、烦恼和焦虑的人生当然是快乐的，人理当是快乐的。避免痛苦意味着"伊壁鸠鲁花园"要避开政治生活。伊壁鸠鲁说，人在公共生活中很难获得幸福，所以他建议所有人都应当完全从中退出来。"伊壁鸠鲁花园"的生活非常简单。水是最受欢迎的饮料，粗麦面包则是主要的食物。

伊壁鸠鲁年轻时曾跟随德谟克利特学习过，最终成了坚定的原子论者。他写了37本关于自然或物理学的书，大大地推进了原子论学说的发展。但他的著作几乎都没有留存下来。他还给朋友写了很多温情的信，有一部分留存下来了，在信中他敦促朋友们过一种简单、平和与廉洁道德的生活。

在其后的几个世纪里，伊壁鸠鲁的"幸福"理念被理解为"享乐"，伊壁鸠鲁学派最后被理解为这种负面的含义，直至今天人们都称其为"享乐主义"。卢克莱修在开始充满崇敬地写赞美诗纪念伊壁鸠鲁时，表达了十分强烈的愿望，希望人们能在美德的基础上理解享乐或幸福，并明白这是美德生活的回报。

卢克莱修还受到另一位希腊哲学家思想的影响，即斯多亚学派的芝诺（公元前335—前263），如日期所示，他跟伊壁鸠鲁几乎是同时代的人。公元前3世纪前半叶，芝诺在雅典建立了一所学校。他在一座圆柱大厅（或者叫"画的柱廊"）里教授学生，因此他的学派被命名为"圆柱大厅派"。斯多亚学派认为，幸福就是意志与统率宇宙的神圣理性一致。如果一个人能够接受现状，而不去欲求不可得之事，就是幸福的。

凭借自身的实力，伊壁鸠鲁和芝诺在古代世界都产生了十分深远的影响。不过伊壁鸠鲁常常被误读，即便他的追随者都是如此，而对大多数罗马人来说，即便他们也阅读希腊人的著作，但还是认为芝诺的斯多亚学派太过狭隘、苛刻和不食人间烟火。卢克莱修在优美长诗中提出的原则综合了斯多亚学派和伊壁鸠鲁学派的思想，这在两千多年前非常有意义，对今天的很多读者来说依然相当有价值。

卢克莱修说到，他想把哲学从高山仰止、高高在上的学科变得与人休戚相关。他明白，对罗马人来说，希腊哲学常常太过纯粹，以至于常人难以企及。他自谦地说，他想让跟他一样的普通人都能理解和领会哲学思想。

卢克莱修的这种思想也不是原创的。苏格拉底也曾被誉为把哲学"带到集市上"的思想家，在集市上普通人也能讨论各种思想。不过，苏格拉底保持着一副苦行者的姿态，对其追随者的要求要比他们能够做到的更多。尽管我们十分喜欢苏格拉底这个人，但我们永远都有种感觉，那就是我们绝对不可能按照他要求的那样去生活。

卢克莱修在解释伊壁鸠鲁学派和斯多亚学派的思想时，继承了苏格拉底"神圣的简单"原则，但这并不是一种错误，没有在读者和追随者面前丢人。相反，他试着展现出伊壁鸠鲁曾经构想出的令人愉快的宇宙图景，这种美好的吸引力与反复的争论相比，能够说服更多的人。

卢克莱修的很多诗歌章节用诗化的语言阐释了他的希腊先师们的科学原理。然而，卢克莱修之所以被今天的人们记住，不是因为他或多或少偶然地支持了一种独特的科学理论。相反，人们热爱的是他的人道主义。他率先提出了一种特殊类型的人格，即我们所说的"地中海类型"，比如善于嘲讽的西班牙人和热爱生活的意大利人。奇怪的是，这两类人都很擅长做很多其他人很难做到的事：正如一位先知曾说过的，他们能原谅自己生而为人这个遗憾。也就是说，即便知道人生很艰难，德性很稀有，他们仍能保持一种古老的信念，认为即便生活是不完美的，但生活在爱中依然比生活在恨中更好。

史诗诗人总是以呼唤某位缪斯女神[1]的帮助为开篇。卢克莱修的缪斯女神是维纳斯，即爱神。传说中她跟一个凡人安喀塞斯结合，生下了埃涅阿斯。为此，卢克莱修在长诗的开篇就用充满爱意的语句向维纳斯致敬：

> 罗马的母亲，
> 群神和众生的欢乐，
> 维纳斯，生命的给予者。
> 在悄然运行的群星底下，
> 你使生命充满航道纵横的海洋，
> 和果实累累的土地，——
> 因为一切生物只由于你才不断地被孕育，

---

① 缪斯女神（Muses），古代希腊神话、罗马神话传说中主司艺术与科学的九位女神的总称。——译者注

只由于你才生出来看见这片阳光——

你……

统御着宇宙,

没有你就没有什么能生长,

而来到这明亮光朗的境界,

也没有什么欢乐的或可爱的东西能生出来。

西塞罗

对《物性论》的作者卢克莱修的生平我们知之甚少。可以说,在所有古希腊罗马时期的思想家里,我们对马尔库斯·图利乌斯·西塞罗的生平了解得最多。

在当时,西塞罗就已经是一位多产的作家和律师领袖,他之所以闻名是因为他为客户辩护和与敌人舌战时的精彩演说。他的作品被人们广泛阅读和传抄。但我们知道西塞罗,以及他所生活的时代的人们知道他,主要还是因为他长期坚持写信,而且习惯保存每一封得到的回信,他似乎从来不会扔掉任何人的来信。

虽然在古代有很多西塞罗的通信被人们所知,但今天可能至少有四分之三的信已经遗失了,但仍有八百多封信留存下来。这些信件不仅是我们了解西塞罗生平最重要的来源,同时也让我们了解,公元前1世纪中叶,恺撒和庞培争夺罗马世界统治权那个既精彩又恐怖的时期所发生的历史事件。庞培被打败,得胜的恺撒却被元老院刺杀,马克·安东尼和屋大维(即后来的奥古斯都大帝)继承了恺撒和庞培追逐已久的权力。

公元前106年,西塞罗出生在一个富庶但没有贵族血统的家庭。他接受了良好的教育,去希腊学习,家里还在罗马延请了希腊教师来教授他。20多岁的时候,他开始了自己的律师生涯,通过选举获得了非常重要的职位。公元前63年,年仅43岁的西塞罗当选为两位执政官之一,这对一个不是出身于老派元老院贵族家庭的人来说,是极其重要的殊荣。

西塞罗很快发现自己陷入了恺撒和庞培之间争夺世界统治权的斗争漩涡之中,这场斗争最终导致了共和国的倒台。两位首领都想拉拢他支持自己,但他做出了错误的选择。他相信庞培(公元前106—前48)对古老的共和国制度来说不那么危险，于是他同意支持庞培。这是个大错误，不仅因为庞培输掉了竞争，还因为恺撒是一位变化无常又野心勃勃的人，他更能欣赏复杂的西塞罗。而且，尽管并不喜欢恺撒，但西塞罗也很清楚恺撒的复杂多变。相比之下，庞培是一个更简单的人，不能领会到与西塞罗建立友谊的重要性。

恺撒（公元前100—前44）愿意尽释前嫌，因为他知道如何展现西塞罗的价值。但西塞罗从来都不信任恺撒，因此当恺撒被布鲁特斯、卡西乌斯以及其他反叛者合谋刺死在庞培塑像基座之下时，他一点都不难过。西塞罗本人跟著名的"弑父日"①（三月十五日）事件毫无关系。后来，在抗击马克·安东尼和屋大维公然侵犯了罗马人自由的时候，西塞罗表现得非常英勇。虽然这些行动显得有些鲁莽，但西塞罗成了声誉日隆的民众领袖，他的言行瓦解了一批安东尼的支持者。但这样一来却激怒了安东尼。安东尼（公元前82或81—前30）是个极其残忍的人，在公元前43年谋杀了西塞罗，并下令割掉西塞罗的双手和头颅，把它们钉在元老院的讲坛之上，以警告其他那些想要写下真实历史的人。

由于政治原因，在西塞罗生命最后的十年时间里，他已经不能参与公共生活。因此，他把自己充沛的精力用在文字工作上。即使不能在法律和政治上有所作为，他还可以写书。

西塞罗夸耀自己的政治成就，却始终对自己的思想成果保持谦虚态度。他称自己就是一位科普作者，只是负责把希腊人的思想翻译为罗马人很容易就能理解的文字。他没有任何真正原创的发明，却帮助很多人发现了他的前辈们的睿智和原创洞见。

他还给自己一个非常大的挑战，把希腊人的伦理思想原则运用在习惯了粗糙生活的罗马商人和政治家的生活中。就像卢克莱修和伊壁鸠鲁学派所忠告的那样，一个人总是能从恐惧中抽身出来。但要是他不愿意抽身怎么办呢？那么他还能过一种正直良善的生活吗？

西塞罗的最后一部作品《论义务》论述了一系列平凡而日常的问题：一位商人应当如何诚实？有没有通过诚实方式可以获得的捷径？一个正直的人应当如何应对僭主提出的非正义要求？保持沉默是正当的吗？一个人是否总是应该发表自

---

① 弑父日（Ides of March），因为恺撒在3月15日这天遇刺，因此罗马元老院将这一天定为"弑父日"，在这一天永不集会。——译者注

己的意见，即便这样做肯定会有一定的危险？一个人应当如何对待他的下级，甚至是他的奴隶？下级是否有权被尊重？

西塞罗对所有此类问题的答案似乎非常简单：他坚持始终做正确的事，因为一个错误的行为，虽然看起来可能有利可图，但绝不能让人真正获利，它毕竟是错误的。

什么是正确的事呢？你如何分辨出来？西塞罗没有回避这个问题。首先正确的事是合法的，也就是法律允许的事。但除此之外，由于法律也并不总是正义的，那么正确的事应该是诚实、公开和公平的。无论结果如何，你都要信守你的诺言。即便没有发誓，你也应当讲真话。而且在对待他人时还要一视同仁，包括外国人、奴隶和妇女，因为他们也都是人。虽然在很多方面有所不同，但所有人在人性上都是平等的。他们的人性就赋予了他们被尊重的权利。

其实，我们很容易反驳西塞罗提出的这条简单原则——因为做错事永远不能获得真正的利益，所以人应当做正确的事。坏人总能为自己违反这条原则找到一个非常方便的借口。

事实上，西塞罗的简单正是他的长处所在。他大声疾呼：承认吧！我们知道自己何时做对了，何时做错了。我们知道自己应该做正确的事。在一生中，我们不能确定是非的事情总是很少的。我们还相信，如果我们总是做自己认为正确的事情，我们能更幸福。即便这意味着我们可能会更贫穷或不那么成功。

苏格拉底和柏拉图在《理想国》中长篇大论地描述了国家教育的系统性知识，亚里士多德在《尼各马可伦理学》中也研究和仔细分析了德性的内容，而西塞罗简单的生活原则就是以上知识务实的罗马版本。《理想国》和《尼各马可伦理学》都比西塞罗的《论义务》要伟大得多。但是，作为一本务实性的著作，前两本书都没有给出任何易于我们理解和遵守的生活原则，而西塞罗则谦逊且深刻地为我们做了指导。

西塞罗生活在历史上最辉煌也最危险的时代之一。整个罗马世界的人都在为最伟大的政治问题而斗争，也就是如何和平而自由地生活。对生活在共和国颓败之前半个世纪以及奥古斯都胜利时期的人们来说，都必须在和平和自由这两个终极政治物品中做出选择。

你可以获得自由，但你就必须放弃和平。自由地寻求不同目标的人之间似乎必然会产生冲突。或者你可以选择和平，但必须付出自由的代价，因为在所有其他人都厌倦了专制的束缚时，如果不用一种至高的权力（只有这种权力是自由的）来进行压制，怎么可能保持和平呢？

希腊人的范例没有参考价值。任何人都能看出希腊人在很多方面都选择了自由，但他们付出了高昂的代价——几乎总是处于冲突状态。稍早些时候，罗马人也选择了自由。他们的征服战争让他们避免了内部冲突。由于他们总是在攻打别人，因此内部很少相互争斗。

现在，罗马人的力量已经扩展到了整个地中海地区，国内冲突也就变得严峻起来。一群冷酷无情的人为了保住国内的和平就把自己当作专制僭主。所有这些人最终都被推翻了。西塞罗担任执政官的时候，亲自推翻了最后一位僭主喀提林（公元前108—前62）。恺撒和庞培造成的双重威胁则更难以解决。

恺撒先是在战场上打败了庞培，然后驱逐了他，最后于公元前48年谋杀了他。但是，恺撒把所有最严重的威胁都留给了自己。由于害怕恺撒的"到来"会针对传统的罗马贵族，少数贵族又联合起来刺杀了恺撒，从而摆脱了他的统治。这次行动被西塞罗视为高尚的，而且很长一段时间，绝大多数罗马人都认为这是必要且正义的行为。但是，布鲁特斯（公元前85—前42）和卡西乌斯（死于公元前42年）通过谋杀恺撒所追求的自由根本不是真正的自由，于是贵族很快失去了市民的支持。在任何时候，自由的信念都没有强大到足以抵御这类危机的反复发生。马克·安东尼和屋大维（后来的奥古斯都）还是实行某种形式的专制，但是他们保证了贵族的安全，所以被接受了。共和国陨落了，奥古斯都在与马克·安东尼的争斗中获胜，开创了制度化的专制政治体系，即罗马帝国。

不过，转变也不是在一夜之间发生的。公元前31年，屋大维在亚历山大港打败了马克·安东尼和他的情妇——埃及女王克莉奥佩特拉七世。从公元前31年到前23年，他作为执政官进行统治，虽然他毫无悬念地可以当选，但他还是投了自己一票。公元前23年，奥古斯都被赋予了在紧急时期才能使用的皇权，而紧急情况很快就出现了。他当选终身护民官，并拥有绝对至高的权力。14年，奥古斯都去世后，他被神化了。亚历山大大帝的马其顿老兵所嘲笑的对奥古斯都的朝拜在那一天赢得了胜利。

两千年的罗马共和国的终结让那些热爱自由的人感到懊恼不已。然而，在罗马共和国中，自由却从来没有真的实现过。几乎没人相信自由能保留下来，抑或是他们本来想保留自由，但专制的罗马政府不像共和制政府那样对公民提出要求（专制政府对公民提出另一种要求）。或许没有人能像西塞罗那样对共和制深信不疑。

他提出了解决这个巨大政治难题的第三种办法。如果每个人都是自己的主人，那么就没有一个凌驾于所有人之上的主人存在的必要了。如果每个人都做自己知道的正确的事，和平就能得以维持，自由也能得以保存下来。换句话说，他相信法治的政府而不相信人治的政府。

西塞罗的想法或许是错的，他认为有一种统治的法律、一种足够精细的"宪法"可以让共和制不受时间限制地延续下去。由于缺乏这种宪法，那么人治的政府（通常是由一个人统治）或许就是最具可行性的替代品。

西塞罗关于如何解决这个问题的直觉并没有出错。他提出的解决罗马问题的办法跟美国的开国元勋们所构想的办法只有细微的差别。从可行性上看，是美国的开国元勋们首次提出了如何把人治的政府转变为法治的政府。但他们也知道，是西塞罗指出了这条新的道路。

美国宪法建立了一个行政机构，并赋予其免于遭受攻击的权力：它依法享有对武力的控制权。除了军队武装力量，这种控制权还包括联邦调查局、中央情报局、财政部特派员、特勤局及很多其他警察武装。但是，并不是这些军队和准军事机构确保了美国始终是法治政府而非人治政府。

《美利坚合众国宪法》只是薄纸一张。它并不能捍卫自己。如果美国人不相信宪法，它就仅仅是一张纸而已。

绝大多数美国人全心全意地接受《美利坚合众国宪法》作为本国的法律。他们可能在其他问题上不能达成一致，但他们知道他们绝不能刻意地违反宪法行事。他们一致认为，只要在宪法允许的范围内行事，就一定是正确的。不这样做就是挑战美国政府的构建基础：如果人民不相信它，《美利坚合众国宪法》就不具有任何保护效力。如果人民不再相信宪法，士兵和警察就不能继续捍卫宪法，极权国家的描述是否妥当？

信念不能被立法。它是公民自由意志的表现。西塞罗没能说服足够多的罗马公民拯救罗马共和国。不过，这个几乎普遍适用的信念能够保证和平与自由在一国之内共存，西塞罗可能是第一个意识到这个事实的人。

塞涅卡

罗马人脱离了法律和准宪法保护之下的共和制度，祈求好运能够降临，寄望于赌上一把，找到一个既强大又公正的统治者来管理他们。富人希望能平平安安地变得更富有，穷人希望从富人毫无节制的掠夺中解脱出来。在某个时期，这场赌博看起来是赢了。无论奥古斯都是名义上的皇帝还是实际上的皇帝，跟过去共和政体时候在元老院和执政官治下相比，在他的治下生活明显要好过得多。

帝国制度的主要不足在于缺乏法律和常规机构来安排皇帝之间的权力交接。在奥古斯都执政期间，他创建了一个制度，在他死之前十年他选定了继承人。他选择了提比略（公元前42—37），提比略是他一位妻子的儿子，但却不是他的亲生子。提比略在做储君前应当是很不错的继承人，但当4年，奥古斯都选择他做储君的时候，他已经因自己权势满满而变得十分骄傲，因残暴而变得狡诈。

14年，奥古斯都去世，提比略接受了"选举"成为皇帝。虽然不时会显露出强制的一面，但他最初的统治看起来既谨慎又明智。23年，他的儿子德鲁苏斯去世。从那以后，他似乎失去了对帝国的所有兴趣，沉迷于享乐之中，日益堕落荒淫。27年，他出访那不勒斯湾的卡普里岛，计划只在那里做短暂停留，但却从此没有回到罗马。自此以后，他的统治充满了数不胜数残酷而暴力的举动：酷刑、谋杀，还从王公贵族那里偷窃财富。提比略常常指控显贵们犯了罪并定他们的罪，还把他们处死；只要提比略一句话，他们的财物就被充公了，而提比略从来不在乎显贵们是否真的有罪。

在他死之前不久，跟奥古斯都一样，提比略指定了继承人。他没有儿子，所以用最无奈的抓阄法选中了最不想继位的那个继承人。他的名字叫盖乌斯·恺撒①，士兵们亲昵地称他为卡利古拉（12—41），意思就是"小军靴"。37年，卡利古拉继承大位。一年之内，他要么是真疯了，要么就是装疯。无论如何，至少他的表现看起来确实像是疯了。如果他是装疯的话，那他真的是非常残忍。41年，由于他的残忍是如此冷酷无情、不可预测，以至于他只当了4年的皇帝，就被禁卫军的护民官谋杀了。

后来，禁卫军发现提比略的侄子、奥古斯都妻子的孙子克劳狄乌斯以为自己也会被杀死，正躲在皇宫的一角瑟瑟发抖。但与克劳狄乌斯所以为的相反，禁卫军让他当了皇帝。没有任何人曾把克劳狄乌斯（公元前10—54）当作继承人的首选。他是个毫无魅力的人，当时已经年过五十，十分羞赧，不敢在公众面前发言。作为一位历史学者，他在古罗马历史学家李维的指导下撰写了好几本关于历史的书。但他尽力像一个皇帝那样去做一个好皇帝。他制定了行政管理的新政并恢复了一些古代宗教传统，这使得贵族和平民都十分高兴。不过，他太过笨拙而且长相丑陋，因此根本得不到任何人的欢心。

48年，他犯下了当皇帝七年以来最严重的错误，他娶了自己的侄女阿格里皮娜为妻。因为这场婚姻触犯了《罗马法》，所以他修改了法律。阿格里皮娜美丽而性感，却不爱自己的丈夫。她说服丈夫，收养了她第一段婚姻中的儿子。后来这个儿子被指定为克劳狄乌斯的继承人。54年，当那个儿子被指定为继承人后，阿格里皮娜用毒蘑菇毒死了克劳狄乌斯。

阿格里皮娜的儿子继承皇位之后，起名为尼禄（37—68）。他是1 900多年来西方历史上最让人轻鄙和厌憎的暴君。因此，很可能有些关于他的著名故事并不是真的。例如，传说罗马被焚毁时他还在鬼混，或者说是他自己亲手引燃了大火，为的是清出一块足够大的空地来修建新皇宫。这些传说很可能是假的，因为64年，罗马燃起大火的时候他还在离罗马很远的地方。罗马城的中心被摧毁确实让他钻了空子，他开始在火场遗址上兴建他的黄金屋，这可能是历史上一个人为自己修建的最宏大的宫殿，如果这项工程完工的话可能要覆盖三分之一个罗马城。

59年，阿格里皮娜显然是疯了，她狂怒地大嚷大叫，说她的儿子尼禄从她

---

① 卡利古拉全名"盖乌斯·恺撒·奥古斯都·日耳曼尼库斯"，跟罗马共和国末期的恺撒大帝不是同一人。——译者注

的手心里溜走了。可能心存遗憾，但尼禄还是谋杀了她。三年后，因为爱上了另一个女人，尼禄又杀掉了自己的妻子屋大维娅。从此以后，他越来越堕落，变成了一个宗教狂人。罗马有把已去世的皇帝尊奉为神的传统。尼禄不仅希望自己死后成神，还想要在活着的时候自己创造神，或者干脆就说自己是神。他的举动变得越发狂野和令人费解。68年，由于越来越不满意疯子尼禄的统治，罗马的将士们在尼禄还没死的时候就选了加尔巴作为他的继承人。很快，尼禄就自杀身亡了。

反叛尼禄的同盟组织已经存在了很多年，65年，这个组织终于浮出水面。他们的首领是一位名叫凯乌斯·披索的贵族，反叛组织很快发展了大量贵族成员，甚至吸收了一些尼禄的禁卫队军士。这个反叛组织被其中一位成员的奴隶出卖，尼禄因此得以逃脱。14位反叛者不是被处死，就是在暴力折磨下被逼自杀。

自杀者之一名叫卢修斯·厄尼厄斯·塞涅卡，是1世纪中叶罗马的知识分子领袖人物。他于公元前4年出生在西班牙，家庭富庶，他的前半生总是体弱多病。不过，这恰好让他免于卡利古拉疯狂的仇视。因为有人告诉卡利古拉，塞涅卡无论如何都活不长了，所以卡利古拉放过了他。塞涅卡45岁时，克劳狄乌斯放逐了他，但阿格里皮娜将他召回罗马，让他做她儿子——未来的尼禄皇帝——的教师。

54年，对克劳狄乌斯的谋杀让塞涅卡走上权力的巅峰。新皇帝、塞涅卡的学生尼禄只有17岁，每样决策都要征询老师的意见。整整8年，塞涅卡都是罗马世界实际上的统治者。但是，正如历史学家塔西佗所说："在人类事务中，没有比缺乏自身力量的权力更加不稳定、更加危险的了。"塞涅卡是暴君的宠臣，暴君却变得疯狂了。后来，这暴君不再爱他的老师，而是开始崇拜他，但后来又憎恨他，因为塞涅卡太过直白地批评尼禄的残暴和奢华无度。

59年，塞涅卡和他的同事伯勒斯被命令谋划杀死阿格里皮娜。三年后，伯勒斯死了，这时候塞涅卡意识到自己独自处在悬崖边缘。他向皇帝请求告老还乡。皇帝答应了他。三年后，也就是65年，披索的反叛组织给了尼禄逃脱的机会。塞涅卡和披索互相认识，但塞涅卡不喜欢披索，当一位贵族来拜访他时，或许就是征召他进组织的时候，他也拒绝同披索交谈。这条细微的线索足以证明他周遭环境的复杂性。后来，士兵围住了塞涅卡的住宅，向他宣告了尼禄皇帝对他的死刑判决。

塞涅卡要求写下遗言，但士兵拒绝了这个要求。他转而与在场的朋友交谈，懊悔自己不能报答他们，给他们提供"至今为他保留的最高贵的职位"。正如塔西佗所写的："如果还能被他们记住的话，他的人生模式可以赢得道德典范和坚定友谊的令名。"他又恳求自己深爱的妻子波莱纳，让她不要跟他一起死，可波莱纳坚持要跟他一起赴死。于是他们把胳膊并在一起，用一把短剑同时割断了两人的手腕。

尼禄听说了这次未遂的自杀后，下令士兵救活波莱纳。在失去了意识的情形下，波莱纳在被包扎好伤口后被带走了，独自一人在对丈夫的悼念中又活了好些年。但是，尼禄没有给塞涅卡任何恩赐。塞涅卡已经年近七旬，他骨瘦如柴却依然坚韧顽强，但他的血流得很慢，他发现这样的话很难速死。他哀求一位亲戚给他毒药，但毒药也没能毒死他。为了让血流得更快，他命令他的奴隶准备了一个热水澡盆，可当他坐进澡盆时却发现，热水的蒸汽让他窒息。

塞涅卡至少必须得为尼禄的部分罪行负责，而他个人的虚荣心很多时候蒙蔽了他的判断力。不过毫无疑问的是，他在坚持斯多亚学派原则方面算得上是一个正直的人，他始终想要把斯多亚学派的思想灌输给他的学生尼禄。他一直想要模仿他自认的哲学前辈亚里士多德——曾是亚历山大大帝的老师，却能在学生的统治下得以幸存。而他，塞涅卡却最终没能跟自己的学生建立起类似的关系。

塞涅卡写过很多关于哲学和道德话题的书信，提出和论证了很多斯多亚派的芝诺那沉闷的哲学原则。他还是一位颇具声望的悲剧作家，虽然他的戏剧作品很少在舞台演出，但却在朋友圈子里广为传诵。他认为自己是希腊悲剧大师埃斯库罗斯、索福克勒斯和欧里庇得斯的传人，但他却在很大程度上修改了大师们悲剧的结构，以至于让这些剧作面目全非。

经典的希腊悲剧主要描写残酷的谋杀和非自然的举动，例如乱伦和杀父弑母。故事通常描述的是宗教神话，可以在很多不同层次上加以理解，而且这些诗人般的作家在剧作中做出了深刻的心理描述和对古代神话的分析。塞涅卡则只保留了令人生畏的希腊故事，例如发生在阿特柔斯家族的一系列王室谋杀案（故事原型出自埃斯库罗斯的《奥瑞斯忒亚》），但总体来说他却忽视了对心理的描写。

塞涅卡的戏剧在后世产生了不少影响，特别是在文艺复兴时期。比如说，塞涅卡剧作中的恐怖故事设置、最残忍的鬼魂和谋杀者在莎士比亚年轻时的英国很流行。不过莎士比亚很快成熟起来，不再喜欢这种幼稚的戏剧传统以及剧本的单一。

无论如何，观众仍然被塞涅卡写作的这类残酷、暴力和戏剧性的粗糙剧作吸引，认为他模仿了伟大的希腊作家。观众至今都被这类剧作吸引。在20世纪末的今天，我们仍然带着狂热的兴趣从电视里观看塞涅卡的戏剧，而不是索福克勒斯的悲剧或莎士比亚的戏剧。只不过我们增加了一些刺激。无论我们的电视剧多么血腥和暴力，结局最终都是美好的。即便是塞涅卡都没有堕落成这样。

简言之，塞涅卡是一位成就颇丰的人。他不是一位伟大作家，但在十分有限的天赋和理解力之下，他仍尽力保留他的希腊先师们的哲学和戏剧传统。他还努力教导过那个疯狂的年轻人尼禄成为世界的统治者，虽然最终的结果证明他没有成功。

塔西佗

65年，披索反叛，塞涅卡被处死。三年之后，尼禄自己也自杀身亡。他死后一年之后，相继有三位皇帝继承帝位。宫廷之内一片混乱。虽然没有皇帝作为首领，帝国仍然继续繁荣发达。这种奇特的矛盾状况引起了历史学家塔西佗的兴趣。

56年，普布里乌斯·克奈里乌斯·塔西佗生于高卢。为了将来从事行政管理工作，他苦学修辞学，并娶了一位执政官之女为妻。那位执政官名叫克耐乌斯·尤里乌斯·阿古利可拉，是大不列颠未来的总督。塔西佗的事业很可能得到了岳父的帮助，而他自己也天资聪颖，擅长行政管理，因此即便是94年阿古利可拉逝世之后，他的事业仍能不断进步。97年，塔西佗成为涅尔瓦皇帝手下的执政官，直至120年左右他去世为止，他一直在帝国官僚机构里担任高官，还担任执法者。

塔西佗的文学生涯始于98年，他写了两部作品，一部是他岳父的个人传记，以其卓然的客观性著称；另一部是描述性散文，描写了罗马边境上莱茵河畔的乡村景色。他着重强调德意志民族纯良的美德，把他们和罗马人老奸巨猾的恶习相比较，并预期如果这些北方的蛮族联合行动的话，将是罗马真正的威胁。不过，这些小册子只是他真正的写作生涯的前奏，他真正的写作成就是《罗马史》（从尼禄之死开始记录，也是从尼禄死后开始创作的）和《罗马编年史》，《罗马编年史》一书记录了从提比略登基到尼禄之死这段历史，却是在《罗马史》之后才写成。

这两本记载着罗马帝国最初100年这段漫长而令人神往的历史的著作大部分都失传了，这对所有研究罗马史的学者来说都是一件憾事。（是否有一天，我们能够在某个废弃修道院的古老阁楼或地下室里发现这些被密藏起来的书卷呢？亲自发现这些秘藏的史书是每个学者的梦想。）《罗马史》只保留下来一部分，包括69—70年这段时间的历史，记录了三个野心家相继占据皇位，野心勃勃地要统治罗马帝国的史实。关于《罗马编年史》，只保留下了早期提比略的事迹和一部分克劳狄乌斯和尼禄的统治情况。

幸存下来的这些书卷是多么珍贵的财富啊！我们看到提比略一步步地陷入疯狂；看到克劳狄乌斯的孤立无援，最终变得无法忍受；看到年少狂野的尼禄的疯狂举动最终变得无法收拾。如果尼禄是一位20世纪的美国乡村青年，或许随着成长他能变好，可他恰恰是世界上最有权势的人，没有人能够告诉他在哪里停手，或者为什么要停止疯狂的行为。塔西佗主要讲述的事是过去和现在都无法抗拒的，因此我们必须原谅他没能像修昔底德描述他所选择的事件时那样客观，也没能始终如一冷静而审慎地对待这些事。虽然修昔底德是当之无愧更伟大的史学家，但很多个世纪以来塔西佗要更有名一些——他生动鲜明的描述吸引了很多读者。

下面是从诸多作品中节选的两个片段。64年，经历了那场几乎摧毁了整个罗马城的大火之后不久，流言四起，人们纷纷传说是尼禄下令引燃了大火，以便清理出一块足够大的空地为自己兴建新皇宫。

后来，为了肃清流言，尼禄抓捕了罪犯，用最精细的刑罚来折磨那些令人厌憎的人，人们称他们为基督徒。基督是基督徒这个名字的来历，他在提比略统治时期在我们的一位总督庞修斯·彼拉多手下被处以极刑。自那以后，这种极为有害的迷信爆发开来，犹太地区就是这罪恶的发源地，罗马也未能幸免，世界上所有丑恶的、可耻的事情全都找到了归宿地，变得流行起来。由此，最初我们逮捕所有认罪的人；后来，根据他们提供的消息，大群人都被牵扯进来，并非所有人都与纵火烧城有关，也有一些人被定为反人类罪。假冒纵火者也被判处了死刑。他们被套上兽皮，让恶狗撕成碎片，暴尸荒野，或者被钉上十字架，或者被判处火刑活活烧死。他们仿佛是深夜的烛火，在白昼消退时燃烧自己。

尼禄在他的花园里展示行刑的景象，仿佛是马戏团在进行一场表演。他自己则穿上御驾车夫的服饰混在人群里，或是独自一人站在高高的马车厢顶观看酷刑。因此，即便是那些理当受死或受到惩罚的囚犯，都会引发人们的同情，因为对他们的惩罚仿佛不是为了公共的善，而是为了满足一人的残酷需要。

披索谋反的阴谋暴露后一年，尼禄开始了疯狂的举动，试图指证出所有曾试图谋杀他的人。有位名叫埃皮卡里斯的女子，她是一位拥有美丽心灵的女自由民，曾经试图煽动尼禄禁卫队的头领反抗尼禄。她被逮捕了。

尼禄……想起埃皮卡里斯还在监狱里……而且他认为一个女人的肉体禁不起同样的折磨，于是下令对她施以（相对"仁慈"的）拉肢刑①。然而，无论是鞭笞还是火烧都没有奏效，行刑者不堪忍受一个女人的嘲笑，变得异常愤怒，于是越来越残酷地折磨她，但这一切都没能让她认罪。因此，第一天的刑讯毫无收获。第二天早上，她又被拖上刑椅拷打（因为她的四肢都脱臼了，无法站得住）。他们把她身上的贴身衣物做成套索，套索穿过拱形椅背又套在她的脖子上，这样，身体的重量会使套索在脖子上越勒越紧，最后把她勒断了气。这位女自由民为这场危机中尖叫的陌生人和那些她不认识的人树立了榜样。那些男人、罗马骑士

---

① 拉肢刑是古代一种酷刑，把人的双臂绑缚在身后，用绳索套住手腕，把人吊在半空中。——译者注

和元老们，即便还没受到肉刑折磨，就已经叛变，出卖了自己最亲近的人。

尼禄死时，塔西佗还是个孩子，而且住在离高卢很远的地方。不过，罗马的巨大魅力吸引着他，在图密善皇帝统治的最后五年时间里他都住在罗马城。在那个可怕的世纪里，人们已经目睹过提比略、卡利古拉和尼禄的暴政。不过与之相比，那五年的时间也算得上前所未有、惨绝人寰的恐怖时期。96年，图密善去世，或者是被谋杀了，涅尔瓦继承了他的王位。98年，图拉真又继承了涅尔瓦的王位。一个新的历史时期开始了，这个时期将一直延续82年，直到安东尼时期。

这82年是一个黄金时代，皇帝们既不疯狂也不邪恶，而且他们还遵守自己的法律。在《罗马史》序言中，塔西佗描述了那个异常情形，直到96年图密善死后他才敢写下来。他写道：

> 我已经为年老之后做好了职业准备，如果我的寿命够长，会再次书写一个主题（从尼禄去世到图密善去世这段时间的帝国历史），内容丰富。而且，在神圣的涅尔瓦和图拉真皇帝统治之下，我更少焦虑，尽享这罕有的幸福时代，即那个我们可以思考我们喜欢什么，并自由地表达我们的喜好的时代。

思考我们喜欢什么，并自由地表达我们的喜好——这是多么好地总结了政治自由带来的幸福啊！而它的反面就是纯粹的专制。

在塔西佗的作品中，我们还能找到其他一些类似的尖锐言辞。在《阿格里可拉传》中，他描绘了一个残忍的罗马指挥官，这个指挥官镇压了一个造反的蛮族部落，事后还报告说他带给了这个地区以"和平"。塔西佗却不这样看。他写道："Faciunt solitudinem, et pacem appellant"，意思是"他们造成了荒原，却称它为和平"。我们怎么才能更好地描述后来罗马帝国创造的、著名的"罗马帝国统治下的和平"（Pax Romanna）呢？

这类灵光一现的洞见并不多见。大多数时候塔西佗更愿意，或者说更迫切希望告诉我们的，是皇帝如何残酷和荒淫的故事。此类历史可以被归类在"富人和权贵的生活方式"之下。塔西佗是此类文化机构的鼻祖，比如说《人物》杂志，虽然他从来没有沦落到类似《国家询问者》①之类杂志的地步。

我们无法否认，无论事情是真是假，此类故事总是相当有吸引力。基于塔西佗的预期，他力图讲述真相，到目前为止，他讲述了可以被确认的事实。不过，他一定觉得，一个真正的好故事要胜过一千个事实真相。

罗马人不知道什么

无论他们的皇帝有多么糟糕，罗马人始终继续努力建设一个能够自主运转的国家。他们修筑了更多道路。他们把自己的希腊老师的教育理念传播到他们攻克之处，并把希腊教师送去教育那些新臣服的人们。2世纪，每个罗马人，除了妇女和奴隶，不管他是来自大不列颠还是波斯，都可以获得同其他罗马人一样的教育机会。罗马人从不曾停止把他们的法律应用到世界各地。而希腊人在各个领域的专门技能——制陶、冶金、炼金术——都用拉丁文总结编撰起来，并发布到帝国各地。

不过，罗马人的科学还是滞后了。他们明显缺乏对科学和技术的兴趣。至今流传着一种说法，说有些希腊发明家真的被后来的罗马皇帝拒之门外。比如说，我们都知道，1世纪，一位名叫亚历山大里亚的希罗的希腊人发明了一种蒸汽机。这种蒸汽机被叫作汽转球。汽转球是由一个空心球和一个装有水的密闭锅子构成的，用两根空心管把它们连在一起，通过加热锅里的水，让蒸汽经由管子进入空心球，最后蒸汽从球体的小洞喷出，从而带动球体转动。这本来可以运用到实际生产中，但很显然它只被罗马人当作一种新奇的玩具。

蒸汽动力本可以为罗马帝国解决一些更麻烦的问题。虽然罗马拥有良好的道路系统，国内交流却依然很缓慢。马能跑多快，信息就只能传多快，而马最多只能驮载一名骑手和一包信件。在改进了1 000年以后，罗马帝国的货运仍然依靠

---

① 《美国询问者》（*National Enquirer*）是美国著名的八卦杂志，主要刊登富人、明星和政要的小道新闻。——译者注

海船和驳船，而驳船常常是用骡子或是人力拖拽着前行的。

这就意味着，罗马共和国覆亡500年以后，交通运输的严重问题依然困扰着这个帝国。例如，一个地区的饥荒不能因其他地区的丰产而得到缓解，结果就是饥荒总是一种政治危机。士兵可以比粮食更快到达饥荒地区，控制住饥饿的人们，因为派遣武装士兵总要快过运送粮食。15个世纪之后，蒸汽动力最终被用于运送货物，开始解决诸如饥荒之类的问题。

如果罗马领导者确实曾经拒绝技术革新，那么这就不仅是愚昧或顽固了。即便是那些最坏的皇帝——比如提比略和尼禄——也接受了行政管理方面不断的创新改革。3世纪和4世纪，人们都不断尝试重新建构整个国家的政治结构。此类变革总是关于法律和习俗的，而与技术进步无关。对我们来说，很容易看出罗马人错在哪里，为什么会错。对罗马人来说却很难发现这一点。

罗马人的行政体系，虽然从根本上说是专制的，但却能够在任何地方运转良好，唯独在罗马城无法执行。罗马城的公民——这个核心城市的公民——无须像其他人那样靠工作谋生；国家每天都会免费配给他们定量的口粮。3世纪中叶，罗马城差不多有50万无所事事的人，他们只需要给自己找乐子就好。

他们常常被政治家们利用来制造麻烦，这也是政治家们坚持要保留免费配给制这个古老习俗的原因。一位政治演说家可以煽动民众，控制民众，让他们做他想要做的事。罗马城的民众曾经受到一位相当厉害的演说家的煽动，变成了极其可怕的政治力量。这股力量可以保证一个人当选，而不让另一个人当选；可以让法律通过或者被废除；还能通过谋杀或恐吓政党领导人来毁掉一个政党。

军队也能控制民众，但只能使用武力。从本质上说，民众是没有理智可言的。因此，好的政府能够在各个行省运作良好，在罗马城，政府却成了危险游戏的最高赌注。民众或军队可以把一个人推上皇位，也能把皇帝给杀了。生和死都成了政治的赌注，最好的办法就是不要参与其中。

4世纪末5世纪初，在帝国最后的日子里，罗马城就像今天的贝鲁特城一样。皇帝可以由一群人推选出来，而一旦他得罪那些要暗杀他的人，他就没法继续统治下去了。一旦他不能取悦他们，就会被废掉。皇帝们知道自己活不了多久，也就鲜少对自己的臣民有仁慈之心，他们不信任自己的臣民——皇帝的确有理由不相信臣民。

5世纪中叶，古老的帝国自发地庆祝了它的1 000个建国纪念日，此时，由于无人知道如何治愈它的政治疾患，帝国的核心已经颓败溃烂不堪了。帝国周围的蛮族有办法解决这个问题，那就是彻底摧毁罗马帝国，而他们最终也做到了。

第四章　黑暗时代之光

这个时期之所以被称为**黑暗时代**，有两个理由。首先，我们对这个时代知之甚少，为此我们认为这个时代对我们来说是模糊不清，不可知晓的。其次，或许是因为这个时代充满了麻烦、痛苦和灾难，所有生命的前景都如此凄凉惨淡。

基于以上两个理由，从5世纪中叶西罗马帝国灭亡开始，到大约1000年这段时间，传统上被我们称为黑暗时代。不过第一个理由不再适用了，因为现代历史学者已经发现了关于这个被认为几乎是不可知晓时代的很多东西。

那么第二个理由呢？那五百多年完全是一段古井无波、死气沉沉的时期。经济和政治问题持续不断，用现代的观点来看，那个时期绝大多数人的生活都阴郁可惨、缺衣少食且痛苦不堪。生活在黑暗时代的人是否跟我们一样，认为他们的生活不堪忍受呢？或者说他们能否看到我们无法看到的一线光明呢？

罗马灭亡

从410年开始，西罗马帝国遭到了来自东方的游牧民族的不断侵扰，这种侵扰持续了50多年。那些游牧民族到底是谁？他们是从哪里来的？

公元前220年左右，中国的长城修筑完毕，把那些骁勇善战、到处劫掠的游牧民族隔绝在了秦始皇的新帝国版图之外。这个策略奏效了一段时间，但它同时也造成了界墙常有的问题。它给北方的游牧民族在墙外提供了一个避风港，他们可以在那里厉兵秣马。罗马帝国的疆域曾经也用石头围墙和堡垒圈界起来，而不仅仅是让边界停留在士兵们的脑海里，这个办法也造成了同样的结果。

匈奴之类的游牧民族最终蔓延到欧洲各地。他们聚集在中国的长城之外，变得统一和强大，充满狡诈且擅长武艺。1世纪，他们向南入侵汉朝的疆域，扫荡了大面积领土，掠杀了无数人口。汉朝休养生息后，把匈奴人重新赶出了国土，但汉朝却为之付出了沉重的代价：汉朝的社会制度遭到了破坏，变得强悍起来——这都是为了应付北方民族的挑战不得不做出的改变。

即便是今天，我们对匈奴的了解也不多。可能他们没有自己的文字，所以今天没有文字记录留存下来。而且他们肯定没有多少农业知识。他们拥有成群的羊、牛和马，他们可以随时找到好牧场放牧。

他们知道关于马的一切事情——如何驯服它们、怎么骑马、怎么养马，以及如何在马背上打仗。他们能在捕猎时猛扑下来，近距离射出致命的箭。他们的弓是用层层兽骨与木头叠合起来制成的，富有韧性。他们可能毫无预警地出现，以雷霆之势冲进某个村庄，杀掉所有他们发现的人，然后带上所有能放上马背的战利品扬长而去。如果他们不能从这个村落掳走足够多的东西，就会去往下一个村落，他们掳走人家积累的食物、武器，有时还有黄金。跟这些蛮族相比，他们周围村落的人要更有道德感，在体力上也更柔弱，他们还算不上绝对残忍无情。蛮族的残酷无情以及他们造成的恐慌证明他们拥有最强有力的武器。

2世纪到3世纪，中国人吸收采纳了匈奴人的战术，并联合一些匈奴部族，设法把其他匈奴往西边驱逐，远离中国的领土。在中亚广袤的空旷原野上，没有什么能够阻止这群逃亡的游牧者，他们一直逃到了黑海岸边。

在这里，匈奴人——今天他们被称为匈人——在这里遇到了另一支游牧民族。匈奴人很快取代了那里的原住民部落——哥特人和汪达尔人，并在那里暂时安定下来。这回，轮到哥特人和汪达尔人被迫向西逃亡了。

后来，匈奴人继续前行，只在400年左右在欧洲的边境停歇过一次。哥特人再次被撵走，并分为了两支。其中一支继续往西进入高卢地区，迫使当地的德意志人逃亡南边。哥特人的另一支被称作西哥特人，直接向南进入意大利。在那里，他们发现了已经被奢侈、腐败和内斗消耗殆尽的罗马帝国，已经在他们面前摇摇欲坠410年，西哥特人洗劫了罗马城，把它周遭的村镇摧毁无遗。接下来的60年，罗马帝国的皇帝们一直想安置好西哥特人，给他们居住的土地，还让他们参与军事行动。这些努力大多徒劳无功，因为蛮族清楚地知道他们才是更强大的力量。

　　汪达尔人继续向西迁徙，抢劫他们所到之处（他们的名字至今有蓄意的亵渎和破坏的意思）①，然后他们向南经过高卢进入西班牙。西班牙曾是罗马帝国最富裕的行省之一。汪达尔人劫掠了西班牙，切断了它同意大利总督的联系。然后他们进军非洲，征服了罗马帝国在非洲的所有领地，包括繁荣的新迦太基城，这个城是建立在600年前罗马人毁掉的腓尼基城基础之上的。随后，455年，汪达尔人又渡过地中海进入意大利，把罗马城洗劫一空。

　　402年，罗马帝国的首都从罗马迁到了亚得里亚海岸的拉韦纳。在这座城墙高筑的城塞里，无助的皇帝们试图阻止征服者潮水般的进攻，但仍是徒劳的。493年，另一支蛮族——东哥特人攻占了拉韦纳以及意大利大部分土地，他们的国王提奥多里克控制了这片古老的土地，他曾经横扫了整个世界。

　　蛮族的狂热力量，让从蒙古来的匈奴人、从西亚来的哥特人和汪达尔人横扫四方，但这个力量却无法持久。451年，在他们最后的领袖阿提拉大帝的统治下，匈奴人入侵高卢，却被罗马人和西哥特人的联军击退。这是阿提拉的第一次惨败，一年以后，阿提拉大帝去世。匈奴人退回到意大利，但他们又被打败了，最终消失在历史中，他们的凶残暴行至此终结。除了让好几个世纪之后的人听其名而且不寒而栗之外，他们什么都没留下。

　　5世纪初，东哥特人和汪达尔人的强大力量也没能持续多久，不久也从历史舞台中退场了。西哥特人维持得稍久一些。他们中的一支在法兰西南部和伊比利亚半岛大部地区继续存在了两个世纪。不过，他们最终也被一个出现在今天的西欧地区的新社会同化了。

后罗马时期的欧洲

　　君士坦丁堡精力充沛的皇帝们继续统治着旧帝国的东边版图，6世纪中期，查士丁尼大帝组建了一支军队，下令由著名的贝利萨留将军指挥。跟那个时代的很多将军一样，贝利萨留本身是蛮族。在贝利萨留的努力下，拜占庭重新控制了

---

① 汪达尔人（Vandals）的英文首字母小写词vandal，是蓄意破坏者的意思。——译者注

意大利、高卢的大部分地区和部分北非地区。但这种控制跟罗马人曾经的实际控制不同。恰好相反，这种控制几乎是完全没有控制。

曾经被紧密地连接在一起的西欧地区就这样四分五裂了。哪里有强大的社会和经济集团，哪里就会聚集数百个小团体。罗马帝国曾是一个开放的世界：只有一种语言即拉丁语，拉丁语在整个罗马帝国通行无阻；也只有一套人人必须遵守的法律；还有良好的道路系统延伸到辽远疆域的各个角落；最重要的是，他们的希腊老师和文化使节可以到处游历，到需要他们的地方去教授那些刚刚成为公民的人如何过好生活。

而现在，大多数希腊人都被赶出了东罗马帝国的首都君士坦丁堡。道路上几乎看不到旅行者和货车的踪迹，人们说着不同的语言，很少有人会读书写字，除了暴力之外几乎没有什么法律可言。450年到550年这一百年，是战火纷飞、尸横遍野的一百年，罗马的开放性烟消云散，人们所能知晓的世界变得狭小而封闭。

你能很好地了解你家周围很小范围的情况，你对你家视线范围内的邻居也有所认知，虽然常常是错误的认知，不过，更进一步的内容你就什么都不知道了。即使你会读书写字，你也没有时间阅读，因为生活变得很艰难。大多数人只能从离家不远的地里刨食，找一切可以吃的东西来果腹。就这样，很多食物还经常被那些更强壮、更野蛮的人偷走、抢走。

由于几乎没有法律，你只能自己保护自己和家人，而这也要占去休闲的时光——那些一个世纪前的罗马人曾经享受不尽的自在。艺术、哲学以及简单的讨论都不再继续了。除了最粗糙、最简单的行政管理，政府也不再运转。就连希望也似乎凝结了。

从450年到550年的一百年是西方历史上最糟糕的时期。我们甚至很难想象那时的情形。用历史的观点来说，这段时期几乎是一片空白；我们只知道，这段充满了劫掠与死亡的时期即将结束的时候，现在我们称为欧洲的这片地域发生了彻底变化。

事情再也回不到过去了。欧洲再也不是一个统一国家，再也不受某个中心城市的统治、说同一种语言、受同一套法律的约束、享受同一种文化的创造和成果。

生活在继续，但由于长期的战争、绝大部分社会与医疗体系的崩溃，大多数地方的人口都减少了。比如说，2世纪，罗马城的人口有50多万。到550年，罗马城的人口锐减至不到5万。由于蛮族入侵造成的大规模破坏，城里几乎没有什么房舍、公共建筑（神庙、教堂、市场和法院）、纪念碑、堡垒、城墙，以及引水渠之类的建筑。家畜和耕地也变得很少。你很难找到一所学校让孩子们上学，也找不到老师让孩子受教育。他们也找不到书籍，因为书籍总是在战火中最先被焚毁的东西。

那时候，几乎没有新闻，因为新闻只对那些富有闲余的人来说有意义，只有他们才关心其他人（通常是那些离自己很远的人）发生了什么事。当人们总是挣扎着求生时，别人的苦难再也激不起他的任何兴趣。人们也没有余钱，因为旧帝国的银币很快就用光了，或者被藏起来，或是遗失掉了，所以很多商业贸易都只能是以物易物。这种制度也是根据时代做出的调整，因为在货物极端缺乏的经济条件下，贸易是很少的。

这些变化并不都是暂时性的。一个世纪的破坏使整个西欧陷入了长达500年之久的黑暗时代。只有在新千年来临之际，也就是1000年左右，欧洲人开始试着重新像过去那样生活。漫长的黑暗时代在我们的头脑里留下了无数谜团。

在复兴之前的这几百年衰退时期发生过什么某种大灾难？比如说战争、侵略或瘟疫？后来，欧洲也曾经历过所有这些灾难，但却没有再次陷入黑暗时代。14世纪中叶，最可怕的瘟疫黑死病可能杀死了一半欧洲人。这个数据不是精确数据，不过有一个死亡人数的调查显示，在短短5到10年的时间里，至少有2 500万人死去。直到16世纪初，欧洲的人口才达到1348年的人口水平。但从另一方面说，这个灾难性的损失很快就被克服了。在经历了瘟疫之后仅一代人的时间里，欧洲经历了一次经济的高速发展。

同样地，后来的德国也饱受"三十年战争"（1618—1648）之苦。在这个国家里横冲直撞的大部分军队都是不能按时拿到报酬的雇佣兵，他们理所当然地抢劫和杀人。这种情况跟五、六世纪的蛮族入侵很相似，不过这种情况也在一代人的时间里就不再存在了。

第二次世界大战之后的西欧看起来是被彻底摧毁了，而且似乎永远不能复兴。德国、意大利和奥地利都是一片废墟瓦砾，而荣耀的战胜国法国和英国也好不到哪儿去。而在不到30年的时间里，欧洲再一次恢复了繁荣兴旺。

同样地，摧毁了西罗马帝国的蛮族也彻底破坏了东罗马帝国，但没有造成任何后续的影响。在此之前，他们曾在中国北方烧杀抢掠，但中国也很快地从战争创伤中恢复过来了。

那么，5世纪的蛮族入侵为什么会如此深刻地改变欧洲，并产生如此深远的影响呢？我们稍后来回答这个问题。

基督教的胜利：君士坦丁大帝

280年左右，君士坦丁生于今天的南斯拉夫，他是一名军官的儿子，他的父亲享有"恺撒"的头衔。这个头衔意味着君士坦丁的父亲最终可能成为罗马皇帝，而最终他父亲在经历了风云变幻之后真的当上了皇帝。君士坦丁本人被起名为"恺撒"，在经历了一系列纷繁复杂的内战之后，他也成了东西罗马唯一的皇帝。

他之所以能登上皇位，是因为他在罗马城附近的米尔维安大桥战役中最终打败了他的姐夫马克森提乌斯的军队。这是历史上最著名的战役之一，因为，在战役前夜，君士坦丁在他的军帐里安睡，梦到一位从天堂下降而来的天使。天使举着一个十字架，对他说道："在此迹下，汝当建功"（In hoc signo vinces）。醒来以后，君士坦丁下令把这个基督教符号涂刷在军队的旗帜和盾牌上，从那时候起，他就深深地皈依了基督教。

君士坦丁继承皇位的帝国的官方宗教是异教。其时，基督教已经有300年历史了，拥有数百万信众，但却远远不能占到当时人口的多数。此外，在君士坦丁的前任、冷酷而高效的统治者戴克里先皇帝统治时期（285—305），基督徒的数量锐减。此前，帝国经历了一个世纪的混乱无序，皇帝的推举和废止都取决于军队和少数掌控了商业贸易的豪强的一时兴起，而戴克里先的高效率在恢复帝国的经济和政治正常秩序方面成效显著。但出于某种我们无法理解的原因，304~305年，戴克里先对基督徒却采取了最后的、很可能也是最残酷无情的迫害。作为东罗马帝国的一名青年，君士坦丁目睹了无数基督徒被虐待、被施以火刑，被钉死在十字架上，而他们的殉难精神肯定让他深受感动。

不管怎样，君士坦丁的信仰是强烈而持久的。他把基督教定为罗马帝国的官方宗教，给予教会丰厚的赏赐。更重要的是，他还赐予教会以特权和免税权，大大提升基督徒在军队和政府机构中的地位。在313年的一封写给非洲地方总督的信中，他解释了为什么基督教神职人员不能为世俗事物或债务所纷扰："当他们能自由地进行祀奉神的神圣事务时，显然能获得比从事国家事务更大的益处。"

在统治了帝国25年之后，君士坦丁于337年逝世。在他统治时期，基督教深刻地渗入罗马的社会结构之中，以至于后来君士坦丁的异教徒继承人想扭转这一状况都毫无成效。从361年到363年，在他短暂的20个月统治期间，"叛教者"尤利安一直试图把异教作为罗马的国教。但他的早逝让基督教得以继续成为绝大多数罗马人的信仰，至今如此。

君士坦丁不止把基督教作为罗马人的宗教，他还建立了君士坦丁堡，赐予这座城市那些从异教徒神庙里劫掠来的财富，让它成为帝国的中心城市。西罗马继续接受拉韦纳的统治，但随着东罗马帝国财富和人口的逐步增加，拉韦纳的统治力也越来越弱。罗马城从来没有失去它作为古代罗马帝国中心的象征地位，它的文化和经济依然十分繁荣。不过，在君士坦丁的统治下，面向未来的主要推动力从西罗马帝国转移到了东罗马帝国，而且他的继承人从没改变过这一新的国家方向。

他们也没有改变国家中基督徒的特性。随着时间流逝，基督教越来越成为罗马的指导原则，教会则成了领导机构。因此410年蛮族入侵，第一次洗劫罗马城时，摧毁和征服的是一个基督教国家。而这一事实产生了深远的影响。

基督教的希望：奥古斯丁

在《罗马帝国衰亡史》一书中，爱德华·吉本提出了那个他如此钟爱的古代文明陨落的两个原因。他认为是野蛮和宗教。他所谓的野蛮不仅指蛮族入侵，还包括由于蛮族的出现给罗马人生活带来的深刻变化，这种变化最开始是在国家之外，后来直接侵入了国家内部，最后甚至进入了国家最核心的城市。他所说的宗教则当然是指基督教。

这个观点让18世纪的读者深感震撼，但这并不是一个新说法。410年，随着西哥特人的崛起，罗马城被夷为平地，在罗马城里渐渐兴起了许多声音，指责基督徒带来了这次惨败，怪罪他们把基督教作为国教，而不尊奉旧时异教的神祇们，以致招来了祸灾。

基督徒迅速为他们的信仰辩护。他们到处讲经布道，并撰写护教辞。在这场道德和智力的较量中，诞生了一位伟大的作者。他写了一本书，这本书不仅是当时所有基督教论战著作中最雄辩、最动人的作品，还开创了基督教教义基础上的一种新的历史形式。

354年，奥勒留·奥古斯丁出生在北非塔加斯特城（现今阿尔及利亚的桑克阿克拉）。他自幼天赋异禀，于是他的家人倾全家之财力，把他送到当时罗马帝国的重要城市新迦太基城，去接受保证今后能在政府中谋得高官厚禄的教育。在新迦太基城，这位青年人读到了西塞罗的著作《荷尔顿西乌斯》，这部书今天也已经失传了。这部书激起了他对哲学的热情，他认为哲学是认识和理解世界的理性体系。

奥古斯丁的母亲莫尼卡是位虔诚的基督徒，但他的父亲不是。尽管他的母亲早年一直想要用自己的信仰引导他，但这位年轻的学者自己却十分排斥基督教，他认为基督教是非理性的神秘主义和智力的混乱不清。相反，他却沉迷于摩尼教。摩尼教是一种哲学宗教，主张世界有两个各自独立的、对立的本原——一个是"善"，另一个是"恶"，二者为争夺宇宙中的统治权不断斗争。虽然摩尼教也是神秘主义的，但它那更为实际的解释方式恰好吸引了奥古斯丁。

不过，奥古斯丁有一些重要的问题，他发现跟他一起的摩尼教徒们不能给出让他满意的解答，为此他感到很失望。他开始把他的哲学兴趣转向了新柏拉图主义的创始人普罗提诺（205—270）的思想。奥古斯丁出生的时候，普罗提诺去世还不到一百年。这位年轻人发现自己被普罗提诺吸引，因为在他的教育实践和人生都表现一种冷静而强烈的追求——追求通过纯粹的智力活动达到善的神秘"太一"状态。

奥古斯丁的母亲一直耐心而努力地规劝、引导他皈依基督教，为此她被人们尊奉为"圣·莫尼卡"。因为母亲的规劝，也因为奥古斯丁本人一直研读普罗提诺的著作，这二者引导他认识到耶稣基督超越性的人格力量。不过，正如奥古斯丁在《忏悔录》中所说：他在米兰的一座花园里，听到头顶上的空中一个童子的声音，叫他拿起《圣经》、阅读其中的一个章节（《圣经·罗马书》13:13），这让他成了教会漫长历史上最著名的改革宗者。

奥古斯丁是在386年皈依基督教的，那一年他31岁。他辞去了家人多方经营为他谋得的、收入丰厚的教职，回到了塔加斯特城。很快他受职成为神父，不久之后又成为希波的主教。希波是罗马的一座小城，位于今天的阿尔及利亚，因奥古斯丁而蜚声海外。他把漫长的后半生都投入到宗教论战当中，执行了无数当时主教理当承担的司法职责，撰写了许多著作。其中最重要也是影响最深的一本书就是《上帝之城》。

针对人们的责难"是基督教导致了410年罗马的陷落"，奥古斯丁写了这本书作为回应。但他不仅反驳了人们对基督教的责难。他还提出了一幅世界历史的图景，展现给人们两座城是如何争夺统治权的，而且这种争斗还将持续到时间的尽头。一座城是世俗的——物质的、肉身的、下降的，另一座城是神圣的——精神的、向上追求万能的造物主。

据奥古斯丁所说，罗马帝国统治下的只是世俗之城。正如塔西佗所说，即便不是精神的荒原，它也一定是精神的沙漠。这与基督教是不是国教毫无关系。这个国家本身就不可能是神圣的。基督警示过彼得，要他记住"恺撒的归恺撒，上帝的归上帝"。现在奥古斯丁尤其强调这著名的区分，他比其他人都更深刻地理解了这句话。

奥古斯丁说道，他发现单凭人的大脑无法获得真理的知识。他根据自己的情况发现了这个事实。他认为自己是听从了"内心的导师"，即基督的教导，也就是"圣灵"的启示才知道真理的。因此，上帝之城并非尘世中的某座城市，它存在于每个真正的基督徒的心灵与灵魂之中。人在哪里，城就在哪里——它不在罗马也不在任何其他地方——敌人也永远无法征服它。

世俗的力量与荣耀完全不能与内心精神之城的荣耀相提并论，精神之城的荣耀既能存在于皇帝的内心，也能存在于乞丐的内心。在某种意义上，奥古斯丁是说，正如凤凰从熊熊燃烧的烈火中涅槃重生，天国就诞生于罗马毁灭的灰烬之中。随着地上之城在蛮族入侵之前就已经毁灭在烈火中，上帝之城会变得更加清晰。心灵和灵魂之城可以永存，因为它是上帝的恩赐。

透过普罗提诺的神秘主义，奥古斯丁的《上帝之城》也深受古希腊哲学家柏拉图思想的影响。不过，奥古斯丁宣称上帝之城也是基督在《福音书》中许诺过的。正如奥古斯丁所预见的，"登山宝训"的布道就是上帝之城的章程。因此，基督教履行的是帝国的古老诺言，这是它自身无法认识到的。基督的训导这一新酒带着旺盛的生命力，打破了曾经承载过它的旧瓶，那旧制度无法迅速同步改变，或完全适应它的发展。被打碎的酒瓶消散不见。瞧啊！基督的宝训自己显现出来了！

罗马逃过了410年那次劫难。西罗马帝国一直持续到476年，然后东哥特人的王开始统治意大利及其他地区。如我们所见，蛮族的进犯仍在继续。430年，奥古斯丁去世时，一支汪达尔人的军队正兵临希波城下。

奥古斯丁至死相信自己是正确的。为了得救，基督徒必须放弃尘世的荣耀，并自愿生活在狭小、隔绝、孤独之地，在那里才能沐浴到，也更容易看到天国之城的荣光。圣奥古斯丁相信，基督徒乃是从罗马的辉煌成就中寻找另一种成就。无论导致了多少痛苦，罗马的战败、新迦太基的战败乃至希波的战败事实上都并不真正重要。基督徒的目标是另一种生活，他们的城不在这世上。

覆亡之后

罗马帝国后期完全沉溺于权力、财富和全世界范围的胜利。很长时间没有任何人在意监察官加图的警告，加图曾经生活在以美德为基础的共和国，这在帝国时代的罗马人看来完全是不真实的生活。总体而言，帝国时代的罗马人过得比他们之前任何时代的人都要奢侈，享受着世界能提供的所有东西。即便基督教是罗马的国教，他们也从不留心基督教对他们的要求。

很多基督徒曾为保卫罗马城和帝国而苦战，因为这样做毕竟还是有其美德所在的。但在蛮族彻底摧毁了旧的社会，代之以靠武力维持的、野蛮而原始的封建制度之后，基督徒越发清楚地看到奥古斯丁提出的上帝之城的吸引力。这是他们在那个被称为黑暗时代的五百年里想要建立的城，而不是试图去重建胜利罗马城这座"地上之城"。这对他们来说从来就没有太多意义，现在则更是毫无意义可言了。

遍布在西罗马帝国、意大利、高卢（现在我们应当叫它法兰西了）、德国、西班牙、北非沿海和大不列颠群岛的基督徒都投入了一种全新的生活方式。他们似乎从不为他们所失去的感到遗憾；他们甚至都记不得过去的事了。尽管忍受着穷困与恐惧，基督徒都期盼着那些他们以前从来都无法看清的事物，因为它的光亮曾被罗马的伟大荣耀所遮蔽了。

我们今天生活的时代，跟末期的罗马世界一样，人们深深地被物质所吸引。比如说，4世纪的罗马人迷恋健康、饮食和运动。他们花在浴室和健身房的时间要多过在教堂、神庙、图书馆和法庭的时间。他们还沉迷消费。如果一个人比他的邻居花费了更多的钱，甚至可以因此出名；即便他是靠借贷来消费的。而如果他从不还债，他都会被人称赞，表扬他为这个世界树立了特立独行、大放异彩的高贵形象。

他们为旅行、新闻和宴乐兴奋不已。剧场、马戏团里极尽奢华的演出占据了罗马的每个城市和村镇最核心的地段。罗马时代后期，书籍和演出等所有最重要的文化产品都在描述有趣的故事，讲述着远方的人们如何享受着梦幻般的宁静与幸福，虽然这些在罗马人的生活中从不曾真正存在过。他们痴迷于名望，却毫不在意名望是怎么得来的。如果你足够有名，人们就会忘记或原谅你是个流氓或者其他什么更糟糕的人这个事实。

罗马人最在乎成功，他们将成功理解为今天的快乐，至于明天的事明天再说好了。他们非常骄傲、贪婪和虚荣。简单地说，他们跟今天的我们非常相似。

罗马覆亡之后，新的基督徒不像罗马人那样对自己的肉身感兴趣。他们在意自己灵魂的健康，对消费毫无兴趣。为了在那个看重敬虔甚于财富的社会中有一席之地，他们宁愿放弃那通过占有财富换来的名望。

他们在思想中旅行，正如他们的精神向着上帝扬升。他们的新闻就是福音书，就是基督的生平和他曾许诺再临的宝训。他们的宴乐就是在教堂里、在市镇广场上、在乡村十字路口聆听教会和传教士们宣讲福音。他们毫不在意现世的名望，因为他们相信，只有抛弃现世的生活，才能获得永生和得救的令名。

　　财富曾是对罗马人的判断标准，现在清贫却成了基督徒的标志。在之后的几个世纪里，教会变得跟皇帝一样富可敌国且权倾一方，或许也同样腐败。但在早期，教会保持了清贫，或者说尽力想要显得清贫。

　　比如说，500年左右，圣本笃[①]去往罗马城，到一所当时幸存下来的罗马学校学习。虽然跟帝国时代的奢侈相比，这所学校显然跟奢侈搭不上边，但他还是被学校的财富和奢华震惊了。于是，他退了学。6世纪初，他在蒙特卡西诺建立了一个清净的修道院[②]，并在那里度过了余生。他的做法开创了一种生活模式，建立了生活的律条，在西方世界广受仿效。

　　很多个世纪以来，本笃宗遵循其创始人和精神领袖的律条，坚守清贫、祈祷和善行。即便圣本笃会最终变得富有、有权且腐败了，但后来的近500年时间里，本笃宗的信徒们都设法保持清贫，因为他们从不怀疑自己应当这样做。

　　有一段时间，他们明白富人永远不够富有，足够富有仅仅意味着对自己所拥有的感到满足，而不是去拥有你所想要的。当欲望占先时，你永远不可能餍足。如果满足被放在首位，你到底拥有多少就不再重要了。

　　在著名的"猪的城邦"的寓言中，苏格拉底曾说过，在那个单纯的社群里，公民最大的快乐就是斜倚在桃金娘叶铺就的软床上，称颂神的圣明。黑暗时代的基督徒也认为，人最大的快乐就是赞美造物主，用所有能够想到的方法去赞美他。简单的餐食，简单的生活，有时间冥想永恒之国，以及能自由地赞美上帝——除此之外，一个人还需要其他什么呢？

　　从现代的观点看，我们称为黑暗时代的那几个世纪是西方文明的最低谷。而我们生活在那个时代的先人却从来不这样认为。

　　就像我们在第二个千禧年来临时一样，第一个千禧年（1000年）来临之际，他们的确变得非常恐慌和焦虑。他们就像孩子一样，对未知感到恐惧。他们害怕999年年末世界末日就会到来。当灾难没有降临时，他们长出了一口气，开始着手重建一个新版本的罗马帝国。我们今天就生活在这个新帝国里。

---

① 圣本笃又译圣本尼迪克特。——译者注
② 圣本笃修建的即著名的本笃修道院。——译者注

第五章　中世纪：伟大的试验

正如我们看到的，在中世纪早期的几个世纪里，几乎所有欧洲人的生活都十分艰难，他们都是覆亡的罗马帝国的幸存者和后裔。由于五、六世纪蛮族入侵造成了毁灭性的灾难，他们面临着三个重大挑战。

求取生存

他们面临的第一个挑战是活下来。人类生活的经济水平有一个底线，如果经济处于这条底线之下的话，人们就很难生活下去，甚至无法生存。很多个世纪以来，人类生活都处于这个经济底线之上，至少在文明世界是这样的。但目前看来，原本的世界被摧毁了，很多人类族群面临赤贫的威胁，甚至冻饿致死。而后果则是，很多地方变成荒漠和不毛之地，旧时凶猛的掠食动物几乎被赶尽杀绝，未开化之人和亡命之徒像野兽一样围住在人们居住地周围的黑森林里。

即便是那些幸存下来的族群，人口也大大减少，生活变得十分艰难。男人和女人都不得不拼命工作，只为求得一点食物，可即便如此劳作，吃饱都只能是奢望。住房则相当简陋，比山腰上的山洞好不到哪儿去。人们穿着家织的土布衣服，终年没有可替换的。他们冬天要忍受严寒，夏天则冒着酷暑。天黑之后，唯一的亮光来自炉火炊烟。

无数敌人

他们的生活还充满危险。由于生活在规模很小、自给自足的族群中，缺乏核心权威机构或民警，人们经常受到海盗和流窜犯的侵扰。亡命之徒的侵扰是当时最大的社会隐患，是中世纪致死率最高的社会问题。

普通人很难保护自己不受亡命之徒的侵犯。安全护卫一直都是要求高度专业化的职业，事实上它可以算得上最古老的职业了。

安全护卫是全职工作，从事这项职业的人必须从他们的保护对象那里获得维持生计的收入。由于缺乏核心的权威机构和对法律的尊重，专职安保工作的佣金变得尤其昂贵起来。护卫者必须得有武器，而受保护者则要一直按时给他们发放佣金。到最后，变成了护卫者想要什么都得满足，即便这要求已经超出了他们应得的部分。因为他们已经垄断了社群中的武力，他们就可以随时坐地起价。

在黑暗时代，安全护卫的价格贵得离谱，几乎要占到被保护者收入的四分之三。之所以有这么高的价格（跟今天的安保工作价格相比），其中一个原因是中世纪的保护者变成了社会中制度化的一个等级，不再提供护卫，而是支撑着很多的护卫者阶层。

地方武装人员和士兵处于最低阶层。人们希望他们能抵挡住敌人和强盗的进攻。但这些人同样需要保护，以防止被其他当地士兵和亡命之徒伤害。给他们以保护的是更高等级的领主，领主拥有一支在相当大范围内有保护能力的武装。

最终，在一定可以护卫的领域里（这领域可能很大，也可能很小），只有国王是真正自主的，因为只有他可以不必效忠其他任何人。他需要让较低级别的保护人员满意，并能够让自己的领土不受其他统治者侵犯。

根据这一传统，当时也有骑士，他们骑着高头大马到处寻找特殊的人，比如说落难的少女，去施以援手。不过这大多都是小说里才有的骑士了。

这是一种相当昂贵且低效率的维持国内和平的制度。我们把这种制度称为封建制。但在中世纪的社会里，最智慧、最具创造力和生命力的人们除了残忍没法活下去，这或许是他们能找到的最好的制度了。

上帝的难题

上帝是中世纪人们面临的三个挑战中的最后一个，也是最重要的一个。人类一直对上帝很感兴趣，总是试图理解他的行为方式。但是希腊人，特别是罗马人，把这种兴趣控制得很好。只有在很少的场合，或是宗教仪式上，他们才允许神圣的狂热超过自己的理智。

在中世纪早期，这控制了最睿智的欧洲人。也可以说，这些最聪明睿智的人只痴迷于上帝了。他们思考上帝，研究上帝，并试图探究上帝的意志并遵循他，他们还试图发现上帝在这个世界的目的，并促进这个目的的实现。

在西方历史上，他们的生活前所未有地以上帝为中心。数学和哲学处于希腊人研究的最顶端，政治和法律则是罗马人的首要问题；现在，神学成了科学之女王。这种情况将持续差不多一千年。

神学的科学

今天，神学是作为一门人文学科保留下来的，专业学生很少，将其作为自己的终身追求的目标的人则更少。那些曾经位于科学巅峰的人文学科在那邪恶的日子里跌到了低谷。而另一种类型的科学取代了它们的地位，在稍后的章节中我们尤其需要注意这种科学。此外，这种科学还取得了巨大的成功。我们得崇拜它。但我们不该忘记，在它的时代里，神学也曾取得巨大成功，而且这时日还很漫长。

那么，"研究"上帝是什么意思呢？关于上帝怎么会有"科学"可言呢？事实上，从这些问题就可以看出，我们已经离中世纪的世界观有多远了，也能看出我们的思想已经发生了相当大的变化。

上帝之城不同于地上之城。奥古斯丁如是说。这也是显而易见的。不过二者是怎样不同呢？上帝之城的"宪法"又是什么呢？对上帝之城而言，政体是什么？正义是什么？和平又是什么呢？这一切想必都跟我们所生活的地上之城大不相同。

以和平为例。地上之城的国内和平是一个非常复杂的概念，希腊人和罗马人都一直想方设法理解它。它包括武力的平衡，相互妥协的意愿，对正义权威的接受，为权威设定一个可接受的界限，确认一个不受权威限制的私人领域以及其他诸多事项。和平可能算是一个市民国家最难达到的状态，也是最珍贵的东西。

上帝之城的和平跟权威也有十分复杂的关系，但这里的权威是上帝，或者说是上帝的意志。在《神曲》中，但丁的某句祈祷词就是："他的意志就是我们的和平。"（E la sua voluntade è nostra pace.）只有当人们的心愿与上帝的要求完全一致的时候，人们才能获得和平。

那么人们是否依然是自由的呢？或者说，人们是不是被奴役了呢？人们是自由的，因为人们能自由地选择上帝为人们选择的东西。选择了其他东西，则意味着人们被自己的欲望奴役了。如果人们能够免于所有错误的和误入歧途的冲动，那么上帝就是人们本能的选择，在这个意义上说，人们是自由的。

人们是否具有上帝不能，或者说不会、不应该触及的私人领域呢？在这个私人领域内人们是否拥有另一种自由呢？这个领域存在于地上之城，而且在地上之城得到确认和保护。但在上帝之城，正如人们内心所渴望的那样，人们完全可以把自己交付给上帝，无须向上帝隐瞒任何东西。任何隐瞒都是一种耻辱、一种奴役。

这样一来，根据神学的推理，通过把自己和自由意志交付给上帝，人们达到一种更高的和平与更高的自由。作为对人类这一最伟大举动的回报，上帝赐予人们永恒的和平。

这就是上帝之城的学生所追求的知识。这门学科的两本基础教材就是《旧约》和《新约》。但这两本书并不总是那么容易理解。比如说，是不是他们所说的都被逐字逐句记录下来了？或是根据上帝的意志进行了寓言式的解读而成的呢？这些最根本的问题一旦有了答案，可以肯定的是，其他问题又冒出来了。

事实上，《圣经》的每句话都需要解读，也就是说里面全是人对生活、对上帝的理解和追求。这些语句是否会相互矛盾呢？这看起来不可能，因为上帝的自相矛盾会让人们远离上帝，而且根据他与诺亚立的约，这约是以牺牲上帝的独生子为代价的，上帝不会违背自己的约。当上帝有时候看起来自相矛盾的时候，比如说他让坏事降临到好人身上（从人们通常理解的好和坏来说），人们必须认定，是人们没能理解上帝的意图，因为如果这世界还有东西值得信赖，那一定是上帝的善良意志，对别人和对我们，他都是如此。

几个世纪以来，西方基督教世界最智慧、最具想象力和最勤于思考的人们一直在努力解答诸如此类的众多问题。在中学和大学里，他们得出一个答案，然后质疑这个答案，相互辩论。他们在无处不在的修道院里，在寂静当中思考这些问题。一般而言，人们认为，严格来说，沉思不同于神学，是对神更高级的祀奉，甚至要比研究和传道更为高级，因此最好的男人和女人把自己投入沉思之中，对这个世界保持沉默。

我们不知道他们在沉默地、充满激情地思考上帝的难题时，到底发现了什么，因为他们从不曾把这些写下来，也不告诉别人，他们根本不在乎我们知道不知道。没有诺贝尔神学奖，对神学的伟大发现也没有什么实质性的奖励或名望可言。唯一的奖励是在炽热的、直接的真理中发现自己，以及让自己身处随之而来的永恒的和平之中。

其他宗教的神学思想

基督徒绝不是中世纪唯一的神学理论者。所有人似乎都执着于上帝了。在东方或是希腊，基督徒都是让人钦佩的神学理论者，虽然他们还保持了清醒的头脑，也促进了帝国的繁荣。

犹太人一直痴迷于上帝。在公元前两千年左右，犹太人是第一批从阿拉伯半岛崛起的闪米特人中的一支。他们遭到驱逐，向西迁徙并定居在耶路撒冷，把这里作为他们的精神支柱和家园。几百年来，他们孕育了独特的一神教，向所有愿意聆听他们传道的人讲授他们神秘的上帝以及他们进行道德思考的结论。

公元前63年，罗马人征服了犹太人。一百年后，犹太人再次起义，却再度失败，只落得罗马士兵毁掉他们的圣殿的结局。随之而来的想必是犹太历史上最重要的历史时期，犹太人分散在罗马帝国，人口占据帝国全境人口的十分之一，跟居住在巴勒斯坦及周围地区的犹太人一样，在北非、西班牙、意大利、希腊和埃及的犹太人都说着同样的语言，遵守相同的法律（包括商法），为获取最大的利益相互贸易，也跟罗马人做生意。

在任何地方，犹太学者和拉比不仅研究和编撰犹太历史和律法，还研究和编撰希腊文化研究成果。亚历山大时代的犹太人同希腊人和其他基督徒一起进行研究，编撰古代经典。这些成果在1453年拜占庭灭亡后能在西方再次出现，犹太人功不可没。

跟西方的基督徒相比，穆罕默德的数百万追随者对神的执着程度也毫不逊色。632年先知穆罕默德去世后，他们迅速扩散到整个阿拉伯地区、中东、波斯、北非和西班牙。732年，法兰克人在普瓦捷挡住了伊斯兰教的向西传播，伊斯兰教回撤到了比利牛斯山以南。不过，向东的扩张仍在继续，到10世纪，在撒哈拉以南的非洲、整个印度次大陆和南中国海的一些岛屿（苏门答腊岛、爪哇岛、西里伯斯岛、棉兰老岛等）上都已经建立了许多穆斯林聚居地。

虽然促成了很多人改宗，但最初的伊斯兰教并不是一个劝诱人改宗的宗教。从《古兰经》中摘取的教条充满同情和悲悯，到处激励着被压迫的人们，至今依然如此。最后，阿拉伯和穆斯林商人不仅带来了热情与诚信，还带来了关于新的、可追求的世界的消息。这样一来，如果你自己本身没有特定的宗教信仰，那么皈依你的商业伙伴的宗教信仰就是再方便不过的了。大多数基督徒和犹太教徒拒绝改宗信奉伊斯兰教，但异教徒往往很容易就这样改宗了。

642年，第二位哈里发（即穆罕默德的继承人）欧麦尔征服了亚历山大港这座世界知名学者云集的城市。在亚历山大港，阿拉伯的穆斯林才第一次近距离地接触到希腊文化，他们立即就折服于希腊文化。他们很快成为著名的数学家、天文学家和物理学家，他们还继续研究这些科学，甚至早于罗马人重新修订和理解希腊科学思想。阿拉伯的穆斯林发现，自己跟其他人一样，狂热地痴迷于横扫整个西方世界的神学研究与思考。

神权政治的原则

在民主制（democracy）（词源是希腊词demos，"人民"的意思，以及kratos，"权力"的意思）中，要么是人民直接管理国家，要么是根据公众一致通过的规则、由选举产生的代表在固定任期内代表人民管理国家。民主一词的词源还有一个希腊词后缀–cracy，表示不同类型的统治，例如，暴民政治、贵族政治以及专家政治等。而在神权政治（希腊词源为theos，"神"的意思）中，神进行统治。

这个概念很难理解。"人民"是一个抽象概念，除了在选举日我们需要投票选举出管理国家的政府，你很少能感觉到自己是人民的一分子并因此具有自己的社会角色。"贵族政治"也比较好理解。这是由"最优秀人的"进行统治的政府，即从理论上说，即便不是通过民主选举出最优秀的人，这些人也能绝对可靠地统治好这个国家。与之类似的是"暴民政治"——由革命民众来进行统治（这是民主政治的某种变体），以及"专家政治"——由技术官僚或专家来统治的社会和经济体制。但由上帝来统治是什么意思呢？上帝是什么？上帝如何彰显他的统治呢？

一千多年以来的古代世界里，国王、皇帝和法老都声称自己是神，也就是说他们既是神又是民众的世俗统治者。从奥古斯都开始，所有的罗马皇帝都被尊奉为神。然而，当君士坦丁大帝把基督教作为罗马帝国国教之后，他没有声称自己是基督教的神。基督教（犹太教徒和穆斯林同样如此）的神不是诸神中的一位。他是独一无二的、全知全能的、无所不在的神。那么从实践的层面来看，他是如何统治这个世界的呢？

对犹太教徒和穆斯林而言，回答这些问题似乎要容易一些。神赐予摩西以戒律和预言，犹太教徒只需要遵循这些戒律和预言即可。人们从戒律里学习，如果人们有疑问，拉比或教师可以指导他们。神还向他的先知口述了《古兰经》，而《古兰经》不仅被当作伊斯兰教的圣经，而且是一整部完整的法典。穆斯林在伊玛目的带领下学习，同样伊玛目为他们提供指导和解答疑难问题。

基督教是否存在类似的情况呢？看起来是很难的，因为尽管《新约》中的许多神秘隐喻可以被理解为某种生活方式的指导，但它显然缺少可供人行为实践的律条。而最大的难题在于：谁来为基督徒们解说这些隐喻？谁又能成为权威呢？

换句话说，如果罗马帝国已经灭亡，不复存在，谁能取而代之成为现世的统治者呢？

基督教教会有答案。虽然耶稣成立教会的目的不是建立世俗制度，也从来没有发展它世俗统治的角色，但后来教会发展后，占据了理解上帝意志的绝对权威地位。

这就产生了进一步的难题，对首都位于拜占庭的东罗马帝国来说，它声称自己对西罗马的所有地区都保有统治权。它的断言是基于罗马传统，而更重要的是基于明确的法令以及被记录在案的君士坦丁的行为——他兴建了拜占庭（即君士坦丁堡），并将它作为帝国的中心。因此，我们似乎有必要在君士坦丁堡和教会之间发现或建造一座沟通二者的桥梁，并由此赐予教会以必要的权威。

但事实上这座桥梁并不存在，因此人们建构了一座。在9世纪或者10世纪，某个或某些不知名的人，他（他们）熟知罗马元老院的运作，伪造了一份文件，声称君士坦丁大帝曾经赐予教宗西尔维斯特一世（314—335）和他的继承人至高无上的精神信仰地位，超越其他一切信仰和宗教，以及将罗马城及整个西罗马帝国现世的统治权赐予西尔维斯特一世及其继承人。现在人们普遍认为这份文件是伪造的，也没有所谓的"君士坦丁御赐教产谕"。但是之后的数百年，没有人质疑过这份法令的真实性。这份假传的御赐令事实上满足了人们某种深层次的需要：这解决了上帝如何在人们当中使他的律法得以彰显的问题。

与此同时，至关重要的是这种安排是建立在一个谎言之上的。很可能人们不得不这样做。一个神权政治的政府可能在小范围的区域可行，比如说修道院和寺院，或是早期马萨诸塞州的普利茅斯庄园之类的小社群里。神权政治是否能在一个人口众多、领土广阔的区域内真正施行呢？我很怀疑。我发现虔诚的人不会同意我的观点。他们会举出一些神权政治真实存在的例子，来证明他们的观点。

帝国与教皇制度

教皇可以宣称自己拥有凌驾于所有基督徒的世俗权力，但他如何去践行这个权力呢？作为一个选举产生的官员，教皇通常年迈体衰，鲜少能长时间在办公室内工作。他的背景不足以让他成为合格的世俗领导者，因为这种领导毫无疑问意味着必须有军队领导权。最终，教皇显然需要建立和保持一种世俗的制度，由某个服从他的人来统治国家，与此同时，教皇通过那些臣服于他的统治者，对那些遥远的信奉基督教的国度施加军事控制。

建立这样一个制度，比建立和直接控制国家要容易得多。事实上，这个制度是在实践中自发建立起来的，它授予统治者"神圣罗马皇帝"的称号。在历史上的很多时期，很多人都曾使用过这个头衔。其中最著名的一位是查理曼大帝，他是在800年的圣诞节那天，在一次规格很高的加冕礼上由教皇加冕于罗马的。

查理曼大帝（742—814），又称查理大帝一世，是法兰克国王（768—814）和伦巴底国王（774—814），在教皇利奥三世为他加冕之前，他早已经是欧洲最有权力的人了。教皇利奥三世在巴西利卡的圣彼得教堂突然为他加冕，宣布他为罗马皇帝和奥古斯都的继承人。查理曼大帝并没有因加冕而获得更多的权力，但他确实为自己和自己的继承人获得了某种合法性，这被认为是相当重要的。而教皇制度也因此获得了另一种合法性。从那以后，教皇都延续了授予皇帝们以世俗的最高权力这个传统。

不过，我们还得回答同样的问题。皇帝拥有那么多听从他召唤与号令的士兵，教皇如何实现对皇帝的控制呢？那么，在800年，圣彼得教堂发生的那次具有象征性的行为的意义就是，且至今仍是十分含混不清的。教皇说，皇帝受到教皇意志的统治，而皇帝本人也没有直截了当地否定这个说法。不过教皇也受到皇帝意志的统治，因为皇帝拥有众多士兵，而教皇的士兵很少。

鉴于神权政治本质上含混不清的理念，以及在此基础上构建起来的社会制度，那么这种模棱两可的制度能够在几百年的实践中保留下来也就不足为奇了。为什么没有人指出和反对这种模棱两可的制度呢？这是因为，尽管有如此多的缺陷，这种教皇与皇帝共治的制度却满足了双方最根本的需要。我们想象不出其他更合理合法的统治模式。

在800年后的几个世纪里，帝国与教皇的权力相互作用、此消彼长。有时候，教皇似乎真的掌握了至高无上的权力。而另一些时候，教皇又不得不廉价转让出他的很多权力，看起来就像一个傀儡一样，提线掌握和控制在皇帝手中。无论如何，这个制度延续了500多年，1309—1377年，发生了骇人听闻的丑闻"巴比伦之囚"①，教皇被迫离开罗马，迁往阿维尼翁城，生活在法兰西国王的羽翼

---

① Babylonian Captivity，本意是指公元前597年–前538年，犹太王国两度被新巴比伦王国国王尼布甲尼撒二世征服，他俘虏了大批犹太富人、手工业者和平民并囚禁在巴比伦城的事件，史称"巴比伦囚房"。后被用于阿维尼翁教皇执政的70余年，因他受制于法国王室，历史上又称其为"阿维尼翁之囚"，也常用历史上"巴比伦囚房"来比喻他。——译者注

之下。至此，教皇再也没能掌握他们一直声称且有时真的掌握了的世俗权威。伴随着16世纪很多民族国家的兴起，如法兰西、英格兰、西班牙以及神圣罗马帝国的直接继承者德意志的崛起，他们都试图控制欧洲的政治，神圣罗马帝国的统治最终没能继续存在下去。这些新兴的民族国家由国王"蒙上帝恩赐"加以统治，但这是一种全新的概念，完全不同于自罗马灭亡后又统治了欧洲10个世纪之久的神权政治。

修道院生活

500—1300年的8个世纪里，这段时间我们又称之为"中世纪"，尽管充满权力且影响深远，但帝国与教皇制度最终没能有效地用神权政治统治整个欧洲。人们需要其他的一些东西：某种调整人和上帝之间关系的制度，它可以把基督和他在人间的代言人罗马教皇的律法和要求带到人间，让人能够理解。

如果教会一直保持了基督最初创立它的本意的话，教会应当能够充任这个角色（事实上，基督曾经创立过教会这种说法至今都是存疑的）。教会的主教的确给人们宣布了一些戒律和圣命，教士们也的确提供了不少精神上的安慰。但教士们和主教们却各自忙于各自的利益，他们所追求的是一些更简单也更细微的事情。第一个看到这些需求并满足这些需求的是努尔西亚的本笃①。

450年②左右，圣本笃生于意大利中部的努尔西亚，后来他被送到罗马的学校读书。震惊于这座衰败大城的淫乱放荡，他退学了，并在距罗马以东40英里的苏比亚科山上、尼禄宫殿废墟附近找了一个山洞，在那里修行。他在那里隐居修行三年，后来他的圣洁素朴广为人知，最终被人们劝服，担任了附近一所修道院的院长。他的热忱遭到了抵制，那些受他照拂却叛变了的修士们试图毒死他。他辞去了职位，但信徒们很快又聚集在他周围，在他们的帮助下，他建立了十二所修道院。可是反叛他的规矩的事情又再次发生了。

对此他心灰意冷，厌憎非常，于是圣本笃离开了修道院，向南游历到了卡西诺的一座高山上，正好位于罗马城和那不勒斯之间。这个地区的大部分人都还是

---

① 即前文中提到的圣本笃。——译者注
② 有一种说法是出生于480年。——译者注

异教徒，但是他用自己热情的传道使当地人改变了信仰，并建立了蒙特卡西诺修道院，后来这里成为本笃宗的祖庭。

很多年以来，他一直在思考一个问题：众多修士应当如何生活在一起。他制定了一系列关于集体生活的戒律和标准，这就是著名的"圣本笃戒律"。这个戒律具有悲悯、谦逊和节制的特征，谨慎地平衡了祈祷、工作和学习的关系，成为教会宝贵的精神财富。547年前后，圣本笃在卡西诺去世。在圣本笃去世15个世纪后的今天，本笃会依然是一个修士会。

根据学术传统记载，蒙特卡西诺修道院兴建于529年。同年，基督徒查士丁尼大帝下令关闭了雅典的柏拉图学园。这两个事件长期以来被认为是具有深远影响的标志性事件。自柏拉图建立柏拉图学园以来，已经延续了近一千年的时间，学园的关闭意味着在整个西方，古希腊式高等教育终结了。（希腊学园在拜占庭仍延续了数百年。）与此同时，它也标志着一种新的、完全不同的教育体制和学校制度的开始。自此以后，"修道院之外再无任何思想可以萌芽"。

本笃宗修道院在意大利各处和欧洲各地纷纷兴起。那里的修士们承担了组织、整理、分类和复刻从辉煌的古希腊和罗马流传下来的经典文本的任务，我们今天看到的所有得以保存下来的历史文本都应归功于他们的努力工作。不过，本笃宗的修士们并没有把自己禁锢起来，蜷缩在破旧的读经台前抄写经典文本，因为很多时候他们根本不必完全弄懂文本的内容。他们还积极承担了这个世界的另一项任务。本笃宗的修士们把基督教的教义传播到旧帝国最遥远的每个角落——大不列颠、德意志北部和西班牙西部，以及意大利的异教地区，例如卡西诺，这地方在基督逝世1 000年之后仍然保留着最原始的宗教信仰。

几百年来，圣本笃的谦逊被人们牢牢记住，这影响着世人，并让他的名字成为基督徒圣洁与热诚的代名词。但是，跟教会一样，修道院最终变得富有了。正如基督所说，巨大的财富是救赎之路上的障碍（富人要上天堂，比骆驼穿过针眼还要难）。这句格言无论是对机构还是个人都是适用的。因此，在12世纪，所有现存的修士会都变得腐败了。

十二三世纪，一种全新的世界观在所有信奉基督教的国家广泛流行开来，此时已经建立了两个不同的修士会：方济各会和多明我会。亚西西的圣方济各

（1181/1182—1226），这个小个子的、心神不定的人在1210年左右建立了方济各会，他是中世纪后期最杰出的人物之一。他提出新生活的目标是"跟随我们的主耶稣基督的教导，沿着他的足迹前行"，为此，圣方济各严格要求他的追随者们，只能沿途乞食维生，并向所有愿意听他们传教的人讲经传道。几乎与方济各会同时，西班牙的多明我·德·古斯曼（约1170—1221）创立了多明我会。由于多明我·古斯曼的新规定，多明我会又被称为托钵修会，因为他们放弃了所有大修道院和小修道院的生活，而去过一种极简的和极贫的生活。

后来，甚至连圣方济各会和多明我会都受到了富人的引诱，这些人希望用财富来收买圣人，以此救赎他们身上的罪孽。然而，整个13世纪，修道制度的虔诚程度和为人类献身的意愿都上升到空前绝后的高度。

本笃宗成立以后的一个世纪里，也就是整个13世纪，到底有多少人皈依了修道制度，我们没有确切的统计数据可查。在12世纪克吕尼改革之后，方济各会的修士们和多明我会的传教士们的足迹遍布欧洲的每条道路。或许这些修士会的数量并不是很多，但在那个时代却吸引了无数最睿智、最具创造力的男男女女投身其中。

这些男人和女人通常都是极有才华的，而且全都非常虔诚，他们从世俗生活中抽身出来，进入大修道院或小修道院修行。他们对经济发展和社会发展没有更多的贡献。他们坚信自己做出了另一种贡献：他们为人类祈祷，他们保留下历史上最珍贵的财富，他们教会信众们他们领悟到的救赎之路，但救赎总是在另一种生活中，而不是现世的生活里。他们还试图牺牲自己当下的利益，以换取在另一个几乎无法确定的未来中的更大的利益。

这种牺牲和奉献不能说是无关紧要的。我们对世界运作的方式所知有限，无法证明这些虔诚男女们的祈祷不能为我们开创一个更美好的世界。或许他们真的拯救了世界呢。但我们也无法知晓他们是不是拯救了世界。我们所知的，就是中世纪绝大部分最具智慧、想象力和创造力的人都与世俗生活无关。我们无法衡量这个代价有多大。

十字军

如果说教皇和教会缺乏士兵，那肯定不是真的。教皇的雇佣兵时不时和皇帝军队或其他军队发生战争，有时还能获胜。其中最臭名昭著莫过于15世纪末意大利一支由切萨雷·波吉亚率领的教皇军队。切萨雷是教皇亚历山大六世的私生子，他和他的父亲不仅想要自己的家族占有意大利的大部分财富，还想统一这个国家，使其从法兰西国王和德意志皇帝（也即神圣罗马帝国的皇帝）的掠夺之下解脱出来。但当他的父亲死后，教皇儒略二世继位，切萨雷再也活不下去了。1507年，他被处死，年仅32岁。波吉亚家族的希望也烟消云散；著名的历史学家尼可罗·马基雅维利的幻梦也随之破灭。马基雅维利认为那位极有权力的教皇和这位极富才华的年轻指挥官联合起来有大好前景，能够把意大利从外国的控制中解放出来。

没有几位教皇具有像亚历山大六世那样的优势，有一个切萨雷这样的亲生儿子。但他们用其他办法同样可以兴建起一支军队：他们可以在欧洲所有伟大军事领袖的心中植入宗教的激情。11世纪，迅速发展的欧洲商业推动了贸易远征，也推动了人们向耶路撒冷及其他东方圣城的朝圣之旅。与此同时，拜占庭帝国[①]也遭到塞尔柱突厥人的进攻。教皇乌尔班二世很快意识到，这既是一个机会，又是一次必要的行动。1095年，他招募了一支基督徒军队，打败了塞尔柱突厥人，夺回了被穆斯林占领的圣墓堂。1099年7月15日，耶路撒冷落入一队混杂的十字军手里，他们展现自己的基督徒的"仁慈"，大肆杀戮当地的犹太教徒和穆斯林，连妇女和儿童都不放过。其后的数十年里，各个支派的十字军相继占领了巴勒斯坦海岸的狭长地带，这胜利让他们家乡的人们欢庆不已。

1144年，撒拉逊人夺回了十字军的城堡，引发了第二次（1148年）、第三次（1189年）和第四次（1198年）十字军东征，每一次都以耻辱性的失败而告终，基督徒所有的军事要塞都被攻占，数以万计的基督徒的生命和财产被掠夺，其中很多人曾是身居高位的贵族。但十字军东征的狂热在继续着，达到了新的高潮。

1212年春，一个名叫斯蒂芬的牧童看到一个异象，在那个异象中基督装扮成一名朝圣者的模样显现在他面前，让他把一封信转交给法兰西国王。斯蒂芬住

---

① 即东罗马帝国。——译者注

在法国一个名叫 Cloyes-sur-le-loir 的小镇上，他出发去给国王送信。他行进在春日灿烂的阳光下，告诉他遇到的每一个人他的使命。很快，他的身边便聚集了一大群孩子，决定跟随他去往他被呼召去的地方。最终，三万多人决定跟着他一起去马赛，他们希望能从那里乘船去往圣城。他们满怀希望，能够用爱而不是武力征服异教徒。

到达马赛以后，他们得到了当地一些商人的照顾。这些商人在寻找获取巨额财富的机会，商人们许诺带他们去耶路撒冷，但却把他们用船运到了北非，在当地穆斯林市场上出售，充当奴隶，这些穆斯林市场专门进行大规模的人口买卖。这些少年中绝少有人从那里生还。没有人能够到达圣城。

一个来自科隆的名叫尼古拉斯的 10 岁男孩，他纠集了第二支去往圣城的队伍，一路鼓吹一支莱茵河地区的儿童十字军，最终吸引了两万多少男少女跟随着他。在翻越阿尔卑斯山进入意大利后，他们各自命运多舛，但没有一个获得好运。跟前一次一样，很多人被运往北非卖作奴隶。

13 世纪，相继又有四次十字军东征。第七次和第八次东征是由法国的路易九世（即"圣路易"）领导的。从某方面说，这两次东征甚至比儿童十字军的遭遇更加悲惨和凄凉。1270 年，路易九世招募了一支十字军，他们被寄予厚望，但 1270 年 7 月，大军进发到突尼斯就遭遇了瘟疫，人数锐减。路易九世是最先死于瘟疫的人，很多紧接着死去的人跟他的遗体一起被运回了法国。

在近两个世纪的时间里，基督徒组织的八次十字军东征，几乎一无所获，却牺牲了无数人的生命、财富和被诅咒的希望。但或许这正是在中世纪神权政治统治之下，基督徒进行的一次不可避免的、必要的伟大试验。

千禧年恐惧和千禧年后的成就

基督徒一直对一千这个数字十分着迷。他们惧怕千禧年的来临，有很多原因，不仅仅是因为《启示录》第二十章里的预言。预言说道："一位天使从天而降……他抓住那龙，就是那条古蛇，又叫魔鬼……把它捆绑一千年……；等到那一千年完了，以后必须暂时释放它。"

即便这只是很短的一段时间，但预言中这个魔鬼被释放出来兴风作浪的世界的确是很可怕的。尽管魔鬼被捆绑在无底坑里，这一千年的生活看起来也真够糟糕了。一旦魔鬼被释放，能够畅行无阻地作恶，生活还会坏到什么地步呢？无论这时间长短，在这"暂时释放"过后，基督会不会再临，审判活人和死人呢？

随着1000年的临近，或者说在决定命运的999年，整个欧洲有千千万万人在恐惧中瑟瑟发抖。在10世纪90年代的后期，很多商业活动都停滞了，人们决定，除了最紧急的事务之外，其他什么都不做，而街上出现了最虔诚的人潮，疯狂而血腥地鞭打自己，以求驱走自己的罪孽并获得永恒的救赎。

有一点非常重要，并非所有欧洲人都是按照基督教的纪年方式来计算日期的，更不必说周围其他地区的人了。对犹太教徒来说，世界远远不止一千年的历史，他们是从假定的"创世纪"开始纪年的，也就是说今年是3784年。而穆斯林则从622年开始元年纪年，这就要比公元纪年晚得多。

不管怎样，1000年（或999年）平安无事地过去了，没有什么划时代的大事发生。基督徒为此大大松了一口气，感到无比幸福，而这个好结果转化成了新的巨大能量的爆发。而接下来的300年，也即从1000年到1300年，成为欧洲历史上最乐观、最繁荣和最进步的时期。

在亨利三世（1036—1056年在位）的治下，整个11世纪的中世纪帝国的权力和影响力达到了巅峰。帝国从北方的汉堡和不来梅直到意大利半岛的南端，从西边的勃艮第直到东部的波西米亚、匈牙利和波兰。随着帝国的崛起，教皇的权力萎缩了。1046年，至少有三个人宣称自己是圣彼得。亨利三世介入调停，同年召开了"苏图瑞法庭"（Synod of Sutri），他废黜了三位自称的圣彼得，并见证了自己提名的候选人，即克雷芒二世顺利当选。就在同一天，克雷芒二世还亨利三世以同样的荣耀，加冕他和他的妻子为皇帝和皇后。

那不久之前，事情还完全是另一种态势。12世纪末，在教皇英诺森三世（1198—1216）的治下，教皇制度的声望和权力也达到了顶点，基督教的欧洲这时候最接近内部无冲突的统一神权政治状态。但那种含混不清的矛盾依然存在，在英诺森三世去世后不久就又再次浮出水面，从1215年到1250年，皇帝腓特烈二世又再次挑起了与教皇制度的冲突。双方都被这次冲突搞得精疲力竭。

这些接踵而至的政治动乱并没有影响普遍生活标准的提高，这是那3个世纪的典型特征。城市商人这个新兴阶层开始出现，他们对这次新繁荣有巨大贡献，卡尔·马克思把这个阶层称为资产阶级。正如马克思所说："在历史上，资产阶级扮演了最具革命性的角色。"这在11、12世纪再明显不过了，这一二百年间，无数新城镇拔地而起，形成了市镇，在意大利、德国和弗兰德斯地区都十分有名。他们向原来的封建领主要求自治权，并最终赢得了自治权。

富有创新精神的资产阶级不仅通过商业贸易活动创造了新的财富，还资助那些聪明企业家在炼金术（现代化学的前身）、能量转换器、运输工具和冶金术方面的发展。铁开始广泛使用，即便是穷人家中也能用得起铁器了。到处都修建了风磨坊和水磨坊，利用自然力量为人类工作。人们发明了一种新马具，让马可以拉车和拉犁。在波西米亚、瑞典和康沃尔，新的采矿技术使得钻头可以钻得更深，采选到铁、铜、锡、铅含量更高的矿石。

或许最重要的是，由于农民运用了新发明提高了农业生产效率，于是新的城市阶层开始雇佣农业生产的剩余劳动力。结果，农业工人的收入跟城镇工人的收入一样，都得到了显著增加，成为社会的新财富阶层。

所有这些变化都对中世纪的神权政治造成了威胁。跟资本主义一贯以来一样，原始的资本主义本能地具有破坏性。（同样还是马克思第一个发现了资本主义的特征。）封建神权政治，或者说神权政治的封建主义本身具有极强的不稳定性，无法继续长期存在下去了。但跟我们相比，中世纪的人却难以看到这一点。就像长期以来的那样，他们的主要想法依然是神学研究和思考。即便新的世界已经来到了，那些最古老的问题——信仰与理性之间的冲突、上帝的意志以及真理的本质等——依然魅力不减，使所有的一切新事物都蒙上一层阴影。

关于真理的辩论

在中世纪，有一个基督教神学研究和争论的核心问题。这个问题第一次隐晦地出现在奥古斯丁的《上帝之城》中，在罗马灭亡之后很快就第一次明确提出来，却在其后的近一千年时间里都是争论的焦点。

这个问题可以简单地表述如下：如果我们承认了奥古斯丁关于两座城的理论，是否有适用于这两座城的共同真理呢？还是说它们各自有不同的真理呢？如果对一座城来说有的东西是真的，是否对另一座城也必定是真的呢？或者说，如果有两种不同的真理，是否有一种真理比另一种更真实、更重要呢？最终来说，一个人是否必须在二者之间做出选择呢？

这个问题现在看来似乎并不重要或者无关痛痒，因为我们早就得出了答案，因此不再思考这个问题了。但中世纪的人并不认为这是个很好回答的问题。而且他们可能比我们更清楚，无论我们如何努力寻找答案，从理论上说还是从实践来看，所有答案都有可能成立。

让我们来看看七位伟大的中世纪思想家对这一问题的观点，看他们是如何看待这个后来被称为"两种真理概念"的难题的。

波爱修

480年左右，波爱修出生在罗马的一个贵族家庭。他受到良好教育，显然还精通希腊语和拉丁语。510年前后，他开始了一生中的主要事业：把亚里士多德的著作从希腊文翻译为拉丁文，以便后世的人了解这最经典的思想。波爱修还在东哥特国王西奥多里克手下谋得了一个重要职位，一时迷恋于权力和影响力。但520年以后，他很快就失宠了；他被打入牢狱，在经受了残酷的折磨后，于524年被处以死刑。在狱中，他写下了著名的《哲学的慰藉》。

至于他的人生使命，波爱修只完成了很少一部分，他没有完成亚里士多德作品的翻译，而是只翻译了《工具论》或者逻辑学的部分。但700多年来，这些译著都被当作教材在学校里使用，让波爱修名垂千古。

他还撰写了神学方面的论文，其中值得注意的是他从没提过任何一部宗教经典。不过，据当代一部传记明确记载，波爱修的确是一名基督徒。这何以可能呢？解开这个谜题的答案在一部大概成书于515年的著作当中，其中有个句子概括了他关于"圣三位一体"的思想。在以后的数个世纪里，这句话被引用了无数次：

> "尽你所能,将信仰与理性结合起来。"

因其简练且精准的表述，这句话在中世纪被认为是神学思想上最伟大的句子之一。考虑到在波爱修的所有其他神学著作中都没有《圣经》的内容，人们认为，这句话事实上暗示了可以通过人的理性理解上帝的本质；信仰的真理和理性的真理其实是同一的。

伪狄奥尼索斯

亚略巴古的狄奥尼索斯生活在1世纪。在圣保罗的洗礼下皈依基督教，（在后世）他被认为是第一个雅典的主教。500年前后，可能是在叙利亚，一位僧侣假借亚略巴古的狄奥尼索斯之名发表了著作，这些著作在西方未来的神学历史上产生了深远的影响。其中最重要的是一本用希腊文写作的书，名为《论神的名字》。这本书为"否定神学"提供了一种范例，它暗示，即便是像波爱修这样的作者创作的神学作品，也是既不真实也不合理的。

这位不知名的作者被称为伪狄奥尼索斯。一开始，他就阐明上帝没通过启示给自己命名，人就不可以赋名给上帝。然后，他接着论证即便是启示给出的名，也能为人的思想所理解，但也不能表达出上帝的本质，因为无限的上帝不能被有限的人所理解（或包围）。神学家也不能称上帝为"真实的"或"存在"，因为对这些词的理解，就剥夺了我们对上帝所造世界的理解和体验；造物主是不能用他所创作的东西的语言来理解和表述的。

这样一来，伪狄奥尼索斯就把自己放在了波爱修的对立面。按照波爱修的观点，上帝之城可以通过人的理性被人理解。而按照伪狄奥尼索斯的观点，上帝之城永远不会影射为地上之城。

对波爱修来说，亚里士多德是最伟大的作者。亚里士多德当然不是基督徒，但波爱修和其他人都认为他的很多著作至少是用准基督徒的方式来写作的。而且，亚里士多德是理性的倡导者。波爱修认为，人们对自然世界所知不能算太多，而知识跟宗教典籍是不可能相冲突的，因为在"一座城"①的真理在"另一座城"也必然是真理。

伪狄奥尼索斯最推崇的是圣奥古斯丁。奥古斯丁的新柏拉图主义根源于柏拉图思想及其在年轻时候阅读过的其他作品。他也曾狂热地阅读宗教典籍，这一切都让他反复强调上帝的神秘主义特征。在他看来，只有信仰能给智力的其他任何发现以确定性。因此，唯一的真理就是信仰的真理，是上帝赐予人的恩典。

阿维森纳

阿维森纳是最具影响力的穆斯林哲学家和科学家。980年他生于布哈拉城，很快显示出超常的头脑，10岁时就能背诵《古兰经》。他的学问很快就青出于蓝而胜于蓝了，18岁时被誉为卓越的自学成才者，21岁时已经是著名的医生了。其时，波斯和阿富汗政局十分动荡，他却在这些地方生活了大半辈子，这让他过着四处游历、纷乱繁器的生活。尽管生命中麻烦不断，他还是成了最多产的阿拉伯作家。

阿维森纳写了很多短篇著作，还写了两部长篇巨著。第一部是《哲学、科学大全》，这是一部关于哲学和科学的百科全书，被认为是由单人撰写完成的此类著作中最详尽的文本。他所著的《医典》是当时的医学百科全书，是最著名的医书之一。

这两本书都是基于经典文本之上的作品，《哲学、科学大全》尤其如此。这本书的很多内容跟亚里士多德的许多哲学、科学原则交织在一起，但不包括伦理学和政治学。阿维森纳没有提及这两方面的理论，或许是因为他有自己的政治观点吧。

这两本书都被译成拉丁文，对西方的经院哲学产生了深远影响，那个时候，经院哲学正在觉醒，意识到在理解和再解释宗教典籍，如奥古斯丁的《上帝之城》和波爱修翻译过来的《工具论》之外，还有其他很多不同类型的知识存在。他们渴求阿维森纳能给他们提供更多关于亚里士多德和希腊人的一般思想。显然，对于理性可以产生真正的、有价值的真理这一理念，希腊人是坚定的拥护

---

① "one realm"指上帝之城或地上之城。——译者注

者。但经院哲学家们仍无法自己阅读亚里士多德的作品，因为在1037年阿维森纳死后的整整一个世纪里，西方几乎没有可供阅读的亚里士多德的作品文本。

彼得·阿伯拉尔

没有哪位中世纪学者比阿伯拉尔这位睿智但运气不佳的教师更知名，他与爱洛伊丝的凄婉爱情故事成为很多书籍和戏剧的主题。

1079年，阿伯拉尔生于布列塔尼的一个骑士家庭。他放弃了骑士称号的继承权和军队职务，专注于哲学研究，特别是逻辑学研究，他也因此成了当时最优秀的研究者和教师。

这是一个伟大教师和逻辑学家的时代。巴黎成了神学论战的温床，学生们跟随一个又一个老师学习，在街上大声讨论用宗教典籍来解释的逻辑学观点和难题。阿伯拉尔投身到这些论战当中，部分是出于这些论战的刺激。他自己也收了一些学生，其中包括爱洛伊丝（约1098—1164）。她是巴黎圣母院牧师福尔伯特（约960—1028）的侄女，当时还只是一位聪慧美丽的17岁少女。

阿伯拉尔引诱了爱洛伊丝，也可能是爱洛伊丝引诱了阿伯拉尔；他们生下了一个私生子，后来两人秘密结婚了。牧师福尔伯特十分震怒，主要是因为他俩的秘密举动。阿伯拉尔和爱洛伊丝都害怕二人结婚的消息会终结阿伯拉尔的教职生涯。不管怎样，福尔伯特雇佣了一伙流氓，他们在路上拦截住阿伯拉尔，阉割了他。终其一生，阿伯拉尔都生活在痛失生活希望的苦楚煎熬中，因为阉人永远无法获得伟大的教会职位。

爱洛伊丝没有抛弃他，正如他从不曾抛弃爱洛伊丝一样。他继续充当她的精神导师，直到她获得了一个非常重要的教会职位。他们一起发表了爱情书信集，这是中世纪最美好、最感人的书籍之一。阿伯拉尔根本不需要为他的事业感到害怕。尽管他被阉割了，但他仍吸引了大批学生，而他的问题恰恰在于找不到时间从事研究。

他最著名的神学著作《是与否》里提出了很多相互冲突的观点，显然它们的理论来源各不相同，书中同时还对如何解决这些冲突进行了评注，并提供了可以解决其他类似问题的一般规则。在这个学生之间，以及学生和老师之间都极度喜欢争论的年代，这本书用逻辑的方法做出了解读，很快就流行起来。阿伯拉尔还写了一个短篇作品《认识你自己》，提出罪在行动上并不存在，行动无所谓善与恶，罪只存在于意图当中。罪不是所作所为，而是自己的思想赞同了那些自知是错误的事情。

阿伯拉尔受到当权者的惩罚，部分是因为他的生活方式，部分是因为他的思想理论。他表面上保持着相当浮夸的正统说法，但实际上他写的每样东西都在证明理性对信仰的超越性。他的作品和生活同样挑战了他那个时代奥古斯丁思想的统治地位，而暗地里追求亚里士多德的哲学思想，提出理性超越古老的神秘主义思维方式。

阿伯拉尔常常被认为是未来的殉难者。他忍受了宫刑、谴责和被压制，最后被处以死刑（1142年），却使西方的思想保留下来，为理性的胜利铺平了道路。这种说法是把他的一生传奇化了，在现代来看，他的生活一点也不浪漫。但这的确反映了他在两种极端神学思想中扮演的反对者角色。阿伯拉尔是一位波爱修似的人物，也是其中最杰出的一位。

克莱尔沃的伯纳德[①]

这位中世纪本笃宗教徒是阿伯拉尔的主要反对者，他被誉为流蜜圣师（因为他善于逢迎的温和举止）。1090年，伯纳德生于勃艮第的一个贵族家庭，他很年轻的时候就在西多加入了本笃宗。出于对上帝的爱，特别是对圣母玛利亚的热爱，他很快投身到出家人的修行当中，而这种过分的热情和紧张摧毁了他的健康。尽管他过分地强调苦修（为了抑制自己的骄傲，他经年累月地住在一个石头垒成的地窖里，下雨时雨水常常会漫过双脚），他仍然活了63岁。

伯纳德有一句著名的祈祷词："对上帝的爱从何处来？从上帝来。这爱的本质是什么？不加衡量地去爱。"这类表达当然是史无前例的，让阿伯拉尔大惑不解，甚至可能惹恼了他，因为阿伯拉尔相信理性的衡量，且很难不去想象上帝本身的样子。

---

① 也翻译成贝尔纳。——译者注

伯纳德是五位教皇的密友、导师和严厉的批评者，很快就看出来事情的真相。他在谈及阿伯拉尔时说道："这个人试图用人类的理性去理解上帝的全部。"为此，伯纳德让教皇压制了阿伯拉尔，贬斥他到鲁伊修道院过贫苦的生活，为此阿伯拉尔肯定伤心欲绝。伯纳德是伟大的奥古斯丁派学者之一，亚里士多德的支持者还有很漫长、很艰辛的道路要走。

阿维洛伊

在这位阿拉伯哲学家和注疏者之前，对西方的学者们来说，亚里士多德的真正思想学说是处于一片黑暗与混乱之中的。但阿维洛伊不仅仅写了关于亚里士多德的作品，使他赢得了"注疏者"的称号，他还注释了《尼各马可伦理学》《形而上学》《论天》等亚里士多德作品的部分原始文本。或者说，他把希腊文本翻译为阿拉伯文，然后再转译为拉丁文，让艾尔伯图斯·麦格努斯、托马斯·阿奎那等人能读懂这些文本。这是极具开创性的举措。

1126年，阿维洛伊出生在当时西方最大的城市——安达卢斯的科尔多瓦城。他受过良好教育，很快在学习方面颇有名望，成为历任哈里发的导师、法官和医生。1169年到1195年，他发表了一系列关于亚里士多德著作的注疏作品（除了政治学，这对他来说似乎可用也不可用）。

阿维洛伊的目标是把哲学提升到他认为适应伊斯兰教信仰的正确位置。他没能完成这一目标，因为伊斯兰教跟基督教一样是信上帝为唯一真神的。在他所处的时代，穆斯林还不认为自己可以自由地思考宗教问题。

不过，阿维洛伊继续他的批判性注疏工作，包括对柏拉图《理想国》的重新解释，他得出一个结论，即理想国是理想的国家，只是欠缺对穆罕默德及其预言的唯一真神的理念。关于其他事情，阿维洛伊叹息伊斯兰教没有吸纳柏拉图关于男女平等的观念，因此不能给予妇女平等的公民权。他认为，这种平等待遇应该可以提高社会经济水平。

阿维洛伊对穆斯林的思想没有产生什么影响或只造成很小的影响，但却在西方产生了深远影响。他的影响并不在于他持有某种特殊的观念，而在于他向基督教世界的学者展示了亚里士多德关于自然的基本思想。

奥古斯丁解读过柏拉图和新柏拉图主义关于自然世界的观点——"真实"——他认为这仅仅是更伟大的真实本身的,从某种意义上说,即上帝的意志的一片阴影而已。现在看来,亚里士多德完全不同意这种说法。对亚里士多德来说,自然具有坚硬的实体性,他对此知之甚多。此外,他还相信哲学的任务就是认识自然。他认为这是一项对人类意义重大的努力。

在今天看来,或许我们很难理解为什么这种观点是革命性的,因为我们早已经接受了这种观点。但中世纪的思想家们对此表示怀疑,甚至好几个世纪都故意忽略它。太久没有人具有相当的学术权威性,特别是像亚里士多德那样的学术权威,可以率先提出此类难以让人一下子就接受的观点。

在经过波爱修的翻译之后,亚里士多德的《工具论》已经广为人知。但《工具论》主要是论述思维的原则及逻辑学和哲学的方法。逻辑学是与自然无关的科学。亚里士多德的《物理学》,主要是关于记忆、梦、长寿之类问题的短篇文章;他的《动物志》《论动物部分》《论动物生成》等论文,更不用说他的《修辞学》和《论诗》,这些作品展示了他像对待神圣事务那样,对日常事务抱有同样的兴趣,当然也不会因研究世间万物对导向上帝的意志毫无用处,就对其怀有偏见。

事实上,熟读阿维洛伊的注疏作品会让人对亚里士多德产生怀疑,因为亚里士多德很少论及上帝而是更多地谈论朴实无华的事物,比如说蠕虫和昆虫、家畜的交配、气象和肠胃胀气等;跟神学相比,亚里士多德似乎对这些事情更感兴趣。这当然是彻底的革命,更不用说也是一种危险的观念。

阿维洛伊是虔诚的穆斯林。他看到了这种危险,因此他从来没有停止过坚持自己的观点:他认为不管亚里士多德想要暗示什么,事实上只有一个真理,就是《古兰经》里的真理。自然条件下看似真理的东西其实都是更高真理的阴影而已。但这更像警告孩子们不要把豆子放进鼻孔里。这种警告激起的对做某事的好奇心很快变得无法抗拒了。

人们感到好奇。为什么阿维洛伊如此坚持只有一个真理,而那真理就是宗教的真理呢?是不是因为有另一种不同的真理,即自然的真理存在于这个世俗世界呢?如果是这样,这种真理只是一个阴影呢,还是另一种独特的真理呢?

西方人的思想中开始形成这种观念：阿维洛伊提出了两种真理，一个是上帝的真理，一个是自然的真理，两者有不同的逻辑体系和不同的认识方法。此外，人们相信，阿维洛伊认为自然的真理同样宝贵。他根本没有想过这些。但只要西方的基督徒们认为他想过，这就足够了。

这是到目前为止奥古斯丁派遇到的最严峻的挑战。这次的挑战并不容易应付。现在，奥古斯丁传统专注于神学研究已经有700年了，这也导致它耗尽元气。巴黎学校里的年轻人发现，他们被这种自然世界的新观念——地上之城所吸引，认为这跟学习上帝之城一样有价值。阿维洛伊于1198年去世，他一直竭力避免的事情——双重真理——最终似乎无可避免地发生了。

托马斯·阿奎那

托马斯·阿奎那是著名的神父、教会的博士和未来的圣人，是多明我会永远的英雄。虽然他身材十分肥大，但他似乎能永不疲倦地进行研究和写作。据说，人们为他修了一个特殊的圣餐台，前面有一个巨大的半月形缺口，这样他在做弥撒时，短胖的手臂才可以够得到面前的圣餐。在他的一生中，托马斯·阿奎那获得了人类鲜少能得到的名望。

1224年或1225年，托马斯生于阿基诺，这是一座位于罗马和那不勒斯之间的城市。他自幼被送入蒙特卡西诺修道院学习，家人希望他能成为这个有权势的修道院的院长，这将对他的家族大大有利。在做了9年的本笃宗学生之后，皇帝腓特烈二世突然下令遣散蒙特卡西诺修道院的修士们。于是阿奎那去往那不勒斯，继续在一所大学里学习。他又成了多明我会的成员，多明我会是一个新成立的托钵修会教派，特别重视传道和讲道。

1244年，他的新上司命令他去巴黎，希望他在那里能逃脱家庭的控制。但他的家人在半路上挟持了他，整整一年都把他关在家里。阿奎那顽强地拒绝屈服，最终重获自由。1245年他到达巴黎，居住在多明我会神学院的中心——圣雅克修道院。

他成为当时最伟大的导师大阿尔伯特（艾尔伯图斯·麦格努斯）的学生，在那里花了七年时间学习神学、哲学和历史，最终获得了神学学位，但直到1256年他才最终获得教职。那时候他已经30多岁，离他去世已经不到20年了。

对跟阿奎那有同样爱好的人来说，13世纪中期的巴黎是世界上最让人激动的地方。无论是业余的还是专业的，每个人都是神学研究者。人们在街角、在早晚的餐桌上都在讨论教义。在当时，有两个首要的论战。当然，阿奎那也全力投入这两个论战当中。

一个是关于普遍性问题。普遍性问题在当代已经算不得最重要的问题了；但在1250年则是个极其吸引人的事。当我在使用"红色""人"和"善"这些词的时候，这些一般术语的含义是什么呢？显然，我说某样东西是红色的，意思就是我认为它具有跟其他所有红色东西一样的某种共性。但"红色"是不是某种单独存在的事物呢？在红色的东西之外是否还存在某种叫作"红"的实体呢？或者说在单独的个人或善的事物之外是否还存在"人"或"善"这种实体呢？

柏拉图、新柏拉图主义者以及后来的奥古斯丁，倾向于相信有某种普遍性真实地存在。事实上，他们似乎主张普遍性是唯一真实的存在，而红色的东西、人和善的事物只是真实存在的影子而已。据柏拉图所说，哲学家拨开现实表象的迷雾和混乱，在智慧之光的照耀下，辨识出最高实体，它是最完美的、精确的和非物质的。奥古斯丁则认为，因其对感官享乐的节制和对现实世界的善的蔑视，神学研究者追求从地上之城提升自己，脱去肉身与罪，去往神秘而荣耀的上帝之城。

相信普遍真实存在的人被称为实在论者。与他们相对的哲学家则认为，唯一真实的就是事物本身，而一般术语如"红色""人""善"等仅仅是一个名称而已。他们被称为唯名论者。

亚里士多德则似乎处于实在论与唯名论之间，因此被称为"温和的实在论"。世界充满各种事物。所有存在的事物（如红色的奶牛、一个人或一个善举）要求两种质料同时存在：形式和质料。

一个人的形式就是她或他的人性。这是一个个体的人内在的要素，使他或她能够为我们辨识其为人的特性。这是个普遍特征，因为人之为人是基于同样的原因，虽然单个人在其他方面可能是千差万别的。一个人的质料则是其个人的特征、潜能及其区别于其他任何人的东西。是我们的"人性"使我们成其为"人"，而不是其他任何东西。是我们的"质料"让我们可以成为个体的汤姆、迪克或玛丽。

到目前为止，这个问题似乎还好解决。但在亚里士多德论述的共相论背后还隐藏着更严重的问题。首先，灵魂和肉体最本质的区别是什么呢？一个个体的人的"形式"是他或她的灵魂或者说精神吗？形式可以脱离它的质料——一个活生生的人——而单独存在吗？

如果形式是灵魂，那么它一定可以单独存在，因为每个基督徒都知道，灵魂是永存的，而肉身则不能永存。但灵魂是独立个体呢，还是仅仅是人性的形式而已呢？人性是不是永存的呢？或者说在单个的汤姆、迪克或玛丽身上有某种东西可以永久保持下去，可以被人们清楚地辨识到其作为汤姆、迪克或玛丽的特征呢？如果是这样的话，个体身上就有和亚里士多德所说的质料不尽相同的东西。可是，灵魂不是物质的。

显然，在讨论普遍性问题的时候一个不谨慎人很容易掉入陷阱，如果你支持错误结论的话就死定了。实在论者似乎不会犯这种错误。他们可以把活生生的人仅仅看作灵魂在永恒的惩罚或永恒极乐这个漫长旅途中的一次短暂停留。一个人只在现世短暂的时间里是汤姆、迪克或玛丽，而在剩下的永恒中享受或悔恨他或她曾经过了什么样的生活。重要的是拒绝地上之城的诱惑，要弃绝现世，禁绝肉欲，牢牢记住一个人终将死去，同时全心全意地奉献自己，努力达到上帝的神秘境界，这可以让一个人在现世和来生都得救。

对唯名论者来说，尤其是对托马斯·阿奎那而言，质料并不是如此简单的。唯名论者和阿奎那都已经考虑过在人的一生中，尽管很短暂，尽管只是导言似的，但个体人的行为仍是至关重要的（肉体和精神两方面的）。但是在生命中和自然中具有作为整体的绝对真实存在。仁爱的上帝把人安置在这充满了万事万物和智力难题的人世间，又赋予人超凡的精神武器（如果你是托马斯·阿奎那的话，这精神武器尤为超群），可以应对这些智力难题。上帝是否真的不愿意人们思考呢？他是否真的想要人们在定睛于未来的情况下，戴着眼罩穿越地上之城呢？

第二个在巴黎的学校里闹得沸沸扬扬的、最具争议的问题是亚里士多德的自然观，以及他是如何观察和理解自然的。正如阿维洛伊说明的，亚里士多德对自然世界有非常大的兴趣。他认为这兴趣并没有任何错误的或不光彩的地方，并没有让灵魂处于受惩戒的危险境地。

亚里士多德的确不是基督徒，但他是一位哲学家。他观察世界的方式，是不是与上帝想要人们观察世界的方式完全相反了呢？

托马斯·阿奎那说道，无论是好是坏，人们把上帝之城和地上之城连接起来了。只要人类继续存在，他就生活在两种实在的连接处，"就像是在物质和精神的交界处"。其中一样会扬升，而另一样则下降，但只要人还是人（而不是纯粹的精神），这两种实在就会同时存在，为了得救，人们将必须同时应对和理解这两种实在。

现世或许值得谴责，但忽略现世的能量和意义则一定是错误的。有多少男女，就是因为他们错误地判断了现世生活的诱惑对人的影响力，进而遭到了惩罚呢？或许只有耶稣基督可以免于诱惑。但没有任何人能够做到忽略他所面对的一切事情——否则，教会为什么需要向人们传道并警示他们呢？

阿奎那说，人不仅有精神与自然（形式与质料、灵魂与肉体）的差别，人还是一个统一体。就像照镜子一样，镜像总是随人体的动作而动的——难道要身体停下了，灵魂才开始动起来吗？审视自己的思想。这个问题同样很难回答。

人生七十岁，肉体和灵魂就像一套天衣无缝的内衫一样套在人身上，简直堪称两个截然相反的事物能紧密结合在一起的奇迹。正因为二者结合在一起，就不可能有两种真理：一种是精神的，另一种是肉体的；或者说一种宗教的，另一种是自然的；抑或是一种上帝之城的，另一种则是地上之城的。此外，我们对现世人生了解甚多，而对永恒世界知之甚少。

这种观点被证明是**极度**危险的。1274年1月，阿奎那被传唤到里昂的一个法庭，回答关于他的观点的质问。虽然他并没有像阿伯拉尔那样被判刑，却也遭受了公开的斥责。他的自我辩护跟阿伯拉尔为自己的辩护大不一样。他说道，每个人都知道，他是一位虔诚的天主教徒，因此他的纯净信仰包括对神秘的上帝的信仰，没有上帝的帮助他自己完全无法理解它。但他没有否定真理的统一性，他们也没有强迫他这样做。

托马斯·阿奎那想要做的是一劳永逸地解决上帝之城和地上之城的所有问题，而这个问题已经横亘在神学思考的核心位置一千多年了。奥古斯丁视二者为永恒的冲突。阿奎那则试图让二者和平共处。实际上，他是想要为两座城撰写共同的、不具有内在冲突性的章程。他比以往任何人都努力地这样去做，他也是这个问题上最伟大的思想家。但他最终失败了，这是下一个世纪已经注定的事。

信仰对理性的皮洛士式胜利①

托马斯·阿奎那的努力遭到了两个不同思想派别的反对。一方面，宗教狂热者认为——他们至今依然相信——理性是自然的智慧之光，是对上帝和人之间真实的神秘约定的妨碍。正如神秘主义者布莱士·帕斯卡（1623—1662）所强调的，心灵世界自有其理，非理智所能企及。心会因为突如其来的信仰而感到狂喜，那么我们长久以来争论的是什么呢？这些思想家都不愿按照托马斯·阿奎那的思路那样，通过漫长的理性思考到达上帝的境界。

另一方面，即便在13世纪仍然有少数人认为，自然理性不一定必须屈服于上帝之城的规则。什么可以证明上帝的存在及上帝的律法必须被服从呢？我们显然缺乏证据。不过，很多证据证明世界是真实的，需要我们去认识它。托马斯·阿奎那生活的13世纪是欣欣向荣的和技术进步的世纪，早先的原始农业经济开始向商业化的市民社会转变。人们每天都学习那些让生活变得更美好的新事物。要拒绝历史的进步，回到过去黑暗的时代，简直是不可想象的。

托马斯·阿奎那的反对者同意一件事，即两种真理概念。对宗教狂热者来说，有一种至关重要的、上帝之城的真理和微不足道的、地上之城的真理。对自然主义者来说，却是从另一方面加以强调的。他们认为，尽管托马斯·阿奎那的睿智和名望出众，但对他的重视仍然太过了。而且，由于他在1274年左右就去世了，最终没能把两座城连接为一体，统一在某种不朽的政治之下，以避免他认为的两种真理的邪恶错误。

---

① 皮洛士式胜利（Pyrrhic Victory）是西方的一句谚语，意思是代价高昂、得不偿失的胜利。——译者注

处在 13、14 世纪之交，方济各派的"灵巧博士"邓斯·司各脱（1265—1308）预示了两种真理理论的胜利。邓斯·司各脱提出，上帝是绝对自由的，而绝对自由意味着没有理性的必然性。逻辑上的必然性必定是有必要性的才会如此，这是阿奎那的观点；而邓斯·司各脱则认为，上帝则无论如何不受此限制，更不用说受到人的思维的限制，人的理性不能决定上帝。

另一位方济各会神父奥卡姆的威廉（1300—1349）则阐释得更深远。他认为，唯一真实的事物是单一的实体，例如苹果或者一个人。普遍性并不存在，只是一个名称而已。此外，自然是由万事万物构成的，人的理性只能让人"遭遇到"事物。人推论出的所有东西都不具有有效性，因此，没有什么东西是普遍的。每样事物都自有其真理，只不过有的真理要比其他真理更重要，因为有的真理决定人是否得救，而有的真理只会让现世的肉身感到舒适而已。

这样一来，历史上最大的论战恢恢地结束了，而没有产生巨大的回响。此后的 3 个世纪，神学依然占据了知识上的统治地位。但它却在自己与人类理性之间筑起了一道高墙以维护自身，理性也不再跟神学相统一了。跟所有的墙一样，这堵高墙最终产生了与预期目的相反的效果。

在高墙之外，理性的支持者和对自然世界的研究能够自由地增强他们的力量，不受任何阻碍，甚至不为人知。最终，他们会冲破藩篱、扫除一切障碍。而我们的现代世界，忘掉了托马斯·阿奎那的警告，则完全抛弃了上帝之城，在精神世界的废墟上建立起一个新的地上之城。只有一个真理依然存在。那就是自然之真理，信仰则被它排除在外了。

但丁的舞蹈

中世纪是什么时候结束的呢？至少在 18 世纪的欧洲我们仍能找到很多中世纪的残余。另外，像阿伯拉尔和罗杰·培根之类的 11 世纪的人也是十分现代的。中世纪或许就是在 11 世纪到 18 世纪的某个时候结束的。

但丁选择了 1300 年，这一年正好是他开始创作伟大长诗《神曲》的标志性年份，也是天主教法定的禧年开始的年份。把这个年份当成中世纪的结束和文艺复兴的开始的标志，跟把其他年份当成标志一样合理，甚至比其他年份更准确。

但丁·阿利盖里的一生跟他的诗一样人尽皆知。1265年，但丁出生在佛罗伦萨，年轻时堕落不堪，所幸后来他遇到了贝阿特丽切（但丁第一次认识她时，她才七岁），她用她的榜样力量，尤其是她礼拜时圣洁的笑容把他拉回了正途。但她嫁给了另外一个男人，很年轻就去世了，留下但丁独活在人间，直到1321年在拉韦纳去世。不过，他从来没有忘记过她和她的微笑。他把他的《神曲》献给了贝阿特丽切，声称在作品中他对她说出了"没有哪个男人会对女人说的话"。在他这部宏大的戏剧中，她扮演了主角，引导他的灵魂接近上帝和那神秘幻境，并以此作为长诗的结尾。

《神曲》分为三部分：《地狱》《炼狱》和《天堂》。很多人只读过《地狱》，部分原因是《地狱》比《天堂》更有趣，因为它描述的更接近我们所知的世界。但丁的《天堂》或《天堂篇》也十分有趣，因为本章中我们提到过的很多人都是其中的某个角色，甚至有些还是其中的主角。事实上，是圣伯纳德让但丁认识到圣母玛利亚，这让他最终走向了上帝。

在《天堂》的第十章里，在诗人维吉尔的引导下，但丁穿越了地狱和炼狱；现在，在贝阿特丽切的引导下，他进入了天堂，进入太阳的核心。这里到处沐浴着智慧的耀眼光芒，他仍辨认出了更耀眼的闪光点，在他的眼中熠熠生辉。这光芒开始游动，围绕着他和贝阿特丽切形成了光环，开始了缓慢而优美的舞蹈。这光环环绕着他们转了三圈，最后停止下来，屏住呼吸、静静等待，"就像还没有停止舞蹈的女士那样，只是停下来静静聆听，直到她们再次听出新奏的乐章"。

其中的一束光开口说话，但丁用他内在的、思维的耳朵细听它说话。这精灵向他介绍托马斯·阿奎那，并一一向他指出，环绕在他身边的有艾尔伯图斯·麦格努斯、彼得·隆巴德、所罗门、伪狄奥尼索斯、波爱修以及其他诸人。

这些人都是伟大的神学家，阿奎那或多或少都跟他们有神学问题上的冲突，但现在他们的所有冲突都解决了。但丁让我们用心倾听那小小铃铛奏出的和谐旋律，这旋律唤醒了黎明中的修道院，召唤着当天第一个虔诚的祈祷者，他们的灵魂充满爱。于是，伴随着最伟大的神学家的威严与慈悲，"伴随着永恒之外无处可寻的和谐与美妙"，光轮再次旋转起来。

由于在一次历史性的政治叛乱中站错了队，但丁被判处死刑，但没有真正执行。被驱逐出佛罗伦萨的但丁最后25年是在被流放和驱离中度过的。他的一生几乎没有真正的和谐与美妙可言。

不过，只要我们一读他的作品，我们就能深深感受到他对天堂的和谐与宁静的渴望如此之深、如此热烈。这是基督徒的一种高贵渴望。1300年是罗马天主教法定的禧年开始的年份，到处都在庆祝基督耶稣做成救恩的日子，而经过了近代的变革，在公众的意识中，耶稣的母亲因为诞育了耶稣，从一个普通妇人变得接近于圣三位一体。如果在现实生活中不可能的话，那么也可以在诗歌中发生。

就这样，中世纪同时在辉煌的显赫和惨淡的失败中结束了。但丁是上帝占绝对统治的这一千年来一切事物的巅峰。尽管在《神曲》中运用了比喻、象征和神秘主义的描述方法，但他关于宇宙结构的幻象是理性与信仰相统一的产物，而这个作品竟然十分有趣。

不过，在崭新的、充满生机的14世纪，这些东西再也没能有效地结合在一起。随着但丁的去世，他的幻象已经褪色，虽然在今后的几个世纪里，对它的记忆依然会激发人们的灵感。

跟乌托邦一样，中世纪试图做到的只是一次伟大的试验，人们却还没有准备好让这次试验获得成功。人们惊异于这个建基于神圣的和谐与宁静之上的神权国家竟能如此长久地维持下去。这次试验是在人类历史上一个罕见的时期进行的，除非再发生一次罗马帝国灭亡这样的社会大变动，否则绝不可能重演。这次试验基于这样的假设，即上帝为了人类真正和持续不断的益处统治着这个世界。对那伟大的、失败了的试验的记忆，至今依然伴随着我们，挥之不去。这记忆中的有些部分，或者说很大一部分在引诱我们再次去试验它。

第六章 "文艺复兴"复兴了什么？

在《炼狱》第十章里，但丁在维吉尔的引导下进入了炼狱的第一层——骄傲者之层。在这里，生前犯了骄傲罪的人要通过观察周围谦卑的人才能被赦免其罪。他们不厌其烦地环行在他们必须攀爬上去的大山脚下，路过一幅又一幅雕刻在巨石墙上的行善传道得救图。

但丁详细描述了四幅图。第一幅，是大天使加百列，他服从上帝的指令，心中充满崇敬之情，正在跟圣母打招呼："嗨，玛利亚！万福！"这是基督教历史上最著名的致敬第二幅，是圣母玛利亚正谦逊地回应着加百列的致意，她说道："我是主的使女！"第三幅，大卫王赤裸着双腿，在约柜前虔诚地载歌载舞、手舞足蹈。他骄傲的妻子米甲正从高高的窗户上往下看，满脸轻蔑地嘲笑他。第四幅，罗马皇帝图拉真恭顺地聆听一位贫穷寡妇的请求，她抓着他坐骑的辔头，恳求他先于他自己的事务完成她的请求。

这四幅图的象征意义已经很明确了。然而但丁在他这堂道德课上还加上了一些艺术化的批评。"这些雕刻都'如此精妙'，"他说，"这不仅使波利克利托斯，还使大自然在它们面前都相形见绌了。"波利克利托斯是但丁所知的最具名望的希腊艺术雕刻家。但丁认为他所看到的墙上的雕刻要比波利克利托斯的作品还要精美。它们甚至比大自然的鬼斧神工还要伟大，它们比现实更真实。

但丁生活在十三、十四世纪之交。那时候，哥特式雕刻从北欧传入意大利，使所有艺术形式都为之一振。哥特式雕刻家的宗教主题的雕刻作品尤其强调写实性，这种新的写实性倾向很快战胜了抽象的、象征主义的拜占庭风格，后者先前曾在意大利的绝大部分地方占据统治地位。

比萨和佛罗伦萨的雕刻家开始模仿哥特式风格。但丁的朋友和老乡乔托（约

1270—1317）所画的壁画就具有一种全新的写实性和生动性。但丁自己很擅长这种"令人耳目一新的新形式"，在写作诗篇时他特别关注真实的、即便是很平凡的人们的体验。（在《炼狱》中，但丁提到乔托时说，"在绘画上，奇马布埃想要坚持己见，但现在乔托已经大受欢迎，因此前者的命运已然黯淡了。"）

绘画的新风格：透视画法

写实地描画现实中普通人的生活和行动不是艺术唯一的功能，也不是但丁生活的年代艺术的传统功能。即便是在14世纪，也有很多艺术家反对这种新生的艺术形式。特别是锡耶纳画派学校里的画家，仍旧坚持创作具有典型拜占庭风格的作品，表现出人物宁静的、风格化的面孔和体格，以及明显的宗教象征主义风格。因此，我们很少认为14世纪的锡耶纳画派作家是属于意大利文艺复兴的范围的。他们的确是伟大的画家，但他们不是文艺复兴派画家。

随着文艺复兴在欧洲迅速蔓延开，它在各地都催生了一种新的艺术形式，强调写实、自然和逼真。创作的主题仍然沿袭了旧时拜占庭的象征主义风格：圣母领报、十字架上的耶稣、耶稣之死、迦南的婚礼之类的。然而，现在人们开始反思观察者的世界及其结果，用一种全新的方式表达出自己的情感和让自己感动的事物。

乔托本人是一位精于绘画者，但他并不是一个彻底文艺复兴派画家，他的画法跟十五世纪（意大利人称为"意大利艺术和文学史的十五世纪"）佛罗伦萨画派画家的透视画法并不相同。由于透视画法潜在价值的发现，人们创作了很多我们熟知的作品，比我们对乔托的作品要熟悉得多（更不用说奇马布埃的作品了），而且这些作品看起来更具有"文艺复兴的风格"。乔托和但丁去世后的15世纪，透视画法让画家们有更充分强调写实性的机会，让欣赏画作的人更有代入感。

15世纪，锡耶纳画派依然拒绝透视画法。最后，他们让步了，意大利的（更准确地说，是佛罗伦萨的）文艺复兴风格最终占据主导地位，自此以后还统率了欧洲画坛300余年。直到19世纪末，就像当初文艺复兴画派的创新那样，法国画家们又开始尝试另一种新的风格。

让我们确定一下我们已经理解了透视画法的含义。透视画法是说，画面上纵深方向的直线（通常是想象中的直线）汇聚在所谓的消失点上，通常是在画面的纵深处（通常处于水平线的中心位置）。这能让看画的人产生一种实景观察的印象。

事实上，这是运用透视画法的线条交错，使观察者的眼睛看到消失的或聚拢的效果。因此观察者的目光转移到他看到的事物上，就像光线从固定位置的灯（或太阳）里发射出来一样。是观察者自己的想象独一无二地构成了关于这幅画的意象。

在此之前，从来没有人在任何艺术形式中运用过这种技法。同样地，除了西方人的艺术（或者是那种深受西方艺术影响，以至于已经完全丧失了自身特殊性的艺术）以外，也没有其他地方的任何艺术形式曾使用过这种技法。即便是在西方艺术中，透视画法也不是经常被使用的。1900年左右，法国的野兽派画家打破了透视画法的模式，立体派则把画面碎片化，从此以后再没有任何派生的画派能够重新回到透视画法的传统模式上。

现代艺术作品质疑采用了透视画法的文艺复兴作品是否真正创造了更伟大的写实性和逼真效果，尽管但丁是这样认为的。无论如何，照相机要比受过透视画法训练的艺术家们做得更好。然而，尽管照相机的确做到了某种写实的还原，但它永远不能做到画作能够做到的某些其他事情，而这正好是文艺复兴画作能够做到的。

宇宙中的人

我们可能会说（用后世才有的术语），透视画法这种新的艺术形式表现出某种根本性的不同，以及人在宇宙中、在世界图景中的新位置和新角色。前文艺复兴的艺术作品描绘的场景不是从观看者这个普通人的视角出发的，而是从上帝的视角出发的、从无限远处看过来的。也就是说，与圣像雕塑、画像或宗教思想相比，空间和时间两方面都变得相对虚无，因为前者是内在的而不是一种外在的意象。

锡耶纳派选择了拒斥透视画法，因为他们想保持这种内在的意象，或者说他们不想失去精神性，因为他们认为佛罗伦萨派是失掉了精神性的。佛罗伦萨派情愿放弃内在的意象，因为他们想要他们的艺术表现出另外一些东西，即人在世界上的地位，而这就无可避免地意味着要表现世界上除了宗教地位之外的其他一些东西。

15世纪最伟大的文艺复兴画作之一，是伟大的画家之一皮耶罗·德拉·弗朗切斯卡（1420—1492）的作品，他展现了这种新的意象。虽然出生在圣塞波尔克罗，但皮耶罗却于15世纪40年代是在佛罗伦萨学会绘画的，从本质上说他是佛罗伦萨派的。在乌尔比诺，在菲德烈克公爵的资助下，他创作出了他成熟时期的最佳作品，其中就有最著名的《鞭打基督》，这让他在近500年来一直受到奚落和令人沮丧的批评。

此外，这幅绘画采用的是透视画法，就像皮耶罗的每幅画那样。（他是一位几何学大师，却在这个主题上写了错误的论文。）这幅绘画可以分为两个部分。画面的左手边是背景部分，在接近透视画法所说的消失点的地方，是耶稣瘦小而凄苦的形象，他被绑缚在一根立柱上，罗马士兵正高举起皮鞭在鞭打他。画面的右手边是前景部分，使用了鲜亮的色彩，画着三位文艺复兴时期的纨绔子弟，正站着相互交谈（在谈什么呢？金钱还是女人？）他们并不关心在身后上演的戏剧。他们的眼光避开了正在受难的上帝之子，显然他们也没有听到他的呻吟或鞭子挥舞的啸叫声。

皮耶罗并不是无神论者或异教徒。似乎直到去世他都是一名虔诚的基督徒。他在圣塞波尔克罗创作的《基督复活》是所有此类绘画主题中最激动人心的作品。因此，我们不能认为他是偶然地在乌尔比诺画出了《鞭打基督》这幅画，而是他认为**应该**这样来表现事物，也就是说将宗教作为背景，而把更多世俗的主题放到前景当中来。

然而，这幅画并没有表现出世俗事务具有更高的价值。基督受难虽然没有被人们遗忘，但也变得近乎荒谬的不再重要了。当下重要的是年轻、美貌、华服、金钱和世俗的成功（这当然是观察者的视角来看的）。与写实性、自然论或逼真性相比，这种信念更处于文艺复兴式艺术的最核心地位。

罗马人，以及罗马人之前的希腊人就是这样认识世界的。他们也喜爱年轻和美貌，健康和财富。中世纪则转移了这个爱好中心。现在人们又开始回到这个旧时的关注焦点上来了。文艺复兴是很多事物的重生，但价值核心始终都是如一的。

古典知识的复兴：彼特拉克

如果一定要给文艺复兴的开始定一个准确的日期，那可能就是1304年7月20日。这一天是弗朗西斯科·彼特拉克的生日，他在阿雷佐看到了文艺复兴之光，但在其后的日子里，他更愿意把自己看作一个佛罗伦萨人、一个意大利人和一个世界人。他的父亲为了更接近教皇教廷搬到了阿维尼翁，他在那里接受了教育，彼特拉克终其一生都在努力自学。1374年7月19日早晨，人们发现他已经离世，他的头还靠在一本维吉尔的著作上，此前他一直在为这本书作注疏。

据彼特拉克的记载，他生命中最重要的事是1327年4月6日，他在教堂碰到了一位只知道名字叫劳拉的女人。那时他只有22岁。显然他跟劳拉并没有发生任何私情，但他对劳拉的爱一直持续了终生。他最好的诗歌都与她有关：歌颂她的美丽与可爱；他爱慕她，而这种爱慕激发了他的灵感；以及后来他发现自己错爱了她，爱她的人超过了爱她的精神。劳拉可能是1348年4月6日去世的，正好是他们第一次见面的21周年纪念日。

无数人曾试图去确认是不是真的有过这么一个彼特拉克深爱过的女人（不管她是不是叫劳拉，因为"劳拉"Laura这个词在拉丁文中有"名声"的意思）。但最终没人能够如愿，至今人们都怀疑她是否真实存在过。彼特拉克深知但丁对贝阿特丽切（这是个历史上真正存在过的女人）的爱恋的力量，以及她是如何激发了他创作不朽诗篇的灵感。因此，彼特拉克也能凭空虚构一位劳拉，并通过自己的创作坠入爱河（至少可以像对缪斯女神的爱那样）。

要谴责彼特拉克或许对他并不公平，毕竟在那个年代，他不过是创造出劳拉进行炒作，然后花一生的时间用文学创作的方式来追求她。任何人都不必为此谴责他。重要的是，我们得承认他有能力创造出这个形象，因为他是一位技艺娴熟的炒作者，擅长捧红自己和其他更伟大的事物。而且，如果他想要把自己当作但丁的后继者，创造出劳拉自然不失为一个很好的办法。

彼特拉克还希望被人们当作人类思想第一次伟大繁盛期的后继者。年轻时候他就痴迷于希腊、罗马以及其他一千年前就已经消失的文明留下的古典知识。他尽自己的全力，致力于复兴和再现这些文明。因此，他更愿意把自己看作一个再次获得了新生的古罗马人，他最大的愿望就是促成希腊和罗马的重生。

35岁时，彼特拉克已经是欧洲最著名的学者之一了，这在很大程度上要归功于他的伟大学识，部分原因则是他具有某种不可思议的能力，可以恰如其分地把自己的天分和成就展现在恰当人的面前，成功地引起他们的注意。1340年，他发现自己面前有两个职位的邀请可供选择：是在巴黎做桂冠诗人或是在罗马做桂冠诗人。他自己设法促成了这两个邀请，而最终他选择了罗马。1341年4月8日，他在首都罗马被授予桂冠诗人的称号。（他可能更愿意在4月6日，即他遇见劳拉的纪念日，但有些事情推迟了授冠仪式的举行。）事后，他把自己的桂冠放在圣彼得大教堂的长方形基督教堂中圣徒伯多禄的坟墓之上，让这个事件更具纪念意义，也强调即便他是一位重生的古罗马人，但依然是基督徒。

发明文艺复兴：薄伽丘

1313年，乔万尼·薄伽丘生于巴黎，由于他的父亲是佛罗伦萨人，因此在后来的年月里他也被认为是佛罗伦萨人。跟彼特拉克一样，他也被家庭设定经商或从事法律的职业。还跟彼特拉克一样，他设法自学，最终成了成功的作家。

他在那不勒斯生活了几年，那里是宫廷诗的中心。他同样陷入了一段无望的风流韵事中，这次是和一个他称作菲亚美达（意思是"小火苗"）的年轻女人，我们差不多可以肯定这是他虚构出来的女人。1348年，他从瘟疫流行的佛罗伦萨退休，住在乡下一间村屋里开始创作《十日谈》，这是一部精彩的系列故事集。

在我们看来，薄伽丘生命中的伟大事件也是彼特拉克生命中的重要事件——

1350年，他们在佛罗伦萨会面了。那时，彼特拉克46岁，薄伽丘37岁。薄伽丘已经写了一本赞誉彼特拉克的书，但更可能是两人精神上的高度相似性让他们聚在一起，让他们很快成为朋友并共同创作，这个友谊与合作一直持续到24年后彼特拉克去世为止，他们的合作造就了文艺复兴。

为了让古典重生，彼特拉克和薄伽丘都意识到，他们必须能自己阅读古典著作。对他们来说，阅读古典拉丁文是轻而易举的；问题是如何找到相应的文本，而很多文本都只有名字留存下来。彼特拉克相当确信，而且他还说服薄伽丘，认为很多名著的文本一定被藏在某个修道院的图书馆的某个地方，只是已经被人们遗忘了而已。他们游历了南欧，翻阅所有档案馆，查遍所有古代典籍。就这样，彼特拉克发现了一些西塞罗的书信。在此之前，人们认为这些书信确已永久遗失了。

古希腊语则要另当别论。彼特拉克不知道谁懂古希腊语，而且他努力自学古希腊语也是徒劳无功的。他跟薄伽丘承认了这件伤心事，最终薄伽丘在一位名叫莱昂佐·彼拉图的人的帮助下，全身心地投入古希腊语学习中。彼拉图在薄伽丘的鼓动下在佛罗伦萨大学充任"希腊文阅读者"。

彼拉图在拜占庭生活过一段时间，那里有很多人依然认识古希腊语，而且还能找到很多荷马及其他古希腊作者的作品抄本。彼拉图的希腊语知识已经足够粗略地把《伊利亚特》和《奥德赛》翻译为拉丁语。他是第一个翻译这两部史诗的人，在此之前，人们只是知道有这样一些最伟大的文学作品存在，甚至连这些也都是从古拉丁语的故事概要中得知的。

薄伽丘学了一点希腊语，而当他把彼拉图和他的《伊利亚特》译作介绍给彼特拉克看时，彼特拉克拜倒在两位来访者面前，十分惭愧于自己的盛名，感激他们带来的伟大礼物。因此，在1361年，人文主义学者开始了对古希腊的研究，此后这一研究持续了三百多年。

把自己当作古罗马人的彼特拉克的很多著作都是用拉丁语写作的。虽然跟后来用拉丁语写作的人文主义者相比，彼特拉克的拉丁语并不那么优美，但却也十分不错，因为前者有更多机会学习经典拉丁语作者的作品。但是，彼特拉克的《歌集》（又译为《韵辞》，主要是他对劳拉的爱情诗）则是用意大利语写作的。

他之所以选择用更平实或者说更通俗的意大利语来写作《歌集》，有两个原因。其一，但丁关于贝阿特丽切的诗歌集《新生》是用意大利语写作的。他的《神曲》也是用意大利语创作的。其二，彼特拉克复兴古典学术的愿望并不必然要求他用古典语言来写作。阅读是一回事，写作则是另一回事，而且彼特拉克深知，要吸引更多的读者，他必须用本地语言来写作。他还希望能把日常语言（即意大利语）提升到非常优美的水平，甚至可以与黄金时代标准的拉丁文相媲美。基于同样的原因，薄伽丘所有的主要作品都是用意大利语写作的，包括《爱的摧残》（乔叟的《托爱乐斯与克莱西达》的故事蓝本）和《十日谈》；《十日谈》是用典型的意大利散文格式创作的。

在会面时，彼特拉克和薄伽丘谈论着古典学问的复兴，描绘着成功的蓝图。他们急切地把自己的想法告诉所有愿意倾听的人们，甚至一次又一次地向教皇讲述他们的想法，后来教皇聘请他们二人担任外交官职务，并由此大大增加了他们的经济收入。他们也成功地赢得了很多人的注意。

但并不是所有人都注意到了他们。要复兴古代的学问比他们预想的要困难得多。1373年10月，薄伽丘开设了一门课程，在佛罗伦萨的圣斯特法诺教堂公开讲授《十日谈》。他一边朗读一边为其注解，向大部分目不识丁的普通听众解释其中的含义以及但丁写作的目的。

幸运的是，修订过的注解文本留存下来了。这个注解文本写到《地狱篇》第十七章时已经是1374年，那时薄伽丘因为健康原因中止了这个课程。课程中止的原因不仅是他的身体虚弱，还包括他让大众知晓并理解但丁的计划，遭到了其他学者的强烈谴责，这让他意志消沉、心灰意冷。彼特拉克去世后的一段时间里，他更是心碎欲绝。彼特拉克去世仅仅18个月之后，薄伽丘也在切塔尔多的家中去世。那些热爱他和彼特拉克的人、那些理解他们愿望的人前去表达了他们最大的哀思，并称现在所有的诗歌都已经成为绝唱了。

文艺复兴人

"文艺复兴人"这个词是指具有多种多样才艺的人。文艺复兴人既不是专家也不是行家。在现代知识体系中，他对"所有事情"的任何方面都知道一点点，而不是只知道"所有事情"中的某一个小部分。这个词在本质上是具有讽刺意味的，因为通常来说现实中没有人能够真正做到像"文艺复兴人"那样多才多艺，因为知识是如此复杂，没有人能够掌握全部知识，或者是大部分知识。

那么是否曾经真有过这么一位"文艺复兴人"呢？或者说在文艺复兴时期有没有这样的人呢？答案是没有。原因看起来可能会让人大吃一惊。今天的知识并不比15世纪的更复杂，也就是说，15世纪的知识就跟今天的知识一样复杂了。当时，没有人能够对所有事情都全知全能，就像今天也没有人能做到一样。

这并不意味着文艺复兴时期的人已经知道我们今天所了解的全部知识。一方面，我们知道很多他们不明白的东西；另一方面，他们也知道很多我们不懂的事情。比如说，他们的神学知识就要丰富得多，他们把神学当作一门科学，跟我们相比起来他们对神学无比严肃认真。从整体来看，他们是更好的哲学家，因为跟我们相比，他们将哲学思想看待得更高尚。他们的文献学知识即便不比我们高明，跟我们也是完全不同的。他们认为有一些需要详细研究的一般学科领域，还认为最伟大的思想家就应当全力研究这些内容。

在某个一般知识领域，我们的知识要远远超过文艺复兴时期的人。我们了解的关于自然运转方式的知识，要比当时的人多得多。文艺复兴时期的人们才刚刚开始意识到这个领域的知识既有价值又重要。近5个世纪以来，我们一直专注于此，甚至几乎排除了其他任何知识，因此我们能远远领先于文艺复兴时期的人也就不足为奇了。在很多他们认为比自然科学更重要的学科，我们则十分落后于他们，这同样也就不值得大惊小怪了。

以上的说法并不是出于支持他们对学科的优先级。跟每个现代人一样，我倾向于相信我们对自然科学的偏爱和对神学知识（如果可以这样简单地区分自然科学和神学知识的话）的偏离是正确的。总体而言，由于我们强调自然科学，因此，我们今天要比文艺复兴时期的人过得更好，活得更长、更健康、更舒适。

有个关键问题是要纠正一个根本的误会，是关于文艺复兴时期对"文艺复兴人"的理解。正如我所说，按照我们曲解了的意思来看的话，根本没有所谓的"文艺复兴人"存在。但如果从这个词的另一种含义上说，就的确有这样出类拔萃的人，不仅是在文艺复兴时期，而且在古典时期，甚至可能在近代也有这样的人。我们甚至该拷问下，在当今时代是不是真的不可能出现文艺复兴式的人物。

鉴于有这么多想法，我们可以追溯到亚里士多德。在《论动物部分》开始的致辞里，他谈到了将要进行的研究。他说得既简单又深刻：

> 任何系统的科学，无论其是最卑微的还是最高贵的，似乎都要具备两种不同的专业技能：其中一种或可以称为此学科的科学知识，另一种则是熟知运用其进行教育的方法。因为在某个教授阐述自己的某种观点时，一个受过教育的人应该能够不假思索地判断出这个教授方法是好的还是坏的。我们认为受过通识教育的人应当具有这种批判能力。事实上，接受过通识教育就意味着能做到这一点。此外，应当明白的是，我们只认为那些接受了通识教育的人能够对所有的或绝大部分知识领域都具有批判能力，而不是仅仅局限于某些特定学科。因为对一个人而言，更可能只拥有某个分支学科的知识，而不是掌握全部知识。

这段著名的话，对我们和对文艺复兴时期的人来说都同样意义非凡且十分有用，可能需要我们做进一步的解释，以便大家能更全面地理解它。首先，要区分具有关于某学科的"科学知识"和"通识性知识"。在这里"科学知识"是指专家掌握的特定领域的知识，不仅需要掌握这个领域的一般原理和结论，还要对其中的所有细节成果都有所了解。正如古代医学家希波克拉底所说，"生命短暂，艺术永存"。也就是说，没有哪个人奢求在短暂的一生中能够掌握全部的"科学知识"，通晓所有知识领域的一切事情或是所有的知识门类。恰如亚里士多德暗示的，在他那个年代这的确是事实；在我们这个时代，也是同样的道理。

亚里士多德所说的一个学科的"通识教育"是指什么呢？这是指在某个学科方面一个人掌握的可以通行于其他学科的知识和价值观，而不仅仅是细节知识和特定的成果与结论。这种人在这一学科领域是具有"批判力"的。用现代词汇来说，这意味着他能够区分某个学科领域的常识和非常识。某一领域的"教授"即是专家、行家。但亚里士多德承认，这种"教授"可能并不像你所认为的那么真实可靠。而一个有"通识性知识"的人则能够分辨这一领域的内容是不是真实的。

亚里士多德认为，"接受过通识教育就意味着能做到这一点"。也就是说，只有当一个人对许多自然科学领域的知识都具有"批判"能力时，才能说他是受过教育的——只要他能区分常识和非常识，即便他不是这个知识领域的专家。这是多么独特的观点啊！而这跟我们现在所说的受过教育的概念又是多么不同啊！

最后，一个受过"通识教育"的人——恰恰就是我们所说的"文艺复兴人"——则是一个能对所有或绝大部分知识的分支都具有"批判能力"的人。这种人只是对某些具体的学科没有"批判能力"而已，但他已经掌握了对所有或者绝大部分学科的批判能力。

在上面的那段引文之后，亚里士多德紧接着提出了一系列今天我们称为生物学或动物学的一般方法论原则，用以指导对动物的解剖、繁殖和一般行为进行研究。接下来，他为我们阐述了他和其他人进行的特殊研究，主要是研究不同种类动物的行为模式。他对不同种类动物行为模式的研究有些是正确的，但也有一部分是不可信的。比方说，他提出"大脑与感觉器官没有连续性"，或者说大脑的作用是"调和并活跃心脏"，这些观点我们已经不再相信了。亚里士多德之所以得出这样的结论，是基于他对一般动物生命的观察。但这是一个错误的推定。如果亚里士多德能掌握更多的科学方法，那么他或许不会这么容易得出这样的结论。尽管如此，他早期关于科学方法论原则的论述绝大部分仍是正确的。

因为他知道如何进行科学研究，所以他能对所有的科学门类都具有"批判性"，也就是说，他能够看出，一位某学科的"教授"是不是根据他研究的现象，得出了一个"合适的"结论。他本人就是在如此广泛的知识领域都"受过教育"。亚里士多德还熟悉其他很多领域的研究方法，从伦理学到政治学、从修辞学到诗学、从物理学到形而上学等。他可以理所当然地称得上他那个时代对所有或绝大部分知识领域都有"通识性知识"的人。不过，他在很多领域都算不上是"教授"或者专家、行家之类的。或许只在逻辑学以及他称为形而上学或"第一哲学"的领域他算得上是专家。

无论如何，亚里士多德都是当之无愧的"文艺复兴人"。我们也不能剥夺其他一些希腊思想家的这个称号，例如德谟克利特和柏拉图，他们不仅是当时首屈一指的哲学家，还是数一数二的数学家。

文艺复兴人：达·芬奇、米兰多拉、培根

列奥纳多·达·芬奇（1452—1519）出生在芬奇镇，一个临近佛罗伦萨的小镇。他是个私生子，父亲是佛罗伦萨的富人，母亲是一位农家女，曾与一位艺术家有过短暂的婚姻。达·芬奇在父亲的家族里长大，他自幼拜画家韦罗基奥和安东尼奥·波拉约洛为师，20岁时他就被佛罗伦萨画家同业公会吸纳为会员。他的一幅很小规模的作品为他赢得了盛名。至今，我们只能找到17幅可以说是他的作品，其余的都是未完成的画作。不过，其中有两三幅称得上世界名画：在米兰的《最后的晚餐》，在卢浮宫的《蒙娜丽莎》和《圣安娜与圣母子》。即便是他的未完成画作，也对他同时代的人和其后两个世纪的其他伟大画家都产生了深远的影响，例如伦勃朗和鲁本斯。如果不做点什么惊天动地的新鲜事出来，达·芬奇很难拿起画笔作画，而且他作画的时候周围总是围满了学生。

虽然绘画也让他着迷，但这并不是精力异常充沛的达·芬奇的核心工作。绘画只是他的一种社交手段，用来表现自己掌握的关于这个世界的渊博知识。正如他所说，知识只需要通过眼观便可获得了。他说，秘诀在于"知道如何去看"。达·芬奇意识中穷尽一切和高度集中的观察力是无可比拟的。他留下了数以千计联系密切的手稿，几乎涉及我们可以想象的所有领域，而且大多数都是图文并茂的。内容包括从解剖学到建筑学、从动物到天使，甚至是"世界末日的景象"，他试图用速写来描绘他关于自然力的想象，这是只在他的想象中存在、其他人从来没有看到过的统一体。

尽管达·芬奇活了近70岁，有着不可比拟的好机会，以及从不间断地工作的好习惯，但直到他去世为止，他着手的所有浩大工程几乎都没能完成。批评家认为这要归咎于他思想总是处于狂怒的碎片化状态。

我并不认为这是达·芬奇的问题，倒不如说他误解了亚里士多德式的"接受过通识教育"。他不是追求成为对每个学科都具有批判能力的人，而是想成为所有专业的专家。他的头脑里满是建筑学和工程设计学、阿尔诺河改道工程、浇铸最大的骑马者雕塑、建造一个飞行器等方面的知识。他从不满足于了解事物的原理，而是希望制造出想象到的任何事物，但他除了把它们画出来之外却无法做到其他更多的事，这让他焦躁得发狂。这种狂躁感一直激发着他的想象力。

直到最近，随着人们在欧洲各地的图书馆里发现越来越多被密藏起来的达·芬奇笔记和手稿，他思想本质上的统一性才显现出来。虽然接受的是学院派教育，而且受到亚里士多德派和他们对自然的理解影响很深，但达·芬奇发现了很多亚里士多德派从未知晓的事情。他发现，停滞和静止并不是宇宙的最高原则，运动和力才是。如果一个人知道力是什么，并知道力作用的所有事物：动物和人体的形态、树的造型以及妇女的面庞、建筑物和山峦的构造、河流的航道以及海岸线的轮廓等，那么他就能理解一切事物。

达·芬奇并没有很多关于力或能量的知识，以完成他的想象。但直到他去世，他都仍在追寻一个最终的综合体。他身后留下了一大堆未完成的工作。他是一种新型的"文艺复兴人"，是新世界里失败的亚里士多德。

皮科·德拉·米兰多拉的一生很短暂。1463年，他出生在费拉拉公爵家族，比达·芬奇小11岁，年仅31岁就在佛罗伦萨去世了。但他显示出了对研究和知晓所有事情的无尽欲望，并在定义今天我们使用的词汇上颇有成就。米兰多拉是杰出的文艺复兴人，虽然他最终失败了。

米兰多拉在父亲家族里接受了人文主义教育。他在帕多瓦学习亚里士多德派哲学，在博洛尼亚学习教会法——关于教会的法律，还在20岁前学会了希伯来语、阿拉姆语和阿拉伯语。米兰多拉被认为是继承了"柏拉图的蜂蜜嘴"——这是文艺复兴时期的新柏拉图主义者马尔西利奥·费奇诺提出的思想，被赫尔曼·梅尔维尔描述为哲学家具有魔幻色彩的感性诡计，但他也很熟悉希伯来的卡巴拉教，并第一个使用卡巴拉教的教义来支撑基督教神学。

23岁时，米兰多拉相信自己在学问上可以跟所有在世的人相提并论了。1486年，他挑起了一次严峻的挑战，或许这也是历史上无与伦比的一次挑战。他提出要为九百个论题辩护，这些命题是从无数希腊、拉丁、希伯来和阿拉伯作者的作品中抽取的，他还邀请了全欧洲的学者到罗马跟他公开辩论。

这场公开的思想斗争最终没能进行。这对米兰多拉来说是很不幸的，或许对后世子孙而言也是如此，米兰多拉的辩论题目清单引起了梵蒂冈教会的注意，他们认为其中的13个题目是异端邪说。米兰多拉大为震惊，立即发表声明改变立场。但这仍没能让他逃过牢狱之灾，他还是被短暂地关押了起来。被释放后他居住在佛罗伦萨，娇养着他智慧的自负，并写作了一篇举世瞩目的论文，后来被公开发表，这就是《论人的尊严》。这篇简短却慷慨激昂的论文是对古代普罗泰戈拉名言的扩展注释："人是万物的尺度。"米兰多拉暗示，人是宇宙的精神核心，或者说人是一个核心，而上帝是另一个核心。这在一个世纪之前绝对是异端邪说，但在他那个时代却没有引起太多的注意，而且，他在1492年那不寻常的一年被赦免了其异端思想罪。

米兰多拉能辩护好他列举的所有论题吗？或许他不能，今天很多人也做不到（即便这些命题各不相同，而且他们当然无法为所有论题辩护）。但米兰多拉敢于提出这种尝试，并挑战世界的所有学者。这对一个年仅23岁的年轻人来说无疑是一种傲慢举动。尽管注定会失败，但这仍是一个"文艺复兴人"会毫不迟疑就做的事。

可怜的米兰多拉在1494年就去世了。米兰多拉逝世仅60年之后，即1561年2月，弗朗西斯·培根在伦敦出生。这时候，发源于意大利的文艺复兴不可阻挡地传播到了北欧。虽然培根在剑桥求学时，剑桥依然是亚里士多德派经院哲学的堡垒，但也有了能容纳一些新的自然哲学的些微迹象和传言，这让培根的后半生都痴迷于此。

培根是一位政治家，他先是服务于伊丽莎白女王，后服务于国王詹姆士一世。他总是不知疲倦为他的君主劳作。后人认为，即便在那些最艰难的时代，他仍然相当肆无忌惮。1621年，他的政敌最终抓到他的把柄。他被指控在担任大法官期间收受贿赂，被判有罪，并被判了大笔罚金和终身监禁。但他很快从伦敦塔监狱被释放出来，只是从此不能再涉足政坛。正是在退出公共事务的这段时间，他才创作了大量的理论著述。

他终其一生都在写作散文，其中充满了精练的智慧与朴实的魅力，是他最受欢迎的作品。然而，《学术的进展》（1605年出版英文的第一版；1623年出版拉丁文的第二版）和《新工具》（1620）却是他对知识领域最重要的贡献。培根虽然有污点，但他的著作揭示了文艺复兴人的思想。

培根曾自诩道："知识就是我的力量。"表面来看，这是他作为一个"文艺复兴人"的宣言。那么他到底是什么意思呢？这句自夸本质上说是亚里士多德式的；也就是说，培根并不是任何学科的专家（虽然他是个成功的政治家），我们甚至没觉出他的确知道任何自然科学研究应当如何进行，并由此可以支持他对自己的断言，即他是一个接受过当时所有知识门类"通识教育"的人。但他也强烈反对亚里士多德关于自然科学推理的方法论，坚持认为这种所谓的演绎法是死路一条。他显然更偏向于自己的归纳法。

虽然现在坚持二者的差别并不具有多少实用价值，但至少还是很有趣的。在培根看来，演绎法之所以会失败，是因为追寻知识的人根据某些直觉的假设推理，得出关于现实世界的结论，这种结论在逻辑上或许是正确的，但却无法在自然界中真正奏效。而归纳法之所以成功，是因为自然学科的学生是通过培根所谓的"智慧的阶梯"，从最仔细也是最低微的观察开始研究，最后得出一般结论的。而且这个结论一定是正确的，因为它是在经验的基础之上得来的。

现在人们已经意识到，自然科学的方法要将演绎法和归纳法结合起来。科学家不能在没有任何预设的前提下进行研究。但如果他不能在自然中检验他的推理，也注定会出错；自然才是命题是否真实的最终判决者。如果仅从揭示了只运用某一种方法而排除另一种方法必定会犯错这个角度来看，培根的分析的确大有裨益。而且他强调经验，强调要亲自参与到对自然的探索当中，这在当时来说是十分重要的，因为当时很多专家都抛弃了这种亲身的实践。

具有讽刺意味的是，培根之死正是由于一次简单的试验。1626年3月，在驱车去往海格公墓的途中，他突然决定要做一个实验，以证明低温能延缓肉类的腐败。他从马车上下来，买了一只鸡，把雪填满在鸡肚子里。这次试验结果如何我们不得而知（当然培根的猜测是正确的），但培根却因此感染了严重风寒，几个星期后就去世了。

跟达·芬奇一样，培根也没能完成绝大多数他想要做的宏大工程。而我认为，原因也是一样的：他从不满足于只对事物进行泛泛的了解，而是想要成为各个领域的专家。然而，他对自然知识的理解，尤其是对知识进步的障碍的理解是十分深刻的。其中最具代表性的就是培根对所谓"四假象说"的著名分析。

培根发明了"假象"一词，用以说明人类自身智力的错误。如果人类可以不受偶像崇拜误导的话，那么就能够比通常情况下获得更多的知识。培根列举了四种假象，所有这几种假象在培根所处的时代和我们这个时代都在起着作用。

第一种是种族假象。这是一种所有人类都最常见的智力错误。比如说，这是一种过分简单化的普遍倾向，这往往造成给既定的事物以更多的规则假设，比实际上的规则繁杂得多，而且还很容易被新鲜事物影响。最近的事物往往被认为是最正确的，直到下一个新理论取而代之。

第二种是洞穴假象，这种错误是个人偏见造成的。在很多事物之中，一个人更可能把注意力集中在他喜好的东西上，每个人的喜好都各不相同。这种思维习惯只能在一种情况下得以消解，即很多人聚集在一起探究真理，这样每个人的偏见就可以相互抵消。

第三种是市场假象，这是由语言本身引起的混乱。萧伯纳曾半开玩笑地谈道："英国人跟美国人唯一的差别就是语言。"不同的语言甚至会引起巨大的麻烦，当然，这也正是科学家更偏好使用数学术语来相互交流的原因。但是，一种诸如数学之类的通用语言最终是无法成功的，因为如果不能翻译成为每个人都熟悉的本土化语言的话，再普遍的真理对这个民族来说都没有真正的实用价值。然而，每个人理解语言的方式或多或少都与其他人的有差别，因此总是会导致知识的变形与瑕疵，或者说这种扭曲是根深蒂固、无法根除的。

最后一种假象，培根称之为剧场假象，这是一种妨碍耐心、谦恭地探寻真理的哲学体系。这种体系并不一定是富于哲理的。在20世纪，不同的思想政治体系让马克思主义者和民主党人之间都无法相互理解。词语或许是可以明确的，但其背后隐藏的理念却掩盖了其含义。

文艺复兴人和博雅教育理念

亚里士多德式的、理想化的"接受过通识教育"的人，能够对所有或绝大部分知识门类都具有"批判力"，在很多个世纪以来都被人们当作博雅教育的目标。起初，学生要学习七门艺术或技能，包括三学科（语法、修辞和逻辑）和后四艺（算术、几何、天文和音乐）。学科的名称非常古老，但这七门"科目"跟现代的博雅教育课程几乎差不多，现代博雅教育的课程主要有语言学、哲学、数学、历史和自然科学。这些艺术或技能之所以被称为"博雅"，是因为其具有解放思想的作用。也就是说，它们让掌握这些知识的人从未受过教育的愚昧无知中解放出来。

20世纪亲自见证了这些传统教育体制的根本变迁。文艺复兴创造"文艺复兴人"的失败并未被人们忽略。如果像达·芬奇、米兰多拉、培根以及其他许多知名人士都不能在追求知晓所有事物的道路上获得成功，那么那些不太聪明的人就更不必这样去尝试了。另一种可以获得自信的替代性方法是：一个人成为某一个领域的专家，而其他人则成为其他领域的专家。这个目标更容易完成，这种方式也会产生让人更舒服的学术群体。现在，某个领域的权威只需要跟他同领域的专家相互竞争。

这种更便捷的学科分类法完善了大学的分科和学科细分，把大学分为很多独立的学院，这些学院就像独立武装的封建领主那样，由于中间隔着巨大的知识鸿沟，因此相互不了解而只能面面相觑。剩下的竞争就是大学基金使用的问题，大学基金的分配原则很快就与学术价值或知识毫无关系了。最初关于接受过通识教育的人应当在多个领域具有"批判力"，而不仅限于自己的专业领域的理念也不复存在。最终，正如C.P.斯诺（1905—1980）指出，大学中各自独立的世界早已不相互交流了。随着越来越多的政府资金源源不断地投入大学的科研事业，"大学"（university）一词中的"综合性"（uni）含义也越来越弱，成为诸多相互独立的超小国家的松散联盟，而不再是作为整体的、追求知识和真理的综合性研究机构。

直到第二次世界大战前，尽管并不总是满腔热忱地这样做，但本科学院至少还坚持了博雅教育的理念。第二次世界大战后，几乎所有大学都放弃了博雅教育课程，而在大学内建立了各个层级的学院制的教学机构，甚至在很多小学都建立了分科制度。

在大众意识中，保留下来的"文艺复兴人"的含义有时充满了敬意，有时又是具有讽刺意味的，而有时甚至是蔑称，总体而言是被用于指称那些在多个领域而不只是在一个领域具有相当能力的人。即便是这样，这个词再也不是其最初的、亚里士多德所理解的含义。关于这个词的理想与理念已经完全丧失了。

文艺复兴时期的人文主义

但丁的去世，以及紧接着彼特拉克和薄伽丘在两年内相继去世，意味着意大利文学再也不能达到这样伟大的高度。他们的离去并不意味着他们的梦想就此完结，他们想要创造一个崭新的、时髦的、受大众欢迎的文学形式，并且用地方语写作，以便每个人都能读懂。相反，这个梦想存续了下来并繁盛起来，毫无疑问最终超越了他们最热切的期望。

不过，由于这并不能广泛地被人们理解，因此人们暂时还很难预见到他们在文艺复兴运动中的最终胜利。正是彼特拉克和薄伽丘强调重新挖掘整理经典文学巨著的举动，率先抓住了人们的注意力。无论是彼特拉克还是薄伽丘都没有真正熟练地掌握古典拉丁文，也不能阅读大量的希腊文献。他们的后继者把对古代语言的研究推向了更高、更精熟的水平，特别是1453年拜占庭被奥斯曼土耳其人推翻以后，很多说希腊语的难民涌入意大利，大大提高了当地古希腊文研究的水平。这些人不仅能阅读希腊文，还带来了无数经典作品的手稿。

到16世纪，古典拉丁语，而不是中世纪拉丁语，成了欧洲的外交语言；全世界范围内的学者们读、说和写都是用古典拉丁语。一直到1650年，英国诗人约翰·弥尔顿（1608—1674）仍然计划用拉丁语来写一部伟大史诗，因为他认为只有用这种语言来写作，才有望赢得他一直渴求的举世赞誉。

随着时间流逝，但丁、彼特拉克和薄伽丘试图提升意大利语而不是拉丁语的声誉的努力成了整个欧洲令人敬服的典范。由于古腾堡发明了活字印刷术（参见下文古腾堡的成就），印刷书籍的大量发行，欧洲各地人们的读写能力都明显提高，而地方语也越来越多地作为书面语使用起来。

在印刷术发明的第一个50年里，即从1450年到1500年，绝大多数印刷书籍都是古希腊语和拉丁语作品的译著，而这些在印刷术发明之前都只有手抄本。在15世纪末，大部分经典著作都已经印刷出版了，出版商开始积极寻求方言书籍。从1500年起，用地方语言——意大利语、法语、英语、西班牙语、德语以及其他语言——写作的书籍占到了出版书籍的大部分。

文艺复兴渐渐地传播到欧洲各地，从最初的发源地意大利发展到法国、英国、西班牙和德国。及至1600年左右，第一次浪潮刺激产生了方言诗歌和散文的繁荣。第一次浪潮中的英雄们是这些作家，例如法国的克莱芒·马罗（1496？—1544）和弗朗索瓦·拉伯雷（1483？—1533），以及英国的杰弗雷·乔叟（1342或1343—1400）。跟在意大利的情况一样，紧接着第一次浪潮的是大量用古拉丁语写作的作品。反过来，拉丁语文本的使用又引起了对地方语的偏好，这在每个欧洲国家很快成为高层次文学作品的标准。因此，虽然最严肃文学作品的作者仍坚持用拉丁语创作他们绝大多数（在某一段时间，虽然不是神学作品）最重要的作品，但法国最具影响力的是龙萨的韵文诗歌和蒙田的散文，它们都是用法语而非拉丁语写作的。乔叟去世后，经历了同样的中断期，埃德蒙·斯宾塞（1552—1599）和莎士比亚促进了大不列颠群岛上现代英语的建立，也即今天我们看到的英语形式。因此，弥尔顿最终决定用英语而不是拉丁语写作他的长诗《失乐园》，这对我们实在是有利的。

此外，彼特拉克和薄伽丘的信念，即最伟大的文学作品也可以来源于通俗题材——如爱情、骑士精神和冒险等——这一观点在各地都被广泛接受。即便是人文主义者在用拉丁语写作时，如伊拉斯谟在创作《愚人颂》时，他们针对的都是比古典时代更广泛的读者群体，所以使用了更通俗的写作形式。

而且，跟伟大的画家们一样，伟大的作家们也不再把人性的光辉隐藏在虔诚的宗教信仰之下。很多文艺复兴后期（一般而言是指1500—1650）的作品都是关于宗教信仰的。或许，大多数公开出版的书籍，即使是那些用民族语写作的书籍，即便其意图不是宗教性的，其写作腔调也仍然具有宗教性。不过，最伟大的作家写作的都是人之事，而非上帝之事，把人放在前景的正中央，赞美人、歌颂人、质问人、批判人，但绝不像一千多年来奥古斯丁派所做的那样，蔑视人以及人的地上之城。

蒙　田

1533年，米歇尔·德·蒙田出生在法国的波尔多附近，在他父亲奇特但充满爱的抚育下长大。每天早上他都被音乐唤醒，还拜农夫、农妇为教父、教母和保姆（他父亲认为，这样一来他就能从牛奶中汲取到农民的智慧），并且由一位不会说一个法语词的德国教师教授他拉丁语。结果，直到六岁蒙田都不大会说法语，拉丁语才是他的"母语"。

在应他的朋友国王亨利四世之命，从事了一辈子的政治服务之后，蒙田开始专心致志地写作散文，而这让他名扬四海。由于熟悉普通民众的生活，因此他能够创作出，甚至可以说是发明出一种随性的、看起来朴实无华的法语散文形式，促使法语成为一种高标准的语言。

蒙田的《随笔集》不仅是一部语言学杰作，在某种程度上，它更是一部典型的文艺复兴书籍。除了是第一部散文集（我们也是这样认为的）之外，也是第一部主要目的是绝对诚实与坦率地揭示作者的思想和内心的作品。蒙田毫不掩饰自己的错误，但他并不捶胸顿足，也不祈求获得原谅。他只是客观地写出他是怎样的人、他在想什么、他的感受是什么，以期他能跟任何读者都尽可能相似，这样一来他的叙述就是极有趣的。他的确也做到了这一点。

圣奥古斯丁创作的《忏悔录》要比蒙田的《随笔集》早一千多年，同样揭示了作者的思想和内心。但这位伟大的基督教神学家总是在不停地说教。无论是忏悔他的罪孽，还是描述他对真正信仰的皈依，他都在讲述一个邪恶罪人被仁慈上帝救赎的故事。他说道，如果这奇迹可以发生在我身上，那么就一定能发生在你身上。然而，蒙田却并不太在意发生在自己身上的事情，而更在意自己是个什么样的人，也就是作为一个普通人的人性。

简而言之，如果这本书有个主题的话，那就是关于自我认识的。苏格拉底被蒙田视为英雄和楷模，他曾说过认识自己既困难又至关重要。蒙田当然知道这有多不容易。从某种程度讲，每个人都拒绝认识自我，因为这意味着承认自己并不像想象中那么优秀。所有人都有沉浸在幻梦的泡沫中的时候，而且大部分人甚至总是如此。蒙田试图超越自己的幻梦，看清真实的自己，而不仅是从他人的角度来了解自己。

文艺复兴的所有表现形式都把人当作关注的中心。对人的重新定位有一种冷漠和距离感，这可能让蒙田感到愤怒。谁在为抽象意义上的人说话？至少蒙田可以为自己说话。他可以说他是怎样的人，他想要什么，他害怕什么（当然他几乎没什么可害怕的），他受到了什么伤害，什么能取悦他，以及他人的虚荣和愚蠢

又会打击到他。因此，他把自己放在诸事的中心，相信即便这在有的人看来可能
会太过个人中心，但除此之外没有比这更有趣的事了。

《随笔集》极为有趣。它还开了一个先河，创造了一种新的文学形式，在以
后的几个世纪里几乎是最重要的文学形式。此后几个世纪，起码有一百位作家试
图像蒙田那样坦然而真诚地揭示自己的内心世界，试图超过蒙田的成就。其中就
有卢梭、歌德、华兹华斯、乔治·艾略特、波特莱尔、陀思妥耶夫斯基、约翰·
贝里曼和菲利普·罗斯等人。他们以及其他作家都把自己灵魂的健康与疾病倾泻
而出，相信别人也会跟自己一样认为这些东西十分有趣。

如今要回到文学的隐匿而不是揭露是不大可能了，除非有一场普遍的大灾难
伴随着持久的严格审查制度。我们把这个成就归功于蒙田，而不是其他人。蒙田
在《论经验》中写道：

> 我们则是极愚蠢之人。"他游手好闲度过了一生。"我们这样说，
> "我今天什么事都没有做。"怎么，你们难道没有生活？生活不仅是最基
> 本的活动，而且是你们最显赫的活动；如果当时让我管理真正的大事，
> 我一定已显示出我的本事了。你会思考并管理你的生活吗？如果会，你
> 已经做了一切事情中最大的事。大自然想显示自己、开发自己并不需要
> 升华，它在各个层面都能同样显示自己，在后面也能显示，像没有帘子
> 遮挡一样，我们的使命是架构我们的习惯而非撰写书本，是赢得我们行
> 为的有序和平静，而非赢得战役的胜利和各地区的地盘。我们的生命最
> 伟大、最光荣的杰作是生活得当。其他一切事情如统治、攒钱、建设，
> 最多只能算作附属和辅助。

这绝对是关于我们如何恰当地生活的完美而且英明无比的指导。

> 我们寻觅别的条件，因为我们不会利用自身的条件；我们脱离自身
> 走出去，因为我们不明白自身的状况如何。我们踩高跷是白费力气，因
> 为在高跷上也得靠自己的腿走路。坐上世界最高的宝座也只能靠自己的
> 屁股。

莎士比亚

我承认，一开始我对莎士比亚戏剧作者身份是抱有某种怀疑态度的。这些剧作可能是斯特拉福特的演员创作的，也可能是牛津伯爵的杰作，也可能是其他人写出了这些作品。5个世纪过去之后，除非是为了解释我为什么不打算为他写一份传记，否则"莎士比亚"到底是某人的真名还是某位作者的笔名也已经不再重要。

我们可以说，这些剧作的作者出生在16世纪中期的英格兰，可能于1615年左右去世，这样也就足够了。他写了35部戏剧，其中的绝大部分显然都是只用了不到一年的时间就创作出来了，有时甚至一年还不止一部。无论是在当时还是后世，他都算得上是成功的剧作家。

当他（让我们还是称他莎士比亚，虽然我们得承认我们不知道这个名字究竟是谁的）开始写作时，他并没有延续以前好的戏剧范本的老路子。他并不知道伟大的古希腊悲剧家；他只晓得塞涅卡和为数不多且十分糟糕的当代塞涅卡式悲剧，以及古罗马的普劳图斯和特伦斯；还有一些对他们经典但陈腐不堪的喜剧的仿作。因此，可以毫不夸张地说，是他开创了英国的戏剧艺术。这本身就是一项了不起的成就，但这只是莎士比亚事业的开始。

如果没有莎士比亚的戏剧，我们就无法知晓戏剧可以多么精彩。除此之外，我们也不会知晓文学作品可以如此深入人的灵魂之中。

男人和女人一直是戏剧的主题。莎士比亚继承的中世纪世界图景已经退到了背景中，人性崛起，在礼服之下率真而朴素地袒露着，或者说被教会法保护着。莎士比亚戏剧几乎算不上是基督教的，根本没提及任何教会思想。它们也不是存在主义的，虽然它们使人同宇宙处于竞争状态，而且在不平等的竞争中衡量它们的表现。

莎士比亚的天赋是独一无二的，因为他对喜剧和悲剧都十分在行，还熟知如何把二者交叉起来，用喜剧来带出悲剧，用悲剧来加强喜剧效果。生活本来就是如此悲喜交集，从不偏向悲剧或喜剧，因此这些剧作也成功地模拟了人生的状态，而这正是作者力图做到的。

莎士比亚所不知道的古希腊悲剧涉及的是家庭问题，只不过是用了一种英雄的、超人的方式来表述而已。如果一个妻子或母亲将自己认同为克吕泰涅斯特拉——阿伽门农那位扭曲的王后，那么她的父亲或丈夫就很难将自己认同为俄狄浦斯。莎士比亚的重要贡献之一就是在剧作中引入了普通人的生活，展示了那些我们其实一直都知道却从来不曾面对的事情。莎士比亚著名悲剧中的每个人物都是家庭的悲剧，概莫能外：李尔王和他的女儿们，哈姆雷特和他的母亲与继父，奥赛罗和他的年轻新娘，麦克白和他那位嗜血、年迈且野心勃勃的妻子。《罗密欧与朱丽叶》中两个冲突的家族害死了一对热恋的青年男女，而安东尼和克莉奥帕特拉虽然没有结婚——或许正是因为他俩没结婚——却仍像20年前他们还年轻时那样热烈地相爱。

普劳图斯和特伦斯发明了一系列程式化的喜剧角色：自负的年轻士兵、美丽迷人的女儿；生来就注定会被骗走宝贝儿的愚蠢父亲；串联起所有人物关系的狡猾仆人——所有人都来自真实家庭生活中的场景。莎士比亚承袭了这些舞台角色，把他们变成自己无与伦比的喜剧当中活生生的男人和女人。除了必须要有的恋人角色，虽然这些人常常并没有感到爱的欢愉，但是剧中仍有如此真实的父女关系，具有让人心碎的魔力。后来，夏洛克这位主角，一个坠入喜剧中的悲剧角色，最终在众人的嘲笑声中心碎一地，嘲笑他的人其中就包括他的女儿。

从拉伯雷那里流传下来的法语显然不能满足蒙田的需要，结果是他不得不发明了一种新的散文。莎士比亚最后一部杰作中使用的英语在他的早期作品中几乎是没有的，因此他也算得上是发明了一种语言。但丁、彼特拉克和薄伽丘对意大利语施以了同样的魔法，而塞万提斯也同样改造了西班牙语，莱辛和歌德则影响了德语的发展。跟其他事情一样，莎士比亚是他们当中最伟大的创造者。他有取之不尽用之不竭的想象力，还有源源不绝的创造力。当我们声称自己使用跟莎士比亚同样的语言，其实是在恭维自己。我们能像他一样说话或写作得如此优美吗？

哈姆雷特：

> 人是一件多么了不起的杰作！多么高贵的理性！多么伟大的力量！多么优美的仪表！多么优雅的举动！在行为上多么像一个天使！在智慧上多么像一个天神！宇宙的精华！万物的灵长！可是，在我来说，这泥

尘土垢算得了什么呢？

《哈姆雷特》

格洛斯特：

我们对于众神来说正像苍蝇之于顽童，

他们仅仅为取乐就杀死我们。

《李尔王》

普洛斯帕罗：

我们的狂欢已经结束了。

我们的这些演员们，

我曾经告诉过你，

原是一群精灵；

都已化成淡烟而消散了。

如同这段幻境的虚妄的构成一样，

入云的楼阁、瑰伟的宫殿、庄严的庙堂，

甚至地球自身，以及地球上所有的一切，

都将同样消散，就像这一场幻境，

连一点烟云的影子都不曾留下。

我们都是梦中的人物，

我们的一生是在酣睡之中。

《暴风雨》

塞万提斯

米格尔·德·塞万提斯·萨维德拉约于 1547 年 9 月 29 日出生在马德里附近的埃纳雷斯堡，约在 1616 年 4 月 22 日去世。但文学爱好者们更倾向于一个传统意义上的时间，即 4 月 23 日，因为这一天也被认为是莎士比亚去世的日子。这么想就意味着这两位文学巨匠是在同一天携手去了天堂——如果他们都不去天堂，那天堂还有什么意义呢——这个想法实在是美妙又可喜，而无论事实到底是怎样的，也绝不该成为这个想法的绊脚石。

塞万提斯最初当过兵，后来才成为作家。在当兵时他就相当成功，以至于1575年他被巴巴里海盗逮住的时候，他们认为他是个重要人物并索要高昂的赎金。这种误会或许救了他一命，因为尽管他几次试图逃跑，但被逮回来之后依然没有被虐待。但这也让他被奴役了五年之久，因为他的家族直到1580年才凑够赎金，让他重获自由。不过，他们为此付了一大笔钱，这让他们和塞万提斯一生都穷困潦倒。

塞万提斯想要当个作家，他创作了各种类型的作品，以期能给自己带来一些收入，他写过戏剧、小说以及当时流行的田园浪漫小说。但他一样都没能成功。他一直热爱阅读，尤其是15世纪的骑士浪漫小说。因此，或者正是在绝望中，他构想了一位拉曼查地区的老派绅士，这也是塞万提斯生活的地方，这位绅士读了很多骑士小说以至于走火入魔，相信故事里的事都是真的。他决定自己也要做一名游侠，于是他带上一柄锈迹斑斑的剑、骑上毛秃齿落的老马就出发了，他要环游世界，征服他所到之处碰到的巨龙。正如大家所知，除了一群羊和巨大的风车之外，他没发现任何可征服的东西，而这些东西在今天的拉曼查依然随处可见。他把风车当作武装骑士，却没能打败它们，反而是在风向无情转变的时候，自己被赶下了机械帆船。于是，堂·吉诃德被一辆马车送回家乡，安置在他自己的家中。

塞万提斯用20页纸的篇幅讲完了这个故事。当时，有四五个女性亲戚借住在他位于埃斯基维亚斯的只有两个房间的家里，他肯定给她们读过这个故事。他只能待在厨房里写作，这些亲戚们还总在他身旁挤来挤去。她们喜欢这个故事，于是他决定再多写一些。

堂·吉诃德需要一个伴侣，他更喜欢称之为侍从，于是塞万提斯又为他创造了一个新角色，一个胖胖的、能干的农民桑丘·潘沙，从此以后他就一直陪伴着那位准骑士跌跌撞撞地行进在那个已经消失了的西班牙的大道上。对西班牙人来说，这个已经消失了的西班牙比现在这个现代国家要真实得多。堂·吉诃德经历了好几次冒险，几乎每次他都会被戏弄、欺骗和背叛，而桑丘感到自己也被主人的想象力吸引了，于是他自己也开始冒险，并认为自己真的是一位真正骑士的侍从。不过，他们绝大多数时候都只是在讲话，而他们的对话是我们能够找到的最好的对话了。

　　"戏里皇帝的权杖和皇冠从来都不是用纯金做的，而是用铜箔或铁片做的。"桑丘说。

　　"这倒是事实，"堂·吉诃德说，"戏剧演员的衣着服饰若是做成真的就不合适了，只能做假的。这就同戏剧本身一样。我想让你明白，桑丘，你可以喜欢戏剧，并且因此喜欢演戏和编戏的那些人，因为他们都是大有益于国家的工具，为人生提供了一面镜子。人们可以从中生动地看到自己的各种活动，没有任何东西能像戏剧那样，表现我们自己现在的样子以及我们应该成为的样子，就像演员们在戏剧里表现的那样。不信，你告诉我，你是否看过一部戏里有国王、皇帝、主教、骑士、夫人和各种各样的人物？这个人演妓院老板，那个人演骗子，一个人演商人，另一个人演士兵，有人演自以为是的笨蛋，有人演愚蠢的情人。可是戏演完后，一换下戏装，大家都成了一样的演员。"

　　"这我见过。"桑丘说。

　　"戏剧同这个世界上的情况一样。"堂·吉诃德说，"在这个世界上，有人当皇帝，有人当主教，一句话，各种各样的人物充斥着这部戏。不过，戏演完之时也就是人生结束之日。死亡将剥掉把人们分为不同等级的外表，大家到了坟墓里就都一样了。"

　　"真是绝妙的比喻，"桑丘开说，"不过并不新鲜，这类比喻我已经听过多次了，譬如说人生就像一盘棋。下棋的时候，每个棋子都有不同的角色。可是下完棋后，所有的棋子都混在一起，装进一个口袋，就好像人死了都进坟墓一样。"

　　"桑丘，"堂·吉诃德说，"你现在是日趋聪明，不那么愚蠢了。"

　　堂·吉诃德堂这位高大枯瘦的骑士和他胖乎乎的侍从很快，也是从此抓住了每位读者的想象力，他们成为世界上非常生动、非常知名的小说人物形象。《堂·吉诃德》适时地出版和再版，翻译成欧洲所有文字，让作者几乎跟书中人物一样声名远扬。不过，他还是没能从中挣到很多钱。无论如何，他认为文学创作是一条致富之路，本身就想错了。

如果蒙田的《随笔集》不是一本不折不扣的文艺复兴著作，那么塞万提斯的《堂·吉诃德》就肯定可以算得上是了。还有什么办法能比得上跑步进入新世界，而不是哀悼已逝的旧世界，更能让人们开怀大笑呢？中世纪世界的图景包含了对骑士精神的信仰，它曾是神权国家这个虚构实体中不可或缺的一部分。游侠骑士是上帝在地上王国中的监察官，他们在原野上漫游，在那些只存在于人们头脑中的小村庄里伸张正义，比如说阿瓦隆、阿卡迪亚之类的世外桃源。他们道德高尚、信仰坚定，在生前和死后都一直侍奉着天上的主和举世无双的圣母。

这十分美好的理想延续了几个世纪之久，于是，毫不奇怪它能让堂·吉诃德如痴如醉。不过，这理想能让他发疯也不足为奇，因为美好的想象跟现实的状况总是相互冲突的，永不停歇地旋转着的风车和其他机械化的装备也足以让步履蹒跚的人感到恐惧不已。但这是不是就意味着浪漫就此消逝了呢？或者说有没有一条路，可以让浪漫与进步共存呢？

塞万提斯真正的伟大之处在于他发现了这条道路。堂·吉诃德和他的朋友桑丘·潘沙苦苦追寻的正是被现代诗人所说的"不可能实现的梦想"，即在人间天堂就能实现的正义之梦。务实的人一直都明白，"人间天堂"是一个自相矛盾的词。如果这梦想只存在于人们头脑中，又有何妨呢？如果不是在头脑中，梦想又该置身何处呢？如果没有梦想，现实世界也只能陷入死气沉沉、冷酷无情之中。

塞万提斯的两位英雄并不完全是舞台前景的核心人物。他们只不过是舞台上的小人物，他们并不是脚踏实地的人。塞万提斯是第一个看到这即将来临的新世界的人，知道这世界需要这样的英雄；否则，世界就会变得疯狂。此后400多年的大部分文学作品沿用了他的思路，有的是描述了另一种头脑中充满奇思妙想的英雄，有的则告诉我们如果没有这些英雄世界会变得多么疯狂。

黑死病

很难想象，一场可怕的瘟疫会成为文化的信使，会有助于文艺复兴理念的传播，但事实就是如此。这场瘟疫带来了知识传播的两个基本要素：一方面是造纸术和印刷术，另一方面则是不可或缺的文字——这样我们才能把手稿变成印刷书籍。

这场瘟疫是一种啮齿类动物传播的疾病，宿主通常是老鼠。它通过老鼠身上的跳蚤进行传播，如果人被跳蚤叮咬的话就会得这种病。在中世纪拥挤的城市中，人们身上经常会有跳蚤。在压力特别大的时候，比如说被围城或是饥荒时，城市里的居民尤其就暴露在危险中。如果瘟疫变得流行（而瘟疫确实常常都会流行），死亡人数就会变得相当惊人，因为一旦感染，就没有人能够被治愈。（只有现代的抗生素能够控制该病症。）

1347年年初，克里米亚热那亚贸易站被一支军队包围了，这支军队是由从匈牙利来的钦察人和来自东部几个地方的蒙古人组成的。蒙古人带来了一种新的瘟疫，在围城的情况下，瘟疫突然爆发，死了好些士兵。钦察人首领突然想到，他或许可以利用这次坏运气，然后他把几具感染了病菌的尸体投到热那亚人的城里。

热那亚人没有抵抗力，很快就有许多定居点的居民死掉了。他们中有一条商船突破封锁，穿越达达尼尔海峡，沿着安纳托利亚海岸航行，然后穿越地中海，最后在1347年夏天到达西西里岛的墨西拿。这艘船载来一船惊恐万分的难民和满船的黄金，也载来了瘟疫。

从此以后，瘟疫蔓延开来。这场瘟疫在两个月之内就杀死了墨西拿一半的人口，并迅速传染到西西里岛的其他城市。这个瘟疫还穿过海峡进入意大利，并以每日七英里的速度稳定地向前推进。1348年年初，死亡的阴影开始笼罩在北意大利人口稠密的城镇，北非也出现了类似的情况，因为另一条商船也带去了这种传染病。1348年年底，法国和西班牙也遭受了传染；1349年则蔓延到了奥地利、匈牙利、瑞士、德国等低地国家以及英国。斯堪的纳维亚和波罗的海地区在1350年也被传染上了这个瘟疫。

在这场瘟疫中丧生的统计人数在欧洲各国各不相同，这就是历史上最严重的瘟疫之一——黑死病。毫无疑问，有四分之一到一半甚至更多的欧洲人口在这场瘟疫中死亡，三分之一肯定是一个相当保守的数字。因此，死亡人数大概在2 500万到4 000万。瘟疫在1350年依然没有结束，直到20年后才在很多欧洲城市有所减轻。

虽然彼特拉克声称他认为后世的人一定不会相信这些年发生的事情，但瘟疫在幸存者的头脑中留下了无法磨灭的印象。单从致死的人数来看，黑死病绝对是历史上最严重的灾难之一。从死亡人数占人口比例来说，它或许也算得上最糟糕的事，比其他任何传染病和战争都要糟糕。

这是每个人的不幸。大概有一半的欧洲农业劳动力致死。幸存者的工资则大大提高，因为现在他们可以向城市居民廉价购买他们的服务，而城市居民则急需只有农民才能提供的食物。不过，仅在100年内农业人口就赶上了城市人口，而通货膨胀又抵消了他们的经济收益。

瘟疫杀死了无数人，却没有对财富造成影响。瘟疫从不区别对待富人和穷人。现在死去的人的所有一切都归他人所有了。新到手的财富让幸存者开始了历史上最大的消费狂欢。因此，14世纪最后25年是一个繁荣发展的时期。瘟疫之后普遍的道德松懈给粗暴的消费主义火上添油。当你随时面临死亡的威胁时，就很难严格要求你的家人、邻居或臣民了。

瘟疫的幸存者不仅继承了金钱、田地和房屋。他们还继承了衣服、床品和其他各种织物。但是，一个人只能穿戴这么多衣物服饰，只能在床上铺这么多被褥床单。因而一时间，成千上万的衣物都被闲置起来。直到差不多14世纪末，人们才发明了一种消耗这些废弃衣物的新用途：用来制作布料纸。这种新材料有多种用途，但1450年的时候，由于大量的生产，布料纸的价格跌得非常低。

黑死病对新文艺复兴的另一个影响则是彼特拉克和薄伽丘曾经开创过的。拜占庭是第一批遭到黑死病这场毁灭性传染病侵害的城市之一。在1453年奥斯曼土耳其入侵之前，东罗马帝国仍延续了100多年，但是从1355年起，受过教育的文化人逐步开始从拜占庭往西方迁徙。

他们的到来让西方对新闻、信息和古代传统真正的知识的渴望得到满足，这都是拜占庭保留下来的。大规模的人口迁徙直到15世纪才到达意大利，但每年都有一些人到达，不过他们的影响力也在逐步累积。及至1450年，阅读和研究古希腊罗马文献的要求变得越来越强烈。不过，人们还没有什么办法能满足这种需要。

古腾堡的成就

人们对这个人的生平知之甚少，他的发明充分利用了黑死病的所有这些后果。14世纪末，约翰·古腾堡出生在德国美因茨，他一辈子都在试图掩藏他的行迹，从事秘密活动，甚至不让那些借给他大笔钱的人合伙人知道。他神神秘秘的举动以及其他性格缺陷最终毁了他。他的一位债主提起了诉讼，在赢得了法庭判决后，他得到了古腾堡的所有材料和机器。而这位发明家却从此一贫如洗。

1468年左右，古腾堡去世时孑然一身，很是凄凉。其时，印有他的名字的《圣经》①已经印刷出版并成为公认的杰作。在这部第一次用活字印刷的书中，古腾堡显然想用机械方式复制中世纪礼拜仪式的手稿，但不减损其出色的色彩或设计。这个目标显然远远超过了他的后继者们的目标，为此他发明了四种基础设备，直到20世纪人们仍在使用这些设备。

其中一种是能够精确铸造并大批量生产活字的模具。而在此前，活字模型是用金属或木头刻成的。这两种方式都耗时、费力且效率很低。木活字很快就会腐蚀变坏。雕刻活字用了很长时间，但每个雕刻出的字母的大小和形状都有细微的差别。古腾堡的模具能反复浇铸出一模一样的字母，既经久耐用又毫无差别。

古腾堡的第二项发明是铅、锡、锑的合金，用以浇铸制造活字字母。只用铅的话，铅会迅速氧化发黑，然后活字模型就会腐蚀变形。而锑可以增强活字的硬度，这样就能经受住反复多次的印刷。铅、锡、锑的合金直到最近都还在被用来制造活字。

古腾堡的第三项发明就是印刷机。此前的木活字印刷是用轻量的木制印刷机。不过，当在装订上封面时，就得使用很重的金属印刷机。就像榨橄榄或葡萄的机器一样，金属印刷机依靠巨大的螺旋杆产生印刷所需的更大压力。古腾堡的印刷机是对压痕机的改进产品。强大的压力会很快弄坏以前广泛使用的木活字，而他发明的新的金属活字有更强大的耐受力，即便在这更大的印刷压力下也经久耐用，还能印出更清晰、更准确的印痕。

---

① 即著名的《古腾堡圣经》，是古腾堡用他发明的字母系统活字印刷的圣经版本，共180部，至今有49部被保存下来。

古腾堡在无数次试验之后，最终发明了一种以油为基底的印刷墨水。这种墨水可以调制出多种颜色，因此古腾堡才能印刷出像古腾堡圣经这样精美的印刷品。

人们认为，是某位叫蔡伦的中国官员发明了纸。这一古老传统可以追溯到105年。2世纪末，中国人就用木活字和布料纸来印刷书籍。阿拉伯人在8世纪发明了神秘造纸术，并把它带到了埃及和西班牙。但出于某些原因，这之后很久造纸术都没引起欧洲人的兴趣。直到14世纪末，制造布料纸的方法才在西方广泛流传开。后来，利用黑死病时期留下的大量废旧衣物造纸成了一项重要的产业。布料纸在很多方面都要比羊皮纸和牛皮纸好得多，羊皮纸和牛皮纸都是用动物皮制成的。相比之下，布料纸更平整、更轻薄，也更容易被卷起来，因此可以更紧凑地装订成书。更重要的是，布料纸在印刷时可以显示出更干净、更清晰的字迹。

1450年左右，古腾堡率先印出了第一本用金属活字印刷的书。毫无疑问，它是用布料纸印成的，布料纸用废旧衣物制成因而价格低廉，使它成为印刷的不二之选。很快，成千上万的书都开始用纸来印刷，古腾堡的一系列发明让这种随处可取的材料有了全新的绝佳用途。

古腾堡的发明很快传入意大利。在威尼斯和其他北方城市，人们对经典知识的需求如饥似渴。50年间，几乎每种重要的古希腊罗马文献都被印刷出来并在学术界传播开来。可能是由于新技术的应用，这些新书的价格都很低廉。这些新书的母版，大多是随着1453年奥斯曼土耳其人攻占拜占庭，难民们从拜占庭带出来的大量古代作品的手稿原本。

古腾堡并非有意为之，却因此保证了彼特拉克和薄伽丘文艺复兴的成功。由于这些经典著作的版本相对便宜，研究古代语言和文化的工作可以继续进行。曾经只有富人才能买到手写书稿，突然之间，所有学者都能拥有自己的书籍了。

除了推动古典语言学的努力外，任何受过教育的人现在都能买得起的古籍中充满了被遗忘、忽略或压抑了几个世纪的思想。此外，很多人还自己写书，记下他们当时的兴趣和思考，以期使自己的思想在远方和陌生人中间造成影响。绝大多数颠覆性的发明、印刷书籍等都能用于改变或推翻所有古代制度。

彼特拉克和薄伽丘已经意识到用工艺来推广一种思想的潜力。他们把这个概念推广得比过去任何一个人都要远。现在，人们不再需要天才才能产生影响了。只要有一个新点子，并不一定得是好点子，写本书就够了。出版商们渴望出版新作品。谁知道会发生什么呢？

布料纸的新用途、金属活字印刷术的发明以及突然出现的一大批亟待出版的绝佳手稿——这一连串举世瞩目的大事促进了文艺复兴的成功。如果没有这些要素，彼特拉克和薄伽丘的梦想则肯定会以不同的形式表现出来。

文艺复兴之城

城邦是古希腊人的伟大发明。亚里士多德描述过城邦的景象。他说道，国家最先是为了生活而存在的，也就是说，国家是保障生存的重要机制。但是，国家的继续存在是为了更好地生活。人类形成了某种类型的国家，很快意识到国家的公共生活要比单个人或单个家庭的生活更长久、更安全和更快乐。

城邦在希腊和希腊的殖民地纷纷建立起来。其基本原则是经济上的：它们是由男人、女人、孩子和奴隶组成的社群，这些社群中的居民可以享受更好、更富裕的生活。城邦迅速繁荣起来，而且按照古代的标准，享有很大的自由。结果，有的男人（极少有女性或孩子，奴隶则几乎更不可能）能过上十分优越的生活，可以在体育场锻炼身体、谈论哲学，以及追问美德的含义。

公元前4世纪末，亚历山大大帝试图在他所征服之处都建立城邦，但这个想法并不适宜，最终也没能实施。他的都城，如亚历山大港和巴比伦，更主要的是实施行政管理的职能，而不是文化或商业的中心，与此同时，雅典却依然保留了它作为光荣的历史象征的角色。罗马人吸纳了许多希腊人的思想，却没有接受城邦的理念，因为相比起那些繁忙、拥挤和富有创造性的希腊城镇，帝国的城市更能吸引他们。随着蛮族入侵，文明隐退到了修道院的高墙之内。即使是查理曼大帝的都城也与古希腊意义上的城市相去甚远。

不过古希腊的城邦理念并未消亡。它在11、12世纪，当像米兰、比萨和佛罗伦萨等意大利的市镇与他们的封建领主斗争，推翻了旧的领主，把权力掌握在了自己手中时，它复活了。

中世纪的意大利市镇，就像古希腊的城邦一样，首先是一个商业实体和企业共同体。城市商人和交易商这个新兴的阶层享有自由，致力于创造新的财富和大量财产。1300年，佛罗伦萨这座小城已经成了欧洲的银行。它的钱币弗罗林成为第一种国际货币。不过，佛罗伦萨不仅是一个商业社区。它的市民还追求一种五世纪的雅典人曾追求过的荣耀：属于所有人的辉煌艺术和建筑会让其他地方的人们心生妒忌，还能在佛罗伦萨人心中产生一种几百年来都不曾体会过的满足感和公民自豪感。

这种复兴的城邦理念很快被人们传播到了欧洲各地。事实上，当意大利的城邦已经衰落时，德国的市镇就已经发展起来。意大利的城邦遭受了12世纪的邪恶混战，根源在于各个城市过分自由，甚至纷纷招募外国雇佣兵来维持和平。这些外国雇佣兵往往长期待在城里不走，最后几乎控制了全意大利。

15世纪末，尽管依然繁荣、仍处于艺术领袖的地位，但佛罗伦萨丧失了政治独立性。与此同时，罗马从一千年前的衰亡中复兴起来，但却不再是一座城邦。它也成了都城，拥有巨大的权力和荣耀，但几乎没有公共生活可言。在最鼎盛的时候，佛罗伦萨的领袖美第奇家族的人常常可以不带侍卫行走在大街上，准许富人和穷人们都来围观。在文艺复兴时期的罗马，即1500年以后的罗马，教皇在高墙背后进行统治。他们拥有的财富足以支付佛罗伦萨最好的艺术家的工作，但那些伟大的、装饰空前华贵的新建筑，却从此不再属于罗马人民。

民族国家

规模不大的意大利市镇有助于欧洲摆脱封建制度的钳制。但它们却没能持久。他们被更大的城邦鲸吞，而这些族群都不能避免持续不断的内部冲突。人民亟待一种新的政治理念。

没有人能准确地定义"民族"的概念，但它确实与一些大众事务有密切联系，例如语言和传统，以及共同抵御外敌的能力。一个没有自我防卫能力的民族必定不能长期存在下去，而各路诸侯都让他们的臣民充分意识到这一点，并因而不会过分激烈地反对征收高额保护税费的要求。事到如今，最好的防卫就是随时进攻，于是战争变得十分频繁。从最好的一面说，这些战争通常是实现和平的必要代价。庞大被证明是一种优势，因此民族的规模开始扩大，吞并周围其他弱小邻族，形成越来越大的政治共同体。为了提高效率，人们似乎还需要中央经济。于是越来越多的经济权力集中在少数人手里。

战争不是没完没了的，外交活动填补了和平的间歇。用优雅的拉丁语进行外交已经成为一种传统，因为拉丁语是参战的各国君主的唯一通用语言。文艺复兴时期的人文主义者是最优秀的拉丁语学者，所以他们受雇于各诸侯国，而这些诸侯国总是越来越壮大、越来越繁荣。因此，但丁的继承人彼特拉克和薄伽丘很快受雇于非常虚荣的贵族，那些称自己为罗马人并模仿皇帝的领主，以及一点都不虔诚的教皇。艺术家们只是被雇佣来点缀他们的门面而已。

欧洲文艺复兴的历史证明了一句格言：没有什么事比成功更失败。到了1700年，绝大多数文艺复兴的本质特征已经被那些有钱、有权且寡廉鲜耻的人扭曲殆尽了，他们只会利用文艺复兴，更糟糕的是，文艺复兴还被那些擅长精致而巧妙地运作的艺术从业者出卖，他们想方设法毁了它。

尽管有着悲惨却无可避免的结局，文艺复兴的政治成就依然是相当重要的。用了整整一个世纪的时间，黑死病期间损失的人口才得以恢复。到1500年，随着各处生活条件的改善，欧洲的总人口超过了1350年的水平并迅速增长。由于瘟疫造成农村人口的大量削减，耕地又大量变回了森林。现在，田地又重新被开垦出来，而欧洲"连绵不绝的"森林现在已经变得不能满足海战带来的日益增长的造船业的需要了。

同样及至1500年，欧洲的政治制度开始能够应对一些挑战，这些挑战可能压制和毁灭那种两百年前开始兴盛起来的、小规模的、独立的和无政府状态的社群。这个新制度是古罗马帝国灭亡之后，西方世界规模最大的制度。

新成立的国家到处都是专制的，但他们的臣民可以相信，至少大多数时候会相信他们的统治者是仁慈的，而且无论如何，除了由一个君主统治之外，别无他法。无论国王是不是真的仁慈，他们都扮演了有用的角色，或者说看到他们的统治者们的确这样做了。新的道路被修筑起来了，新的、更大的船舶在大海和内河中航行，大多数国家有了邮政系统，商业得到了合理的保护（虽然通常被课以重税，因为当时还没人懂得自由贸易的理念），税收是一如既往的不公正但并不专断，新闻也随时可得，有时候还很可靠。简而言之，在两百年的文艺复兴之后，现代生活跟黑暗时代的生活已经有天壤之别了。

这时，人们有一种进步的信念，相信生活变得更好而且会不断得到提高。这种信念不断自我成长；没有什么比这种信念的不断传播更能推动进步的了。然而，还有一些严重的问题需要我们去解决。

神权政治国家的危机

最棘手的问题是宗教分裂。文艺复兴思想对神权政治国家的挑战是不可避免的。为了新的民族国家的利益，教会率先深切地感受到这一尖锐挑战。但是，代替了早期市镇制度的专制君主不久之后也失势了，被人的而非上帝的新形象所围困和推翻，人被当作所有事物的中心。

教会始终对文艺复兴抱有矛盾心态。一方面，很多伟大的牧师感觉上或表现得就像文艺复兴时期的王公贵族。与此同时，另一些牧师对他们那些同侪日益增长的世俗化感到反感。1500 年左右，教会开始谈及改革。过去也有过改革，但现在人们普遍认为这种需要越来越紧迫了。

教会承担了管理世俗财产这一新的政治责任。早期的教会尊重贫穷这一特质。但现代的教堂怎么可能不通过自我毁灭或被敌人消灭掉而重新变得贫穷呢？新的专制君主，法国的国王、英国的国王、德国的皇帝，甚至包括西班牙的国王，尽管他反对对罗马坚定不移的忠诚，都在寻求更强的独立性。但是迷失的灵魂需要付出怎样的代价去摆脱诅咒呢？改革迫在眉睫，真切无比，但教会能不能公开承认这一点呢？

长期以来教会毫无举动。最终，促进改革的新手段——印刷——开启了改革之路。宗教改革从社会和政治方面震撼了整个欧洲近两百年。

有四位名人的一生可以揭示宗教分裂的深度，在当时是如何深刻地把人民和民族区分开来的。这四个人都出生在15世纪后半叶，他们都相互熟识，其中两个人还是极好的朋友。

伊拉斯谟

1466年，德西德里乌斯·伊拉斯谟生于鹿特丹。他的父母并未结婚，他的父亲是一位牧师，母亲是一位医生的女儿。他非法的出身似乎并没妨碍他的事业。如果医学是自然科学的代表性学科，那么这种知识的交叉（一种世俗的，一种神圣的，象征着人的生命。

伊拉斯谟先是做了牧师，最后做了修士。他一直是一位相当虔诚的天主教徒，他最大的爱好是学习，特别是他和其他人都奉为最高级别的科学，即语言学。语言学是对古代语言如拉丁语和希腊语的研究，他认为几乎所有值得阅读的东西都是用语言学写成的。据说他的拉丁语水平可以与西塞罗匹敌，而他的希腊语知识在当时是无人能及的。因此，他把古希腊经典翻译为拉丁语的作品，非常让人钦佩，也被人们广泛阅读。

1500年，跟大多数人文主义者谋生的手段一样，伊拉斯谟也以从事学术研究和外交官工作为生，当时他已经名扬四海。在他生活的某个阶段，他开始对希腊语文本的《新约全书》感兴趣。他越研究，就越怀疑400年圣杰罗姆翻译的拉丁语《圣经》的准确性。

在英国，伊拉斯谟开始着手摹写他的朋友托马斯·莫尔从修道院里发现的手稿，并试图据此创作一个最佳的《新约全书》文本。返回欧洲大陆后，他开始着手把手稿翻译成拉丁语。1516年，附带着注释和改进后的由希腊语翻译成拉丁语的《新约全书》面世了。他的作品跟拉丁语《圣经》在很多地方都不相同，并立即被公认为是目前为止最准确的译文。

伊拉斯谟想创作一个包括了《新约》和《旧约》的完整而准确的文本（虽然他不喜欢而且从没认真研究过《旧约》）。这个文本经过多位学者仔细研究并进一步精练过，可以公开出版并广泛传播。现在看来，运用印刷术这一新技术显然是伊拉斯谟的发明，进而使这个观念变得流行起来。但这却导致了一个伊拉斯谟并不想要的结果。

伊拉斯谟50岁时，马丁·路德抛出了著名的对罗马教廷的挑战（新教的前身），而当伊拉斯谟去世时，一场宗教改革已经在进行之中。伊拉斯谟一开始试图无视路德言辞中的内容和含义。他的宗教信仰十分虔诚，但他本质上并不希望像路德那样认真地对待宗教（而不是宗教奖学金）。伊拉斯谟想要自由地研究，阅读伟大的经典书籍，用拉丁语写作优雅、迷人和易读的《对话录》，可以用来在教学中教会学生如何优雅地使用语言（这个文本也的确用到了20世纪）。他还喝好酒，吃好东西，嘲笑世上的愚人。

《愚人颂》是他的名作，也是实至名归。在书中，伊拉斯谟运用琉善（他的著作也被伊拉斯谟翻译过来了）的反讽法自由地言说，谈论了世界上所有愚蠢和傲慢的误会。在后期，他的书大受欢迎。但在那时候，这名声给他带来了更多敌人而不是朋友。傲慢而愚蠢的人不喜欢被人嘲笑。

最后，伊拉斯谟的朋友逼迫他在路德和教皇之间做出选择，他当然选择了教皇，因为除了成为一个虔诚的、温和的天主教徒之外，他从不想要其他任何东西。他写了些批判路德的文章以后，路德就像平时做任何事一样，愤怒但才华横溢地回应了他，而伊拉斯谟却退出了论战，感到自己也充满了傲慢与愚蠢。1536年，伊拉斯谟在度过70岁生日后不久就去世了，自知他温和的怀疑论不能满足这个愤怒的新世界。

托马斯·莫尔

托马斯·莫尔是著名的作家、政治家和殉道士，是伊拉斯谟最好的朋友。伊拉斯谟用无可挑剔的拉丁语称呼他为omnium horarum homo，意思是"四季之人"。1477年，托马斯·莫尔出生在伦敦，在坎特伯雷大主教和大法官约翰·莫顿家里长大。在牛津读了两年书后，他被带回伦敦学习法律。1499年，伊拉斯谟访问英国时，他们第一次会面。5年后，莫尔结婚，他专门在家里为伊拉斯谟留出了一间房，伊拉斯谟也成为他家的常客。

尽管莫尔是一名忙碌的著名律师，但他从没停止过阅读和写作。1516年，他出版了《乌托邦》，这本"黄金小书"虚构了一个远离邪恶欧洲的文学世界。在这个世界里，所有公民都是平等的，都相信仁慈、公平的上帝。莫尔《乌托邦》（乌托邦"Utopia"一词是莫尔自创的）的典型特征是一种原始共产主义思想。因此，他的名字被镌刻在红场之上，他被当作俄罗斯革命的英雄。

从1518年起，莫尔一心一意地为国王服务，1529年沃希尔主教倒台后，他升任大法官一职。这让他成为英国第二伟大的人，但他的任期很短，因为他自己无法从良心上接受亨利八世与阿拉贡的凯瑟琳离婚，又与安妮·博林结婚。教皇也不接受亨利八世的离婚和再婚。于是，教皇把他逐出了教会，而亨利八世也最终否定了教皇，并宣称自己是英国教会的唯一领袖。

莫尔可以不情愿地接受皇家的通奸行为，但他不能认同英国国王在宗教事务上的绝对权威。虽然亨利八世很尊敬莫尔，甚至有时候深爱着他，但亨利八世确实残酷无情。因为被提起叛国罪的指控，莫尔被审判定罪，要以叛国者之名处以死刑——被淹死、吊死或五马分尸——但国王让他减刑为砍头。1535年7月6日，莫尔被处死。

在一本对话录中，伊拉斯谟写道："国王发动了战争，神父热衷于积累财富，神学家发明了三段论，修士漫游世界，普通人放荡形骸，伊拉斯谟在写对话录。"这里有一种正义存在：伊拉斯谟是欧洲最具影响力的学者，拒绝发挥他的影响力去消解让他在晚年备受折磨的骇人听闻的暴力。或许他害怕这样做。

托马斯·莫尔，既是骑士又是圣人（1935年，他被教皇庇护六世封为圣徒），看似无所畏惧，但他因为与国王之间不平等的矛盾冲突而丧命。这是一个良知问题几乎不可避免地会导致暴力的年代。

亨利八世

1491年，英国未来的国王亨利·都铎出生在格林威治。他是亨利七世的次子，因为他的哥哥亚瑟于1502年去世才登上王位。1509年，亨利八世在全体英国人的热切期待下继位。18岁的他，6英尺高，体格健壮，完全是一个国王的形象，无论他的施政让他的臣民们多么失望，他的帝王风度一直给他们以深刻的印象。然而，他常常因那些错误的决策责怪大臣，虽然他才是真正的决策者。

即位后不久，亨利八世与他哥哥的遗孀、阿拉贡的凯瑟琳结婚，但为此付出了巨大代价——这场婚姻被教会的很多人视为乱伦。有一段时间他很喜欢凯瑟琳，但她的好几个孩子都胎死腹中，唯一活下来的是一个女孩儿，取名叫玛丽，即未来的女王。亨利八世十分失望和恼怒，而且他坚信没有男性继承人不是他的问题，他开始转而向安妮·博林寻求安慰。安妮是他早期一个情妇的妹妹，十分多愁善感。安妮许诺给他生一个儿子，还会带给他无尽的快乐，但要求他必须跟凯瑟琳离婚，并让她做王后。亨利八世跟她一样想要一个儿子，也想要她做王后，但他不知道该怎么办。

在他们面前有很多困难。首先，阿拉贡的凯瑟琳是神圣罗马帝国皇帝查理五世的姨母。在1519年凯瑟琳被选为皇帝后，查理五世迅速成为欧洲最具权势的人，他集西班牙、勃艮第（包括尼德兰）、奥地利的国王和德国的皇帝于一身。查理五世对皇室家族有很深的感情，拒绝眼看着他的女性亲戚如此受辱。亨利八世向教皇克雷芒七世提出废后的申请，但克雷芒七世惧怕查理五世（查理五世曾因他不服从命令于1527年至1528年囚禁了他）。此外，凯瑟琳最初与亨利八世结婚时还得到了不少特许的赦免权。所有这些事拖延了好几年，其间，安妮叹息连连，而亨利八世则心急如焚。

亨利八世向他的首席大臣沃尔西主教求助。沃尔西想尽办法打动教皇，让他同意以乱伦的名义宣布亨利八世的婚姻无效，但仍是徒劳。由于他的失败，他失宠于亨利八世，被控以叛国罪，但他死在了面君的途中。一位新大臣托马斯·克伦威尔很快给国王出了个新主意。国王可以否认教皇，并把自己推举为英国精神上的和俗世事务的双重最高统治者。这样，亨利八世就可以跟凯瑟琳离婚，再娶安妮为妻，并对英国教会进行改革。

1532年，亨利八世完成了这项改革。在国王的所有最亲密的顾问中，只有他的大法官托马斯·莫尔反对这项新政。亨利八世自己则充满激情地审定通过了这项改革。他是出类拔萃的文艺复兴式王公贵族，并认为自己作为一个国王，处于世界舞台的中心地位。正如他有时所说，世界上无人能超过他，查理五世不能，罗马教皇也不能。亨利八世并不是不虔诚，但是，作为一个文艺复兴式的人物，他只对上帝忠诚，而不是对教会忠诚。在克伦威尔起草的新法案之下，亨利八世被宣布为英国教会的最高领袖。在克伦威尔统治英国的八年里，当然是以亨利八世的名义进行的，英国宗教改革进展神速。在其他事情之外，克伦威尔遣散了英格兰几乎全部修道院，把修道院的巨额财富纳入自己的囊中。他也因此比国王还要富裕一倍。

安妮·博林当妻子远没有做情人那样有激情，而亨利八世很快又对她心生厌倦。此外，她也只为他生了个女儿，即未来的伊丽莎白一世。由于她没能成功生子，便只好引颈受死。她的继任者简·西摩因难产去世。后来的三年里，克伦威尔一直在想方设法为国王寻找一位合适的新娘。亨利八世虽然是国王，却被未来岳父视为高度危险的人物。克伦威尔最终选择了安妮·卡莉，她可以为英国带来德国的同盟，但是，在第一次见面的婚礼上，亨利八世一见到她就厌憎无比，后来他又跟安妮·卡莉离婚了。他的第五任妻子凯瑟琳·霍华德让他欢喜了一阵，但她却是真正淫乱不堪的女人，即便做了王后依然如此，后来她也掉了脑袋。亨利八世的第六任也是最后一任妻子凯瑟琳·帕尔，虽然无趣但很温和，在他的晚年温暖了他，直到1547年2月亨利八世去世。

亨利八世婚姻的不顺让他成为笑柄，而在晚年他也因为任性的残酷无情被人们仇恨。罗马教廷永远没有原谅他合法地掠夺了教会的财富。事实上，他从不是一位有执行力的国王，虽然他拥有富于执行力的大臣，但当这些大臣对他没用的时候，他就会杀掉他们。不过，他是最著名的英国国王，也是欧洲最有名的君主之一。因为当文艺复兴运动已经给人们传播了关于神权政治国家的新理念，以及新民族国家应当取而代之这个观点时，他完美地代表了他那个时代的君主形象。

亨利八世认为自己是能干的神学家，在晚年他花了大量时间，痛苦地努力向他的臣民解释清楚，他同时作为世俗的国王和英国教会的统治者，是如何代表了人与神之间的新关系。他从没停止过他所扮演的麻烦角色，即把新教带入他所有臣民的生活之中。如果他不是这样一位精力充沛、虚荣自负、自我中心主义的文艺复兴人，他可能做不到这一点，这样的话英国就可能依然是一个天主教国家。

马丁·路德

1483年，这位伟大的、上帝试炼过的新教的创始人、文艺复兴及其战争的煽动者出生在德国艾斯莱本。虽然他的父亲希望他成为一名律师，但他还是投身于宗教，追寻伊拉斯谟的足迹成为一名奥古斯丁派修士。他在神学上的才华很快被发掘出来。1510年，维腾贝格大学任命他做了神学教授。

同年，他因教会事务去了罗马。几年后，他依然清晰地记得当他发现罗马高级教士懒散与世俗的生活时那种震惊感。的确，1510年是文艺复兴的鼎盛之年，因为尤利乌斯二世是当时的教皇，而且在米开朗基罗和拉斐尔的帮助下，他把全部精力都用在了复兴这座"不朽之城"①的古老辉煌计划上。

作为教授，路德既具有挑战性又令人信服，吸引了很多才华横溢的学生，后来他们都成为他坚定的追随者。但是，1510年以后，他自己的思想充满了内部斗争，因为他始终纠结于圣保罗所谓的上帝的公义。路德自问，他怎么会爱上这么一位刻薄寡恩的上帝呢？

最终，他相信上帝是绝对公义的，因为人是因着信心的恩赐而称义的，所以人是因着信心而称义的，而且只因着信心。因此，并不需要大量的教会机构，在他看来这些都是人与上帝之间的障碍而不是通途。

1517年10月31日，以路德把他的《九十五条论纲》钉在维腾贝格的诸圣堂大门上为标志，宗教改革就此拉开帷幕。鲜少有哪些历史运动有如此准确的记录。《九十五条论纲》的大部分内容都是对赎罪券的质问。他之所以否定赎罪券，是因为他拜访了一位多米尼加的赎罪券商人，这位商人试图向路德熟识的一些人兜售赎罪券。据官方说法，教会一直谨慎地说赎罪券无论价值多少，其自身不一定能避免诅咒或保证得救赎，但现在出售赎罪券的人则不再如此谨言慎行，而路德碰到的这位赎罪券商人则做出了轻率且让人震惊的许诺，路德认为这是他本人和其他人绝对不敢做的事。

诸圣徒教堂里有无数价值连城的圣物，每样都被贴上了赎罪券，这样在第二天的众圣徒日②当天就会显露出来。因此一大群人都看到了这《九十五条论纲》，

---

① "不朽之城" Eternal City，是古代罗马城的别称。——译者注

② 众圣徒日，All Saints' Day，是基督教纪念所有圣徒的节日，在当天要举行弥撒仪式。——译者注

这份论纲也隐晦地挑战了教皇的权威。利用新的印刷技术，路德将该论纲印刷了很多份，将其分发给他的朋友和同事们。

自1517年之后的差不多500年里，其他的反叛者和改革家们都纷纷将挑战书钉在教堂或其他建筑的大门上，或者是在电视上宣读他们的挑战书，这是现代意义的公开挑战。但却鲜少有人像路德那么成功。

改革开始进展很慢，但渐渐变得势不可当。路德是一位完美的政治家。更重要的是，他对罗马的挑战得到了支持。特别是德国人为他做好了准备，张开双臂欢迎他。

教会则顽固地反对他。1521年4月，在沃姆斯帝国议会召开之前，由于被教皇指控为异端邪说并被正式逐出教会，他被传唤上庭。在法庭上他用精彩的演讲回应了起诉他的人，并以那句著名的毫不妥协的话作为陈词的结尾："我就站在这里！我别无选择！"被宣告无罪之后，路德大步穿过敌人的围拥走向他的朋友们，朋友们纷纷涌上前来，他举起手臂做出一个松了一口气的姿势——他心里曾认为他多半可能被判有罪——然后胜利了。

宗教改革是一项复杂的运动，因为反宗教改革运动也随之兴起，应对这一挑战。双方都认为罗马教廷需要改革，而且双方都要求并着手进行改革。随和的、不拘泥于教条形式的基督教不再是不可能的了。

宗教改革既是自身的目标，也是其他目的的挡箭牌。亨利八世宣称他要改造神职人员，但他同时也是为了离婚和获取英格兰所有天主教修道院的财富。支持路德的德国王公想要改革，但他们也想要从罗马教廷独立出来，并独吞教会在他们辖区内征收的赋税。同时，还有其他各种各样的世俗势力各怀鬼胎。

不过，最使气氛紧张的是文艺复兴时期路德的神学演说以及他的一些论题向教会发起的挑战：一个人怎样才能得救？是像教会一直宣扬的那样，通过神父和主教的代祷呢，还是通过他自己私密的、个人的信仰呢？如果信仰是私密的、个人的——而且信仰怎么可能不是私密的、个人的呢——那么我们就很难不同意路德的观点，并由此既追求国家独立于罗马，又追求个人独立于宗教机构。

路德坚持认为他起初并没有想到改革会如此深远，教会得以幸存，即便他们不再是罗马天主教的教会。路德至死坚信圣餐礼的功用，他以一贯的素朴风格说，如果上帝要求他吃野苹果和肥料，他也会吃的，因此，如果是上帝告诉他要进圣餐，他有什么理由不相信基督的血和肉是圣洁的呢。

这位坚如磐石、不苟言笑的男人的内心精神是革命性的。其他人理解这种精神并追随他四处奔走。他们热切地接受他深思熟虑的信念，即如果他人对上帝的信念是错误的，那么你可以杀了他。

宽容与偏狭

路德并非独自发动了这场16～17世纪的宗教改革运动。然而，跟其他人一样，他发起和支持的改革标志着一个不宽容的时代的来临。

新教徒因为信仰而杀人；教会则报之以宗教裁判所。在1546年路德去世后的100多年里，一个人在小事情上的信仰即会招来杀身之祸。乔纳森·斯威夫特讽刺了这种敌对的党派性，他说他们最终可以为一个煮鸡蛋大打出手，起因就是争论该敲破鸡蛋的大头还小头。的确，在某段时间，不同教派间的冲突几乎跟黑死病一样危害欧洲。

17世纪，人们从理论上解决了在路德助力下产生的这个问题。关于教堂的规矩、圣礼、主教的角色，甚至是神职人员的婚姻等问题都没有一个可供妥协的方案。唯一的解决方案就是保留多个而不是一个基督教教会。那么问题就来了：在这个国家、这个城市里，我们应当拥有哪种教会呢？虽然人们从原则上很早就接受了这个方案，但这个问题本身导致了更多刻意的破坏。

最后，宗教差异在内部变得不宽容起来。在理性的人看来，他们必须变革。最雄辩的支持者是约翰·洛克（1632—1704），他给朋友的信函在1689年被冠名为《论宗教宽容》公开发表出来。

如果你相信你有着不朽的灵魂，而你在世上只是短暂的瞬间，那么你的信仰就会决定你将如何获得永生——是备受煎熬还是备受福佑——而宗教就是很严肃的事情，比其他任何你能做或思考的问题都要严肃得多。如果你认为在信仰中死去可以让你获得永世福佑，那么相比起你丧失了信仰地活着但失去进天堂的机会，前者显然不是一种损失。

这种信念仅从个人的角度来接近宗教。还有另外两种观念。在《论宗教宽容》发表前的两个世纪里，人们很容易相信是信仰要求他们折磨、杀死或在柴堆上烧死那些跟他们宗教信仰相左的人，即便这些信仰差异是很难分辨清楚的也不例外。此外，我们现在质疑和谴责这种观点，即任何宗教观念上的差异就足以成为折磨和杀死他人的充分理由。在路德那个年代，大多数人是很难理解这种想法的。

然后，洛克提出了他的观点，他声称这也是上帝的意志。他质问道："慈悲与仁爱的上帝会不会同意那些人的行为，允许他们装作出于仁爱和对他人灵魂的关爱，而去剥夺他人的财产、用残酷肉刑致人残废，把别人关在恶臭无比的牢房里挨饿受罪，甚至最后夺去他们的生命呢？"洛克的回答既强有力又清楚明了：

> 如果有人真心想要拯救他人，而又认为将他人折磨致死是合理的，我认为，这种情况即便是在一个不信基督教的国家里，也会被看作非常奇怪的，而且我认为对任何人都是如此。但可以肯定地说，谁也不会相信这种行为是出自慈悲、爱心和友善。如果有谁认为，应当用火和剑来强迫人们信奉某种教义，遵从这种或那种外部仪式，而无须考虑他们的道德；如果有谁强迫人们信奉他们不相信的东西，容许他们做福音书所禁之事，从而想方设法地把错误的人拉进教内；毫无疑问，这种人是存心要拉一大帮子人加入他自己的教派。但是要说他用这些手段是为了建立一个真正的基督教会的话，则是绝对让人难以置信的。

不论他的语言带有多么强烈的古典色彩，洛克话语间的现代性，让我们的思想跟这位17世纪的思想家十分接近。事实上，洛克因为出版了这封书信而遭到疯狂的攻击，这意味着宗教改革运动和反宗教改革运动的年代，以及宗教战争的世纪已经离我们现在这样看待宗教事务的时代十分遥远了。

以人为本

在本章开头，我们提出了一个问题：文艺复兴复兴了什么伟大的概念？答案是：人是人关注的中心这一古老的理念。正如两千五百年前普罗泰戈拉所说：人是万物的尺度。

宗教改革强调个人对慈悲的需求，进一步强化了这个答案。现在任何人都能阅读《圣经》，因此他能决定如何按自己的需要来理解《圣经》的含义。印刷术的发明让这成为现实；而把《圣经》翻译成欧洲各国的语言则让阅读变得更容易。现在任何人自己都是神学家，上帝也下降到每个基督徒的内心之中来了。

历史学家表明，这种新的自我中心主义也产生了其他作用。德国社会学家马克斯·韦伯（1864—1920）和英国历史学家R.H.托尼（1880—1962）认为，新教伦理与资本主义兴起有着十分密切的联系。新教提出，从国际教会支持中脱离出来的人必须自我努力，这个观点跟一个人必须自力更生以求在资本主义社会中获得成功的观点十分相似。这也许正是在现代民主政治中一个好公民应当具备的基本特征。

无论事情最终是否如此，欧洲文艺复兴时期的男人和女人对此都一无所知。他们或许在那些他们重新发现的古代文明是否有趣的问题上都还有较大分歧。

在罗马灭亡后的一千年里，男人和女人都把自己道德生活的责任交付给上帝在人间的代言人：罗马教皇，他的主教们，郊区牧师或神父们。他们有很充足的理由这样做，主要是因为他们被告知，如果他们这样做了就能获得救赎和永生的福佑。

他们发现古希腊人和古罗马人崇拜各种各样的事物，总体来说很少做这样的交易，这或许让他们大吃一惊。罗马人尤其信奉上帝，并试图走向正直、受道德约束的生活，但他们也同样承担起了决定自己如何生活的选择责任。在他们看来，这种责任是不可让渡的。

文艺复兴越是激起这种信念，看起来就越发具有冲击性和过人胆识。古代人为自己负责，并接受他所犯的错误带来的结果。正如文艺复兴主义所意识到的，他承担的风险是巨大的。那么报偿是否也同样巨大呢？

文艺复兴式的男人和女人们认为是这样的，而这也成为他们共同决定废黜神权政治国家，而代之以世俗国家和社会，他们从此可以全权为自己负责的最重要原因。他们可以向宗教顾问进行咨询，但不受他们领导。我们现时代就承袭了他们的决定，而鲜少例外（参见第十二章），并将永远坚持这个信念。

第七章　欧洲的触手

在公元纪年开始之初，世界的总人口在3亿左右。到1500年，世界总人口也只有4亿左右，大致分布如下：

中国、日本和朝鲜	1.3亿
欧洲（包括俄罗斯）	1亿
印度次大陆	0.7亿
东南亚及印度尼西亚	0.4亿
中亚和西亚	0.25亿
非洲	0.2亿
美洲	0.15亿

在1500年至1800年，世界人口增长了一倍多，而在1900年又再次翻倍，达到了16亿。到1960年，则再次成倍增长，到2000年又再翻番，其时地球上现在已经有60至70亿人口。

新的农业发展和技术在世界范围的传播是1500年至1800年人口得以成倍增长的主要原因。由于拥有充足的食物，更多的人得以生存下来。1500年，世界上只有不足1/4的可耕地被人们开发利用。剩余的土地上居住着猎人和采集者、游牧牧民，或是手工农耕者，比如说印加人。此外，人口增长受到周期性饥荒的限制，饥荒是本土作物歉收，而人们又拒绝食用那些本可以用来充饥的外来食物造成的。

1500年以后，家畜饲养和种植业的发达标志着世界经济开始高速发展。牛、羊和马被引进到新大陆，并最终在那里繁衍兴旺。小麦原产于近东地区，首先被传播到亚洲各地，然后到了世界各地。很快，香蕉、甘薯、水稻和甘蔗也从亚洲传播出去，而玉米、土豆、番茄等其他作物则从美洲传遍了世界。

直到1500年，世界人口才能增长到4亿。而在1995年至2000年，地球上每五年的人口增长数都会超过这个数字。当前，人口爆炸性增长的原因当然不只是农业生产的变迁一项。但人口爆炸是从1500年开始聚力的，这让那个时代成为人类历史的分水岭。

蒙古帝国

今天，蒙古是亚洲第六大国家①，也是居住人口最稀疏的国家，只有不到两百万人口。由于大面积的荒漠和草原，蒙古从来都不能养活更多的人口。但它仍对世界其他地方产生了重大影响。

我们已经看到，3世纪，匈奴突破了中国长城的阻隔，引起了一群人的迁徙运动，最终引发了200年后罗马帝国的覆亡。自那以后，蒙古沉寂了上千年；因为中国人通过军事战争和外交手段尽可能地压制住了战火。然而，在13世纪初，一支新的凶猛残暴的骑兵从蒙古崛起，很快建立了世界上最大的帝国。

蒙古领袖的名字位列历史上最著名的人物当中。1206年，成吉思汗（1167—1227）统一了蒙古各部，在挤下来的20年间征服了中国北部和整个西亚到高加索地区。大汗阔窝台（死于1241年）完成了对中国和朝鲜的征服战争，并计划着向西进发，把蒙古人一直带到亚得里亚海。1241年4月，阔窝台的蒙古铁骑已经征服了位于利格尼茨和莫西的波兰人、德国人和匈牙利人，离维也纳仅一步之遥。同年12月，阔窝台的去世才让欧洲从这群新兴的蛮族手中稍获喘息。

忽必烈（1215—1294）建立了元朝，成为中国元朝的第一个皇帝，自907年唐朝灭亡后，再次把中国统一起来。最终，具有无可比拟的野蛮特质的帖木儿（1336—1405）（由于瘸腿，他又被称为跛子帖木儿）征服了从南俄罗斯到蒙古，乃至南下到印度、波斯、美索不达米亚的很多帝国。但在他死后，他的帝国也迅速四分五裂了。

---

① 实际上蒙古应为亚洲第七大国家。——译者注

马可·波罗

　　1254 年，马可·波罗出生在威尼斯，在经历了非凡历险的一生之后，于 1324 年去世。他的家族与东方通商已久，从 1260 年起，他的家族就开始从君士坦丁堡向亚洲进发，最终到达了大汗的夏季行宫，在那里亲眼见到了忽必烈。他们到达的地方叫上都，是柯勒律治笔下的世外桃源。忽必烈授命马可·波罗的父亲尼科洛为大使，让他带着给教皇的信回到欧洲，要求教皇为忽必烈提供一百名"熟练掌握'七艺'"的能人。尼科洛在 1269 年回到威尼斯，才第一次见到自己的儿子。马可那时候已经 15 岁了。

　　教皇克雷芒四世才去世不久，尼科洛得等到新教皇选出之后才能履行忽必烈的任务。两年后，教皇的继任者还是没能选出来。波罗家族的儿子连同父亲一起开始了新的旅程。在巴勒斯坦，罗马教皇的使节让他们带信给元朝大可汗，而这封介绍信恰好是他们急需的，因为这位使节不久之后就被选任新一代的教皇，即教皇格列高利十世。忽必烈要求送 100 名受过教育的人前往元朝的要求没能得到满足。波罗家族的人跟两名修道士一起离开了阿卡①，但这两人却无法适应海上旅行的严酷环境，很快就返航了。勇敢无畏的波罗家族独自继续他们的旅程。

　　多年以后，当马可返回威尼斯时，他在《马可波罗游记》中记录了他们的旅途见闻。虽然与马可同时代的很多人都认为他的游记是完全虚构的，但在当时《马可波罗游记》就已经是最畅销的书籍，至今依然是最伟大的旅行游记之一。近年来的学术研究表明，这本游记中实实在在记载了很多历史学和地理学信息。

　　波罗家族用三年时间从阿卡到达蒙古大汗的夏都——上都。或许是因为生病而迟滞（父子二人至少有一个人，或许两个人都得了疟疾），但骨子里他们都是旅行家，酷爱长途旅行，到访他们所听闻的每个风景名胜。忽必烈很高兴再次见到马可的父亲，接受了他们山长水远从耶路撒冷带来的小瓶圣膏油和教皇的书信。显然，忽必烈最喜爱的是年轻的马可·波罗，他给皇帝讲述了远方那些奇闻逸事，这让皇帝龙颜大悦。

　　忽必烈把这位年轻的威尼斯人当作了没有任命书的巡回大使，他派遣马可到帝国的遥远边疆从事实地考察的任务，马可也从各地带回了极有价值的信息，更

---

① 阿卡（Acre），现以色列西北部海港城市。——译者注

重要的是，他还带回了很多有趣的故事。马可似乎还受到忽必烈的委托，掌管盐业贸易，还可能被任命为某座小城的行政长官。

马可和他的父亲在元朝大汗的宫廷里待了至少十五年，其间他们做贸易赚了一小笔钱，也参与了许多伟大的探险活动。在去世前，马可·波罗在病榻上说，他的游记中所记录的，还不到他所经历的探险活动的一半。1290年左右，他们显然已经十分渴望回到威尼斯，于是把这个愿望告诉了忽必烈。起初，忽必烈不让马可·波罗离开。一年多以后，波罗家族两父子等到了一个机会，一次可以让他们回到家乡，也能让皇帝得利的旅程。据传统日历记载，这次航程在1292年起锚。

一位蒙古公主通过海路被送往波斯，嫁与阿鲁浑为妻，阿鲁浑是当时波斯的蒙古统治者。600多个侍臣与公主随行送亲。波罗父子设法说服了忽必烈让他们加入送亲队伍，因为他们曾经走过公主即将出航的那条航线。事实上，公主计划绕道印度次大陆航行，而波罗父子则是经陆路从波斯到达中国的，因此他们并不比公主具有更多的航行经验。

马可在书中并没有过多地记载他是如何离开忽必烈的，但那个过程一定十分感人。当时，忽必烈皇帝已经年近80岁高龄，知道自己已经不可能再活着见到自己这位年轻的朋友，而马可也很可能确信他将不会再回来，因为忽必烈的继承人或许不再欢迎外国人。马可当时也已年近40岁，在当时也属高龄了，而且他渴望在家乡威尼斯度过余生。

从中国到波斯的旅行花了一年多时间。当公主的船队到达目的地时，她发现人们认为她去世已久了。当时波斯的统治者已经变成阿鲁浑的儿子马哈默德·合赞了。合赞娶了公主为妻。波罗父子参加了婚礼庆典，然后满载着礼物离开波斯去往欧洲。

在黑海南岸的特拉比松，他们脱离了蒙古帝国的影响范围，进入他们所出生的欧亚文明之中。他们遭到了一伙强盗极其野蛮可怕的"欢迎"，强盗抢走了他们的大部分财宝，但好在给他们留了一条命。

这事件不仅仅是强烈的讽刺。从远古起，人们就认为欧洲人不可能经由陆路去到远东地区。在1200年至1400年那个黄金时代，元朝大汗保证了交通道路的安全。他们的权力却没有达到特拉比松，不过特拉比松以东的商旅们却可以得到庇护。

即便是在东方，这种安全也只是暂时的。1368 年，当中国的一个本土政权明朝崛起并接管了中国时，帖木儿失掉了对中国的控制权。随着蒙古政权的消退，明朝的力量和影响力都在不断壮大。明朝初年，中国人的力量是外向型的。由太监郑和（1371—1435）率领的探险队远涉印度洋。1431 年，一支拥有 62 艘航船、近 3 万人的船队抵达非洲东海岸。用不了 50 年时间，中国人就可能会发现欧洲。

后来，由于政策的突然逆转，基于某种不明的原因，明朝皇帝下令禁止所有航海活动，开始奉行排外的保守主义外交政策。科学由此衰退，商贸也日渐凋零，海洋探险发现活动被忽视或遗忘，自此中国闭关锁国长达近 500 年之久。很快，中国就变成了探险对象，而不再是一个对外扩张的国家。

随着 1405 年帖木儿去世，以及他的下一代撤回了远征的船队，隔绝的大幕再次降临在欧洲和亚洲之间。远航活动停止了，而只有很少的威尼斯人会相信忽必烈所生活的那个浪漫时代真实存在。波罗家族知道，人们可以通过陆路和海路到达远东地区，那个世界上最大的财富聚集地，因为他们自己亲历过这两条路径。但随着时间流逝，波罗家族的传奇故事变得含混不清且被篡改殆尽，旅行的危险性让其他欧洲人产生了想象中的、事实上并不存在的困难。15 世纪中叶，人们甚至具有了这样的"常识"——从欧洲通往东方的通道并不存在。即便是最勇敢的商人也惧怕那些可能会挡道的怪兽、食尸鬼以及其他邪恶力量。与此同时，不断增加的经济压力也使人们越来越迫切地需要发现一条通往东方的新路。

发现之旅

几个世纪以来，因为北欧漫长而严寒的冬天，那里的农夫一直没法养活更多的牛羊，因此每到秋天，农夫们都不得不亲自杀死大量的牲口。由于没有香料，特别是没有胡椒来保存肉类，生肉很快就腐坏了，因此胡椒就不仅仅是一种调味料。粮食供应商为了避免经济下滑，必须得从他们唯一所知的途径购进胡椒，即购买阿拉伯商人用驼队从神秘的沙漠运到霍尔木兹海峡、亚丁湾和亚历山大港的胡椒。不幸的是，阿拉伯人只接受一样交换物：黄金。而在欧洲，黄金一直是十分稀缺的。

不太可信的航海家们宣称在撒哈拉以南有着丰富的黄金资源。但怎样才能抵达那里呢？驼队能穿越沙漠，但欧洲人却不受欢迎。唯一可取的其他途径是走位于海格力士之柱以外的海路，即今天的直布罗陀海峡。然而，谁都知道这片海域不适于航行，它辽阔且充满危险，里面住着不可名状的东西，吞噬着来往的船只和人群，就像狗吞掉一小口食物那么轻而易举。

葡萄牙王子恩里克（1394—1460）相信，一定有另外的一条路可走。弱小的葡萄牙本身位于直布罗陀海峡以外，而葡萄牙的渔夫并不像内陆人那样害怕大西洋。此外，自1420年葡萄牙水手和士兵就一直与加纳利群岛的土著居民交战。加纳利群岛是距离葡萄牙800英里的群岛，离非洲海岸只有数英里。为什么不利用加纳利群岛作为跳板呢？从那里起航，航船可以继续沿着海岸线向南进发，有望发现优良的海港，然后开始与那些拥有黄金的人直接交易。

葡萄牙人的确成功了。在恩里克的有生之年，海岸线一直向南延伸到东边的西非，即现在的塞拉利昂。20年以后，也就是1480年，葡萄牙人探险到达黄金海岸，这地方因为他们在那里找到大量可以用来购买胡椒的黄金而得名。1485年，迪奥戈·康继续向南越过帕尔马斯角、圣凯萨琳角，直到他抵达克洛斯角，也就是南纬22°的位置。那时候，最紧要的问题不是能不能发现黄金，而是能不能找到一条环绕大陆的航线。非洲有没有尽头？航船能不能绕着非洲一直去到印度和那些产香料的群岛？如果可以，那就有可能直接和香料商人贸易，无须再用黄金向阿拉伯中间商购买香料了。

巴尔托洛梅乌·迪亚士（约1450—1500）找到了这条航线。1487年8月，他从里斯本出发，向南抵达佛得角群岛，然后继续沿着海岸线前进，开辟了今天我们熟知的一条航线。他沿途路过了圣玛丽角、圣凯瑟琳角和克洛斯角，一路向南，甚至越过了由南转向东的海岸线。1488年1月月初，海上风暴把他的船队吹得在海上四处飘荡。当风浪趋缓时，他又继续向东航行，寻找那片大陆。他一无所获。起初他困惑不已，但他很快就明白是怎么回事了。他已经越过了非洲最南端，却没能看到它一眼。（在当年稍后的返航途中，他看到了这个非洲最南端的顶点，并把它命名为好望角。）他一路向北，于1488年2月3日再次看到了陆地。这片海岸线一直往东北方向延续。他的船员们要求他返航，而迪亚士继续向北航行了数天，才到达大鱼河河口（大鱼河河口距今天的伊丽莎白港以东约500英里）。之后，迪亚士返航了。海岸线并没有再次向南延伸。去往印度的道路似乎终于被打通了。非洲是可以被环航的。

瓦斯科·达·伽马（1462—1524）是第一个这样做的人。1497年7月，他从里斯本出发，在历尽艰险之后，最终在次年五月到达了印度主要的贸易港口城市、位于北纬11度的卡利卡特城。达·伽马很快与港口的穆斯林商人发生了冲突，后者不尊重他作为竞争者和基督徒的身份，而达·伽马则扬言报复，返回了里斯本。1502年，他再次来到卡利卡特城，炮轰了这座城，点燃了一艘满载阿拉伯男人、女人和小孩的船，因为这艘船的船长曾冒犯过他。达·伽马还要求穆斯林把手中的贸易转交给葡萄牙人。用了一代人的时间，他的要求最终得到满足，而他的同乡都成为香料贸易的控制者。

哥伦布

因为印度的中间商吞掉了其中大部分利润，这种贸易比葡萄牙人想要的复杂得多。能否找到一条通往东印度的道路，也就是去往香料的原产地呢？如果能做到，这样一来，葡萄牙人就能直接从种植者手中买到那些超级值钱的货物，进而垄断香料的贸易和利润。穆斯林海盗大量出没在印度洋。因此，葡萄牙和西班牙探险者开始梦想着开辟一条向西的航线，以便绕开所有的竞争。

克里斯托弗·哥伦布（1451—1506）实现了这个梦想。意大利宣称他是意大利人，而事实上他的确出生在意大利的领土上——热那亚，但从其他任何方面来说他跟意大利人都没什么关系。他可能是被宗教法庭驱逐的西班牙犹太人的儿子。无论他的出身如何，1476年8月13日，他从一艘燃烧的船上跳下海，游向海岸，就这样来到了葡萄牙。这幅世界图景上的奇异画面正是这个人的典型体现，而他认为这奇异景象预示了他今后的伟大成就。

　　哥伦布当然是非常杰出的。他也可能是个疯子。他的才华体现在很多方面。他是一位杰出的航海家和能干、经验丰富的海员，他测绘了一条无论从哪方面说都是去往"印度群岛"的精确航线。但其中有一些计算错误，部分是因为无知，部分是因为心中的狂热让他相信他认为是真的事情。他的航海技能连同他的狂热一起，最终导致他完全确信印度（如果不是"中国"的话）位于加纳利群岛以西3 900英里。那里当然不是印度，也不是中国，但这几乎就是美洲精确的地理位置。这个人到底是天才，还是疯子或是愚蠢的幸运儿呢？

　　哥伦布对自己正确性近乎偏执的确信也带给了他相当的成功，也造成了他悲剧性的失败和损失。在他安顿下来后的两年内，他就说服了葡萄牙的一个领导家族，允许他同这个家族里他最中意的年轻女士结婚。哥伦布因此开始了他漫长的征程，说服那些有权势的葡萄牙人或西班牙人支持他出海，向西寻找印度和中国的计划。他是如此确信无疑，很多人都对此感兴趣，他们相信，一个从不怀疑自己的人一定是正确的。

　　哥伦布并不向他的出资人掩饰他的确信无疑不是建立在寻常基础之上的。1502年，他告诉国王斐迪南和王后伊莎贝拉：不是理性、不是数学，甚至不是地图支撑着他向西远航。他的信念来自《圣经》中的某些段落，比如说，《以赛亚书》11:10—12和《以斯拉记Ⅱ》3:18。这些虚构的地理学资料对当时的出资人来说具有说服力，但今天却绝不再可能了。

　　历经数年的谈判之后，1490年，哥伦布最终被允许向国王和王后提出请求。他们为他的要求所震惊，这要求是如此过分，更不要说有多无耻。从没有探险者要求被封为贵族，让家族永远继承这头衔，还要永久分享他的领地上百分之十的收益。他被拒绝了，因此他于1492年年初离开了西班牙，去往法国和英国。在他走后不久，他在宫廷中的朋友说服了斐迪南和伊莎贝拉召回他，而他的所有要求都得到了满足。

　　哥伦布是一位积极的而不是被动的天才，在他监管贸易和装备他的三艘舰船时，他的精力和他对自己使命的理智对他十分有利。他得到了朋友马丁·阿隆索·平松的鼎力相助，马丁是"平塔"号的船长，他对整个事业的贡献甚至远远超出了哥伦布所期望的程度。探险队以所有人都认为不可能的速度迅速集结完毕。1492年8月3日，在日出前的半小时，"圣玛利亚"号、"平塔"号、"尼雅"号三艘船离开帕罗斯，扬帆远去。

哥伦布的船员是在匆忙之间召集的，他们跟当时任何一支船队的船员一样无知和迷信。哥伦布深知自己面对的是一项艰巨的任务，要让人们日复一日、周复一周地一直向西，直到驶过烟波浩淼的大洋。在那时候，他希望能把他的事业和每天的航行里数向所有船员保密，因为他害怕他们可能会向其他探险家出卖自己的秘密。这个冲突引起了矛盾，但是通过对比这次航行的官方航海日志和他的私人日记，只能解决部分矛盾。他对北极星高度的测量糟糕得令人震惊，这导致对船只在任何时候的位置预判都出现了巨大的错误，从而进一步造成了混乱。

说到底，如果他只是想方设法继续前进的话，他怎么可能发现美洲呢？毕竟，南美洲、中美洲到北美洲，构成了一道无法通行的、长达8 700英里的屏障，一直从南纬57°延续到北纬70°。要躲过大陆和连接大陆的大陆桥，向西航行的船只要么向南绕过合恩角，要么向北穿越几乎是永久封冻的北极圈。这两种可能都没发生在哥伦布身上。因此，凭借着他疯狂的确定性以及地理上的必然性，他发现了美洲。1492年10月12日，他第一次看到了陆地。这是一座可爱的小岛，是巴哈马群岛中的一座，他将其命名为圣萨尔瓦多。现在则被称为瓜纳哈尼。

最不可思议且具有反讽意味的是，哥伦布他从不知道自己发现了一个新世界。他总共四次航行到西印度群岛，但他始终坚信自己到达的是印度东部，日本和中国就在附近，而印度就近在眼前不远处。他对此相当确信。《圣经》就是这样告诉他的。但是，除了对哥伦布自己的生活有影响外，他的错误有什么关系呢？在他之后，人们很快发现自己到底身在何处，而且无论他们在哪里，这都是一个美妙而陌生的地方，黄金和白银几乎是唾手可得。这里还有烟草和棉花，可以运回欧洲去。它们甚至比黄金更能改变"旧世界"的生活。

尽管他作为一个犯了巨大错误却拥有更多财富的航海家，获得了举世瞩目的成就，但哥伦布的人生最终是可悲的失败。他是一位伟大的海员，却是一位糟糕透顶的指挥者。斐迪南和伊莎贝拉很快就发现了这点。他们向他保证，他们永远会对这位陌生、疯狂却又令人称奇的陌生人保持宽宏大量和热情的态度。但是他们不能容忍他专断地确信，宣称自己是"西方世界"①的王，而他们只是西班牙的总督。

1500年，在哥伦布的第三次旅居海外时，他们派出了一名全权代表使节去往位于伊斯帕尼奥拉的圣多明各，哥伦布为之命名的这座岛屿现在被海地和多米尼加共和国均分了。在几个月的艰苦谈判之后，哥伦布最终没能赢过国王和王后，他毕竟事实上只是个总督而已，最终他被逮捕并戴上脚镣手铐遣返了西班牙。王后下令释放他，并让他面君。当他看到王后时，这位伟大的人双膝跪地，号啕大哭。

有一种说法是哥伦布并没有发现美洲，因为在他到达那里之前的好几个世纪，欧洲渔民就已经知道在大西洋上有一片未知的陆地。他们为了利益将美洲秘藏起来，这个秘密一直保持到10世纪冰岛人的航海为止，或许比这还要早几个世纪。对哥伦布来说，公开美洲的存在对他自己更有利，虽然他并不知道这是美洲，但还是向全世界宣布了它的存在。比起那些想要把美洲的秘密隐藏起来的渔民，哥伦布揭示这个秘密显然获得了更大的成功。而这个秘密一旦揭示出来，世界从此就改变了。

环游世界

克里斯托弗·哥伦布发现了美洲，他或许是以单独一人之力向人类知识库增加最多内容的人了，但仍有很多未知之事需要探索。哥伦布坚持地球是圆的，如果某个水手一直向西航行，他最终是可以回到出发地的。但这是真的吗？在有人真正做到之前，没人相信这是真的。而对西印度群岛，我们得承认它并不是印度西部。虽然新大陆同样富饶和有趣，但它们不是欧洲人梦想中渴求已久的、可以直接获取财富的香料群岛。

西班牙人选择葡萄牙航海家斐迪南·麦哲伦（约1480—1521）来解决这个问题。他将要寻找一条向西南方进发、绕道南美洲南端去往印度东部的航线。他

---

① "西方世界"（Western World），指哥伦布发现的新大陆，因位于欧洲大陆以西得名。——译者注

能找到这条路吗？事实上，大陆的南端到底在哪里呢？1519年9月，麦哲伦离开西班牙。12月，在一段平缓的航行之后他进入了里约热内卢海湾。1520年年初，他用了好几个月时间深入探索多条大河的河口区域，试图找到一条横穿大陆的通道。直到1520年11月，他才发现了这样一条通道。然后，他继续向南航行，他发现并驶过了麦哲伦海峡，在11月28日进入了"南部海域"①。船队开始了穿越太平洋的伟大航程，因为在他们从南美洲去往菲律宾的一路上都风平浪静，太平洋因此而得名。

尽管航行十分顺利，航程却相当艰苦。直到12月18日，船队才在智利海岸北部等到了信风，而这时候船队出发时的五艘船只剩下三艘了。麦哲伦下令向北穿越这片海域。他和船员们都不知道他们走过了多远的路程，但他们很快意识到他们的食物和饮水严重短缺。海员们在船上饱受干渴的折磨，罹患了坏血症，甚至只能吃船上老鼠咬过的饼干，最后不得不剥下盖在船桁上的牛皮为食。尽管如此艰难，他们却从未想过返航，因为麦哲伦具有铁一般的意志力和决心。

1521年3月6日，在海上漂荡了99个昼夜之后，船队第一次靠岸了。他们停泊的地方是马里亚纳群岛的关岛。他们在那里尽情享用了三个多月新鲜的食物和饮水。麦哲伦迫切地想要继续前进，他只在那里待了三天，在3月9日就再次向位于西南方向、后来被称为菲律宾的岛屿进发了。他宣布这片岛屿属于西班牙，并使当地统治者和他属下的首领们皈依基督教，不过他只是暂时成功了。1521年4月27日，仅仅在到达菲律宾后一个月，麦哲伦就在一场与麦克坦岛上的原住民的战斗中被杀死了。

没有麦哲伦指挥他们继续前进，船队迅速缩减。两艘船抵达了马鲁古群岛。在胡安·塞巴斯蒂安·埃尔卡诺的率领下，只有一艘船返回了西班牙。胡安是一位巴斯克航海家，接替麦哲伦担任了船队指挥。他的船"维多利亚"号跌跌撞撞地回到家乡时已经破烂不堪、四处漏水，但却满载着香料；还有就是，它成功地环游了世界。胡安被国王授予盾形勋章和一个地球仪，上面镌刻着一行文字"你是第一个拥抱我的人（Primus circumdisti me）。"

---

① "南部海域"（Sea of the South），即太平洋的东部海域。——译者注

世界贸易的兴起

现在，人们已经证明了世界上所有海洋都是相通的，而且任何有理性的人都不会再认为地球不是圆的了。由于大洋四通八达，所以理论上所有船只都可以环游世界。然而，麦哲伦船队驶过的狭窄海峡却只能在每年12月到4月（也就是南半球的夏季）才能通行，而且这条航道十分艰险，却是易守难攻。一个世纪以来，西班牙和葡萄牙通过武力和诡诈，一直垄断着东西方贸易的南边航线。英国、法国和荷兰为此大为恼火，开始寻找一条更靠北边的航线，可以免受西班牙和葡萄牙兵舰的骚扰。结果竟然再次让人们大吃一惊，人们发现了北美洲。很快整个欧洲都意识到，这片大陆潜藏着的不可胜数的财富。因此，一种新的贸易诞生了，而且，无论这个世界上存在多少独立的政治联合体，这种新的贸易形式最终把世界连成了统一的经济体。

在一个世纪之内，这种贸易就不再主要经营奢侈品。通过大量运输贩卖大宗普通商品，如布匹、蔗糖和朗姆酒，人们可以获得丰厚的利润。这跟用驼队从陆上只能运输贩卖少量昂贵香料和药材的贸易完全不同。但没有人对此改变有什么抱怨，因为富人变得富可敌国。此外，贸易路线——海上路线——可以一站接一站地都被欧洲人控制起来。他们不再需要阿拉伯人或其他任何人做中间商。

很快，人们开始贩卖其他大宗货物，如烟草和稻米之类。在19世纪，花岗岩和钻石也成为热门商品，它们最初只是用作返程的压舱石头，但却让新英格兰的船长发了大财。一船船廉价的中国瓷器也从东方运往美洲和欧洲。这些商品帮助西方几代人定义了西方品位。

在新大陆，蔗糖和奴隶制结下不解之缘。1500年以前，欧洲人对甜味的需要只能通过食用蜂蜜和很稀罕的来自东方的蜜饯得以满足。首先是西班牙人，然后是英国人，在加勒比群岛和中美洲建立了甘蔗种植园。葡萄牙探险家则在巴西建立起自己的甘蔗种植园。蔗糖变得跟盐一样十分充足，也同样利润丰厚。但种植园一直缺少足够的劳动力。种植园的工作十分劳累，常常累死人。由于欧洲人的猛烈进攻，原著居民的人口锐减，他们不仅死于无情的武器之下，还死于欧洲人带来的疾病，因为他们对此没有免疫力。解决劳动力匮乏的办法就是非洲奴隶。整整三个世纪，尽管只有一半被抓上从西非出海的船只的非洲人能够最终活着抵达美洲，非洲奴隶仍是最赚钱的货物。如果任何人反对这种人口买卖活动，其他人就会援引亚里士多德关于天生奴隶的名言来证明这项活动的合法性。而谁又能比那些黑皮肤的男人和女人更"天生地"适合做奴隶呢？在19世纪之前，几乎没有人质疑过这个论证的"逻辑"。

观念的贸易

1492年以后的三个世纪里，世界各地来往于各大洋的船只除了运输大量实体货物之外，也带来了无形的货物——知识和观念以及宗教信仰。这些无形货物的流动是双向的，从西向东、从东向西同时传播着。在相互贸易的过程中，各种观念也在相互交流。

公元前1000年左右中国发明的火药就是其中一个很好的例子。中国人主要把火药用于制作鞭炮以及其他和平的目的。阿拉伯雇佣兵从中国人那里学会了制造火药的方法，造出了第一支枪。欧洲人完善了枪支构造。此外，他们还特别感兴趣地研究了枪支和炮弹的使用技术。到了1500年，无论是在海洋还是陆地，欧洲人的军事战略都是建立在掌握和保持武器装备优势基础之上的。直至今日，在西方，武器装备优势要先于人力和战术的思想依然是军队思想的核心观念。

由于西方军队领导人始终坚信这一优先原则，所以几乎所有西方国家间的战争的获胜方都是掌握了武器和弹药优势的一方。有时候，实力较弱的一方也能打胜仗，比如说，在美国南北战争中，南方军队缺乏北方军队那样的军工厂，没有能力生产足够多可以与北方军队相匹敌的枪械，而是运用先进的战术弥补了武器实力的不足，与北方军队足足周旋了四年之久。我们应当假设，客观地说，在战争中，双方的士兵资质是相当的，因为的确有很多兄弟在战争中经常是分别服务于敌对阵营的。最终，枪械和防弹装置的更大优势让北方赢得了战争，这也进一步强化了那个由来已久的成见。

只有在20世纪，这个成见才被打破了。例如，在越南战争中，美国在武器装备上拥有绝对的压倒性优势，却被一支没有炸弹和火攻船、只有来福枪和手榴弹的非正规军队打败了。这支非正规军没有坦克，因为坦克只能在大路上行驶，而越南士兵们则能骑着自行车在丛林里穿梭往还。结果，那场战争可以称得上是历史上最重要的战争之一，不仅是因为其政治影响，或许还因为它迫使军队改变了思考的方式。

不过，值得注意的是，这次有目共睹的教训并没有引起苏联军事战略家的思想变化。在越南战争结束的几年之后，苏联军事战略家发现，他们在阿富汗陷入了与美军在越南战争中同样的困境。跟越南战争中的美国将军一样，身处阿富汗的苏联将军认为，拥有重型坦克和更大火箭弹的苏联军队会输掉这场战争。结果，他们的确被打败了。

当然，关于拥有先进武器装备就能取胜的思想不仅是一个成见。在其他条件相当的情况下，拥有更大、更快的火力武器的一方几乎总会获胜。（同样地，在冷兵器时代，谁的剑更快，谁就能取胜。）而几个世纪以来，欧洲在不断向外探索、发现世界的其他地方的同时，其他地方跟欧洲在很多方面都是相差无几的。东方的士兵不比西方的士兵更好，但也绝不更差。双方的军事战略战术也并没有明显的差异。因此，西方持续占有更大型的枪械的事实意味着它与东方军队作战时几乎是无往不胜。

换句话说，1502年，瓦斯科·达·伽马的行动并不是偶然的。当他野蛮地用枪炮点燃了阿拉伯商船时，他确信他能够成为垄断贸易的胜利方。这种举动，以及这种结果变得司空见惯。为此，一种"西方人是不可抵抗的"迷信说法流传开来。由于西方人和东方人都相信了这个迷信，这也使其成了西方人兵械库中最强有力的武器。

只有另一个迷信才能打破这个"西方人是不可抵抗的"的迷信说法。到访中国和印度的欧洲人发现，这两个国家都如此辽阔，以至于很长一段时间里他们都无法理解其复杂性。他们不能理解为什么一本两千年前的书籍在一些老人心目中有绝对的权威，并让他们服从这种权威的代表——皇帝，虽然欧洲人从未见过这位皇帝。[①]因此，欧洲人不知道谁在统治着中国，以及他、她或者他们是如何进行统治的。而且，由于他们缺乏相应的知识，就没法在中国做生意，西方人也并不太在意去学习这些知识。关于"神秘的东方"这个迷信在第一次东西方人的会

---

① 原文是emperor（皇帝），根据上下文意思，这里指的应当是孔子。——译者注

面交流时就自然而然地产生了，并且持续影响了很多代人。他们假设，这种神秘性正是保护东方人抵抗西方坚船利炮入侵的唯一有效工具。

西方人认为自己明白关于东方人的两件事：其一，东方人缺乏受人尊敬的宗教，也就是一神教；其二，东方人出奇地富有。我们稍后将会谈到"东方的财富"问题。

在试图说服斐迪南和伊莎贝拉支持他的探险活动时，哥伦布始终强调两点：在新世界有无数的黄金等着他们；作为回报，他们可以，也应当把基督教传给新世界的当地人。毫无疑问，当地人都是些尚未开化的异教徒。对黄金的许诺固然让人心动，但国王和王后都是虔诚的基督徒，或许这次探险远征能够有助于把基督福音传播到新发现的土地上这个想法更让他们心动不已，更能打动他们。

不幸的是，当哥伦布发现新大陆时，基督教正开始分裂为两大对立的派别。比如说，斐迪南和伊莎贝拉确信罗马天主教会应当对未开化的当地人有利，能带给他们以救赎，必要时甚至可以用枪让他们皈依基督教。一个世纪以后，在北美洲，英国人和荷兰人又带来了新教思想，让印度人皈依基督教。新世界的当地人通常都表示皈依，因为欧洲人的火枪火炮实在难以抵抗。但这些新的信徒们惊愕地目睹了传教士为宗教教义相互争斗的场面，以至于这些无辜的当地人对此无法理解。

除了救赎之外，当地人从他们的新宗教信仰中得到其他什么好处了吗？当然有。如果不是传教士跟着士兵和商人一起来到新大陆，当地人的遭遇可能会更惨。他们的遭遇并不好，因为跟士兵和商人相比，传教士常常是没有权力的。但他们也不是完全没权力，很多时候他们都坚持要对当地人好一些，不然的话，当地人可能会遭受比现实中更残酷的对待。

今天，组成第三世界的国家通常都被认为是极贫国家。而在1500年之后的最初几个世纪，这些国家普遍被认为是极其富裕的国家。它们的经济状况改变得这样彻底吗？相对于西方国家而言，这些国家的经济状况确实有所改变，但并不足以恰当地解释这变化，这是因为跟我们的祖先相比，今天我们对富裕和贫穷有更深刻的理解。

最先到达东方的欧洲的水手、士兵和商人认为东方十分富有，是因为他们没有成熟的政治思想，不能意识到东方人看起来富裕，是因为极少数人占有了社会财富的绝大部分份额。欧洲人并没有看到绝大多数东方人的生活是极端贫困的。他们也没有意识到这种贫穷是因家庭出身造成的，并进一步被风俗习惯固化，而且还通过法律确定下来。

他们没有理解东方人的贫穷的原因之一，是家乡贫富的两极分化，出于上述的同样原因。但在绝大多数欧洲国家，不同经济阶层之间有较强的流动性，此外，即便是早在16世纪，在欧洲人的思想中就已经广泛存在关于社会和经济平等的观念了。在19世纪初，法国大革命结束之后，西方人向外探索并传播思想之前，这些观念在东方人的脑袋里并不存在，而这已经是哥伦布发现美洲之后三个世纪的事了。

最终是观念主宰了东西方的贸易活动。但当时却没人意识到这一点。

向哥伦布致敬

让我们想象一下哥伦布出生的那一年，即1451年世界的景象。假设你是个欧洲人，随便哪个国家都好。世界对你来说，到底是怎样的呢？

地球不可能是圆的。关于地球是圆的数学思想可以追溯到古希腊时代，但对世界各地的人来说却是十分抽象的概念。（水手可以看到船消失在地平线之下，至少知道大海不是一个平面。）

地球是圆的这个观念对我们来说并不抽象。我们能够肯定，如果我们决定环游地球，向任何方向行驶——东、南、西、北都行——我们迟早会回到出发地。如果我们走一条既定的路线，那更不需要花很长时间，最多三四天就足够了。此外，我们还知道，在政治局势平静或动荡的一定范围内，我们在地球上的任何地方都跟在家里一样安全。也就是说，我们确信世界上没有怪兽或其他神秘障碍能够阻止我们环游世界。

1450年，世界对你来说可不是圆的。除非你像哥伦布一样是天才，否则你的思想不可能像今天我们认为的那样，接受地球是圆的这一说法。哥伦布改变了每个人头脑中关于世界的图景。没有哪个人曾如此彻底地改变过人们的思想。

那些探险家，那些发现者，他们都是伟大的人。航海家恩里克王子、巴尔托洛梅乌·迪亚士、瓦斯科·达·伽马、斐迪南·麦哲伦以及其他探险家们，都是伟大的人。他们都抓住了头脑中犹疑不决的机会。他们中的绝大多数人从未能回到家乡享受因他们的发现带来的成果。1519 年，麦哲伦离开西班牙时率领的五艘船上载有 270 名船员，两年后，只有 18 个人回到了西班牙。那些没有回来的人中只有极少数人是中途放弃了探险，绝大多数人都死于航海中的饥饿、疾病或伤痛。在早期航海中，生还的可能性微乎其微，他们的视野和勇气令人敬服，他们面对的危险一点不亚于 1969 年登上月球的尼尔·阿姆斯特朗所面对的。在 16 世纪西班牙人和葡萄牙人的海外港口里，以及在稍后英国人、法国人和荷兰人的港口里，那些川流不息的船只上从来不缺海员，也从来不缺领导他们的船长。

他们不是轻率冒进之徒。跟尼尔·阿姆斯特朗及其他宇航员一样，他们确信自己背后有世界上最好的技术力量支撑着自己。换句话说，他们相信他们面临着最好的机会。他们无论如何都要远行，常常会在离开前先结婚，生下自己的孩子，这样一来，即便他们的肉体消失了，他们的姓氏仍可以继续留存下去。而且，在离开前他们一般都会写下遗嘱。尽管感到恐惧，但他们还是义无反顾地出航，没有什么能够阻挡他们前行的脚步。

他们为什么要走呢？原因各种各样，现实的或想象中巨额财富的诱惑足以把他们拉出家门，送往海上的航船中。由于"第一次大发现"带来了巨大收益，因此对财富的追求通常是最大的诱惑力。但我认为，对发现者来说这并不是最主要的原因，而对哥伦布而言这肯定也不是最大的动力。

他是如此睿智，又是如此疯狂，克里斯托弗·哥伦布是历史上最杰出的人之一。他从不错过任何获取财富的机会，但财富却不是他追求的最终目标，更不是他愿意为之献身的事物。他所追求的是永恒的名声，因为他知道，或许他同时代没人能够意识到，发现一个新世界能带给他永垂不朽的声名。

诗人约翰·弥尔顿把这种对荣誉和名声的渴望称为"高尚心灵中最后的弱

点"，这个说法常常被人们误解。弥尔顿的意思是，所有驱使人行动的动机中，只有一个动机比对名声和荣誉的渴望更高贵。那就是对救赎的希望，因为那是基督徒最终的福音。对名声的渴望具有很高的纯洁性，只稍逊于圣人们想要的或知道的事物。上帝知道哥伦布不是圣人，而是一个伟大的罪人。但是，如果有俗世的圣人的话，也就是说，如果有那种心灵与意志的纯粹性仅次于圣徒或神灵的人存在，哥伦布必定是其中之一。

第八章　科学方法的发明

在西方为世界贡献的所有知识中，最宝贵的是获取新知识的方法。这就是"科学方法"。它是1550年至1700年，众多欧洲思想家的共同发明。

科学方法的起源可以追溯到古希腊。跟古希腊人的诸多贡献一样，科学方法也值得商榷。即便科学方法有时看似危险与利益并存，但我们现在已经离不开它了。

在本书中，当我们使用到"知识"一词时，我们常常指的是**任何人**都可能知道的东西。在中世纪的拉丁语中，"知识"一词是"scientia"，指任何人都能掌握其中一部分甚至是全部的信息。现代的"科学"（science）一词是从拉丁文的"知识"演化而来的。但现在"科学"却不是任何人都能掌握的知识了。

比如说，科学知识并不是关于诗歌的知识，或是木工知识、哲学知识以及神学知识。通常，科学知识甚至不包括数学知识。今天，"科学"是一个只有"科学家"才能掌握的独立知识门类。科学家是与众不同的人。他们可不是一般人。

科学的含义

科学的含义在很多方面可能已经很明确了。不过，在"科学"的含义上仍有很多复杂之处有待我们进一步阐明。让我们把"科学"一词放在下面几个句子中来看。

1. 科学永远无法知晓生命的奥秘。
2. 科学家早晚会找到治愈艾滋病的方法。
3. 科学和艺术没有共通之处。

4.我在上一门科学课，但我也要学习一些历史。

5.数学是科学的语言。

6.科学家们正试图确定是否所有被认为是莎士比亚的戏剧都是他写的。

7.文艺评论不是一门真正的科学，因为它不具有可预见性。

8.大多数诗人都对数学公式一片茫然；大多数科学家对诗歌也是如此。

9.掌握两种语言并不意味着你知道关于语言的一切。

10.我知道答案，但我解释不出来。

所有这些句子都来自公开出版物，并且都是相当令人尊敬的作者的作品。（其中第4、9、10句都是根据某些著名演讲者的谈话记录下来的。）从这个意义上说，这些句子都是"真实的"。我所谓的"令人尊敬的"是什么意思呢？我是说，这些作者或演讲者都受过相当好的教育，明确知道他们自己说的是什么意思。也就是说，他们认为自己所说的内容是能为人理解且真实的。进一步说，所有这些句子都是现代的，因为它们都是近十年内才被写出来或说出来的。显然，它们或多或少代表了现代人对"科学"一词的理解。虽然最后两句话并没有直接出现"科学"一词，但"科学"的含义都包含在句子中了，也就是说，科学被暗含在"知道"一词里了。

让我们来仔细分析其中一些句子。例如，第1句："科学永远无法知晓生命的奥秘。"这句话是真的吗？显然，近年来科学家已经发现了很多关于生命的"奥秘"，有的发现甚至都不是近期才有的。比如说细胞的结构与演变，免疫系统的机能，DNA在遗传中的作用以及其他很多发现，都属于对生命奥秘的发现。而我们也可以预期，科学家将继续研究生命，发现生命的其他奥秘。但是，在这句话中，"奥秘"一词让这句话变得真实且不容置疑。显然，人们认为科学的确无法理解关于生命的那些奥秘，因为这些奥秘被视为跟一些神秘莫测的事物相关联。无论科学家拥有多少关于生命的知识，他们显然需要另一些知识以便现在或将来解决这类谜团。

我们再来看第5句："数学是科学的语言。"这句话清楚地说明数学和科学有密切的联系，但它也同时清楚地说明了二者不是同一事物。科学家可以运用数学，但他们不能做（研究）数学；而数学家则可以跟普通的门外汉一样对科学方法与结果一无所知。阿尔伯特·爱因斯坦是一位伟大的理论家，但不是一位伟大的数学家；当他陷入困局时他会求助于他的数学家朋友，他们会发明数学的方法让他摆脱思考的困境。可他的朋友们尽管拥有数学技能，但却从来没能提出相对论。

与此同时，这句话看似说数学是不同于法语或汉语的一种语言，或者是不同于肢体语言或音乐符号的一种语言形式。前述的都属于语言的一种，但都不能称其为科学的语言，虽然有的科学家或许也学习了其中一些语言。

第7句"文艺评论不是一门真正的科学，因为它不具有可预见性。"是一句非常严谨的话。有一条非常古老的法则是说如果科学不具有预见性，那么就不能称之为科学；也就是说，只有当你能预见到某样事物在这种或那种情况下会如何运作时，才能说你真正了解这一事物的客观规律。文学评论（例如，日报上登载的书评）的一个主要功能是告知你是否会喜欢这本书，或者对这本书感兴趣。当然，预期的东西并不具有必然性。但并非所有实验都会获得你预期的结果。而且所有的文艺评论都不可能像数学公式那样准确地表述出来。

我首先得承认，从常识角度来看，文艺评论不是科学。但我并不认为这是其不具有预见性所致。然而，这句话表达了一种对科学的感觉，并对全面理解**科学**一词的含义具有积极意义。

再来看第9句"掌握两种语言并不意味着你知道关于语言的一切。"这句话则表达出另一种我们对科学的理解，无论这种理解是否合理。这句话表明，用一种非常巧妙的迂回表达说明，为了一以贯之地做好某事，任何人都必须掌握的某种知识，比如说掌握两种语言这种知识，但它并不属于科学知识的范围。这含蓄地表明，科学知识本身不具有实践性或是实用的。这句话并没有说任何与科学相关的好话。相比起掌握科学的语言，大多数人更愿意掌握两种语言。事实上，能使用两种语言对大脑更有益（这让大脑变得更高效且敏捷），反之，除非是想要获取一个高校教职的工作，人们根本没必要去理解毫无实用价值的科学语言。这句话暗含的意思是，科学家掌握的知识即便不是总是，也常常是具有专业性的，而且对普通人来说用处不大。

不过，第2句"科学家早晚会找到治愈艾滋病的方法"则表达了我们对科学深信不疑的一种信念，即我们必须且能够依赖科学去解决我们事实上面对的那些非常困难、压力巨大的实践难题。这句话还表达出一种观点，即我们期望科学家能够找到治愈艾滋病的方法。而我们可以肯定的是，诗人、雕塑家和哲学家一定无法做到这一点。普通人光靠想象和直觉也找不到一种治愈疾病的方法。这也是科学一词广泛被人们赋予的一层含义。

在这个科学时代，大多数老师在听到学生说出第10句话时一定会想要做出回应。第10句说道："我知道答案，但我解释不出来。"老师则会回应说："如果你无法解释清楚，那就意味着你并不知道。"然后就会给学生一个F级的成绩。无法被表达或交流的知识，例如数学或其他学科，不能称之为科学。换句话说，这种知识一定不可能是科学知识。科学知识被认为必须是公开的知识，能够且必须可以表述出来，以便让其他科学家进行测试和验证。

但这又排除了那些我们通常视为科学的知识，而科学一词曾包含了所有知识门类，其中相当一部分与人类心理状态和行为相关的知识并不像科学知识那样具有内在的确定性。例如，最好的侦探具有某种他们自己都无法解释的预感，但这种预感常常是正确的。在知悉如何跑位或传球方面，伟大的运动员具有无法解释且难以形容的天分。士兵之所以能幸存是因为他们具有感知危险的第六感。而圣人比任何科学家都坚信上帝已经告知他们，或通过某种其他方式让他们感知到上帝的存在。

然而，我们并不是要证明这句话是错的，而事实上它也没有错，因为它表达了我们对科学的一些感觉，也就是说，科学不完全是直觉，虽然有时候直觉会在某种程度上有助于重要的科学发现或突破性进展。

最后让我们来看第3句"科学和艺术没有共通之处"，这句话或许揭示出我们对科学或是对艺术最深的偏见，而与此同时，这句话显然不是真的，至少在表面上是这样的。换言之，科学和艺术有许多共通之处。比如说，科学与艺术都是最有能力的人才能从事的工作，二者都能给我们以启迪并使我们从痛苦中解脱出来，二者都相当艰巨、需要竭尽所能才可获得成功，以及只有人类才能从事科学或艺术相关的活动等。

但是，从某种意义上来说，这句话又是正确的，我们可以参见第8句。我们很肯定的是科学家和艺术家虽然有很多共通之处，即使他们做的很多事情是相似的——比如冶金学家和金属雕刻家——但他们的工作方式不同，所要达到也不同。正是他们不同的观点让我们知道，"科学"的含义和"科学家"的工作。

科学的三个特征

从我们对"科学"这个词汇的日常理解来看，它是一种具有三个特征的人类活动。首先，科学是具有特定世界观的特定人群从事的活动。科学家尽量做到客观、实事求是且不感情用事。他们不让自己的感情阻碍他们对所谓真实事物或事件的观察。他们通常在实验室之类能够较准确控制实验对象的地方进行科学研究。他们不会像诗人那样，在日落时分漫步在码头上，用惊异的眼光审视这个世界。理想的情况是，科学家既诚实又谦卑。他们总是试图报告自己的发现，这样其他人就能验证这个结果并应用于自己的研究。他们绝不断言自己不能证明的东西，有时还更加审慎地发布自己的成果。但他们很有职业自豪感，更喜欢跟同行的科学家们交流，而不太喜欢跟从事其他职业的人交流，特别是诗人。诗人让他们感到不自在，还会看不起他们。（当然，诗人对科学家也有同样的感觉。）

其次，科学几乎只研究事物，而不研究观念或情感，而且只研究外部世界及其运作机制，而不研究内在心理状态及其运作机制，当然有些心理学家试图把心理学也纳入科学的范畴。人体也被视为外部世界的一部分，但灵魂不算。绝大多数科学家怀疑灵魂是否真正存在。虽然我们对其存在的方式知之甚少，但太阳系和宇宙也是外部世界的一部分。科学家趋向于假设宇宙中的情况跟地球上自然的基本状态是相同的。

在某种程度上，人类是否属于外部世界仍然具有争议。科学家一般不愿意对大规模的人类行为进行研究。因此，虽然经济学家尽力使自己看起来像科学家，但却往往是徒劳的。科学家所谓的外部世界包括这样一些东西，如量子、夸克和类星体，这些东西跟天使一样神秘莫测，而且通常都是肉眼无法观察到的。但是，这并没有让科学家感到困扰，因为他们相信自己有办法研究这些看不见的，而且是根据不确定性原理是永远无法观测到的微粒。但看不见的天使对科学家们毫无吸引力，因为科学家根本就不相信天使真的存在。

你思考至此就会发现，外部世界仅仅是指科学家能够用数学术语测量和描述的世界，而不包括那些无法测量和描述的事物。这意味着外部世界是一个相当模糊的概念，但这个理念本身却是毫不含糊的。

最后，科学用一种特定的方式对研究对象进行研究，运用特定的方法和语言来表述独一无二的研究成果。最广为人知但却不一定最常用的研究方法是实验法。这种方法首先采用一种想法，科学家并不深究这种想法的来源，然后设计一项可实验的假说，再在一个可控的环境下测试这一假说是否有效。实验环境必须精心控制，确保无关因素不会影响到实验的有效性，而且这可以让其他人重复该实验，以期达到同样的结果，这恰好是验证实验可靠性的最佳证明。

不过，数学这一用来阐明实验结果、表述实验过程、控制实验本身的工具或许是科学所有特征中最典型的了。绝大多数科学家会说如果你不能用数学语言表述你所做的事，那么你就不是在进行科学研究，而他们更喜欢用数学语言来表述其研究结果的原因在于，对他们来说，这样做更容易也更便捷，而且全世界的科学家都能明白这种语言。

同样重要的是，实验工作也必须按数学推理的方法进行，也就是说被研究的对象首先必须转换为或简化为数字，其次人们能通过理性的方法对它们进行研究。最古老的希腊科学家们所拥有的古老理念——世界本质上是可以理解的因为它在某种程度上能与人类的思想相契合——被转换成了毕达哥拉斯学派的观点：世界（至少是外部世界）是科学的主体，本质上是数学的，因此也是可以理解的，因为人类的思维本质上也是数学的。

只要是人类思想可以衡量的事物，也就是说可以被转换或简化为数字的事物，在对它的理解和控制方面就一定有巨大的进展。如果人们找不到方法对它进行衡量，那么对其的理解和控制就会相对较弱，这也部分地解释了人类在心理学、经济学和文学评论等方面的成就为何要相对弱于科学方面的成就。

科学是17世纪最主要的发现或发明。17世纪的人们学会了用今天我们称之为科学的方法来衡量、解释和控制自然现象。这的确是一项非常伟大的、革命性的发现。从 17 世纪起，科学取得了长足的进步，发现了许多真理，也创造了许多效益，这在 17 世纪还是未知的事。但是，科学并没有建构出一种发现自然真理的方法。[1]为此，17 世纪或许是人类历史上最重要的一个世纪。它给人类生活的方式带来了不可逆转的重大改变。我们只能假设这种改变总是向好的方向发展。

亚里士多德学派的科学：物质

为了发明科学方法，17 世纪的思想家不得不推翻 17 世纪之前最伟大的科学家亚里士多德的世界观。为了弄清楚到底发生了什么，我们首先得知道亚里士多德看到的和描述的世界是怎样的，尤其是与我们密切相关的世界的两个方面：物质和运动。

亚里士多德认为，所有物质都有质料和形式两个方面。一方面，质料是一种事物的潜在形式。从这个意义上讲，质料本身并不存在。另一方面，质料是构成事物的东西。亚里士多德经常采用的一个比喻就是，质料好比受形式规范后的蜡一样，可以任意塑造想要的形状。

在这地球之上月亮之下的世界里，事物是如此千差万别，但总体而言都是由四样东西构成的。亚里士多德更常用的说法是"四种元素"。这四种元素分别是土元素、水元素、气元素、火元素。因为在我们这个并不完美的世界里，这四样东西没有一个是纯粹地存在于我们这个不完美的世界中，因此我用大写首字母来对其加以标示。它们总是混合着的，每样东西或多或少地掺杂了土、或多或少地掺杂了水、或多或少地掺杂了气、或多或少地掺杂了火的成分，从而形成了世间万物。

重物绝大部分是由土构成的，但也绝不可能全部是土元素。轻物大概是水元素、气元素，甚至是火元素等几种元素杂糅在一起形成的混合物。由于四种元素从不以纯粹的方式单独存在，所以很难单独去衡量它们。从这个意义上说，它们

---

① 原注：严格来说，我们没有发明任何发现真理的新方法这种说法并不准确。参见第十五章。

是不可衡量的。但是，亚里士多德认为，一个人的体内具有大量土元素，这构成了人体骨骼的力量；同时，人体也有大量的水元素，这构成了血液和其他体液；人体内的气元素就是人呼吸的方式；而火则维持人体的温度，而从某种意义上讲代表着人体的生命本质。同理，地球之上月亮之下的所有物质都是类似的物质构成。

在月亮之上，也就是指太阳和其他行星、恒星以及它们所处的无限空间，则具有第五种元素，即我们所称的"第五元素"。太阳和其他天体都是由第五元素构成的，第五元素以一种纯粹的方式存在于其中。月亮的绝大部分成分是第五元素，虽然还有一小部分是月亮之下的物质的混合体，这是由于它过于接近地球，而地球则绝大部分是由土元素构成的。能够证明这一观点的是月球表面的暗影，它们仿佛是时光在美丽面庞上留下的痕迹。重要的是构成天体的第五元素仍然是一种质料。但第五元素不是天使的构成元素，因为天使是非物质的，正如上帝是非物质的一样。

亚里士多德学派的科学：运动

对亚里士多德而言，根据他精心设计、连贯构造出的物理学假设，有一个基本的事实是所有尘世万物，无论是物质的还是非物质的，都是静止的。因此，运动要么是被迫的，要么是非自然的，或者说运动是对先前某种不平衡状态的自然矫正。也就是说，总体而言，运动是为了寻找一处可以静止的点。一旦达到了这个可静止的点，运动就停止了。

土元素、水元素以及某种程度的气元素自然地都在寻找一个下降的地点，即向着地球中心沉降。如果它们不是被一些无法渗透的表层物质阻挡住了的话，例如土本身，它们就会一直向下进入地球中心去了。火元素寻找向上升到它的自然静止所在，这个静止点在我们上空，但并不是无限远处，这个地方仍处于月亮之下的某个空间内。气元素通常或者说总是跟火元素混合在一起，就像它总是跟其他更重的元素混合在一起一样。正因如此，它的行动总是轻盈飘忽、难以捉摸的。气元素可以上升，也可以下降，它的运动总是扰动不安的，因为在气的内部一定有一些奇怪的元素混合在内。如果气元素是纯粹的，它最可能的状态则是像其最本质状态那样，静止地围绕在我们周围，水元素和土元素位于气元素之下，火元素在气元素之上，这样一来当然也不可能有风存在。

在着急否定这样一幅世界图景之前，我们试想一下这是多么精致的场景，是怎样一位天才方才能想到这样的场景呢！在我们的经验中，所有事物都是静止的，除非它在寻找一处可静止的固有地点，正如河流寻找海洋，火焰在我们上方的位置，或被某种外力强迫移动。当我们迫使某种事物运动时，比如说，扔出一个球，它很快就会停下来，并停留在它找到的地方，除非我们重新捡起这个球再把它扔出去，否则它就会一直待在静止的那个地方一动不动。一切没有灵魂的物质都是这样的。我们找不出任何不"想要"找到一个静止点的运动着的事物。

而那些有灵魂的事物，比如说动物和人呢？他们同样也在寻找一处自然的地方，例如家，最终是坟墓。坟墓难道不是一切努力最终都会走向的终点和目标吗？肉体寻找的正是这样一个目标。但是人的灵魂则在寻求别的东西：向上帝赎罪，寻求只有上帝才能赐予我们的平静。这是灵魂最高尚、最强烈的愿望，即便有时候灵魂的意愿也会出现偏差，正如但丁在《神曲·炼狱篇》第十六章里描述的那样。

奥古斯丁说道"我的爱就是我的重量"。如果我们不明白亚里士多德的宇宙观，我们就很难理解奥古斯丁这句话的含义。只要我们明白亚里士多德的宇宙观，这句话的含义就是相当直白的。我的肉体寻找土地，因为它本身就是土质的——土元素是身体的主要构成元素。但是我的灵魂寻找着更高的安息之地。这安息之地就是爱。我身体的重量拉着我向下降。但我灵魂是轻盈的，比气还轻，比火还轻，当我的身体安息在坟墓时，灵魂的轻盈却让它一直向上进入长久的家安息。

在我们这个世界，有静止和两种不同的运动：一种是自然的运动，它是由于物体本身的"重量"产生的运动，即是寻找适合静止之地（"适合"意味着它"本身的"）的运动；另一种是不自然的或被迫的运动，亚里士多德认为这种运动是物体被施加了外力引起的。然而，月亮之上的世界又是怎样的呢？在那里同样有运动存在！太阳和行星在运动中，行星每二十四小时环绕世界一周。这又是一种怎样的运动呢？

这个问题很难回答，因为在我们这个世界月亮之下，除非是运用外力迫使物体改变其轨迹，否则所有运动都是直线运动。在月亮之上，太阳、行星以及恒星显然是进行圆周运动的。它们是否都是被迫这样运动的呢？我们不能这样假设，因为亚里士多德及其基督教的追随者们都认为，天体都是完美的，假如其能够被推动的话就是不完美的了。因此，它们的圆周运动一定是一种自然运动。

亚里士多德的解决办法十分简单：第五元素的自然运动就是匀速圆周运动，其本身就不同于月亮之下万事万物的运动，就像天体跟万事万物本质上就有巨大差别一样。这一切马上就都解释通了。天体，或者说天体运行的空间之所以匀速旋转，是由它们的本质决定的，而当我们仰望天空时就能看到天体所做的圆周运动。

此后，时不时有新的理论被提出，有的认为是天使驱动行星按其轨道运行，不费吹灰之力就让行星在既定的圆周轨道上运行。事实上，这一理论在中世纪早期被人们广泛接受。当亚里士多德在1 000年以后被重新发现的时候，事实再次证明他关于自然的第五元素的运动是由第五元素物质的本质决定的这种假说是多么先进。亚里士多德的解释让世界变得更加理性。这种解释显然更适宜、更美好、更完善，更明显像是上帝的精心安排。因此，亚里士多德关于行星运动的理论变成了教条。质疑这一理论就是质疑上帝创造世界。

对亚里士多德的反叛

伽利略挑战了亚里士多德的运动理论，因此产生了科学史上最著名的时刻，但这绝不是首次对亚里士多德的挑战。对亚里士多德的质疑至少在伽利略出生前两百年就已经出现了。

为什么会出现对亚里士多德的质疑呢？亚里士多德的运动理论解释了事物的自然下落和下坡的方式——球从高塔上落下，河流奔向大海等——但是在解释亚里士多德所谓的受力被迫运动上，这个理论就不那么完美了。这种运动是当一个物体被扔出，或被某种机器（比如弹弓或加农炮）用力掷出时的运动。事实上，也许正是对弹弓之类器械的发明和日常应用引发了人们对亚里士多德运动理论的质疑。这一传统理论不能很好地解释类似投石机的工作原理。

　　这对我们来说可能不大好理解，因为现在我们已经采纳了一种完全不同的运动理论了。但是如果你还记得亚里士多德的惯性定律是基于静止原理的，你就能看出问题所在了。在他的理论中，任何东西都不会移动，除非物体被施以外力，或者是在进行某种自然运动，例如事物向地球中心坠落，或是天体匀速圆周运动。

　　从弹弓上射出的弹丸不是自然移动。当它从弹弓的弦上弹出去时，显然是被推力抛出去的。但为什么在离开了弹弓之后，物体还会继续运动呢？这时候，物体并没有继续被推动了。为什么物体并没有在一离开推力之后迅速地以直线运动的方式落到地面呢？

　　亚里士多德派回答了这个问题，但他们的答案并不充分，而且的确缺少说服力。当涉及剧烈运动时，惯性静止这一基本常识性的理论就崩溃了。比如说，被抛物体侵占了前方空气所占据的空间，空气被扰乱后四散乱窜，围绕在被抛物体四周填满物体运动后造成的真空，因为"自然厌恶真空"。空气为避免出现真空而表现出的疯狂填充举动推动了被抛物体的前进。此外，还有比这更离奇的解释方式。

　　很多思想家把这当作一件费力不讨好的事情，进而放弃了解释这一现象。他们说，受力被迫运动的确很难解释，但亚里士多德运动理论一般而言都是正确的，因此这种运动实在无伤大雅。但是，巴黎大学的一些杰出神学家更是怀疑论者。由于他们占据了神学的权威地位，因此可以部分地质疑亚里士多德理论而不受惩罚，这样他们就可以拯救那些无知的人。后来伽利略却不愿意这样做或不知道该这样行事。

　　让·布里丹（1300—1358）就是其中一位著名的巴黎神学家。尼古拉·奥里斯姆（约1325—1382）则是另一位巴黎神学家。他们清楚地发现了这一问题，并提出了解决办法。他们认为，弹弓对被抛物产生了某种"推力"，推力一旦产生，就会持续地对被抛物产生推动作用，直到推力耗尽为止。

　　换句话说，受力被迫运动跟自然运动一样，也是天然固有的，它的原理就蕴含在运动物体本身之中。一旦某种强烈外力施予被抛物以推力，被抛物就不再需要被推动了。被抛物会持续运动直到落地为止。加农炮中发射出的炮弹和弹弓弹出的物体就是这样运动的。

　　到目前为止，这一理论看起来都还不错，但却不能进一步加以论证。匀速圆周运动的问题依然没有得到解决，而神学家也不知道如何运用洞察力来解答这一难题。同样地，去解释这个问题也极易让他们置身危险的境地。

关于天体运动的规律，或者说关于人们假设在运动中的天体，有好些重要的问题都没有解决。首先，如假说所言，天体做匀速圆周运动的假设是否能解释这一天文现象呢？它能否解释天文学家在观察天空时所看到的现象？对生活在19个世纪以前的、伟大的亚历山大天文学家托勒密①而言，匀速圆周运动足以解释他能够观察到的星空，而他之前的天文学家能够传授给他的也就是这种观察法。但是，经过数个世纪之后，现在天空已经在无数人的缜密观察之下，阿拉伯人和希腊人、印度人和意大利人都对天空进行了仔细研究。当他们的观察结果被汇聚起来并加以整合时，匀速圆周运动似乎无法再解释天体运行这一现象了，尽管这种运动是以相当巧妙的方式结合起来的。

有时候，匀速圆周运动的组合运动方式似乎也有必要。例如，古代希腊天文学家已经观察到，金星的运行轨迹并非围绕地球的匀速圆周运动。如果有人假设金星运行轨迹的圆心并非地球，而是另外一个最佳圆心，而金星在围绕这个最佳圆心做圆周运动的同时也在自转，这一现象就可以被解释清楚了。这种解释可以说明为什么金星有时看起来运转得快，有时候又运转得慢，而有时看起来又像是在轨道上逆行，就像金星在倒退着运转一样。金星围绕自身最佳圆心运转的匀速圆周运动轨迹被称为金星本轮。

几个世纪以来，随着天文学家对天体观测的准确性逐步提高，人们也越来越需要用更多的本轮来解释所观察到的天体运行情况。到最后，每个太阳系行星都需要一个本轮来加以解释。火星则需要两个本轮，因为只有假设火星同时围绕两个圆心不同的本轮运转，才能解释人们从地球上观察到的火星运行轨迹的异动现象。尽管如此，本轮理论也并不是完美的，因为天文学家对行星观察的精确度仍在不断提高。此外，本轮理论并不十分优雅。宇宙按照这样一种缺乏美感的方式运转这一想法让人们感到不太自在。

但是，如果行星不是按照匀速圆周的方式围绕地球旋转的话，那么它们是如何运行的呢？还有没有其他哪种简单的运动可以解释行星运转的现象，还可以被

---

① 托勒密（约90—168），亚历山大港人，被认为提出了"地心说"。原文中所说的12个世纪之前，是以中世纪为当前时间的。——译者注

称作"自然的"运动呢？似乎没有哪种运动可以解释这一现象。至少没人能够想象出来。

随着时间流逝，越来越多的问题无法用托勒密的理论加以解释。比如说，天体运行的第一推动力是什么，是按匀速圆周运动还是其他方式运动的呢？答案曾一度是绝对一致的——上帝希望它们动起来，于是它们就开始运转——但这个答案对那些最富于冒险精神的头脑来说是十分麻烦的。第五元素假说也很难为他们所接受，特别是针对第五元素运动本身。很多思想家开始对这种在地球上从来无法观察到的运动形式感到不安，因为没有哪样物体天然地、严格地做匀速圆周运动。在地球上，如果某种东西在做圆周运动，一定是受到外力作用的结果。如果天使或上帝没有推动太阳和行星、恒星的运转，如果这些天体是自我推动运转的，那么运动的第一推动力又是什么呢？

此外，还有同心天球体系问题，据说天体是在水晶球上运动的。它们无法在空无一物的空间中移动，因为有几个原因——比如说"自然厌恶真空"——是无法想象的（亚里士多德跟德谟克利特曾在这一问题上争论过。）虽然这些巨大的球体产生了妙不可闻的神圣音乐，但这些球体的运转也是不可见的。这一理论当然没问题。我们的确看不见这些球体。但是，有时相互叠加的不同行星本轮也可以说是一种水晶球体系，而且有时候这些水晶球还会相互交叉甚至重叠。不过，这是看不见的，因为构成这些水晶球的第五元素物质被设定为不可渗透、不可改变、不可摧毁的。

最后，对恒星来说还有一个特殊的问题。亚里士多德理论曾假设土星的范围之外有一个恒星运行的水晶球体系。（在恒星之外是"最高天"，即上帝的居所。）从托勒密时代开始的对恒星视差的观察表明，这个水晶球体系以及体系中的所有星球距地球是无限遥远的。但是，如果它们如此遥远，那么它们每二十四小时就能环绕地球一周的运行速度就会是难以想象的大。从某种意义来说，再大的速度也不是什么难事，因为上帝可以凭自己的喜好让这些行星运行得要多快就有多快。神力是不受任何限制的。即便如此，亚里士多德的理论也有问题。因而世界各地的人们都在寻求一种更简单的方法来解答这一难题。

哥白尼

尼古拉·哥白尼生于1473年，一生大多数时候都在波兰度过。他在东欧的大学接受了良好的教育，1500年，据说他已经掌握了当时所有的科学知识：医学、法律、数学以及天文学。他本可以选择从事任何一种职业，但最终选择了天文学。

他越是研究和思考托勒密–亚里士多德关于天体的理论，就越是感到疑惑。托勒密–亚里士多德的天文学理论非常复杂。真有必要这么复杂吗？比如说，如果地球是旋转的，那么就可以解释为什么恒星每天都能环绕地球一周了，这样一来，恒星的超高速运动问题也就迎刃而解了。恒星甚至连动都不必动。并且，如果是地球绕着太阳转，而不是太阳绕着地球转，那么也就很容易解释行星运行轨道的问题了。

哥白尼研究了所有能够找到的古希腊天文学文献。他发现，早在古希腊时期，就有不止一位天文学家提出地球是旋转的和日心说系统。那么，稍微修订一下这个假说，从而获得一项长足的进步是否可能呢？于是，哥白尼开始做如此的思考。

但是，哥白尼十分胆小，他没有公开出版他的著作《天体运行论》。他一次又一次推迟出版时间。事实上，他是在临死前才同意出版商将他的著作付梓。1543年，直到辞世的那一天，哥白尼才第一次看到这部巨著问世。

他害怕引起宗教争议，还害怕他的观点会挑战亚里士多德的权威地位。事实上，他的观点并没有引起大规模的惊诧，部分要归功于这本书的推荐序，为他写推荐序的朋友反复强调，这本书中的理论只不过是一种假说，是为简化某些数学问题才做出的设计。推荐序特别提到，哥白尼并没有说地球真的是一天自转一周，也没有明确说地球一年围绕太阳公转一周。当然，细心的读者可以看出哥白尼事实上是明确表达了这一观点的。正因如此，哥白尼的新理论并没有引发哥白尼真正希望的知识革命，虽然他很害怕在有生之年将其发表出来。

或许哥白尼没有引起所谓的哥白尼革命的主要原因在于他十分谨慎地保留了两个亚里士多德天文理论学说的重要特征。一个是匀速圆周运动，另一个是第五元素物质，这样一来，此类运动被视为自然运动。因此，神学家和一些天文学家一样，都会相信哥白尼并没有提出什么至关重要的理论。

第谷·布拉赫

伟大的丹麦天文学家意识到，哥白尼已经改变了世界。第谷生于1546年，他很小的时候曾被过继给他无子女的富裕叔叔；在经受了最初的家庭冲击后，这位叔叔将第谷抚养长大，让他接受了良好的教育，并指定他为自己的继承人。第谷却在某方面让他的恩人感到失望。尽管他的叔叔希望他成为一名律师，他却坚持选择了天文学研究作为自己的职业。在25岁之前，第谷继承了父亲和叔叔的遗产，变得十分富有，能够随心所欲地过自己的生活。

在丹麦国王进一步的财政援助的帮助下，第谷在一座哥本哈根附近的小岛上建立了自己的天文台，在那里从事他所谓的毕生事业，也就是修订现存的所有天文学记录，他认为其中的很大部分是相当不准确的。或许他一生中最富戏剧性的事件就是他的发现，即1572年他发现了位于仙后座星群的一颗新星。他连续好几个月观察到这颗明亮的新星，然后在1573年发表了一篇专题论文，这让他声名大噪且颇具争议。

在亚里士多德学术思想和基督教世界观看来，是不应该出现新星的。月亮之下的世界是混乱、不完美和不可预期地变化着的。这虽然不是人们想要的状态，却也无可奈何地为人们所接受了。从根本上讲，这是魔鬼犯下的错误，他诱惑了夏娃和亚当犯下罪孽，扰乱了上帝最初设定的完美世界。但是，在月亮之上，天空是不会变的。它们继续反映着上帝对世界和人类不变的爱。因此，神学家在对第谷的论文进行了一番调查之后得出了结论，认为这篇论文及其作者都是错误的。这颗新星根本不是新的。只不过是人们在此前从未观察到它而已。

第谷并不感到惊讶，也并不十分失望。他本人家赀巨万，而丹麦又是一个路德宗国家。他的国王是一位虔诚的新教徒，跟第谷一样，他对罗马天主教会对第谷的批判毫不在意。无论如何，第谷继续进行着他无比强烈想要完成的事业——为子孙后代留下一部相当准确的天文学观察记录，以便未来世世代代的天文学研究都要依赖于此。

1588年以后，新任国王给第谷提供的经济资助大大缩减，第谷不得不放弃他挚爱的天文台，定居在布拉格，在那里境况变得十分窘迫，他只能在一名年轻学生约翰尼斯·开普勒的帮助下完成他的工作。在1601年去世时，第谷把他所有的天文学记录都留给了开普勒。开普勒后来的事迹我们接下来会讲到。

吉尔伯特

威廉·吉尔伯特是英国人，为最终推翻固定不变的、不可更改的亚里士多德知识世界图景并最终建立一个新的知识体系取而代之做出了自己的贡献。与跟他同时代的威廉·哈维（1578—1657）一样，吉尔伯特接受了医学教育，在医学方面取得了很大成功，而哈维则发现了心脏泵血功能和动脉静脉运输血液供应全身的血液循环工作原理。但是，吉尔伯特之所以闻名是因为他的科学研究习惯。他对天然磁石十分着迷，这种今天我们称之为磁铁矿的矿石具有天然的磁性，在世界各地都有发现。

吉尔伯特研究各种类型、形状以及磁力大小的磁石。他最重要的发现是地球本身就是一个巨大磁体，当他观察到罗盘指针在发现了磁极的北方时会指向正南（这个观察在北半球进行）时，便据此推论出地球也是一个巨大的磁体。吉尔伯特还怀疑地球的引力及其磁力在某种程度上相互关联，但他没能证明二者是如何联系在一起的。

跟丹麦一样，英国也是一个新教国家，吉尔伯特得到了另一位新教君主女王伊丽莎白一世的支持。因此，他可以向世界宣布他这一引人注目的现代观点。他强有力地为哥白尼关于太阳系的日心说辩护，并得出结论说并非所有恒星离地球都是一样的距离。但是，他最具挑战性的观念是行星必须受到某种磁力的吸引才能围绕其轨道运行。当时没有人能明白这个观念其中暗含的意思；事实上，当时吉尔伯特自己也没有很清楚地意识到他到底提出了怎样革命性的观点。

开普勒

1571年，约翰尼斯·开普勒生于乌腾堡，死于1630年。虽然家里是贵族但却十分穷困，他还是在路德宗学校和图宾根大学接受了良好的、涉猎广泛的教育。他希望在教会获得一个职位，但他所写的一篇天文学论文却引起了当时已经居住在布拉格的第谷·布拉赫的注意，而后第谷邀请这位年轻人做他的助手，跟他一起研究天文学。深思熟虑之后，开普勒接受了邀请。而在接受邀请的次年，也就是1601年，第谷去世时，开普勒被指定继承他皇家数学家的职位，还继承了第谷大量关于天文观察的精确记录。

显然，开普勒感到他继承的不只是第谷的记录。他还开始用更积极的态度看待第谷离经叛道的观点，其中有些观点甚至是开普勒第一次意识到的。第谷发表了很多反对亚里士多德水晶球理论体系的论文。开普勒延续了第谷的理论体系，即行星自由地在空间中运行，并且加入了他自己的研究内容。跟第谷一样，开普勒也认为开普勒的日心说理论不仅仅是一种假说，他还发表论文论证人们应当接受太阳中心论而不是地球中心论的世界观。但是，他最伟大的贡献是提出了行星运行三大定律，一劳永逸地解决了长久以来困扰人们的本轮理论和偏心圆轨道理论难题。这三大定律以他的名字命名，且至今依然有效。

三大定律中的第一定律从根本上改变了亚里士多德的知识体系，因为它强调行星的运动不是匀速圆周运动。行星并不是按偏心圆轨道围绕太阳运行的，而是按照椭圆轨迹运行的，即以太阳为椭圆的其中一个焦点的椭圆轨迹。开普勒所说的椭圆十分接近正圆，这也正是为什么在之前天文观察还不够准确时，关于行星运行圆周轨道的假说也足以解释行星运行现象的原因。新的假设在当时观察的精确度范围内是正确的，无须进一步矫正，也不需要偏心度、本轮或其他研究技巧。

开普勒第二定律是指行星与太阳间的向径在相同时间内扫过的面积相同。也就是说在一定的时间内，行星在近太阳的时候要比在远太阳处运行的速度更快。这一出色的洞见给了牛顿以重要启示，在力学的很多物体移动方面都适用，并不只适用于行星的运行。它解释了天文学理论和实际观察之间的绝大部分差异的存在。不幸的是，这一观念只作为直觉存在于开普勒的思想中。他知道它是正确的，而它的确也没错，但他没有真正论证出其正确性。

开普勒第三定律是指行星运行的时间跟它们与太阳之间的距离有一种固定的

数学关系。第三定律这一显赫成就的发现被认为是开普勒发明的最基本的研究工具。

开普勒不仅花了多年时间发展他的三大定律、准备用于发表的第谷的观察成果里的表格，他还认真研究了他发现的在行星运动中依然存在的悬而未决的难题：推动行星围绕太阳运行的第一推动力。是什么将行星设定在固定的运行轨道上，又是什么驱动着行星一直运行不息呢？

他意识到，吉尔伯特关于地球是一个巨大磁场的推论一定与这个难题的答案有某种关系，但他从没弄明白这究竟是什么原理。他几乎抛弃了所有亚里士多德派的天体理论，包括上帝将行星置于其永远运行的轨迹这一说法。他还可以接受一种观点，即认为太阳对它所控制的行星发出一定的磁力，让它们在一定距离内产生相应的吸引力，而无须任何物理实体的接触。但是，他无法推翻亚里士多德的一个关键性假设，即惯性阻力。他已经非常接近后来牛顿发现的秘密，而这个发现让牛顿成了最伟大的科学家，但开普勒却与这个秘密失之交臂，因为他认为除非有某种力在推动，否则行星一定会停止运行，于是他无法想象出任何除了吉尔伯特的磁力理论之外其他可以做到这一点的理论。他在这两方面都犯了极小的错误，他也因此被人们视为牛顿之前一位非常重要的先驱，除此之外就没有更大的令名了。

伽利略

1564年，伽利略·伽利莱生于比萨城，1646年逝于佛罗伦萨附近的阿瑟提。伽利略是一位罗马天主教徒，居住在一座天主教城市。这是他和第谷、吉尔伯特和开普勒最大的不同之处。

他在比萨城求学，后来在帕多瓦教授数学。他是当时首席的数学物理学家，这不仅仅因为他非常擅长几何学，而且也因为他是第一位知晓可以用数学真实地描述物理世界的现代人。他说："自然之书是用数学符号来写作的。"

年轻时候的伽利略进行了一次非常著名的试验，用以证明亚里士多德受力被迫运动理论的缺陷。他认可布里丹的冲力理论，并证明从枪炮中发射出的子弹在落地前是按抛物线轨迹运动的。他研究了钟摆的运动，说明钟摆的运动轨迹类似于行星的运动，在相同时间内扫过的面积是相等的。1609年春，当伽利略在威尼斯研究望远镜时，他开始麻烦缠身。回到帕多瓦后，他自己制作了一台望远镜，并很快改进了这台望远镜，让它成了当时最先进的天文观察工具。1609年的夏天和秋天，以及1610年的冬天，他用这台望远镜进行了一系列的观察。

伽利略首先用他的望远镜观察了月亮。在巨大好奇心的驱使下，他通过观察发现月球表面并不是光滑的。月球上有高山和峡谷，因此人们看到的月亮呈现出阴影，但此前人们并不明白原因所在。这个发现还不算令人震惊，因为一直以来人们都假设月球并不是全部由第五元素物质构成的。他观察了木星，发现了木星的卫星。提出木星是一个小的太阳系，木星本身即是卫星环绕运行的中心。最后，他把望远镜对准了太阳，发现太阳表面有很多黑子。这些黑色的区域不是一直存在的。他能够看到其形状和位置每晚、每月都在变化着。

这样一来，天空就不再是不会变化和不能被毁灭的了。伽利略总结认为，月球上的高山和峡谷是逐步形成的，跟地球上高山峡谷的形成过程类似。木星是一个小行星系统，也许还有无数个他无法用简单工具观测到的类似行星系统存在。而太阳则是一个会变化的星球，而且他的确观测到了太阳的变化。

1611年，伽利略去到罗马，向罗马教廷描述他观察到的现象。他带上了自制的望远镜。他的发现震惊了很多人，虽然他们一开始并不太明白他的发现的意义。但是，他要求他们睁大眼睛看这些结论。除了论证其他事情，他还说到，他能够从数理上证明是地球围着太阳运转，而不是太阳围绕地球运动，也就意味着托勒密是错误的，而哥白尼是正确的。他还坚持认为，他的望远镜观测证明天空与月亮之下的世界并无本质的不同，根本没有所谓第五元素存在，任何地方的所有物质都是一样的，或者说至少是非常类似的。

罗马教廷的首席神学家、枢机主教罗伯特·贝拉明（1542—1621）则认为，你无法用数学证明任何事情。他提醒伽利略，有一个历史悠久的观念，即数学假说跟物理实在毫无关系。（数百年来教会都坚信这个观念，这使得哥白尼的学说没有被湮没。）主教认为，物理实在不能用数学来解释，而需要由《圣经》和教父来解释。

伽利略说："你用我的望远镜自己看看吧。"贝拉明用望远镜看了看，但却什么也没看到。为什么罗伯特·贝拉明和多明我会的教士们看不到伽利略观测到的事物呢？假如我们用伽利略的望远镜来观测，又能看到什么呢？他们的眼睛的生理构造跟我们一般无二，但他们却看不到我们能看到的一切。

他们是如此深信托勒密体系以及亚里士多德学派构建的世界秩序。但这并非因为他们认为这些理论能更好地解释天文现象，实际上他们对天文现象一知半解甚至一无所知。他们相信旧的理论，是因为这些理论能更深层次地支撑他们的信仰。然而，质疑这些最深层次的信仰将会摧毁他们头顶的世界。他们无法接受这种可能性的发生。

生活在一千多年前的圣奥古斯丁曾在《上帝之城》中描述过上帝之城与地上之城这两座城的差别，也可以说是定义了人的生命和人的精神的朝圣之旅。奥古斯丁的定义当然只是寓言性质的，也就是说，除了运用精神力之外，他并不认为谁能够真正看到上帝之城或是地上之城的存在。

但是，在奥古斯丁的伟大构想之后的几百年里，这一构想变成了一种比人们能用眼睛看到的更强有力的实在。地上之城就在这里，就在月亮之下。它是世俗的、物质的，可以眼观身受的。地上之城就是人的世俗生活。然而，在夜里，那些具有慧眼的人则可以看到穹顶之上的上帝之城。它高高在上，散发着圣光，是不会改变、不会毁灭、永远圣洁美丽的。它是上帝对虔诚信仰的许诺，是基督徒的方舟，而不是上帝与犹太人的契约。

上帝之城是宇宙中最可爱、最值得向往的地方。质疑它、摧毁它、让它跌落尘世是不可想象的。任何对它构成威胁的人都必须被阻止，必要时甚至可以对这些人施以火刑。即便他可能是世界上最伟大的科学家，也概莫能外。

伽利略对圣奥古斯丁的上帝之城毫无兴趣。他是一位好基督徒，虽然他的数学非常精妙复杂，但他的信仰却十分简单。他去往教堂，他参加圣餐仪式，在聆听布道时却在头脑中进行着复杂的计算工作。他看着教堂顶上悬挂的灯笼在微风中轻轻摇荡，同时在脑子里弄懂了钟摆原理。对他来说，天空同样具有独特的魅力，但这跟贝拉明主教的上帝之城完全不同。天空是可以被研究、被理解，甚至可以用某种方式加以控制的。伽利略在做着这样的梦。

贝拉明犯下了严重的错误，即不试着去理解伽利略，不去认清楚伽利略到底是怎样的人。事实上，伽利略从来不曾想过危及教会权威，他跟贝拉明一样，都绝不允许自己跟异教徒有任何关系。还有一条古老的原则支持着伽利略，即当圣经中的内容与科学真理相冲突时，人们必须理解圣经暗含的寓意，以避免"如果人们发现自己相信了那些构成罪孽的事物可能对灵魂造成的严重伤害"。这一老滑的说法很可能是伽利略一位神学家朋友给予他的建议。估计伽利略自己是根本想不到这一点的。虽然这说法给伽利略留了很好的一个退步之处，但贝拉明却忽视了这个说法。他埋头向前，却没能估计到会出现伽利略被起诉和被惩罚的政治后果，甚至还可能让伽利略掉脑袋。

伽利略也犯下了同样的错误，他也没有试着去理解贝拉明和那些像他一样思考的人。争论不仅仅是科学上的，当然也不是关于一个特定的科学真理，比如是太阳围着地球转还是地球围着太阳转。

它是关于科学本身，关于科学在人类生活中应该扮演的角色，尤其是科学家是否应当被允许对现实进行绝对自由的推测的问题。更重要的是，它是关于上帝之城的，如果伽利略是对的，那么人们从此就不能再像以前那样看待神秘的上帝之城了。

或者说，如果允许他以他想说的方式说他是对的，伽利略是很愿意这样表达出自己的观点的。每个人都知道，从某个角度说伽利略是对的；他的假说比其他任何人的假说都要完善。但是伽利略想要的不仅仅是假说。他坚持认为，他能够用数理方法论证他所看到的是真的，除了其他比他更强的数学家或观察者，没有人可以质疑他研究成果的真实性。

伽利略认为，即便是教会也不是描述物理实在的权威。但是，教会还有什么权威可言呢？如果教会不再对每个领域都有话语权，而不仅限于精神领域的话，教会不就被压缩成仅仅是精神导师的角色了吗？而如果事情果然如此的话，那么有可能成千上万的人就都不会再向教会寻求帮助了。这样一来，不是绝大部分人都可能下地狱吗？

贝拉明枢机主教就是这样说的。他对人类面对的选择的理解是十分清楚的。伽利略被法庭判处静默，而他在很大程度上本来就是静默无言的人。贝拉明则成了圣徒，在1930年被加封圣徒名号。当然，从长远来看，伽利略获得了最后的胜利。至少在西方世界，教会被降到了精神导师的角色，而科学则提升到绝对权威的位置。

贝拉明的失败是因为他不是一位足够优秀的神学家。他本该更仔细地阅读奥古斯丁的著作，这样一来，他就会发现奥古斯丁所说的两座城事实上只是寓言性质的。它们只是虚无的构想，跟人们从望远镜里看到的世界完全不同。圣奥古斯丁以及那些能更深刻理解他的人，都能弄清这两种不同的实质区别，而这种区别又可以投射到对两座城的理解上。让伽利略成为地上之城的权威，教会就能保留其上帝之城的权威。但由于教会想继续占据两座城的权威地位，最终却连上帝之城的权威也失去了。

现在，当我们仰望澄澈而黑暗的夜空时，我们看到的是一副绝妙的景象，但这已经不再是从前人们看到的景象了。我们在获得科学知识的同时，也失去了对上帝之城神秘的信仰。

笛卡尔

1596年，勒内·笛卡尔出生在法国的图赖讷拉海（即现在的笛卡尔市）。1650年，笛卡尔因罹患严重感冒在瑞士去世，起因是他被召在北方严寒的冬天早上五点去皇宫讲授哲学课，由此染上了风寒。笛卡尔本来就非常怕冷，最喜欢躺在温暖的被窝里，但他的庇护人、瑞典女王克丽丝汀却坚持要在早上五点上哲学课，笛卡尔完全没办法拒绝她的要求。这个具有讽刺意味的事件给科学史增添了一个耐人寻味的研究话题。

在笛卡尔的自传中还记载了其他极具讽刺性的事件。他有着虔诚的天主教信仰，但他的作品却比其他任何人的作品都能削弱教会的权威。他创造了一种科学研究的方法，不仅改变了科学研究的方式，甚至对人类生活的方式都产生了根本的影响。但他自己关于事物的一些观念却常常是错误的，甚至严重到阻碍了法国的科学发展进程两个世纪之久，因为其后的法国思想家们都倾向于认为，无论是否理解笛卡尔的思想，他们都必须追随笛卡尔的足迹前进。同样地，英国人坚持认为牛顿的微积分术语要比莱布尼茨的更好——这当然是无稽之谈，尽管牛顿的确是第一个发明了微积分的人——这也让英国的数学倒退了一个多世纪之久。最具讽刺意味的是，笛卡尔对确定性的研究是建立在所有事物都是可疑的理论基础之上的。这是一种奇怪的理论，但在实践中却十分有效。

笛卡尔接受了当时欧洲最好的耶稣会教育，其中就包括全面的亚里士多德逻辑学和物理学训练。但是，在他20岁毕业后，他却感到无比绝望，因为他觉得自己对事物的确定性一无所知，而这正是他想要了解的。换句话说，他除了掌握一些数学真理之外，对确定性一窍不通。

他觉得，在数学领域，人们还可能懂一些东西，因为你可以从不容置疑的公理开始，然后依据公理建立算式，一步一步进行推理，最终得出的结论也必然是具有确定性的。他认为，这种确定性与其他东西无关，与科学、历史、哲学甚至是神学都没有任何关系，尽管神学被称为人类思想中具有最高确定性的事物。

1639年，在四处游历、广泛阅读，并与欧洲最进步的思想家做了大量的书信交流之后，笛卡尔开始着手撰写一本他的哲学思想的论文集，试图建构一种确保确定性的一般研究方法，可以把所有知识门类归纳到一个巨大的总体框架中。但就在那一年，他了解到伽利略遭受的非难，就决定最好是不写这本书了。他转而写了另一本书《方法论》，这本书专门论述方法问题，以便其他人可以运用该书提供的研究方法去探究那些富于争议的新真理。但是，即便是这本《方法论》也让笛卡尔陷入了层层麻烦之中。

这绝对是一本震惊世界的书。在书中，他用能说明作者思想之清晰明了的法语详细叙述了他自己知识发展的历程，他是如何怀疑他所受到的教育的真实性的，以及他是如何怀疑一切，最终他得出一个结论，即除了怀疑者存在这一事实之外，其他一切事物都值得怀疑。也就是说，怀疑者之所以存在是因为他正在怀疑。（Dubito ergo sum. "我疑，故我在。"）然后，他继续着手发现一种可以达到普遍确定性的研究方法，试图用数学形式和数学推理的方法解决所有问题。因此，他用数学的方法来论证上帝的存在，与此同时，他还表明了上帝是如何创造了一个无须上帝助力就可永恒运转的世界的，就好比一个绝大的、复杂而华美的钟一样。此外，他试图只用25页的篇幅就完成这宏大的论证。这简直是一部绝妙的杰作。

笛卡尔提出的方法本身就是一项重要的发现。为了理解某些现象或一系列现象，你首先得要让自己的思维摆脱旧例。这可不是一件容易做到的事，笛卡尔自己也并不总是能成功摆脱固定思维的困扰。其次，把问题简化为数学模型，然后运用最少的数学公理或不证自明的命题来建构推理这一数学模型。然后，运用解析几何进一步简化对现象的描述，把它变成一组数字。解析几何就是笛卡尔发明来解决数学问题的新方法。最后，运用代数，解上一步的方程式，这样你就能得到所要的确定性知识了。

伽利略曾说过，自然之书是用数学符号写作的。笛卡尔则提出，数学符号就是简单的数字而已，因为它对应笛卡尔坐标（"坐标"一词是莱布尼茨首创并使用的）上每个实实在在的点。坐标上对应的每一条线，无论是曲线还是直线；以及对应的每一件事物，无论它是简单还是复杂，都可以用数学方程式来表达。

笛卡尔也承认，人类不是数学方程式，但从很多方面来看用数学方程式描述人类也是十分必要的手段。以我们通常称为动物的"机械构造"为例——笛卡尔将动物视为一种"机械构造"，因为他认为动物没有灵魂——数学方程式就足以表达动物的任何一个方面。对所有机械构造的物体而言，包括最宏大的机械构造——宇宙，数学方程式也足以描述它的全部。人们需要做的就是解开这个方程式。这项任务可能非常困难，但从理论上说是可能的。

笛卡尔的世界观影响了所有人，而不仅仅是那些厌憎和谴责笛卡尔这一观点的人。帕斯卡绝不会谅解笛卡尔仅仅把上帝放在宇宙第一推动力的位置，而那些天主教神学家就跟笛卡尔刚毕业时一样绝望，因为他们认为笛卡尔提出如此多的异端邪说，实在有必要惩罚他，还得把他的《方法论》一书打入禁书之列。然而，即便是他们，也热情地渴望了解笛卡尔及其理论可以确保的理论确定性。因为这样，神学理论也能被简化为几何模型了！

尽管斯宾诺莎为此做了很多努力，他还是没能用数学描绘出神学理论涉及的非物质世界。这也正是神学能在长达一千年的时间里吸引最优秀的思想家充满激情地研究它的原因所在。现在，神学的吸引力突然消失了。那个曾经无限有趣的非物质世界突然变得一点意思都没有了。这是人类思想史上最根本、最彻底的改变之一。

这件事产生了一些重要后果。笛卡尔的成功在于他发明了一种能有效解决物质世界难题的方法。他灾难性的失败则源于他的方法只能有效地处理物质世界的事情。因此，生活在笛卡尔之后年代的我们，就只是生活在一个绝对的物质世界里，而这在某些方面造成了精神的荒漠。

在笛卡尔之前，神学是科学的皇后，数学物理只不过是科学的一个穷亲戚罢了。在笛卡尔之后，二者的地位发生了根本的变化。知识的世界里从来没有平衡可言。难道真有某种平衡存在吗？这只能是留给未来解决的一个重要问题了。

牛 顿

除了其他成就，笛卡尔的另一项重要功绩就是成就了牛顿的事业。1642年的圣诞节那天，艾萨克·牛顿这位杰出的科学天才诞生在英国林肯郡的吾尔索普庄园。他在剑桥大学读书，毕业后被邀请担任剑桥的数学教授。牛顿的前任伊萨克·巴罗正是他的老师，专门提出退休以便给这位杰出的学生腾出位置。

毕业之前，牛顿就发现了（也就是说，他只是提出了而没有证明）二项式定理。这已经足以成就绝大部分数学家一生的事业了。但对牛顿来说，这只不过是刚刚开始。1666年，牛顿22岁时，横扫伦敦的大饥荒也影响了剑桥，他因此退休回到位于乡下的农庄。他对农事毫无兴趣，他在农庄修建了一间房屋，安装了设备试验发电。40年后，在他的《光学》一书中描述了他在那里完成的革命性研究成果。但是，这一年对牛顿来说，最大的革命性改变在于他的思想。

所有的思想之路都通向位于林肯郡的这间小屋。吉尔伯特曾演示过磁石试验，并假设地球就像磁石一样发射出强大的吸引力。伽利略不仅观测到了木星的卫星还研究了自由落体物体，并精确测出了在海平面的重力。笛卡尔提出如何运用数学方法来解决物理学问题。开普勒描绘了行星运行的椭圆形轨迹，还假设是从太阳发射出的一种奇怪力量使行星保持在轨道上运行。而巴黎的神学家们则提出了受力被迫运动的冲力理论，这对亚里士多德的惯性阻力假说提出了挑战。回顾过去，这对我们来说并不困难，但对牛顿而言却不容易。有人或许认为，几乎所有人都能做到把摆在面前的所有知识都连贯起来。

之所以这么说并不是为了贬低牛顿的才能。因为即便是我们已经把这些零散的知识都摆在他面前，而他只需要把它们连贯起来，这仍然需要一个强有力的大脑，可以抛开一切传统偏见，还能够用一种全新的方法来看待宇宙。鲜少有人能拥有如此强大的头脑，在科学家里则更是凤毛麟角。

牛顿要做的远不止拼图那么简单。首先，牛顿必须接受当时最好的科学教育。然后，他还得成为一名熟练的实验者，掌握先进工具的使用方法。最后，跟笛卡尔一样，他还必须是一位优秀的数学家，能发明新的数学方法来解决自己提出的各种问题。笛卡尔的解析几何就曾成功地解决了静止宇宙模型的问题。但是，现实世界总是处于不断的变化之中。牛顿发明了一种截然不同的积分学来解释这一现象。或许积分学算得上是科学史上最有价值的单项发明了。

吉尔伯特、伽利略、开普勒和笛卡尔加起来才能与牛顿力学相匹敌。牛顿首先提出了一系列新的运动定律。它们在牛顿那本伟大的著作《自然哲学的数学原理》一开始就被提出来，其表述十分简洁却无比精准（即简称的牛顿运动定律）。牛顿运动定律描述了一个与亚里士多德思想截然不同的宇宙。

牛顿第一运动定律指出，任何物体都保持静止或是做匀速直线运动，直到外力迫使它改变运动状态为止。如果没有空气阻力，或其运动抛物线不因地心引力产生向下弯曲的话，运动中的抛射体将持续运动下去。如果是陀螺，一旦被旋转起来，除非是被其顶端接触面产生的摩擦力或是空气阻力阻碍了其运动，否则就会一直保持旋转的状态。体量巨大的行星和彗星由于在空间里碰到的阻力很小或者几乎没有阻力，因此无论其运动轨迹是直线还是曲线，它们可以保持运动状态的时间相对来说就要长得多了。

这条定律跟亚里士多德的惯性定律刚刚相悖。牛顿认为没有所谓处于"自然静止状态"的物体。如果一个物体是静止的，除非它被移动否则将会一直处于静止状态。如果一个物体是运动的，除非它遇到阻力，或者它的运动速度或方向因外力而发生改变，否则该物体就会一直运动下去。因此，没有什么运动是"自然的"，也没有什么运动是"受力被迫的"。也没有什么运动需要用不同的方式来解释。当然，随之可以推论出也没有所谓"自然匀速圆周运动"的第五元素运动存在。匀速的圆周运动是可能的，但它并不比其他任何形式的运动来得更"自然"。此外，跟所有运动一样，它同样可以用物体内部惯性和施予其上的力来解释。

牛顿第二运动定律是指运动的变化与物体所受力成正比，且加速度方向与物体所受作用力方向相同。更大的力会引起物体更大的运动变化，而多重力量引起的运动变化是由不同外力及外力的方向共同决定的。我们可以用普通欧几里得几何对合力进行分析。

欧几里得几何不能解释一个持续施加在直线运动物体上的力为何会让物体产生曲线运动，比如说，圆周运动或椭圆形运动。圆周运动是第一重要的例子，因为太阳系所有行星的轨道都是曲线的。牛顿假设曲线轨道可以用数理模型来构建，假设行星轨道是由无限多无限短的直线首尾相接组成的一个以轨道中心（或焦点）为中心的圆。在数学术语中，曲线轨道可以被视为递减或微分过程中的"极限"（limit），而其中的每一段弧则是趋向最小接近于点的值，连起来构成整体上、无限接近于平滑的曲线轨道。这就是我们能够用文字而不是用数学符号表述的微积分方法。

牛顿第三运动定律是指两物体之间的作用力与反作用力大小相等。换句话说，虽然力的方向相反，但两物体间的相互作用力大小总是相等的。牛顿说，"如果你用手指头用力戳一块石头，手指头也受到来自石头的同样大小的力。"而且，根据第三运动定律，假如你引燃喷气发动机后部冲出的热空气，那么装载着发动机的飞机就会向着热空气喷射的反方向前进。此外，如果一物体环绕另一物体运动，那么后者同时也在环绕着前者运动；二者是相互环绕运动的。物体运动的速度不一定相同；假设一物体比另一物体更大，它将运动得很慢，而后者运动得相对要快些。但是，运动的总量仍是相等的。

奇怪的是，这一说法给那个古老的谜题提供了一个最终的答案：是太阳围着地球转还是地球围着太阳转？它们是相互围绕对方运转的，而托勒密和哥白尼都是正确的，尽管二者的推论过程是错误的。

把牛顿三大运动定律作为前提，然后，让我们推想一下运动中的行星。除非遇到某种阻力，否则行星将会保持运动的状态。这种阻力并不需要足以使它们停止运动，只需要能够改变它们在惯性路径上的直线运动就可以了。这阻力事实上就可以把行星的运动轨迹改变成椭圆路径。根据传统几何学的圆锥曲线理论（可以一路追溯到公元前3世纪的阿波罗尼奥斯，到目前为止也没有任何革新），如果这阻力是向心力——也就是说，如果这力是向内吸引行星的，让其偏离其既定的直线路径；而且如果这向心力的变化是行星与产生吸引力的物体之间距离的平方的倒数——那么它将会把行星的轨迹改变成椭圆路径（以下都称其为行星轨道）。

假设那个被吸引的物体就是太阳。那么向心力又是怎样的呢？吉尔伯特和开普勒曾推断，这一定与地球的自然磁力有关，但他们没有掌握伽利略的测算海平面重力的方法。将这些数字考虑在内，我们就能找到这股神秘的力量了。它就是我们常说的万有引力，万有引力将月球控制在环绕地球的既定轨道上，并让月亮控制地球上的潮汐变化，并维持太阳系宏伟的旋转体系，还让成熟的苹果落向地面，或是刚好砸在那位当时躺在苹果树下对此毫不知情的数学家头上。

牛顿声称，早在1666年被强制安排在林肯郡乡下度假时，他就已经弄清了这一切原理。他说，这对他来说再简单不过，所以差不多20年的时间里他没有对任何人提过这定律。与此同时，他还在做着其他更让他感兴趣的事。当他的"牛顿运动定律"最终在1686年发表出来时，世界都为之惊叹。直到那时科学史上最伟大的难题——宇宙是如何运转以及为何如此运转的难题——被解决了。诗人亚历山大·蒲柏有诗写道：

> 自然和自然的法则在黑夜中隐藏；
>
> 上帝说,让牛顿去吧！
>
> 于是一切都被照亮。

理性原则

虽然在与科学研究的同事进行争论时他经常显得粗暴无理，但艾萨克·牛顿却是一位生性谦卑恭顺的人。有一次他曾对一位传记作者说道："我不知道我在世人眼里是怎样的，但在我自己看来，我只不过是一个在海边玩耍的孩子，不时为捡到一块比通常更光滑的石子儿或是特别美丽的贝壳而欢欣雀跃，而在我面前的是那完全不为人知的真理的浩瀚海洋。"

牛顿这个比喻十分形象，也广为流传。而且很可能这句话比牛顿自己所想的更为真实准确。也就是说，他承认他所知的跟未知的知识相比只是沧海一粟这种想法是完全正确的，尽管他比同时代的人了解的知识都要丰富得多。真理的浩瀚海洋就在他的面前，但他却从不希望涉足其中，也从没想过要扬帆出海到达未知的彼岸。

三卷本的《自然哲学的数学原理》有一个响亮的标题："世界的体系"。它一开始是两页篇幅的介绍，题为"哲学的理性原则"。首先，我们对这一标题的理解是，牛顿所谓的"哲学"就是"科学"。其次，我们还可以认为，这是牛顿对笛卡尔的回应，是对笛卡尔的名著《方法论》的注解。

在科学领域还有其他什么理性原则呢？只有四条原则。第一条原则是：我们必须承认，除那些真实而已足够说明其现象者外，不必去寻求自然界事物的其他原因。这是对14世纪思想家威廉·奥卡姆首先提出的一个思考原则的重述，也就是现在我们所说的奥卡姆剃刀原理："切勿浪费较多东西去做，用较少的东西，同样可以做好的事情。"牛顿用更诗化的语言来表达了这一观点：

> 为达此目的，哲学家们说，自然不做徒劳的事，解释多了白费口舌，言简意赅才见真谛，因为自然界是简单的，它不爱用什么多余的原因来夸耀自己。

第二条原则是：所以对于自然界中同一类结果，必须尽可能归于同一原因。牛顿补充说，"比如说人与兽的呼吸；石块在欧洲和美洲的下落；炉火和太阳的光；光线在地球和行星上的反射。"

第三条原则回答了困扰亚里士多德学派数个世纪之久的问题。第三条原则是指，物体的属性，凡不能增强与不能减弱者，又为我们实验所能及的范围内的一切事物所具有者，就应被视为所有物体的普遍属性。牛顿举例说道，如果万有引力在太阳系是有效的，我们就可以——事实上"我们必须普遍地承认，一切物体，不论是什么，都被赋予了相互引力的原理。"

在牛顿看来，第四条原则或许是最重要的原则，我们在这里应该引用牛顿的全文表述：

在实验哲学（也就是科学）中，我们必须把那些从各种现象中运用一般归纳法而推导出的命题看成是正确的，或者是非常接近于正确的，虽然我们仍可以设想出一些与之相反的假说，但在没有出现其他现象足以使之更为正确或出现例外之前，我们都应遵守这条原则。

牛顿写道："我们必须遵守这原则，以免用假说来回避归纳论证。"

牛顿不太喜欢假说。他清楚地看到过去假说带来的严重且危害甚广的错误。他所谓的"假说"是指苏格拉底派用来解释自然现象的理论、元素论、第五元素假说，以及那扭曲的受力被迫运动解释，而这种解释连巴黎的神学家们都不太赞同。况且，牛顿更不愿认可那些他自己不知道的东西。

他所不知道的东西中最重要的是产生万有引力的原因。地球和其他行星被太阳的吸引力固定在其轨道上运行，他对此深信不疑，但他不知道其原因所在。但是，他声言道："我不提出任何假说，因为任何不是从现象推导出来的东西都可以称为假说，"而假说在科学中"毫无用处"。

理性的四条原则，以及后来补充的反对假说的禁令，虽然并不是直接用于解释科学实验，但却规范了自牛顿以来的所有科学方法，甚至在今天，我们很大程度上依然遵守着这四条原则。[①]牛顿的原则建构了一个全新的范式。在这里，我们使用了著名的科学史家托马斯·S.库恩在《科学革命的结构》（1966）一书中提出的名词"范式"。这一全新范式开创了科学的时代。这个历史上最有价值、最有效的获取知识的工具在人们中广泛传播，运用这个工具，人们可以尝试着去认识所有能看到的、不能看到的事物，还能用迄今为止都无法想象的方式去控制他们周围的世界。

尽管牛顿是如此聪明睿智，但他却始终没弄明白万有引力的原理；也就是说，他终究没搞清万有引力到底是什么。我们也不知道。他只知道万有引力的表现方式。他是正确的，为此他值得人们永远的赞誉。但是，事物的原因，正如帕斯卡所说，依然沉睡在暗夜之中。

这部分要归咎于笛卡尔，他让对事物原因的探究变得十分不讨好，甚至可能是永远不会被看重。部分也要责怪牛顿自己。他震惊世人的、耀眼的成就掩盖了

---

① 也许在此前不久才有了一些特例。参见第十五章。——译者注

世界上那些仍不为人所知的事物，而人们可能永远也无法弄清这些事物。这可以说是世界本身的错，这个世界比人们想象的要难以弄明白得多。

伽利略-笛卡尔革命

在谈论政治革命年代之前，我们先得弄清楚所有革命都具有的共同名称。通常情况下，我们归功于或者是归咎于错误的人。在下一章中，我们将看到更多例子。不过，本章也有一个典型的案例。

一般而言，我们都把发生在17世纪的革命，也就是把科学作为认识物质世界最终权威的那场知识革命，称为哥白尼革命。但是我认为，这种说法并不公平。

哥白尼，就算他真的想要改变人们思考世界的方式，但他终其一生中都不敢将自己的思想公之于众。或许他根本就没有这个打算。此外，他提出的是地球围绕太阳转而不是太阳围着地球转的观点也不是什么革命性观点。起码有六位古希腊思想家已经表达过此类观点。其他人也曾这么想过。就这个观点本身而言，它并非什么重大改变。

我们之所以说这是一个革命性观点，是因为它引据了哥白尼之前就已经有的一个重要概念，即人是宇宙的中心，而在哥白尼这个观点提出之后，人不再是宇宙的中心了。但这却与事实完全不符。正如我们已经看到的，人成为宇宙的中心，从任何理性的角度看，在文艺复兴时期就已经如此了（比如说，在绘画中发明了透视法），而直至17世纪末，牛顿的《自然哲学的数学原理》发表时，人类依然是宇宙的中心。事实上，跟其后的所有科学进步一样，这本书只是强化了人的中心地位而已。

今天，当我们仰望苍穹，明白头顶有数十亿星球和星系时，当我们知道太阳是如此渺小，太阳系的行星则更加渺小时，当我们知道地球一点也算不得巨大时，这些认知也并不会让我们感到自己渺小或无足轻重。相反，这可能让我们感到强大而愉悦，因为我们知晓这一切。科学提升了我们，而不是贬抑了我们。

伽利略是一位与哥白尼完全不同的人。首先，他毫不害怕他所知晓的新观念会引发剧烈的冲突。其次，他对他要说出来的东西并不是懵懂无知的。他想要用另一种权威取代教会的权威，因为他相信那新的权威——科学——在很多方面要比教会强得多。他从不逃避责任，而哥白尼却从不担当。伽利略是真正想要革命性地改变人们的思维方式的人。

笛卡尔也是。虽然他本人并不如伽利略有胆识，但也有很多与伽利略相似的精神特征。他同样十分狂傲，这让他并不太讨人喜欢。他也知道自己在做什么，正如伽利略知道自己的所作所为而哥白尼并不知道一样。

如果一定要用某个人的名字来命名17世纪的那场革命，它应当被称为伽利略革命，或者更准确地说，叫伽利略-笛卡尔革命。牛顿的名字都不应当用来为这场革命命名，因为他并没有认为自己引发了一场伟大的思想革命。他只是发扬了前人的业绩，而如果他看起来要比前人更伟大的话——事实上他确实比前人都更伟大——他在本质上跟他们也没有任何区别。

不幸的是，"伽利略-笛卡尔革命"一词说起来有点拗口。而这恰好十分关键。由于哥白尼革命听起来似乎更顺耳，于是历史学家们更愿意一直沿用这个说法。但是，当我看到这个词的时候，我一直不会忘记，伽利略和笛卡尔应当获得比哥白尼更多的赞誉。

第九章　革命时代

1687年用拉丁文出版的艾萨克·牛顿的巨著《自然哲学的数学原理》（1792年才有英文译本）既是一个开始，也是一个结束。在第八章，我们已经看到这本书是如何总结和引领了人类思想的一次伟大冒险，向人类揭示了自然界显然具有决定性作用的力学原理。然而，这个世界的观念和意象才刚刚被视为机械的，也开启了思考和行动的新途径。

《自然哲学的数学原理》的重要性相当于文艺复兴时期人们对外部世界好奇心的巅峰状态。它超越了人们认知世界运行原理这一知识本身，并通过对旧知识的挑战产生了许多发明家和发现者，从好的方面来看，我们可以认为，他们运用该书的基本理论让这个世界更高效地运转。

工业革命

有五种简单的机械（杠杆、楔子、轮子、轮轴和螺丝）人们已经沿用了上千年。一万年前的原始人在运用木棍撬动石头的时候就会运用杠杆，在用手斧切削木头或骨头时就会运用楔子。最初的轮子和轮轴以及滑轮已经消逝在历史长河之中了。修建金字塔的埃及建筑工肯定都掌握了这些简单的机械。公元前3世纪的希腊人阿基米德已经知道杠杆的工作原理。

此后的一千年里，人们不断改进简单的机械，并将这些机械按不同的方法组合起来，从而发明新的、更复杂的机械，进而控制和确定运动以及各种合力的方向。这一实践知识的增长步履缓慢但坚实，因此，1600年的欧洲和亚洲已经在广泛享受着各种机械成果带来的便利。不过，绝大部分机械都很难操作而且它们在力的运用上都十分低效，因为当时的人们对机械运转的力学原理还不甚清楚明白——事实上，其中的有些原理直到今天我们都还不太清楚。

一百年以后，也就是1700年，伽利略、笛卡尔、牛顿，以及其他众多同时代的科学家改变了人类对此无知的状态。突然之间，实干家们明白了机械工作的原理。结果当然是他们知道该如何改进机械，让它们更高效地运转。机械发明的速度惊人，一件接一件的新机器被发明出来，而新机器的发明又促进了另一种机器的产生。

更高效的机器需要更优质的动力来源。很快，人们发现煤是一种更高效的能源，可以加热水产生水蒸气，然后推动活塞运动，进而推动铁轨上的车轮向前运动。在很长一段时间里，蒸汽为工业革命提供了动力。蒸汽至今在工业世界里仍被广泛应用，当然现在加热水的手段已经改变了，比如说用核反应堆来加热水。

任何机器只要零件装配得越精确，使用寿命就越长，也能更好地工作。因此，用煤和焦炭作燃料，在高炉中锻造一种新型钢材就成为最先需要完成的任务。但是自古代斯巴达人用它来制造高级武器和盔甲时，钢铁就已经为人所知。但是，新型硬化钢材让机械的精度提高到机械工程师梦寐以求的程度。装配有钢铁轮轴和其他旋转部件，以及高精度的钢铁轴承让机器的使用寿命很长，而且由于精度很高，机器也可以完成更多的工作而无须更换。

人类机器和机械人

人类本身也开始被视为机器，认为人也可以按照力学原理来加以改造变得更高效。这种观念的一个重要结果就是现代科学医学的诞生。甚至连宇宙都被视为在上帝掌控之下的机器——事实上，如果上帝需要操控这样一座完美的机器，就一定会将其造成可以自动运转的了。

也许，18世纪最重要的机械发明就是工厂，工厂这座庞大的机器结合了人力和机械元素，生产出意想不到数量庞大的产品，然后这些产品又被同样被视为机械化运作的市场消化掉。在具有决定意义的1776年，亚当·斯密（1723—

1790）出版了他的名著《国富论》。在书中，他甚至对一座毫不起眼的大头针工厂的生产感到大为震惊。

> 一个工人拉住铁丝，另外一个工人将它抻直，第三个人负责剪断，第四个人负责磨尖，第五个人打磨另一端，以便稍后可以在上面加一个顶；而制作一个顶还需要两到三个特殊的程序；安装这个顶又是另一道工序；甚至连将它们用纸包装起来都是一道单独的工序。

> 我刚刚参观了一家这样的工厂，那里只雇用了十名工人，也分成两三道流水作业工序。尽管他们很穷，甚至没有必备的机器，但当他们发挥能动性时，却可以每天生产十二磅①大头针。一磅大约有四千枚多中等大小的大头针，于是，这十名工人每天可以生产四万八千枚大头针……但如果他们单打独斗，一个人单独来做大头针的话……肯定不可能每人每天完成二十枚大头针，甚至可能一天连一枚大头针都制造不出来……

这种新型机器，由人工和非人工的部分共同构成，在亚当·斯密看来是一个时代的奇迹，也是"普遍富裕"的潜在源泉。由于分工不仅在单个工厂内而是在一个国家里进行，甚至超出了国界进行分工合作，所以"工厂机器"一定会创造出更多新财富。例如，亚当·斯密写道，就制作大衣的程序而言：

> 观察城市和日渐繁华的乡村里最普通的工匠或临时工的住处，你会发现工厂里有部分人已经成为产业的一部分，尽管是很小的一部分人，他们已经受益于这个住宿条件，超过了其他任何利益。以羊毛大衣业为例，雇用的就是临时工，他们卑微且粗俗，却在工厂里变成了巨大的劳动合力。牧羊人、羊毛分拣人、起毛工、染色工、粗疏工、纺纱工、织布工、漂洗工、鞣革工以及其他各行各业，都把他们各自的工艺糅合到完成这一毫不起眼的产品生产中来。更不用说还有多少商人和运输商在进行着商业贸易和航运工作……此间又会涉及多少造船者、海员、修帆工、制绳工的工作……

---

① 1磅=0.453 592 37千克。——译者注

劳动力的分工并不是18世纪的发明。分工已经存在了很多个世纪，甚至存在了上千年时间，要比我们想象的更早。但是，运用分工进行生产的实践需要却是这个时代的特征。绝大多数实干家可能根本没听过笛卡尔的名字，但正如整个18世纪一样，他们的工作方法都能追溯到笛卡尔的"解析几何法"，也就是将任何整体的状况和步骤分解为最小的要素，然后分别对其进行数学运算。笛卡尔确信，如果各个要素分解得足够小，那么都是可以进行数学运算的。事实上，亚当·斯密的大头针工厂就类似于数学运算，都是由无数非常细微的、朝向同一目标的步骤层层推进，最终相加构成一个完整的体系。

笛卡尔并没有意识到这种思维方式的危险性，亚当·斯密也没有意识到这一点，整个18世纪没有任何人发现这种危险的存在。今天我们已经对此表示怀疑了。我们怀疑，在一座大头针工厂里，是否可能要求任何一个人花上一整天时间（不是某一天，而是天天如此）来做四万八千枚大头针，而同样要求其他被雇佣的九名工人也这样做，对任何一名工人来说，都可以先打磨好铁丝的一头，以便能安装上一个顶。

而当人们在从事羊毛大衣制作时，我们的思维方式则与亚当·斯密完全不同。的确一件"看起来粗糙的、再寻常不过的"大衣可以通过一系列工序来完成，由上百人乃至上千人完成自己那一小部分任务，他们甚至都不太明白最终生产出来的产品究竟是什么样子的。但是，由一到两个人也能制作完成这样一件大衣，或许就是由夫妻俩共同完成，他们养羊、剪羊毛、分拣羊毛、梳理羊毛，进行染色然后纺线、织布、裁剪，最终面带笑容把成品大衣送到顾客的手中。

亚当·斯密看不出这种生产方式的优越性。他知道农民生产大衣和其他产品的效率是很低的。太过艰苦的劳动是对农民灵魂的摧残，他们如此厌憎日夜不休地劳作，以至于一有机会，无论何时何地，他们都愿意逃离土地，甚至不惜去往更吃力、更危险的工厂做工。如果不是善于开拓的资本家和被利用的农民都对其有强烈的向往，工业革命是不会成功的。

但是，当时人们还不清楚工厂的运作模式，工厂主导下的专门劳动把人当作机器的一部分，这同样能摧毁人的灵魂。

理性与革命的时代

泰勒斯关于世界的最初洞见影响着18世纪人们关于自然规律的看法。泰勒斯和追随他的古希腊人一直认为，外部世界和内心世界必须有许多共性，否则人的内心世界怎么能理解外部世界呢？这种共性就是理性。这是一个18世纪非常流行的词汇，人们热情地吸纳了米利都学派的观点却不一定知道这个词的来源。

人们普遍认为，从最好的方面来看，人是理性的生物；人力图理解的世界也是理性的，是理性的造物者的杰作。力学原理的正确性就是最好的明证。之所以能证明力学原理的正确性，是因为它的确能如此运转。这种机械的循环论证，只是证实了结论而已。在18世纪的前三十年，人们已经开始称这个时代为理性的时代。而这一名称想要表明的是当时最深信不疑的一种信念。

即便是最深刻和影响最广泛的信念也并不总能揭示那个时代真正的特质，尽管这种信念表明了那个时代的一些偏见。18世纪的人们认为，运用笛卡尔的数学方法和牛顿的力学原理来制造大头针是最重要不过的事务。回望过去，我们对此表示怀疑。

毕竟，"理性时代"在很多方面都算不得是理性的。它充满了激情和突如其来的梦想。这是一个疯狂和破坏的时代。这是彻底变革的时代。这是一个"革命的时代"。

18世纪的男人和女人都十分平静地接受了这一悖论。一方面，他们认为这个时代是理性与永恒和谐共存的时代。机器就是时代的标志，因为机器都千篇一律，不会变化。机器每天的运行没有什么不同。如果它有了什么变化，是因为它正在崩溃，它正在变成一台坏机器。

另一方面，他们认为他们的时代也在发生巨变，而且是朝进步的方向发展。进步这个概念本身是18世纪的发明。古代人没有进步的概念，至少过去的几个世纪乃至一千年的时间里，人们没有进步的概念。古代人知道变化的状态，但他们认为从总体来说变化都是轮回：事物有时变得更好；有时又变坏。18世纪的人不相信进步，但却开始相信必要的进步；事物**必须**变得更好，因为这是事物的本质。

这又是另一个悖论。如果你真的相信进步是必然的，那为什么还要自己去推动进步呢？无论你做了什么，进步终归会产生。但在18世纪晚期，理性的人恐怕都在按照他们设想的更好的状态拼命地改造着事物。他们奋力工作，他们相互竞争，他们甚至为了某些必要的原因和必然的进步献出生命。他们似乎从不知道自己是在跟自己作斗争，是在跟自己最深层的信仰作斗争。

但是，这种变动不居，比任何机械的必要性更多地体现了人类事务的本质。此外，他们进步的努力跟以前相比也毫无理性可言，但却给人类带来了巨大的好处。

约翰·洛克和"光荣革命"

回望过去，我们用"工业革命"一词来指称18世纪后半叶发生在工业生产和工作流程方面的巨大变化，尤其是发生在英国的巨大变化。这是一场革命性的变化，因为它颠覆了一些事物，创造了一个新的财富和权力阶级，开始改变甚至是永远地改变人和动物世代居住的自然环境，还带来一些卓越的改变结果。但这个时代却有另一种更具典型性的革命发生。跟工业革命一样，它也是从英国开始的，但很快就蔓延到其他国家。

这另外一种革命——政治的而非经济的——首先在1642年至1651年英国内战期间爆发。在1649年1月那场战争中，国王查理一世被斩首，在获胜的克伦威尔将军（1599—1658）的统治之下，议会成为英国的最高权力机构。国王死后，克伦威尔就任护国主，而克伦威尔的一部分士兵则高声反对他的就任。他们说，我们也应当享有胜利的果实，因此我们也应当参与国家的统治。

克伦威尔说，不可能，因为你们没有钱，而政府总是也将还是由有钱人组成，由有钱人控制，为有钱人服务。士兵们说，虽然我们没钱，但我们跟有钱人一样对建立良善的法律制度很感兴趣，因为我们也必须生活在这些法律之下。克伦威尔却说，相信我们这些已经有些恼怒的有钱人吧，我们将一视同仁地对待你们的和我们自己的利益。

这场纷争持续了一阵子，但最终克伦威尔获得了胜利，因为他获得了绝大部分官员的支持，而其中的很多人都是富人。一些反对者被处以死刑，剩下的人放弃了斗争，却始终怨声载道。1658年，克伦威尔去世。1660年，在革命期间逃亡法国的国王的儿子回到了英国就任国王，即查理二世。很长一段时间里，穷人根本谈不上有什么权利可言，或者说有什么普遍权利。但是，这种理念却并未就此消亡，只是暂时沉寂下来了而已。在牛顿的《自然哲学的数学原理》公开出版的那个十年里，这种理念又重新崛起。

克伦威尔的士兵们没有找到一名雄辩的代言人表达他们的根本观点。但他们确实也有这样一位代言人，虽然他已经出生得太晚，不能为新型军队提供任何帮助。他就是约翰·洛克（1632—1704），我们认为其是新的宗教宽容的支持者。

洛克出生在萨默塞特，就读于威斯敏斯特学校和牛津大学，但跟很多同时代人一样，他十分厌烦学校里依然讲授的经院哲学。他认为，思维的模式可以用比经院派理论更简单的方式来加以解释，如本质、实体和天赋力量等。他说，孩子出生时就像一块白板一样。正如在白板书写上文字，通过感官的相互作用和认知功能，人的知识和理解力逐步地建立起来。

直到1666年，也就是在遇到安东尼·阿什利·柯柏爵士，即后来的沙夫茨伯里伯爵之前，洛克的生活还是相当局限的，而他的观点也还很保守。在此后的15年时间里，洛克一直担任沙夫茨伯里伯爵（1621—1683）的私人医生、秘书和顾问。在那些年里，沙夫茨伯里的事业可谓昙花一现。作为英国派去邀请查理回国就任国王的专员之一，沙夫茨伯里很快成为这位新国王最亲密的顾问。1672年，沙夫茨伯里被任命为大法官，实际上是国王的首席大臣。但他很快就失宠了。失宠的原因是在关于政府本质的问题上，他跟国王产生了分歧。

17世纪70年代，出现了一系列政治运动。当时，有流言传说要刺杀查理二世，让他的弟弟，也就是未来的詹姆斯二世取而代之，查理二世的弟弟是一位罗马天主教徒。沙夫茨伯里是一位虔诚的新教徒，认为国王也应当是一位新教徒，他提议制定一条法律，将罗马天主教徒排除在王位继承权之外。他的政敌，也可能是暗中受到国王的怂恿，以所谓的"君权神授"为由反对沙夫茨伯里的政见，其中暗含的意思是国王有权力选择自己的宗教信仰。为了支持自己的论断，他们重新出版了一本名为《父权制》的书。这本书是罗伯特·菲尔默（1588—1653）

在英国内战时期的论战文集，为亲权的绝对权力做了辩护，在其出版后的四十年里几乎无人问津。但现在似乎很多读者都相信了菲尔默的观点，或许也是因为他们害怕新成立的政府再次陷入冲突进而导致严重的后果。内战是如此血腥与残酷，绝大多数年长的政治家，对此记忆犹新。

在这个节骨眼上，沙夫茨伯里求助于洛克，向他咨询如何应对菲尔默的观点。这其实易如反掌，因为菲尔默已经不再是政府的理论家了，而洛克却是其中的一位大臣。在《政府论·上篇》当中，洛克就有力地驳倒了菲尔默。但是，他没有止步于此。他继续完成了《政府论·下篇》，从一个更普遍的视角描述了英国政府。

虽然沙夫茨伯里毫无疑问知晓洛克的作品，至少熟知他的《政府论·上篇》，但国王到底有没有读过这两部极具煽动性的著作至今尚未可知。这两本书在17世纪80年代晚期已经完成，但并未出版。在17世纪80年代中期，沙夫茨伯里提出了对国王继承权的质疑。国王解散了议会，解除了沙夫茨伯里的所有政治职务，将他关押到伦敦塔监狱，并以叛国罪将其送上法庭。沙夫茨伯里被无罪开释，但他却被迫接受自愿流放。他带着洛克一起逃亡到更为自由的荷兰。

洛克的《政府论·下篇》主要提及三个重要概念的交互关系：财产、政府和革命。洛克认为，政府是因为财产问题才存在。如果没有财产，就没有成立政府来保护财产的需要。如果我没有任何私有财产，那么法律、法官、警察和监狱等国家机器对我来说有什么用呢？

当然，财产的确存在。对洛克而言，核心问题在于财产的合法性。这个问题不太好回答，因为**合法**一词有十分广泛的内涵。这个词的词根是拉丁文leges，即"法律"的意思，但它并不是指由议会通过或由法官解释的普通法律。法律本身也可以是合法的或非法的。因此，根据一些显然比普通合法性更高的原则加以判断，一部法律也可能是非法的。这一原则必须是基于正义这一被广泛认可的抽象概念建立起来的。正义则必须与权利这一绝不抽象的概念相联系。至少人们会为正义和权利而斗争和牺牲。

财产、政府和革命

有一个问题是，是否有财产权存在。洛克认为，当然有，但它只存在于理性当中。在特定的环境下，一个人可能占有比他应当拥有的更多的财产。（这一教条已经被弃置一百多年了。）财产是合法的，因而政府也是合法的，因为拥有合法财产的人有权保护自己的财产，而政府就是保护人们合法权利的机构。

政府总是合法的吗？显然政府有时是合法的，如果统治者和被统治者能够在这个问题上达成一致，即他们联合组成了政府。合法的统治者必须为了被统治者的利益进行统治，而不仅仅是为统治者服务。当双方达成一致时，被统治者同意接受统治，因为他们看到正义就在身边、就在头顶。

被统治者是否能合法地收回他们的同意呢？洛克认为，同样可以。当统治者变成暴君时，即"当统治者，尽管被授予了权力，但却不是按照法律而是按照他自己的意愿，他的统治、命令及行动都不是为了保障人民的财产，而是为了满足他自己的野心、报复、贪婪或其他任何不合法的激情"时，革命就是合法的。在这种情况下，被统治者有权起义并更换政府，他们有权坚持选择维护他们自身权利的政府。

或许洛克并不想得出这个结论。他当然会害怕真正产生这样的后果，而他在荷兰滞留了十年，从没公开发表他的著作。然而，他的语句却掷地有声。

> 如果说篡夺是行使另一个人有权行使的权力，那么暴政便是行使越权的、任何人没有权利行使的权力。

> 若以为这种缺点只是君主制所特有，那是错误的；其他的政体也同君主制一样，会有这种缺点。

> 如果法律被违犯而结果于旁人有害，则法律一停止，暴政就开始了。

> 那么，君主的命令是可以反抗的吗？对于这一点，我的回答是：强力只能用来反对不义的和非法的强力。

> 这里大概又会提出这个常提的问题：谁来判断君主或立法机关的行为是否辜负他们所受的委托？对于这一点，我的回答是，人民应该是裁判者！

过去，政府曾被推翻，国王曾被废黜，聪明的哲学家为这些行为做了辩护。但从没有人像洛克那样，从普遍的权利观出发，条分缕析地进行论证：论财产、论政府、论革命。论证的核心就在于政府的权力，这权力显然是来自被统治者而非统治者。数千年来，人们都假定国王有权进行统治，而人民必须忍受他的统治，期望国王的统治尽可能地仁慈一些。现在洛克却说，是人民有权组建一个良善的、**合法的**政府，当然国王也是人民中的一员，因而国王必须与人民一致，否则他就会被**合法地**推翻。

任何有常识的人都能看到，无论人民是否喜欢国王，只要国王还掌有权力，他们就会继续其统治。洛克和他掷地有声的话语都没能清除地球上的所有暴政。直到20世纪末，暴政依然大行其道，还大有延续到地老天荒之势。但是，洛克的言语却让暴君的暴政变得更困难，现在和自此以后，暴君的敌人会变得更加强大，因为他们相信自己也有了自己的权利。

很快，数次密谋事件让洛克的《政府论·下篇》的重要性超出他最初的预想。1685年查理二世去世，他的弟弟詹姆斯二世继位。就像那时已经去世的沙夫茨伯里曾预料过的那样，詹姆斯继位不久之后，大多数英国人都无法容忍他的罗马天主教信仰，人们开始密谋将他拉下王位。

1688年，詹姆斯二世宣布退位，由奥兰治的亲王威廉和他的英国妻子玛丽共同继位，而威廉是一名虔诚的荷兰新教徒。1689年春，洛克返回英国，跟他同船的还有玛丽女王。他随身携带着他的两本著作。这两本著作在1689年年底公开出版，读过此书的各地政治家要么为之震颤，要么深受鼓舞，这要看他们对待暴政的观点如何了。

两种革命

洛克还做了一个重要的区分。他曾写道："他只要是稍微清醒一点，就会在谈及政府解散时首先区分清楚社会的解散和政府的解散。"1688年光荣革命并没有破坏英国的市民社会，在革命前后，英国社会的变化本身不是很大。

然而，这场变革却比人们意料的要来得深刻得多。它不仅使君主姓甚名谁发生了变化。君主与臣民之间的关系也不可能再回到查理二世和詹姆斯二世统治时期那样了，更不用说查理一世、詹姆斯一世或伊丽莎白女王时期。从此以后，无论国王的愿望如何，也无论国王暂时拥有的权力是怎样的，议会都是英国真正的统治者。威廉国王在就任时曾警告说，他不接受成为有名无实的国王，但他的确也不过是一个傀儡而已，而他的继任者们都概莫能外。因此，"1688年革命"是一场真正的革命，虽然它没能达到可能达到的高度。

问题是，假如议会是统治者，那么谁来管理议会呢？答案是人民，但这个说法是苍白无力的。因为当时只有一小部分英国成年男性拥有选举议会成员的投票权，而且他们的选票还常常被无耻的候选人买断。

然而，即便是通过购买选票当选的候选人也能成为一名好的国会议员。而事实上，鉴于议会产生时面临的道德陷阱，以及议会才刚刚诞生不过一百年的时间，18世纪英国议会政治的平均水平是十分高的。直至1920年，仍只有少数英国人能选举他们的代表。

议会政治能保持较高水平的原因，部分在于它实施了洛克的政治主张。雄辩的政治家发现，如果不用洛克发明的那些术语，他们几乎开不了口，如财产、权利、合法性和革命等。那些词汇是如此有力，让任何演讲都显得严肃而有分量。

托马斯·杰斐逊和1776年革命

美洲巨大的财富和比财富更大的希望诱使很多英国人撒谎，甚至说话都不由自主。他们欺骗自己，欺骗别人，最重要的是，他们欺骗美洲人。

英国人对新世界的探险有三个独立的突破口。在北方是加拿大，那是一片广袤的荒原，超乎当时所有探险者的想象。在那里，除了野兽和印第安人之外，几乎一无所有。英国人想方设法掌控了加拿大。

在南边是加勒比群岛，英国人从海外购买大量奴隶在那里种植甘蔗。当地土著已经被殖民者消灭殆尽，被购买来的非洲人则无力反抗他们受到的不公待遇。西印度群岛给英国人带来了丰厚的产出，而这些财富连同那相对来说更易管理的黑人，使加勒比群岛显得比实际上更有价值。

在中部地区，从新罕布什尔州到乔治亚州到处是殖民地，如附骨之疽一样在大西洋沿岸一个接一个地建立起来，定居殖民地的大部分人都是英国人。而在美洲的英国殖民者（简称"北美殖民者"）众多这一现象在后来导致了很大的麻烦，因为在光荣革命后，所有英国人对自己的政治权利都变得十分敏感。因此，这些北美殖民者十分喜好争辩，也相当苛求。他们手里握有筹码，这筹码有时似乎跟普利茅斯岩一样大。

只要美洲大陆还存在，探险和开发还在一刻不停地继续，北美殖民者和英国统治者之间的矛盾就还能控制在可控的范围内。但是，当1763年英法"七年战争"结束时，英国主要为了避免与印第安人之间的冲突，决定不再继续往西深入密西西比河谷地区。

这一决定只是暂时性的，而1763年的"英王诏谕"将其列入了法律，这大大激怒了北美殖民者。英国人有什么权力阻止他们继续向西进发，进入那就在殖民地定居点前方的广袤无垠荒野寻求财富呢？而当英国人说他们不想跟印第安人发生冲突时，北美殖民者却回应说，他们知道该怎么处理与印第安人的矛盾。土地投机生意并没有因"英王诏谕"而稍有缩减，但北美殖民者的愤怒和挫败感却日益增加。

关于1763年"英王诏谕"的论战引出了此前的另一个问题，即关于政府合法性的问题。英国政府主张，尽管北美殖民者的确是英国人，但他们不能在议会中占有代表席位，因为美洲离英国实在是太远了。国会议员与他的选民之间进行有效交流的困难实在是太过巨大了。英国人认为，尽管殖民地的人民没有代表权，但其纳税的义务却依然需要坚持下去。不！美洲殖民地的人民坚决地说。无代表权的纳税就是暴政！英国当权者说，相信我们，我们了解你们的利益所在，我们会为你们的利益说话的。

一些英国政治家或许值得北美殖民者信任，比如说埃德蒙·伯克（1729—1797）就提倡一视同仁地、惺惺相惜地对待北美殖民者，因为从政治上和正义上来说都应当如此。其他大部分英国人却不这么认为。因为北美殖民者那么难以相处，对待他们就只能粗暴行事，才能好好教训他们一下。

北美殖民者从洛克提出的英国法律和历史的基本原则里学到了其他一些知识。殖民地人民开始认为，英国人的基本革命权正好适合他们的情况。当然，这种想法吓到了一些人。唯一比反抗更糟糕的事就是不反抗。因此，1775年，英国和北美殖民者之间的战争爆发了。

独立宣言

正如1688年革命对政府的变革一样，这次反抗也是对正义的诉求。在1776年春召开的集会上，北美殖民者求助于托马斯·杰斐逊（1743—1826）。虽然出生在弗吉尼亚，杰斐逊却总认为自己是一个英国人。现在他不能再认为自己是英国人了，因为他学习了洛克的著作，将洛克的著名词汇和语句铭记于心。这些词汇和语句反映在他为大陆会议撰写的《独立宣言》里，大陆会议最终几乎一字不动地采纳了宣言的主体内容。

杰斐逊以"解除关系"作为《独立宣言》的开始，这是洛克思想的一个关键词。"在人类事务发展的过程中，当一个民族必须解除同另一个民族的关系，……出于对人类舆论的尊重，必须把驱使他们独立的原因予以宣布。"

在引言之后，杰斐逊列举了一些基本的原则。第一，所有人不仅生而平等，而且还生而具有一些"不可让渡的"的基本权利，也就是说，尽管这些权利可能因权力而被忽视和践踏，但没有任何人或事情可以将其夺走。杰斐逊说，这些基本权利包括生命、自由和财产。

第二，政府是人们组织起来保护基本权利的机构。洛克曾说过，政府的首要任务是保护私有财产。

第三，只有当政府继续保护人们的基本权利，并因此继续得到被统治者的同意时才是合法的。

第四，当政府变得破坏以上宗旨时，人民便有权更换或废除现政府，转而组建新的政府。

所有华丽的辞藻反复出现在任何受过教育的英国人视野当中，或者说当一个英国人在学习自己国家的历史时，都应当知道这些名言。但是，英国人却很难接受杰斐逊论证的第五阶段内容。《独立宣言》让他们回想起洛克曾经说过的、他们也信奉了近一个世纪的话："当始终追求同一目标的一系列滥用职权和强取豪夺的行为（以上为洛克的原话）表明，政府企图把人民置于专制暴政之下时，人民就有权也有义务去推翻这样的政府……。"杰斐逊补充道，"当今大不列颠王国的历史，就是屡屡伤害和掠夺这些殖民地的历史，其直接目标就是要在各州之上建立一个独裁暴政。"

这段论著的核心内容当然是所谓的权力滥用。杰斐逊列出了一长串英国政府滥用权力的表现，包括以下内容：

> 他们放弃设在这里的政府，宣称我们已不属他们保护之列，并向我们发动战争。
>
> 他在我们的海域里大肆掠夺，蹂躏我们的沿海地区，烧毁我们的城镇，残害我们人民的生命。

而这一长串控诉用极富表现力的方式罗列出来，对北美殖民者来说具有很强的说服力。问题是英国人是否会承认他们的确滥用了权力。

假如他们承认了，杰斐逊的论证就真的无可反驳了。它说服了一些仔细读过这篇宣言的英国人。但是，它却没能说服乔治三世和他的顾问团，他们十分恼怒地坚持，殖民地人民或许从理论上是正确的，但在实践中却不可能允许他们拿起枪来反叛他们的统治者。然而，北美殖民地人民却真刀真枪地这样做了。因此，战争双方都坚持斗争到底。国王主要雇用外国雇佣兵来替他打仗。他们是极优秀的士兵。此外，由于不懂英文，他们也不大可能受到杰斐逊动人言辞的感召和影响。

北美殖民者赢得了这场战争，原因有很多。首先，美洲的确远离英国本土，当地人要比远道而来的雇佣兵更熟悉当地地形，而雇佣兵受训作战的地形跟实际战争的地形是截然不同的。其次，法国这个18世纪英国的劲敌，认为应当帮助北美殖民者，主要目的是激怒他们的老对手，但同时也希望在此后从中获益，事实证明法国人的想法是正确的。

英国人坚持认为西印度群岛跟北美殖民地的价值相当，这种想法也是让英国人战败的原因之一。很多英国人认为不再管北美殖民者也好，后者给母国带来的麻烦比创造的财富还要多。但是，北美殖民者的政治立场所坚持的基本权利，在英国法律中有明文规定，这同样给北美殖民者最终取胜提供了重要的帮助。

反过来，北美殖民者的胜利强化了洛克以降的政治原则，自此之后，这一原则在世界舞台上占据了主导地位。在其后的两个世纪里，没有人能提出**合理的**论证来反驳这一理论，即应当由人民而不是政府自己来判断政府是合法的还是非法的，而当政府失去了被统治者支持的时候就是非法的了，应当被合法地推翻。

对这一理论唯一的反驳是，通过暴力革命的方式推翻暴君统治的政党，常常反过头来压迫自己的人民。

财产权

杰斐逊和洛克是否在财产权问题上有分歧呢？我们认为，二人确有一定差别。洛克在使用"财产"一词的地方，杰斐逊使用的则是"追求幸福的权利"。后者似乎是一个范围更广、更普遍的概念。政府是为了保护私有财产安全而组织起来的机构这一观念看起来要更无情一些。洛克是否提出过，当有钱人的权利受到压制时他们有权进行革命，而其他没钱的人则无权进行革命呢？

而且，假设一种最麻烦的情境，即他们的财产包括奴隶时应当怎么办呢？在杰斐逊总括性的宣言中，奴隶也应当属于生而平等的**所有人**的范畴，也有天赋的权利。杰斐逊个人也拥有奴隶，直到去世时他都没弄清楚黑人奴隶是否跟白人一样生而平等。他们是否也有权利呢？事实上，黑人奴隶没有自己的私有财产。是否有另一种需要我们用不同的方式去理解的财产权呢？

在杰斐逊之后，詹姆斯·麦迪逊（1751—1836）接任了新的美国国务卿一职，后当选美国总统。麦迪逊试图解决这一难题，他于1792年在一家报纸上发表了一篇文章。麦迪逊写道：关于**财产**一词，"在其具体的运用上"，意味着一个人支配外部世界其他东西的主权，但"不包括其他任何人"。你可以说这是我的房子、我的土地、我的银行账户，它们不是其他任何人的。人们普遍能理解这一概念。但是，麦迪逊随即提出了更大范围的观点。他说，"从更广、更正义的意义上说"，财产"包括所有人可以附加一定价值并拥有权利的事物，并对其他任何人来说都同样有利"。

从第一个方面说，人可以从他的土地、金钱和货物当中获利。从第二个方面说，人可以从他的意识，特别是宗教信仰中获利，从个人的"安全和自由"中获利，从"自由发挥其能力并自由选择运用能力的对象"中获利。简言之，麦迪逊概括道，"正如我们说人有财产权，也可以说他同等地拥有平等的权利。"

麦迪逊补充说道，政府是由人民创设起来保护人的各种财产的，"也包括各种个人权利，尤其是这个词汇表达的特殊含义。这就是政府的目的，**正义的**政府会**毫无偏私地**保护每个人所**拥有**的任何东西。"

麦迪逊的重点在于最后一句话的强调。他强调了"拥有"一词，这是很正确的做法。财产一词在法语中有同源的词根 propre，意思是"自己"。正如杰斐逊和其他人所宣称的，我们的权利跟我们自己是不可分割的。从政治意义上讲，我们**就是**我们的权利本身。我们自己就是我们最在意的所有物。

无论从表面看还是从实际上说，麦迪逊对这个理论冲突的解答都介于杰斐逊与洛克之间，他增加了一个具有彻底革命意义的政治原则，甚至连我自己都不认为还能对其进行任何改进。18世纪末，美国独立战争后的很多革命运动都失败了，或是害怕革命得太过彻底。甚至连俄国革命也是如此，尽管俄国革命在社会和经济方面有更深远的改变，但它也没能完成麦迪逊所说的美利坚合众国必须完成的最后阶段，即"同样尊重人们的财产权和拥有权利这一财富"。

20世纪，苏联将第一种财产权彻底颠覆了，把财产从坐拥天下的人手中夺走，分配给一无所有的人们。这是一种财产权上的简单正义，但是从经济上来说这是一种误导。因为这实际上造成，任何男人、女人、孩子都没有权利可言，而他们在今日麦迪逊的国家里却可以安全地享有这些基本权利。

为了赢得革命的胜利，苏联人相信他们应当废除一切私有财产。或许他们只是想废除洛克声称的应当由政府保护的那些私有财产。但是，他们也废除了另一种财产，即拥有权利这一财富。因此，他们的革命现在已经失败了。只有当他们真正理解和纠正了自己观点时才能获得真正的成功。

有些政权试图对人民隐瞒麦迪逊的学说，而麦迪逊的学说在美国却成功地实践了。但是，东欧十多个国家的人民，特别是年轻人从不知道麦迪逊的学说。而他们将至死都不知道他们还应当有拥有权利这一财富。

罗伯斯庇尔、拿破仑和1789年革命

美国独立战争是不是像1688年光荣革命那样，是一场解散政府并组建新政府取而代之的革命，或者说它也是一场"社会的解体"革命呢？学者们对此问题的争论已经进行了一个世纪之久。美国与英国的战争对经济的影响是非常小的。战前拥有财产的个人在战后同样坐拥财富。公民权在战后也没有变得更为普遍。在很长一段时间里仍然只有少部分人可以选举立法者和总统。没有财产的男性、所有女性、所有奴隶和其他一些人都没有选举权。

不过，的确有一些事情已经起了变化。那些参加投票选举统治者的人，从此可以说是自己在统治自己，他们也是第一次有权这样做。因此，相比英国的光荣革命，美国独立战争更像是一场真正的革命。然而从理论上讲，它还远远算不上一场革命，不久之后的法国大革命才是一场真正的革命。

在1650年到1750年的这一百年间，法国可能是世界上最富有的国家，也是最受人嫉妒和最让人争相效仿的国家。1756年，英国和法国爆发了一场战争，或者可以说是一系列战争，战争断断续续，一直到1815年才结束。因为工业革命的兴起，英国从第二等级的国家变得与法国一样强大，因此才可能发动了这场战争。英国在这个喧嚣动荡的世纪里白手起家，强大到足以挑战法国让人敬畏的权威，甚至把法国赶下了权力的巅峰。

关于这种变化的原因，学者们也莫衷一是。同样地，他们也认可某些共同的原因。但是，在这些年里，法国依然坚持在英国和美国的革命中已经被证明是错误的、最终也是不可行的政治理念——这种做法其实并不重要。重要的是，这种政治理念认为，国家主权可以，事实上也必须集于一人之身。君主有绝对的行政权，并必须为了人民的利益执行这一权利，无论人民有没有意识到君主是这样做的。

简言之，政府更像是一个社团或一个家庭，只能有一个首领，否则就是个怪物。根据这一理念，宣称"应当由人民来统治"只是一句空话。因为谁是人民呢？人民只不过是一群怀有不同欲望和观念的人的集合体。到最后，还得**某个人**来做决定。而为了效率起见，做决定的就应当总是同一个人。法国政治的卫道士辩称说，只有这样的政府才能被视为合法的和理性的。其他任何政府形式最好的结果是造成混乱，最坏就是无政府状态。

法国政治的卫道士为了替路易十四的暴政辩护，提出"仁慈的专制主义"这一说法，而这是基于整个宇宙的结构，即通常所说的"伟大的存在之链"这一概念的。就像很多哲学观点一样，"伟大的存在之链"的理念根源于柏拉图、普罗提诺以及其他新柏拉图主义追随者，很快在政治上失去了合理性。

据柏拉图和普罗提诺所说，宇宙是由一位仁慈的神创造的，他用爱创造万物，让生命满溢全世界。在充盈原则之下，一切能存在的事物都必须存在。从石头、砂砾之类到植物、动物、人到超越人的天使，最后到上帝这一伟大的存在之链的顶端——从最低层事物向最高层事物上升的序列中不能有任何间隙存在。

在中世纪和文艺复兴时期，这一思想被人们进一步发展，到18世纪已经充分发展成型。不过，正如后世的思想家们意识到的，这一思想是有缺陷的。尤其是，它与另一种伟大的思想是相矛盾的，即进化进步。假如充盈原则要求任何能存在的事物都存在，那么进一步地，就会要求存在的事物都尽可能以最佳状态存在，然后作为整体的宇宙如何能实现进步，并且有逐步趋向完美的可能呢？这一深层次的矛盾最终破坏了"伟大的存在之链"这一理论本身，而在19世纪，它就不再被视为一种重要的哲学思想了。

然而，这一想象中的图景，即从最低事物到最高事物的伟大的存在之链或阶梯，它的论证如此引人注目，以致成为所有理性政治组织的范例。假如上帝认为按照存在和价值的等级来创造宇宙是合适的，那么人就理当仿效上帝的构造来创造一个国家。那么，掌握国家主权的政治组织就是合理的。

这样做当然更容易，因为这种惯例已经存在很久了。我们已经知道，拥有古老智慧的古代帝国都是巨大的等级制社会，上帝或诸神位于等级的顶端，其下是代表上帝在地上行使主权的国王或皇帝，再下是人民，每个人都各安其位，各司其职。古希腊的城邦国家、古代罗马共和国，以及中世纪晚期的市镇对这种等级制理论都提出了挑战，但这些政体的存在只是人类社会历史中的特例，反而证明了等级制的合理性。城邦国家在亚历山大大帝统治下被波斯人的君主制国家打败。罗马共和国最终沦为了罗马帝国，而中世纪的市镇也发展成了现代的民族国家，都是由国王进行绝对统治，而且国王拥有神圣的权利。

不是所有人都接受等级制，就算是在法国，也并非人人都接受等级制。法国也有人可能读过或真正读过洛克和杰斐逊的著作。更重要的是，他们都被收买了或是残酷地镇压了。国王有军队；人民却没有。权力就在枪口上。

不过，在美国独立战争中帮助了美国的法国人回过头来给国王和他的大臣们造成了麻烦。法国士兵，甚至是一些法国军官都目睹了有一群人为自己的自由和独立而战，并最终取得了胜利。他们回到家乡面对一如既往的暴政时，态度已经不可避免地发生了变化。此外，像伏尔泰、卢梭和狄德罗之类的政治哲学家在持续不断地攻击暴政或专制的"合法性"这一理念。他们鼓励人们质疑暴政或专制怎么能**永远是**合法的。这样一来，就给国王造成了极大的压力。

假如有任何其他可以安抚法国民众的办法，可能就不会有1789年的法国大革命了。或许大革命会来得更晚一些，甚至根本就不会发生。但大革命真的发生了，因为国王和他的大臣们没有来得及改变他们关于政府的看法。

最终，与英国和美国的情况不同的是，不是法国人中受过教育的和有文化的少数人推翻了政府。相反，是普通大众，他们攻占了巴士底狱，然后攻占了国王和王后的凡尔赛宫。随后，他们推翻了几个世纪以来的成规，不仅建立了一个新的政府，还建造了一个新社会取代了旧社会。

> 幸福呵，活在那个黎明之中，
> 年轻人更是如进天堂！

威廉·华兹华斯（1770—1850）也是这样认为的，他追想1789年那辉煌的瞬间，追想法国大革命的热情与希望，当时法国大革命也是如此朝气蓬勃充满生机。在这里，社会真正起了根本的变革，而不仅是政府进行了更迭。在这里，人民最终把统治权牢牢抓在手中，可以裁判法律和立法者是好是坏——这是人民不容置疑的权力——自此以后这权利永远属于人民。在这里，政府的合法性最终不能像受雇于国王和其他征服者的政治哲学家主张的那样，辩称他们非正义的统治是正义的。在这里，最终出现了一个男人和女人都平等、都禁不住对未来充满希望和力量的、前所未有光明的新世界。

在很大程度上，美国人对发生在法国的革命拍手称快。他们清楚地知道，雅各宾派跟他们一样，都认为拥有权利这一财富要远比财产权更为重要。事实上，1789 年 8 月，雅各宾派颁布了《人权宣言》，比美国的《人权法案》更为超前，"凡未经法律禁止的行为即不得受到阻碍，而且任何人不得被迫从事法律所未规定的行为"，因为"自由就是指有权从事一切无害于他人的行为"。这一原则赋予了成文法巨大的责任，因为它规定了所有习惯法或民间法都应当对人们的行为有效。

法国大革命最终失败了，原因也有很多。其中一个原因是战略上的失误。相比之前面对的专制的、强大的法国，法国的老对手英国更不愿意看到英吉利海峡对面兴起一个强大的革命政府。因此，英国人认为自己有责任捍卫所谓的法兰西帝国。人们——绝大多数都是法国贵族——为了不被送上断头台纷纷逃离法国，现在则加入了反对革命的军队。

奥地利和俄国君主在进攻新政权统治之下的法国时，他们的思想则更是受到了极大的刺激。他们很不愿意让他们的臣民看到法国发生了一场成功推翻暴君统治的革命。但这些事就发生在家门口。而且，拿破仑治下的法国也是弄巧成拙，试图把他们的革命输出到西班牙和意大利之类的国家，而这些国家还根本没做好革命的准备。

法国大革命的失败还有另一个原因。《人权宣言》也曾宣称："整个主权的本原主要是寄托于国民。任何团体、任何个人都不得行使主权所未明白授予的权力。"法国人很快就发现，这是一条十分危险的原则。因为当一位领导人据此声称他就是国家的代表时，就拥有了国家的权威以及由此产生的权力。

罗伯斯庇尔（1758—1794）就是这样一位号称"清正廉洁"的领导人。他下令处死了一切他认为是革命敌人的人。这在一场既解散了政府又解体了社会的革命中是最常见不过的结果：为了清除那些不愿意接纳新社会的所有旧社会成员，必须进行社会大清洗。因此，从 1793 年到 1794 年年初，也即历史上的"恐怖时代"，成千上万人被送上了断头台。1793 年 1 月，路易十六被处死；同年 10 月，路易十六的王后玛丽·安托瓦尼特也掉了脑袋。1794年7月，罗伯斯庇尔自己也垮台了，最终也难逃被处死的命运。

这些人的死亡带来了旧政权的灭亡，这是事实，但他们也给新政权带来了沉重的负担。玛丽王后被处死在共和国广场中央的巨大断头台上以后，散发出的恶臭弥漫在世界上每一个秘密政治团体当中（其后果影响着全球各地每一个政治团体）。假如你要砍掉政敌妻子的头颅，你最好小心自己也会被砍掉脑袋。

法国已经准备好了，准备好迎接欧洲历史上最杰出的士兵——拿破仑·波拿巴（1769—1821）。但是，跟之前的罗伯斯庇尔一样，拿破仑也受到《人权宣言》中那条原则的诱惑。他很快也发现自己可以为国家代言，并可以拥有国王的权威以及由此产生的权力。他让自己成为首席执政官。这是古代罗马共和国而不是罗马帝国曾用过的一个官衔。拿破仑更愿意做皇帝。他安排教皇为他加冕，但在最后一刻，他却把皇冠拿在自己手里，戴在自己头上。他这一举动的象征意义可谓是路人皆知。

因此，法国再次成了一个彻底的专制国家，此外，拿破仑还是法国历史上前所未有的、最专制的国王。这个结果最终证明了他对法国和法国大革命的彻底破坏。虽然没有坚持为自由而战，法国农民军仍勇敢地为兄弟会战斗了十年时间。在俄国及其他地方，他们遭到了欧洲反对势力联军的进攻，最终被打败了。

拿破仑大帝被舒服地软禁在托斯卡纳海岸附近的厄尔巴岛。但是在1815年春，他从那里逃脱，集结旧部向巴黎进军，希望再次复辟。1815年6月，他在滑铁卢遭遇了当时反法同盟的指挥官威灵顿公爵，在这场历史上最重要的战役之一中被最终击溃。

反法联军从拿破仑那里吸取了教训。现在，他们把拿破仑关押在位于南太平洋深处的圣赫勒拿岛，连船只也无法到达那里。他们还在他的饭食里放了砒霜，使他中毒。1821年，拿破仑去世时，维也纳会议的信使克莱门斯·梅特涅已经恢复了欧洲的旧政治秩序。从根本上说，这个旧秩序一直持续到了1917年。

平等权的兴起

无论如何，汉普蒂·邓普蒂①这个矮胖子摔了个大跟头，而克莱门斯·梅特涅无论如何纠集国王和国王的人马，也无法再将它完美地拼凑回去了②（意指欧洲的旧秩序也不可能再恢复如初了）。就像透过扭曲的棱镜一样，欧洲人看到法国大革命中人们建立起的新秩序是如此糟糕。1815 年以后的数十年里，尽管不是自愿的，他们仍愿意接受反自由的、专制的政府的统治。但是，他们绝不会放弃对曾在 1789 年那个光荣年月中建立过的对平等社会的追求。

1835 年，阿历克西·德·托克维尔（1805—1859）在记录美国民主发展的成就时，比他同时代的任何人都更清楚地看到追求平等权的进程势不可挡，也不可逆转，这股潮流要比任何国王或皇帝都更强大。尽管是贵族出身，而且在后来的一本书中，他为自己写的墓志铭上说自己是旧制度的一员，但托克维尔比绝大多数民主派还更清楚地看到，在这场不可抗拒的进步中他的得失参半。

不可否认，正义必须占上风。因为旧社会秩序已经不正义了，托克维尔是第一个承认旧社会是不正义的、理当消亡的人。他还知道，旧社会是因其显而易见的不正义而被推翻的。例如，豁免贵族和某些中产阶级公职人员税赋的做法已经激怒了法国的农民阶层，他们成了一股势不可挡的社会力量。因此，托克维尔预言道，各个地方的平等权都将日渐增加，正义将成为人类生活的一部分。

与此同时，托克维尔还知道人们可能丧失什么。法国和欧洲其他国家旧制度的特权阶级在国家政治生活中扮演了重要角色——协调位于他们之上的绝对的君主暴政和位于他们之下的人民之间的矛盾。他们独有的特权让他们不仅可以为自己，也能为人民争取正义，而他们的确也常常做到了这一点。现在，民主派人士不再捍卫传统的制度，他们发现，身处自己亲自创建的国家绝对专制统治下也是十分危险的。托克维尔描述的政治局势稍后被称为极权主义，这是一种他从来没见过但却在极权主义政治出现之前一个世纪就已经准确预言到的政治体制。

---

① 汉普蒂·邓普蒂是欧洲童谣中从墙上摔下来，跌得粉碎的蛋形矮胖子，这里作者用来形容欧洲的封建帝制。——译者注
② 意指欧洲的旧秩序也不可能再恢复如初了。——译者注

托克维尔还预言道，人们还会丧失另一些东西：人们紧紧围绕一个核心价值从事社会、经济和文化生活的极端状态。社会最低阶层的暴行可以被原谅，最高阶层的暴行也值得被原谅。随着识字的人越来越多，知识传播变得更广泛，旧制度下人们一无所知的状态会变成历史，但天才也会越来越少。虽然最坏的品德也能被人们所容忍，但最高、最聪明、最纯粹的性情也不再是最好的人的美德。

托克维尔总结道，"如果我要尽力找到多样的人性特征中最普遍、最主导的部分"的话，

> 我认为，人类命运发生的所有变化证明人性有一千种……模式。几乎所有极端状态都被软化或钝化：所有最卓越的都被那些中间层次所取代，跟此前世界的状况相比，现在的一切都变得不高不矮、不偏不倚，不耀眼也不晦暗。

朝向人类普遍平等的伟大进步发生在最不人道却也最正义的1789年革命中，这当然是新知识和对新知识的更深入理解的结果。的确，所有人都生而平等，也有不可让渡的天赋权利。在洛克和杰斐逊之后，在罗伯斯庇尔和丹东之后，甚至在拿破仑这位时代的巨人与伟大新制度的创立者之后，理性的人们再也不能否认那些关于平等权的主张了。只有那些拿着枪对准你胸口的人才能否认这些主张，或是某个掌握千万军队、枪口一致对外的国家才能这样做。

我们已经看到，当伽利略、笛卡尔和牛顿推翻了中世纪的知识体系，打破了关于天堂里有上帝之城的幻觉之后，一些美好而奇怪的事情就此逝去了。我们无法回到那个幻梦中去，而绝大多数人都不会想回到过去。当然，对记忆中不能重来的过去，我们还有一缕挥之不去的乡愁。在欧洲等级制度，也就是我们称为旧制度的那个社会秩序被彻底推翻的同时，还毁掉了什么美好而奇怪的事物吗？或者说，托克维尔用遗憾却充满希望的笔触写下"即将逝去的就是即将获得的"这一名句时，他只不过是一个多愁善感的旧式傻瓜吗？

简言之，知识的进步是否总是需要付出高昂的代价呢？我想的确是这样的，而且，我们没有任何办法可以避免付出这种代价。

莫扎特的《唐·乔望尼》

在前一章里，我们了解到，17 世纪末，约翰·洛克是如何试图用理性的方法说服生活在另一片土地上的同胞和同时代的人，告诫他们宽容不同的宗教信仰才是真正的基督徒所为。一千多年来对上帝的痴迷可不那么容易被安抚，而不宽容的狂怒在政治革命的时代也十分盛行。不仅在天主教国家是如此，罗马教廷力图扑灭异教的热情一点也不比法国大革命的激情差。异教徒在新教国家则受到了另一种惩罚，新教徒的激情也毫不逊色。

与此同时，对权力有限的宗教组织的打击越来越强，总而言之，这种打击是更具想象力的。最能说明问题的合法性打击是美国宪法提出的《人权法案》，自此之后禁止国家干涉公民的宗教信仰。个人可以继续这样做，现在仍然如此，但国家可能没有这样做的权力。在大多数情况下，在过去的两百年里，自开国元勋坚持美国的基本法包含这一基本自由之后，美国在国家层面上就没有再从法律上规定美国人应当信仰什么，不应当信仰什么。

就像曾经参与过美国政治生活的方方面面一样，托马斯·杰斐逊也曾参与《人权法案》的起草。跟美国政府早期的很多同事一样，杰斐逊也是一位自然神论者，他相信上帝但不信仰任何宗教。这些人认为，信奉上帝、追随上帝有多种途径，无论一个人选择怎样的途径都是可行的。即便有人因行差踏错而受到惩罚，国家也不应该强迫任何公民用某种特定的方式来信奉上帝，他们应当有权自由地做出错误的决定，不然的话他们怎么能够成长呢？

英国比美国更早实现政治自由，但英国人却用了更长的时间才做到宗教信仰自由。在法国，拿破仑倒台后，一股新的宗教保守主义思潮取代了大革命中咄咄逼人的反宗教信仰热潮。在意大利，直到第二次世界大战结束、共和国建立以后宗教信仰自由才得到保障。在欧洲和东方新建立国家里，我们也很难见到宗教宽容的影子。

不仅政治家们争取让人们摆脱国家对宗教信仰的刚性控制。艺术家也加入了反抗的行列。他们常常走在反抗队伍的前列。作为艺术家，他们常常用出人意料的方式表达他们的观点，甚至是用嘲弄的方式表达出来。莫扎特就是其中一例，他的歌剧《唐·乔望尼》就是对宗教不宽容猛烈又睿智的抨击。与此同时，这部作品还表现了一个只有知识而无信仰的人的悲剧。从本质上说,《唐·乔望尼》主张的是无论在什么情况下,一个人都必须能够自由地追求他想要的知识。但是,作品又提出疑问,知识是否就是人类唯一应当追求的东西呢?

唐璜的故事非常古老。故事的起源已经消失在中世纪的重重迷雾中了。这是一个关于自由浪荡子的故事,发生在自由思想还被视为危险和可怕的观念的时代。1630年,西班牙剧作家提索·德·莫里纳创作了一出名为《塞维利亚骗子》的悲剧,唐璜这一人物形象第一次出现在文学作品中。通过这部戏剧,唐璜成为一个普遍的象征性角色,就像堂·吉诃德、哈姆雷特、浮士德一样家喻户晓——虽然他们都不是真实的历史人物,但却都为人喜爱,活生生地存在于人们的心中。

据说,唐璜风流成性,最喜欢引诱年轻女子。在他放荡不羁的生涯的巅峰时期,他引诱了一位贵族少女。少女的父亲想要为女儿报仇,向唐璜提出了挑战,却被唐璜杀害了。后来,唐璜看到了那位父亲坟前的石像(鬼魂),他邀请石像前来跟他一起进餐。那石像中的鬼魂很快就去往他家赴宴,在宴席上预言了唐璜的死亡及身后要受到的惩罚。

提索·德·莫里纳虚构的这个人物拥有勇气和粗野的活力,这赋予了悲剧以相当大的影响力。唐璜还具有让人心动的幽默感,这更加剧了他在传说中堕落的程度。

沃尔夫冈·阿马德乌斯·莫扎特(1756—1791)出生在萨尔斯堡,他是萨尔斯堡最杰出的人才,从小就被视为神童,在他的音乐家父亲的培养下长大。1781年,莫扎特还只有25岁时,就已经完成了上百部作品,他断绝了同他的赞助人——萨尔斯堡大主教的关系,试图在没有富有的贵族帮助之下,凭一己之力开创自己的音乐事业。结果,他想要获得自由的努力失败了。仅仅十年后,他就在赤贫中离世,被葬在维也纳的一个贫民墓区,墓前甚至连一块墓碑都没有。他巨大的成就在他死后才得到承认。那时,他才开始被人们认为是历史上最伟大的作曲家,直到今天人们对他的看法依然如此。

莫扎特是一个天性乐观欣喜的小个子男人。一些跟他同时代的人认为他是个**低能天才**,有做小丑的天分,但又让人没法描述他的天才。他跟哲学家没半点关系，但是，对他那个时代世界向传统宗教的挑战，他知道的不比任何人少。他最后创作的三部歌剧都以这种或那种方式表达了与这个主题有关的内容。《唐·乔望尼》（也称《唐璜》）则是用一种骇人听闻的方式表达了这一主题。

这部歌剧由洛伦佐·达·彭特（1749—1838）作词，于1787年10月在布拉格首演。虽然后来在更保守的维也纳演出时败北，但这部歌剧在首演时引起了巨大轰动。或许正是在祖国演出的失败挫伤了莫扎特的锐气。

莫扎特笔下的唐·乔望尼是一个才华横溢、魅力迷人的男人。他引诱了很多年轻女子，却并不都因为爱情。当然，他告诉那些被引诱的女子，说爱情满溢在他的胸膛，他必须要让她们知道，除此之外别无他法。一旦他的猎奇心得到满足，他就毫不犹豫地抛弃她们，让她们心碎一地。他最后那位情人的父亲为了替女儿报仇，提出与唐·乔望尼决斗。唐·乔望尼大笑着，毫不费力地杀死了年迈的对手。他的那位被抛弃的情人曾邀请他参加晚宴。而这可怜的老头一死，唐·乔望尼就以自己一贯愤世嫉俗的礼貌，回请他也来参加晚宴。这一亵渎神明的举动让唐·乔望尼的仆人莱波雷诺也大为震惊。

为什么唐·乔望尼要如此残忍地对待这位老人呢？他感受到这位老人身上总有种他无法忍受的多愁善感。唐·乔望尼自己则是个完全没有感情的人。他是位科学家，一位拿女人灵魂做试验的科学家。他企图从他的受害者身上发现他不具备的伟大之处。最终，她们总是让他感到失望。他情人的父亲对他而言更算不上是什么挑战。唐·乔望尼随手处理掉了他，就像扔掉一封情人的情书那样。对唐·乔望尼来说，这封信什么意义也没有，因为对他来说这一切已经毫无意义可言了。

唐·乔望尼有很多敌人。他们开始围攻他，把他逼到穷途末路。他已经耗尽了家财，只能和莱波雷诺住在一间小房间里，吃最简单的食物。突然，门外传来震天响的敲门声。莱波雷诺吓得瑟瑟发抖，但唐·乔望尼却毫无惧色，大步走过去，猛地把门打开。那被杀死的老父亲康曼达多尔的鬼魂就站在他面前，面如死灰、阴气森森。他赴宴来了。

他用冰冷的手紧紧抓住唐·乔望尼，力气大得让唐·乔望尼这个大活人都挣扎不开。那鬼魂推搡着他，莱波雷诺大声尖叫着让主人快跑。但是，就算能逃脱，唐·乔望尼也压根儿不想跑。他对即将面临的事十分着迷。他终于找到一个值得他去挑战的事情了。他会继续他对知识的探求，即便是下到地狱去他也愿意。"忏悔吧！"鬼魂嘶吼着。唐·乔望尼却冷静地回应他说："我没有什么可忏悔的。"这是西方艺术史上最重要的一刻。管弦乐队奏出了全剧最强音，地狱之火在熊熊燃烧，四周回响着令人毛骨悚然的尖叫，那位英雄逐渐消失在落下的幕布之后。

歌剧《唐·乔望尼》到底是一部喜剧还是悲剧呢？在萧伯纳（1856—1950）的剧作《人与超人》中，反映出了莫扎特式的喜剧风格，那种地狱中魔鬼般的迷人魅力，只有在那里，他的唐·乔望尼才会真正感到舒适。但是，萧伯纳却仅仅是诉诸文字。莫扎特的音乐为这个故事增添了其他任何艺术门类都无法传达的魅力。唐·乔望尼最后的晚餐一幕中，管弦乐队宏大的和弦、康曼达多尔低沉宽广的男低音以及唐·乔望尼高涨的勇气，营造了一个势不可挡的、令人难忘的场面。他声称他不需要上帝告诉他问题的答案也能活下去；即便他的狂妄与傲慢会让他永堕地狱的烈火之中，他也想要自己寻找到答案。

假如在莫扎特自己的设想中，唐·乔望尼的生与死都是悲剧性的，那么这就是一种跟古希腊戏剧和莎士比亚戏剧都截然不同的新悲剧类型。唐·乔望尼是个极具嘲讽性的、愤世嫉俗的人，他不惧怕任何事物，也根本不尊敬任何传统美德。如果这算是一出悲剧的话，那么他的悲剧根源就在于他彻底地与他所嘲笑的社会隔离起来了。社会的传统习俗在他的头脑中毫无约束力。此外，他还知道这些传统习俗对所有其他社会成员都已经不再起作用了，尽管由于无知或怯懦，他们都还不能承认这一事实。这就是那么多年轻女子轻易就被他引诱，深深陷入他浪漫的叹息声中不能自拔的原因。这些年轻女子跟他一样，想要一种新的自由和历险生活。虽然她们也希望，在这个不允许她们像男人一样自由表现自己的社会里，唐·乔望尼能遵照传统向自己求爱，但最终她们还是向唐·乔望尼和她们自己的欲望屈服了。作为女人，她们因自己的"淫邪"的行为感到内疚、受到惩罚。

唐·乔望尼完全明白这一切是怎么回事。就连他的仆人莱波雷诺——或许莱波雷诺更糊涂——都不知道到底发生了什么，尽管从旧世界的道德观来看，莱波雷诺也是个浪荡子：也就是说，他也喜欢四处引诱漂亮女子，但是他的玩世不恭却是旧式的。

唐·乔望尼则是以一种彻头彻尾的新方式来游戏世界的，他想让成为他情人的女子比她们的母亲更能直面自己的欲望。她们做不到，这让他感到如此失望，以致他不得不转头离去，寻找下一个受害者。但是，用"受害者"来形容那些女性是错误的，因为唐·乔望尼清楚地知道，每个跟他同床共枕的女子都是自愿的。这也是他能够发自内心地对着石像鬼魂说"我没什么可忏悔的"的原因所在。

这正是莫扎特这出歌剧的结局如此让人不安的原因。它震撼了我们，让我们毛骨悚然，因为我们意识到，从某个方面来说，唐·乔望尼被罚受地狱永恒之火的惩罚是多么不公平。但是，看看那些被他抛弃的苦命女性，她们只能忍受传统男权社会残酷无情的惩罚，无法逃脱自己的命运，这对她们来说也是不公平的。

歌德的《浮士德》

浮士德的传说跟唐·乔望尼的故事一样古老。如果可能的话，浮士德的故事甚至比唐·乔望尼更有名。甚至在历史上真的有浮士德这个人存在过，他在1540年左右去世。他是一位著名的魔法师，用自己的魔法诡计欺骗男人和年轻女人，从他们那里骗走一切他那邪恶脑袋里想要的东西。

1587年，出现了一部关于古代这个熟练掌握某些方术、会魔法的聪明男人的故事合集。这些故事在中世纪被重新演绎为德高望重的术士，如梅林、艾尔伯图斯·麦格努斯和罗杰·培根等人的故事。在第一版的《浮士德》里，这些人的全部行为都被归在浮士德身上。他与一个名叫靡菲斯特的魔鬼为伴，而且由于浮士德的受害者们的遭遇，故事被添上了粗俗而无情的色彩。但是，毫无疑问的是，浮士德最终受到了惩罚。据故事所述，浮士德把他的灵魂出卖给魔鬼，而他要为他的成功付出永远在地狱受罚的代价。

《浮士德》第一版被翻译成多种语言。英文版的《浮士德》激起了克里斯托弗·马洛的灵感，他据此创作了《浮士德博士的悲剧》（虽然早已创作完成，却在 1604 年才第一次公开出版），这更让这位传奇人物声名大噪。在此后的两百多年里，陆续出版了无数关于浮士德故事的书，也让魔术师们背负了浮士德的名声。其实，有的魔术师则试图不像浮士德那样跟魔鬼签约，有的魔术师甚至打破了与魔鬼的契约。

最初的浮士德是一个贪恋性欲、财富和权势的人，但随着故事的发展，浮士德想要占有的范围和意义逐渐升级。浮士德还渴求知识，但只是为满足他的邪恶目的而求学。德国作家戈特霍尔德（1729—1781）认为浮士德对知识的追求是高尚的举动，在他一部未完成的戏剧里，他安排了上帝与浮士德和解，这样浮士德最终逃脱魔鬼的掌控。这种观点影响了另一些关于浮士德的作品，例如赫克托·柏辽兹、海因里希·海涅、保尔·瓦雷里以及托马斯·曼等人都受到了影响。不过，最著名也是最扰人心绪的浮士德故事是歌德的作品。

1749 年，约翰·沃尔夫冈·冯·歌德出生在美因河畔的法兰克福，在度过了漫长而辉煌的一生之后，于 1832 年以 82 岁高龄在魏玛辞世，他被誉为“德国人的精神导师”。他是一位科学家、哲学家、小说家和批评家，还是一位抒情诗人、戏剧家和史诗诗人，是拿破仑时代之后的领军人物。甚至在拿破仑时代之前，他也算得上文坛领袖。歌德曾与拿破仑会过面，虽然拿破仑受到歌德敬畏，但他却当着众人的面对歌德说：“您真是位人物！”（Vous etês un homme!）

《浮士德》是歌德终身倾力创作的巨著。歌德从 18 世纪 70 年代开始，用了差不多 60 年的时间才最终完成这部作品。1780 年，他出版过其中一个片段。此后，这部巨著的创作曾被多次中断。在歌德的朋友、诗人弗里德里希·席勒的坚持下，直到 1808 年，歌德才完成了《浮士德》的第一部。创作再次被其他事务打断，《浮士德》第二部直到歌德去世前几个月才最终完成。让这部作品迟迟没能完稿的原因不仅在于其他事务的压力。歌德自己知道，这部作品需要耗费他全部的想象力、知识和经验，因此他用了一生的时间来创作它。

《浮士德》第一部设定的时代背景是中世纪正在崩塌、被现代社会所取代的时期。浮士德深居书斋研究中世纪的知识，而他感到十分痛苦。他已经掌握了唐·乔望尼渴求的智慧，但却也付出了与唐·乔望尼同样的代价，忍受着与社会隔绝的痛苦。这时，靡菲斯特出现了，一开始他变作一头黑色卷毛狮子狗出现在浮士德面前。他告诉浮士德可以让他摆脱知识的束缚，享受愉悦、财富，跟有趣的人为伴，甚至可以驾驭自然。浮士德接受了与魔鬼的协议，但他拒绝传统的浮士德式的交易。他声称自己已经身处地狱了，无须再接受惩罚。于是，靡菲斯特修改了契约。假如他能让浮士德感到满足，让他那躁动的、受折磨的灵魂安歇的话，那么魔鬼就赢了这场赌约。"成交！"浮士德大喊道，这场伟大的赌局就此开始了。

因为1790年版的《浮士德》里的爱情故事，《浮士德》第一部在德国一夜成名。1808年版的《浮士德》则让这部作品在欧洲家喻户晓。浮士德爱上了一位名叫格雷琴[①]的单纯女孩儿，她住在一座小镇的一间小房子里，从小受到严格的传统教育，从没爱上过任何人。在浮士德送给她一堆漂亮的珠宝之前，她也从没有收到过任何男人送来的礼物。而这些珠宝都是靡菲斯特给浮士德，让他用来追求和引诱她的。她戴上了珠宝，在镜子里反复打量自己。她看到自己变成了一个完全不同的人，一个她一直想要变成的人。

跟所有女孩儿一样，格雷琴的直觉告诉她这礼物的意思，她意识到这礼物既危险又给人以希望。如果她受到引诱，而那已经被她视为情人的男人后来抛弃了她的话，这就真的很危险。靡菲斯特把浮士德变得十分英俊，就像当年他年轻时一样，还让他年轻了30岁。浮士德劝她逃离她一生都生活其中的、逼仄的小房子，逃离那座古老的城镇里的封建家庭。而她也没有过多考虑，就将自己交给了浮士德，用全部的身心与灵魂爱上了浮士德。

正如马歇尔·伯曼[②]所说，接受一种新的、更广阔的生活的希望是必然的。自1300年起，当但丁、彼特拉克和薄伽丘拉开文艺复兴的序幕、撬开中世纪横亘在男人和女人之间的障碍时，高贵的格雷琴遭受贫困的压力已经500年了。到1800年，绝大多数欧洲人仍然生活在狭隘、封建、传统的环境中，遵守着古老的社会法则，而不管这些社会法则是由哪个宗教派别的牧师和传教士制定和管控的。500年来，正如前一章里我们曾描述过的，有无数富于冒险精神的人想要把人从自身偏见与恐惧的囚牢中释放出来。

---

① 格雷琴是《浮士德》原著中的女主人公马加蕾特的昵称。——译者注
② 读过马歇尔·伯曼著作《一切坚固的东西都烟消云散了》的读者将会发现，在下文中我的很多灵感都来自他的这部著作。

总有像格雷琴那样勇敢的年轻女孩儿，无论她们是否自知，她们总是在追寻一位浮士德，那位大胆的陌生人来到古老的城镇里，然后带这位美丽的乡村女子离开那里，奔向那生死未卜的未来。生存通常取决于这个陌生的男人。随时岁月流逝，浮士德越来越多，格雷琴也越来越多。事实上，绝大多数美国人都是这些人的后裔。他们想要逃离封建道德的控制，于是在年轻时离开了依然处于中世纪的家乡，横渡大西洋去追求更好、更自由的生活。这种人在新大陆的移民中是最常见不过的了。

当格雷琴轻易让浮士德得到自己时，她同样犯了一个女人经常犯的错误。虽然他喜不自胜地赞美她变成了一位迷人的女子，但他已经开始觉得格雷琴能给予他的远远不能满足他的需要了。这部分要归咎于靡菲斯特，部分却是浮士德的本性作祟，他注定永远无法得到满足。就这样，他抛弃了格雷琴。没有了浮士德的保护，格雷琴饱受绝望的折磨。她的哥哥瓦伦丁对她冷嘲热讽、倍加责难。后来，在靡菲斯特的帮助下，浮士德在一次决斗中杀死了瓦伦丁。格雷琴的孩子也死掉了，她被控杀害自己的孩子，被投入监狱，判了死刑。当她只能等死的时候，浮士德回来了，再一次在靡菲斯特的帮助下，他进入她的监舍里。

她一开始没能认出浮士德来。她以为浮士德是刽子手，准备引颈受戮。浮士德大叫：不！我是来救你的！只需要跨出这监牢，你就自由了！

格雷琴却拒绝了。她知道浮士德并不爱她，他来救她只不过是出于内疚。她也并非真的想要他所追求的自由。虽然她比浮士德更清楚地知道那个狭隘的封建世界有多么残酷无情，但她也意识到那个世界存留的良善：对理想的承诺，致力于忠诚和爱的生命。即便她的世界背叛了她，她也不愿意背叛这个世界。她更不愿意为了浮士德背叛自己的爱。她原谅了浮士德，宽恕了他对她所做的一切罪孽。当格雷琴站起身时，浮士德感到她帮助自己从与魔鬼的交易中解脱出来了。

歌德的《浮士德》第二部是19世纪的作品，应当在讲到那个时代的时候再说。因此，我们把它留待在下一章讨论。

《浮士德》第一部是对《唐·乔望尼》的补充，但它更为深刻，因为歌德是一位比洛伦佐·达·彭特更伟大的作家。与洛伦佐·达·彭特相比，这部作品将莫扎特的思想更推进了一步。

浮士德与格雷琴的爱情故事不仅是对传统宗教的挑战，也超越了《唐·乔望尼》中所有玩弄女性的人都要下地狱的道德境界。但是，这两部作品，尤其是《浮士德》，都想让我们意识到，一个新世界已经来临了。它们都认为，此时此刻，只有极少数男人和女人能意识到这一真理，并从中尝到甜头。在《唐·乔望尼》中，只有唐·乔望尼一个人看到了这一点，而他为此付出了代价。但就算是浮士德，虽然精明睿智，却也还需要魔鬼的帮助才能明白这个道理。他自己无法救自己。

在近两千年的时间里，基督徒真正的自由来自上帝的恩赐。但丁曾宣称："他的意志即我们的和平。"而成千上万的布道者都向虔诚的听众许诺说，他们只要遵从上帝仁慈的律令，就会获得永恒的祝福。但是，两千多年来，世界都在无情地运转，碾碎了男人和女人的肉体与思想，折磨着他们，让他们对善的想象变得扭曲。人们需要一种新的契约。与上帝的契约现在已经无效了。唯一可以取而代之的是与魔鬼的交易。

虽然他的音乐已经表达出这意思，但莫扎特不能明确地说出这种观点。歌德让靡菲斯特替他说出来：

> 我是永在否定的精灵。
> 一切事物只要它生成，
> 理所当然就都要毁灭……

与此同时，魔鬼是"总想作恶，却总行了善的那种力量的一部分"。上帝，在他对人过分宽容的爱中，破坏了人无限的创造力。魔鬼破坏的欲望就是创造力。我们必须扫清那旧世界，为新世界开路，否则就不可能有进步。

那么，进步就是我们与魔鬼的交易，而不是与上帝的契约。这是一个奇怪的结论。两个世纪以来，世界的变化似乎证明这个结论的正确性不容置疑。而就在20世纪即将结束的时候，世界没有表现出任何改变其看法的迹象。

第十章 19世纪：现代性的前奏

在19世纪这喧喧嚷嚷的一百年里，欧洲在全世界留下了自己的印记。因此，英国、西班牙、葡萄牙、法国或荷兰帝国，它们都可以吹嘘自己是日不落帝国。高速发展中的美国，这个"未来的大国"发现他们没有必要也建立帝国。1823年，《门罗宣言》的发布确保了美国在西半球的影响力，这一宣言宣布美国免于承担其他十几个小国的管理事务。日本比其他任何国家都更快地看到了未来的走向，在1868年向世界开放了国门，因此日本可以直接享受西方技术的益处，还避免了被迫打开国门、沦为原料供应地和劳动力输出国的命运。19世纪是一个相对和平的世纪，其间只有殖民国家间发生过小规模战争，这让世界从1815年到1914年，可以将充沛的精力专注于全球生活必需品市场的发展，而非奢侈品市场的发展当中。约翰·梅斯菲尔德的《货物》一诗是这种根本变化的象征：

> 从遥远的俄斐驶来的尼尼微大船，
>
> 划向巴勒斯坦阳光灿烂的故国港口，
>
> 船上满载着货物，
>
> 有象牙、猩猩和孔雀，
>
> 还有檀香木、雪松木和甘甜的白葡萄酒。
>
> 从巴拿马地峡驶来的西班牙大帆船，
>
> 穿行在热带长满棕榈树的绿海岸间，
>
> 船上满载着货物，
>
> 有肉桂和葡萄牙金币，
>
> 还有钻石、黄玉、祖母绿和紫水晶。
>
> 肮脏的英国渡轮，烟囱结满了盐霜，

> 颠簸在狂暴三月的英吉利海峡沿岸，
>
> 船上满载着货物，
>
> 有泰恩的煤炭、铁轨、铅块，
>
> 还有木柴、五金和廉价的马口铁餐盘。

19世纪见证了新能源的发现，例如石油和电力。它为全球范围和局部地区的通信新设备而自豪，例如电报和电话。从电灯到廉价的铸铁炉，19世纪的人们开始享受更舒适的生活方式。工厂生产的草坪上用的装饰铁鹿和批量生产的客厅、卧室家具，取代了手工装饰品，后者只在20世纪以后才重新得到人们的青睐。少数发达国家的通俗文学和新闻业要求人们普遍识字，这些国家的传教士想把知识之光传遍全球。蜿蜒曲折的铁路穿过森林、草原和河流，连接起隔绝了数百年的地区，在破坏了旧社会观念的同时建立起新的社会观念。而在19世纪末，德国和美国的预言家预言说，汽车将是世界上前所未有的、最具革命性也最有利可图的新发明。

总体而言，19世纪是一个喜欢自我反思的时代，而它也自称是"新的"时代。这个称呼恰如其分。但是，发生在这个时代最重要的新奇之处我们还没有提到，以上说到的那些都还算不得最典型的案例。

金钱造成的差别

从某些根本方面来说，五千年到一万年以来，人类并没有发生太大的变化。古埃及人通常都爱他们的孩子，虽然有时也不太爱；我们现在也是如此。古希腊人喜欢吃吃喝喝，坐在太阳下谈论哲学话题；我们现在也是这样，虽然我们可能不太常谈论哲学的话题。罗马妇女在公共洗衣场洗衣服时喜欢谈论家长里短；我们则在自助洗衣店里聊着八卦新闻。古代人会生老病死；我们也难逃此命运。他们有时宽宏大量，有时又冷酷无情；我们也毫无二致。他们有时爱慕虚荣、以自我为中心，有时又极有自知之明；我们也是一样。总体来说，他们跟我们的共同之处要远比差异多。

但是，从另外一些方面来看，古代人的生活方式跟我们则是完全不同的。当然，他们没有冰箱和电视，也没有微波炉、汽车和计算机，而我们拥有这些现代工具。但这不是主要的差别所在。他们从不去"度假"，也从不为该如何打发"业余时间"而犯愁。这是一个更大的差别。他们从不为防止感染某些儿童疾病而给孩子接种疫苗，也从不希望孩子在生活中比自己"表现得更好"。这又是一个相当大的差别。他们从不认为钱是十分重要的。这是一个极大的差别，以至于我们很难理解古人的想法。

当我们发现古代人很少考虑钱的问题时，我们就更难理解他们到底是怎么想的了。事实上，在中世纪、文艺复兴时期、17世纪乃至18世纪，所有国家的绝大多数人都很少对钱有什么概念。直到19世纪末，也就是在不久之前，绝大多数人都没有发现钱的重要性。结果，尽管从心理上来讲他们跟我们的共同之处要多于不同之处，但他们的生活方式却跟我们完全不同。

假如我们能理解那些离我们相当近的人们与我们深刻的差异性，我们也就能理解19世纪对人类知识总体储备的一项主要贡献。从这个意义上讲，1800年以后的这一百年可以被视为20世纪的前奏。

19世纪并没有发明金钱。作为交换的中介，作为平衡商品或服务的买家和卖家之间账目的工具，货币的历史非常古老。无论多么原始，几乎没有哪个民族没有钱的概念，也没有哪个民族不使用骨头或金属块这样的东西代表钱。

也没有发现哪个民族不需要金钱，无论他们是如何持有或计算金钱的。正因如此，我们才十分惊讶地发现，直到最近，绝大多数人仍是极度缺少如何挣钱的概念。"谋生"一词对他们来说是无法理解的。今天几乎每个男人、女人和孩子都知道这个词的含义，尽管有的人会发现要谋生是件很难的事。

1800年以前的经济生活：农民

让我们试着想象一下1800年以前某些经济群体或经济阶层的生活。在这里，我们说的并不是某个具体的日期。在一些发达国家，1800年之前，这些经济群体就已经不再是国家重要的经济实体了，例如在英国和美国，而在其他一些国家，这些经济群体依然留存到现在，特别是第二次世界大战以后。但是，1800

年可以作为一个时代的分界线：在此之前，人类历史上绝大多数时间都保持旧的、前工业化的、非货币金融经济的时代；在此之后，则是今天我们生活其中的新的、工业化和后工业化的金融经济时代。

让我们来看看农民的状况。我用农民这个词来指称1800年之前几乎所有国家中绝大多数的人，他们生活在土地上，将自己的生活依附于土地，只能从土地上获得微薄的产出，并支撑着整个社会的上层建筑，而却几乎从上层建筑中无所获益。在有的国家，这一经济阶层被称为农奴，有的国家则称他们为奴隶，而另一些国家甚至称他们为"贱民"。"农民"则是最常用的通用称呼。

一个农民从能够拿起最简单的工具的年龄起就开始劳作，每天从早到晚地干活，直到他太过衰老，或是生病、虚弱到干不动任何活儿为止。而最可能的结局就是，他就这样死去。农民妻子的一生也是如此。或许他有一点钱，大概就是几便士或其他等价的钱币。但是，他和妻子都不是为了挣钱而辛勤工作。他们之所以如此勤劳，是因为生活就是劳作，劳作就是生活，二者绝对无法截然分开。特别的是，金钱从来不会作为一种交换媒介在市场上购买劳动力，并由此让生活与劳作之间产生任何联系。

换句话说，农民是没有"工作"可言的，没有通过劳动换取报酬或薪水一说。他也不可能有机会从这个工作跳槽，去做另一份更高薪的工作。在极大程度上，农民是被牢牢绑缚在土地上的，他们出生在这片土地上，并希望终其一生都能在这片土地上劳作。他们不能随意离开这片土地和领主，去为另一个领主工作，除非两个领主的意见能达成一致，都认为让农民换个地方干活对**他们**是有利的。农民也绝不可能向领主索要更多的劳动报酬。

严格地说，农民是为自己和为他们的领主服务的，而他们的劳动生产出食物，供养他们自己、他们的孩子，或许还有年迈的父母以及其他依靠他们生活的人。领主一般会同意让农民拿很少一部分农产品到市镇上去出售，卖给那些不能自给自足或不能住在乡间的人。出售农产品得来的钱一部分要交给领主，因为领主有权从他的领地上的任何市场交易当中抽税。剩余的部分就用来购买一些他们的土地上（准确地说，是领主的土地）无法产出的生活必需品，比如说盐或铁器，有可能的话还能买一些书。

农民期望从生活中获得什么呢？或许他们最希望的是平静地生活，将孩子抚养成人，尽可能地少受点罪，最后得个好死。能够平静地生活对他们来说是十分重要的。

农民处于社会等级的最底层，有很多敌人围着他们，威胁着他们。所有的敌人都想劫掠他们，偷取他们那少得可怜的钱财，夺走他们任何稍微值钱的东西。他们的劳动力是有价值的，因此以领主为首的敌人，也总是想要窃取他们的劳动力。

因此，农民只希望在将死之时，能够不比他们来到这世上的时候更穷困。他们从不奢望死的时候能变得更有钱。他也从不奢求子女们能比自己更富有。如果他们还有任何期望的话，他们对子女的期望也绝不会比对自己的期望更高。

领 主

领主一词也是一个通用词汇。土地所有人的称谓有很多种，例如男爵、绅士、先生、主人或干脆就是头儿。跟农民一样，领主也没有什么闲钱。当然领主肯定比农民要富裕得多，不过可能也只有一点美元再加上一些便士而已。跟农民不同的是，领主拥有土地，以另一种方式被绑缚在土地上。

假如领主愿意，他可以合法地离开自己的土地，但这常常会被视为一种不理智的举动，除非是敌人已经围困了他的住所。除非农民是没有人身权的奴隶，否则领主不能拥有农民，但领主要靠农民的劳动生活；也就是说，农民不仅要为自己和自己的家人劳动，还必须为领主和领主的家人在领主的土地上劳动，生产出食物供给两个不同的家庭。作为回报，领主保护农民不受其他更残酷的敌人，例如海盗、土匪和其他不法之徒的侵害。

领主的希望又是什么呢？首先，不丢失一寸土地，把土地传给子孙。其次，获得更多的土地，这在许多时候是很难实现的一个愿望。但是，当所有土地都已经被其他男爵或国王瓜分殆尽时，他怎么能够获得更多土地呢？一种办法就是让子女联姻，以土地作为嫁妆或聘礼，来增加自己的土地。但是，如果女儿太多、儿子太少，每个女儿都要带走一些土地作为嫁妆的一部分的话，最终可能造成家族土地的减少。因此，领主总是认为儿子要比女儿重要得多。

国王可以从一个领主手里收回土地再赏赐给其他有卓越贡献的人。这可是一条永远值得投资的"进身之阶"，而用金钱贿赂国王的仆人和直接购买官位是很管用的，此后，就可以攫取其他贿赂错对象或是买错官位的领主的土地了。就这一点来说，国王自己也有麻烦，因为他的主要政治角色就是保证他的男爵们对土地的所有权，而如果他不能保护好男爵们的领地的话，他很可能在危急时刻得不到男爵们的任何支持。因此，获得更多土地的最好办法就是从其他人那里窃取，也就是说，通过所谓正义战争的方式从他人那里"征服"更多土地。

贵族们几乎一直都在跟其他贵族打仗，因为他们想要得到对方的领地，或者是因为对方想要窃取他们的领地。这就是他们的工作，他们终身致力于此，为此耗费大量时间和精力，尽管这还是比不上农民消耗在土地劳作上的时间和精力。因此，领主也在为土地而劳动，而不是为金钱劳动。他们也会窃取金钱，也就是说，"征服"金钱，如果有机会的话，他会很高兴拥有更多金钱，因为金钱可以为他们做很多事。但是，从最大意义上说，跟土地相比，金钱就次要得多了。

神职人员

神职人员同样是一个统称，它包括神父、牧师或其他相似的头衔。神职人员跟领主一样，靠农民的劳动生活。依照法律，他可以征收农民十分之一的农产品，或者是征收什一税。通常情况下，什一税要高于农民收入的十分之一。因为神职人员不能从农民那里直接榨取金钱，因此他们卖掉从农民那里收来的农产品，然后去买农民无法提供的东西，比如说制作法衣的丝绸和其他贵重衣料，用来制作祭器的金银，以及装帧精美的书籍。当农民跪倒在教堂的神坛面前时，他们就可以聆听这些书籍里记载的神的语言了。作为回报，神职人员护佑着农民在另一个世界里顺遂安全。

神职人员的希望和期待是什么呢？除了获得上帝救赎之外，他们所希望的无外乎是在教会获得提升和权力。而获得上帝救赎这个愿望或多或少要看他们自身的性格和信仰的深浅而定。教会是前工业化时代的旧制度下唯一的精英教育机构。虽然并非所有的提拔都是看神职人员的功过而定的，但教会成员还是可以依靠自己的聪明才智在体制内得到提拔。跟领主和农民阶层一样，神职人员的提拔很大程度要看他的家庭出身。就算没有贵族家庭的出身，只要是意大利人，一位聪明的天主教神父依然可能当上主教或红衣主教，甚至当上教皇。教会的要职可以带来巨额的财富，其中也包括金钱，但通常是土地、珠宝、皮草和艺术品。没有哪个神职人员是只为金钱而从事这一职业的。在19世纪之前，这种想法是无法让人理解的，即便在此之后也是很难让人接受的。

国　王

最后我们来看国王，无论他们的头衔是什么，国王始终是社会等级中的最高层。他依靠所有人的劳动而生活，虽然他自己也可能很辛劳地工作，比如打猎（这是一项皇家运动），执行法律（这是皇家的义务——位高权重）以及打仗（这是皇家职责）。他有无数钱财，但他的花费也高得惊人，通常花销比收入还多，所以他总是向自己的农民或其他国王乞讨、借贷或是偷窃金钱。他的野心是尽可能地征服更多的国王。假如他成功了，回报自己的就是全世界对他的阿谀奉承。他是为荣誉而工作的。

金钱当然很必要，主要是因为金钱可以雇用军队，军队则可以为他赢得他最想要的荣誉和名声。金钱的必要性还在于，假如他缺钱，军队就会离他而去，他只能绝望地面对来犯的敌人——那些还能雇用得起军队的国王。那时，他就可能被别人征服甚至是杀死，这在今天相当于因被恶意收购或兼并而破产。

商　人

在旧制度下，有一个阶层似乎从现代意义上理解了金钱，虽然事实上他们根本没有理解金钱的含义。这个群体从事货币交易，知道如何赚钱，还懂得如何让钱生钱，相对于其他任何财产而言，他们都更渴望获得金钱。这就是城市货商、买卖商和放债人。

即便到了1800年，商人仍是人数相对很少的一个社会阶层。但是，他们的社会影响力却远远超过了他们在社会中的人数比例，因为他们占有了，或者说可能占有，甚至是人们认为他们占有了巨额财富，这是国王和贵族有时梦寐以求的，而贵族们可能得用极高的利息才能借到的钱。直到1700年，在绝大多数国家，50%的年利率就算是低利息了。这种高利贷生意让一些家族积累了无数财富，例如德国的富格尔家族、佛罗伦萨的美第奇家族。但是，这项生意相当危险，因为国王常常拒绝偿付贷款，而银行家们没有办法强制国王还清债务。当然，他们有时也可以拒绝借钱给国王，但是这可能更危险，因为国王有军队，而银行家却没有。

18世纪之前，放债人收取利息的行为通常是非法的。在教会看来，高利贷这种以获取利益为目的的借债是违反自然和上帝律令的行为。

其理由可以追溯到亚里士多德，他将两种类型的经济活动区分开来。一种是亚里士多德所谓的国内经济活动，包括人类生活所需的所有商品生产和消费活动。任何人**所需**的食物数量是由自然需要决定的，也就是说，任何人能吃下的食物数量是受自然限制的。因此，亚里士多德主张，食物的生产、分配和消费都是人类自然的经济活动，而由于它是自然的，因此也是善的。同样地，衣物、房屋之类生活资料的生产也是自然的。在所有这些情况下，对这些生活资料的渴望很可能超过人们实际所需的量。但在大多数情况下，生活资料的需求就是对此类商品交易的自然的善的尺度和保证。

亚里士多德称另一种经济活动为零售业。在今天来说，这种说法并不太准确，但这个概念的含义是清楚的。在亚里士多德看来，零售业是反自然的。这类贸易的尺度是金钱而不是需要，而人对金钱的欲望是没有任何自然限制的。因此，亚里士多德总结说，零售业是不自然的。最坏的零售业交易就是金钱交易。假如一个人为了赚钱买卖食物，而不是为自己和家庭成员的食用需要去买卖食物，这是不好的，但这种零售业的产品对有的人来说毕竟还是有用的。因此，即便对商人来说食物是赚钱的手段，但对最终的消费者来说毕竟还是满足自然欲望——饥饿——的手段。

但是金钱本身是毫无用处的，亚里士多德说，而金钱交易——例如为获利息进行放贷——则更是一点好处都没有，因此，此类商业活动完全是非自然的，因为它不是基于自然规律进行的。驱使商人从事非自然的金钱交易的唯一动力就是欲望，而人对金钱的欲望是无穷尽的。

教会则愿意将此类零售业当作自然的，因为教会从事的绝大多数商业活动都是这一类的。但是，根据亚里士多德的分析，高利贷依然被视为非自然的商业活动。跟其他非自然的活动一样，例如暴食、鸡奸和乱伦，因此高利贷被称为一种罪孽。所有从事高利贷活动的人都被要求去赎罪，而那些经常从事高利贷活动或放高利贷太多的人甚至会被处以死刑。

将高利贷视为非法和罪孽深重的做法导致了一些结果。首先，它将大部分付利息的商业借贷活动集中在犹太人手中，他们对高利贷没有任何偏见。他们认为，借钱支付利息跟租借土地支付租金没什么区别，而基督徒认为支付土地租金才是一件自然的事。犹太人常常被法律禁止拥有土地，这是金钱之外衡量财富的唯一尺度，因此他们把全部精力和所有巧思都用在银行业上，成了银行业的专家。

其次，假如高利贷在犹太人法律中是合法，它在基督教法律中依然是非法的，而这常常给了债务人一个拒绝偿付债务的借口。人们总是需要钱，因此对金钱借贷设置的障碍和违约行为首先导致了更高的利息，出借人不信任他们的主顾们，希望用高回报率来平衡自己所需承担的高风险。最终的结果就是可使用的资金总量减少，当然军费开支除外，因为军费总是先于其他任何需要支付的经费发放。

只有在整个社会达成一致时，相对大量的资金才能被用于和平的事业。最好的例证就是1150年到1250年的法国。在这一百年间，法国修建了许多大教堂，花费的金钱总额几乎是这一百年间法国国家生产总值的四分之一。教堂在每个城镇拔地而起。几乎每个人都自愿地捐赠金钱，有很多人甚至醉心于修建教堂。大规模修建教堂的时代终结于13世纪中期，在此之后直到19世纪，世界各地几乎没有可以与之匹敌的大规模工程。而19世纪之后，大规模工程变得司空见惯，这正是金钱带来的巨大差别。

在旧制度下的前工业经济中，商人和银行家不是仅有的从事与金钱直接打交道工作的人。传统上，那些想要从主人身边和主人的土地上逃跑的农奴只要不被逮到、被送回到主人那里去的话，他们就自由了。在十一二世纪，有很长一段相对和平与繁荣的时期，这让人口有大幅度增长。很多年轻人离开了自己位于意大利和北欧农村的家，去寻找一些新的城镇、市镇，因为据说在那里"城市的空气都是自由的"。市镇的商人很愿意不管这些年轻人的身世如何，雇用他们为自己干活，也在必要的时候保证他们的安全。这些年轻人常常在货币经济当中工作，获得固定的工资，一旦获得自由以后，他们就会从一个工作换到另一个工作。

在 14 世纪欧洲人口由于黑死病大量缩减之后，一些逃亡成功的农奴也获得了同样的自由。但是，这些时期只是例外。绝大多数时候，人们很难离开自己的领主，成为自由劳动者，而他们的生活状况似乎十分差强人意。在欧洲，从 19 世纪末到现在我们这个时代，绝大多数人都生活在前工业化的经济当中，几乎没有钱，也不能享受到钱可以购买到的东西，也不能做用钱可以做到的事。

劳动力市场的兴起：经济学

让我们来对比一下前一节中所描述的生活状况与我们现在的生活状况。在 20 世纪，几乎所有国家的所有人都是为了金钱而工作，用挣来的钱购买他的所需要的或想要的东西，来过上更好的生活。几乎没有人没钱也能过上好日子。钱少的人总是嫉妒钱多的人，而事实上，每个人都在寻找能挣更多钱的法子。

我们知道，即便在今天，依然有那么一些人不太在乎钱。他们更专注于他们的工作，而不太关心能从中挣多少钱或是他们住在哪里，或者说那种"无谓的竞争"。当然，就算是这些难得的不在乎钱的人也需要钱才能活下去。

曾经，土地所有权替代了金钱收入。今天，如果我们不幸只拥有土地却没有足够多的钱来支撑的话，我们最终可能比以前那些最穷的农民还要穷困潦倒。假如我们是国王，依靠人民的劳动和慈善生活，我们或许会感到羞辱，至少会觉得不舒服。如果我们是虔诚的神职人员，帮助教区居民，我也会明白，绝大多数教区居民都会同情我们，因为我们实在是太穷了。虽然我们自认为自己是富有的，因为我们是在从事上帝交付的工作。

1800年到今天的变化是非常惊人的。1800年，在世界上绝大多数地方，人们很难见到钱是什么样子。而今天，钱却无处不在。今天工作依然存在，但那种视工作就是生活、生活就是工作的观念却已经消失了。我们是为了谋生而工作，而且我们甚至梦想着有一天可以不用工作，那样我们就有时间过"真正的人生"了。工作和生活，不再是我们生命中不可分割的部分，而是变成了相互冲突甚至是相互矛盾的概念。

对世界上绝大多数人而言，这种变化是发生在20世纪的。这只是因为全世界用了两百年的时间才完成工业化进程，而不是一百年。从18世纪最后五年开始，直到20世纪的最后五年才完成。但是，从本质上说，这种变化是19世纪的功劳，也就是从1815年欧洲的旧制度终结，到1915年第一次世界大战爆发之前的这段时间。直到1815年，绝大多数人还过着几乎没有钱的日子。到了1914年，发达国家的绝大多数人都生活在了货币经济社会。事实上，货币经济正是"发达"国家这一概念的重要组成部分。随着20世纪其他国家的迅速发展，货币经济也随之传播到这些国家。

19世纪，人类基本生活方式发生巨大变革的标志是一种新科学的发现，或者说发明：经济学。经济学被称为"沉闷的"科学，经济学的研究者是一群对人类事务持悲观主义态度的忧郁思想家。也就是说，他们同意人类本质上跟一袋袋小麦或一坨坨生铁块没什么区别。一个被当作经济个体的人跟一个面包一样，都可以被买卖。人的灵魂不是经济个体，因此人们甚至开始怀疑灵魂是否真的存在。

《国富论》（1776年出版）的作者亚当·斯密是第一个描述这一值得注意的劳动力市场现象的人。从某种意义上说，在亚当·斯密给这一现象命名并阐明它是如何运作的之前，劳动力市场并不存在。在生活就是工作、工作就是生活的地方，一个人无法将自己与他的工作截然分开，并在不出卖自己的前提下把自己的工作出售给别人。亚当·斯密第一个意识到，在新世界里，工业革命是具有创新性的，劳动力是跟其他东西一样的商品，最终是用来出售的。事实上，所有东西都是用来出售的。生活就是由购买和出售组成的，而不是由工作构成的，金钱就是市场的命脉。在市场上空盘旋着一只"看不见的手"，这是亚当·斯密给予它的名称，"这只手"保证经济效率将占上风。此外，人类的幸福就在于高效率地购买和出售商品中。效率的标志是利润，利润则是用金钱来衡量的。因此，金钱是所有奋斗的最终目标。而现代世界就这样来临了。

亚当·斯密之后是托马斯·罗伯特·马尔萨斯（1766—1834），他或许是最悲观的经济学家了，然后是大卫·李嘉图（1772—1823）、约翰·穆勒（1773—1836）和他的儿子约翰·斯图亚特·穆勒（1806—1873）、亨利·乔治（1839—1897）和约翰·梅纳德·凯恩斯（1883—1946）。在这里，我只能列举一些最著名的经济学家。在我们这个时代，有大批经济学家有很多新的发现，阐明了过去那些老问题。他们还发明了新的衡量经济活动的手段，例如 M_1、M_2（衡量货币供应的指标）以及国内生产总值。

这些进步让我们能掌握更多关于经济生活的知识。至今在经济学界仍有大量未知的领域。例如，1987年10月，世界股票市场的暴跌就是一个警示。虽然从表面上看是不可预测的，但1929年曾发生了同样让人不可思议的股市暴跌，尽管在此后60年间，一大群经济学家都再三确认1929年的情形绝不会再次发生。或许更让人不安的是，在多年以后，经济学家仍然没能就1987年股市暴跌的原因达成一致意见。

经济学是不是一门"好的科学"真的无关紧要。经济学家知道很多真实的事情，即便他们不如物理学家那样对事情有相当的确定性，也就是说，物理学家可以运用三百年前牛顿发现的三大运动定律来确保他们研究的可靠性。关键是，要感谢经济学，让我们知道了很多先人所不知道的重要事情。首先，我们知道，在今天的世界以及在任何一个我们可以想象的世界里，劳动力、专业技术和经验都是可以出售的，而生活就包括了学习如何把我们自己的劳动力、专业技术和经验用最高的价格出售出去，这样我们才能持续地获得稳定的收入。

其次，我们还相信，这就是事物的自然秩序。或许的确就是如此，而且将永远如此。但是，我们也不应该忘记，仅仅在两百年前，这种经济生活还被视为非自然的。或许这能让我们更想去探索一下那些我们平时已经熟知的事物的真相。

经济学，这门19世纪的沉闷科学，已经侵入了其他知识领域。卡尔·马克思就既是经济学家又是历史学家，关于他我们后文中还有很多内容要说。今天，主要是由于马克思的原因，即便有时也会呈现出其他的一些色彩来，但几乎所有的严肃历史都是经济史。也就是说，无论它还会关注其他什么东西，任何名副其实的历史问题都必须关注经济事实。在亚当·斯密之前所撰写的历史并不必须做到这一点，就可以称得上是好的历史。

此外，现在科学也有了经济学分支，有一种叫艺术经济学，甚至有休闲经济学，后者从旧的分配观念来看，几乎就是经济事实的反面。而金钱成为成功的尺度，即便是那些最不具有经济学特征的活动也被金钱所衡量。我们痴迷于富人的生活方式，名声与财富如影随形，名誉也完全可以用钱买得到。

19世纪40年代中期，也就是狄更斯（1812—1870）还在创作《董贝父子》时，在英国，金钱在旧制度下的胜利就已经发生了。狄更斯跟其他人一样被这种现象所震惊，他还因为想到失去了的东西而感到沮丧和愁闷。他毫不掩饰自己的不以为然。

董贝是个有钱人，是一家庞大的贸易商行的老板。他的儿子小保罗是个病殃殃的小伙子，却有着聪明的头脑。有一天，小保罗问父亲说："爸爸！金钱是什么？"

董贝先生感到十分困惑。他儿子的问题是多么奇特啊！"金钱是什么，保罗？"他回答说，"金钱？"

保罗说："我的意思是，金钱到底是什么？我是说，金钱可以做什么？"

"你以后就清楚了，"董贝先生告诉儿子，他用手轻轻拍着儿子，补充说道，"保罗，金钱能做任何事。"

保罗对父亲的答案并不满意，他还是想知道关于金钱的事。他的母亲在他出生后的几个小时后就去世了。他问道："如果金钱是好的，那为什么金钱救不了妈妈的命呢？"他自己也十分体弱多病。"金钱也不能让他变得强壮和健康。那么，金钱有什么好处呢？"

在小说的最后，我们知道，金钱救不了小保罗的命，也没能挽回董贝和他儿子的家，他们的家连同董贝的全部希望一起最终都毁灭了。他失去了自己的儿子、妻子和所有的钱。最后剩下的只有那个他从未珍视过的女儿。但是，他最后明白，女儿是值得用世界上所有的钱、所有的名声和荣誉去珍视的。

《浮士德》后续

《浮士德》第一部出版于1808年。我们已经知道，它仿佛是歌德出生的那个旧的、狭隘的哥特世界的丧钟。《浮士德》第二部是在1832年歌德去世前几个月才完成的，也就是《浮士德》第一部出版后的第24个年头。不同于精准地描述一个即将逝去的旧世界的痛苦，《浮士德》第二部充满想象力地刻画了一个正在诞生的新世界。

根据浮士德的传说故事，浮士德受到魔鬼的诱惑，魔鬼许以他所有人能梦想到的全部好事。（克里斯托弗·马洛在他的戏剧中写道，这些好处包括特洛伊的海伦——她是所有美丽女性的代表。）歌德的靡菲斯特带着浮士德进行了一趟时空之旅，让海伦做了他的女伴，还给了他无数奢华的礼物。但是，歌德的浮士德感到厌倦了。他想要更多东西，但他却无法准确说出他到底想要什么。

戏剧的第四场开场，浮士德沮丧地坐在峭壁之上，凝望着一望无垠的大海。靡菲斯特穿着一双七里格靴子出现了，然后他脱掉了靴子。他问浮士德什么让他烦恼。

浮士德不知道。然后，他突然知道他想要什么了。那遥远的海洋，永无止境地潮涨潮落，却没做成任何事情。所有的能量都被浪费了。浮士德大声吼道：我要控制它！你来帮帮我！

这正是靡菲斯特最爱做的事情。他会帮浮士德做没人敢去做的事情。他对浮士德解释说，浮士德必须帮皇帝打赢一场战争。作为回报，皇帝会给浮士德一个巨大的特权，允许他开发所有的海岸线。说时迟，那时快。这时，浮士德正坐在观景台上，心满意足地看着面前他所想要的东西。那曾经是天然丛林的地方，现在变成了巨大的公园，里面有精美的建筑和工厂，工厂里雇用了成千上万的工人，正在生产着有用的产品。

还有一样事情没有尽善尽美。在浮士德看到的景观中央有一座四周长满了可爱的古老椴树丛的小房子。他问魔鬼，是谁住在那里煞了风景。

靡菲斯特告诉他，是一对名叫博西斯和费乐蒙的老夫妇。魔鬼说，他没办法让这对老夫妇搬走。靡菲斯特提出让他们搬到一处更大更好的房子里去，那周围不远处也有一座很新的、风景优美的花园，但在浮士德看不到的地方。他们是和蔼、宽厚的人，但他们年纪太大了，不愿意接受靡菲斯特提供给他们的搬迁条件。

浮士德被浓浓的挫败感折磨着。他什么都有：权力、成功、给无数同胞提供福利带来的满足感。但那对愚蠢的老夫妇竟敢挡他的路。

浮士德并不是个残忍的人，至少他不认为自己是残忍的。他不想伤害那对老夫妇，毕竟他们是如此和蔼与慷慨，受周围人们的爱戴。但是，这项工程必须完工！一想到这对老夫妇破坏了他梦寐以求的伟大工程，浮士德就怒火中烧。他命令靡菲斯特把他们迁移走，毁掉他们那座歪歪扭扭的小房子和周围那些古树丛。他嘶叫道，必须在天黑之前办到，否则他就再也睡不着觉了！

靡菲斯特很快就再次出现了。但浮士德的注意力却被树丛间一盏闪烁的橘色灯光吸引了。浮士德说，"那里一定有火"。"当然，"靡菲斯特回答说，"那是博西斯和费乐蒙的家。如果他们不离开自己的家，那么我们就把它付之一炬夷为平地。"浮士德犹豫不决。他们会受伤吗？靡菲斯特耸耸肩，表示不知道。他说，"如果你一定要让他们离开，那么，我不得不杀了他们。明天早晨，你的视野里每个方向都会变得清爽无比。"

浮士德为他的所作所为号啕大哭，但靡菲斯特责骂了他。"不打碎鸡蛋的话，你永远做不成鸡蛋卷。"魔鬼暗示他说（在《浮士德》之后的一个半世纪里，有多少巨型工程的建筑师、开发商和经理都是这样说的啊？）。浮士德驱逐了靡菲斯特，但是，他当然无法摆脱他，他也并不真的想让他走。浮士德知道，他需要那个否定一切的精灵，那一切的破坏者，只有他才能开拓未来之路。世界是有限的，但人的梦想是无限的。那旧世界必须被摧毁、夷平、彻底清除干净，为新世界腾出空间来。伴随着不断加快的步伐，昨天的新鲜事儿必须给明天的新奇事物让路。

以前难道也是这样吗？当人口几乎保持不变，当人们不再是为下一代人而是为了千年之后的后代子孙兴建建筑物，当社会机构想要一直统治直到世界末日时，事情并非如此。变化总是存在的。在人类生活中、在自然界中，变化都是不可避免的。但是，在工业革命前，也就是直到19世纪，变化都还不是目的。自那以后，变化本身成了目标，有了自身的价值。事物必须变化，因为人们已经根本不需要和不满足于旧事物了。新的就是好的，旧的就是坏的。丢掉那些旧东西，让新事物来到吧！

这种想法是目前我们的怀旧情绪所不能理解的。我在写这本书时，美国人正在为20世纪50年代疯狂；而当你读到这本书时，另一个年代或许又成为热门，20世纪50年代又被远远抛开了。就连这种思想的变化也没有逃脱歌德的眼睛，他在160年前就已经看穿这种现象了。因此，在歌剧的结尾，浮士德已经又老又瞎，想要回到他出生的那个小镇，重访格雷琴那间狭小的屋子。但是，他不过是重回一座超越了旧社会的19世纪30年代版本的主题公园。那旧的封建生活方式已经变成了一个怀旧之地，而不是人们生活的地方。未来才是人们的安身立命之所。

歌德巨著的大结局是最高深莫测的。那位旧时代的诗人没有丢失任何活力和技巧，但他的注意力可能已经不再像以前那么集中了。浮士德之所以痛苦，是因为他残忍地对待了博西斯和费乐蒙夫妇，但他也为自己的胜利感到高兴。最重要的是，他从不承认失败。虽然这对有的人来说会是冷酷无情的，但他对未来的构想比其他任何人都要精彩。歌德似乎认为，这是一种恰当的描述，意味着尽管不是每个人都能看得到，但新世界的确已经出现在我们眼前了。在长诗的最后几行里，浮士德最终得到了救赎而不是惩罚。

预言的精神感染着歌德，而他的英雄浮士德并没有随着歌德的去世和浮士德被尊奉为神明而消失。思想的火炬传递到了一群思想家手中，他们当中的绝大部分都很年轻，他们自称为社会学家——这是一个新词——构想着一个建立在社会劳动力之上的新世界，致力于追求社会正义。其中最具说服力、影响最深的新预言家就是卡尔·马克思。

马克思主义：理论与实践

在美国南北战争前，南方政治辩护家们为奴隶制提出的最无耻的辩护大概是像下面这样表述的：我们得承认奴隶制在我们这里是实用的，主要是出于经济的原因。但是，黑奴也得到了主人很好的照料。奴隶主是出于经济原因善待他的奴隶的。黑奴天生就是低等的，他自由的时候反倒不如被奴役的时候过得好，这得感谢奴隶主们仁慈地对待他们。在南方，"自由的"劳动者还得不到这样的待遇，争论持续了很久。自由劳动者除了名称以外，无处不受到奴役，虽然雇主不是他的主人，但是他却受到雇主粗野暴虐的对待，因为这是雇主的利益所在。因此，在南方的"自由"社会里，存在着一种所谓的"工资奴隶"，在实践中，它比彻底的奴隶制更糟。

《纽约论坛报》的一位外国记者同意这种观点，但不是因为他想要为奴隶制正名。他的名字叫卡尔·马克思，他想要做的是彻底颠覆这个世界。

1815年，拿破仑战败之后，保守的欧洲政治体系重新建立起来，但很快就呈现出四分五裂的局面。1830年，法国的一次小规模革命之后，紧接着是1848年德国的大革命。这场革命迅速传播到其他国家。马克思和他的朋友弗里德里希·恩格斯（1820—1895）正在伦敦，《共产党宣言》的创作正达到白热化阶段。他们梦想着，一场世界范围的或者至少全欧洲范围的革命即将到来。1848年革命被残酷地镇压了，但马克思和恩格斯并没有停止他们的梦想，而是预言着未来。

马克思主义既是一种历史理论又是一项革命的实践纲领。它的天才之处在于它综合了两种要素。很多马克思的前辈要么提出革命的计划，要么提出革命的基本理论。马克思结合了这两种思想，这也是他成为历史上最著名的、影响力最大的革命家的原因所在。

卡尔·马克思不是一个让人愉快的人，他的一生过得也并不快乐。他于1818年出生在德国西部特利尔的一个中产阶级家庭。他在柏林大学学习法律，但却没有获得学位就辍学了。他加入了"青年黑格尔派"或称左翼共和派，然后到巴黎在一家政治杂志社开始了他毕生追求的事业。1845年，他从巴黎被驱逐出来，逃离警察的追捕，去到了布鲁塞尔，在那里他认识了恩格斯。

对马克思思想影响最大的是G.W.F.黑格尔（1770—1831）的哲学。黑格尔早在马克思刚出生的那年就在柏林讲授哲学了。从本质上说，黑格尔的思想是要将所有东西都形而上学化，也就是说，要辨识清具体现实中某些理念或普遍思想的有效性。黑格尔提出，从最广泛的视角来看人类历史，所有变化、所有进步都是由矛盾双方的对立与冲突引起的。世界历史的人物、民族或事件由此提出了挑战。正如黑格尔所说，正题是与其反题相对立的，而二者之间的对立必然被位于更高阶的合题所解决。

因此，法国大革命挑战了旧制度。旧制度则用其帝国的武装力量进行反扑，镇压了革命。但是，解决这一冲突的是一个新的社会秩序，与曾经存在过的社会秩序截然不同，也与革命中冲突双方的期望各不相同。

这就是革命的基本原理。但是，理论到底应该如何应用是很难的，除非在实践之后，法国大革命就是明证。黑格尔的正题–反题–合题理论并不是革命的实践纲领。

马克思意识到了这一点，虽然他承认自己从黑格尔思想中获益良多，但仍然轻蔑地批判了黑格尔和他的唯心主义辩证法。他喜欢说他"颠覆了黑格尔的思想"。也就是说，他宣称他是从具体现实出发而不是从理念出发的，而黑格尔则是从理念开始进行论证的。因此，马克思将自己的哲学称为历史辩证唯物主义。由于熟知人类发展史，他宣称不仅能够解释事情为何会如此发生，还能预期未来将会发生什么。

黑格尔提出的含混不清的所谓历史"推动力"概念被马克思转换成了社会和经济阶级之间的斗争，他认为，这才是贯穿人类发展历史的推动力，而且只有在共产主义获得最终胜利之后才会停止。他是一位非常勤勉的观察者，观察着在他周围迅速发展的工业化世界，同时，他还是一位才华横溢的作者。他描述了穷困的英国工人的生活状况以及他们的工作条件。他还描述了富有的资本家的生活状况。很显然，资本家的利益跟工人的利益是截然不同的。而且，从某种意义上说，工人和他为之工作的土地或机器的所有者（即资本家）之间始终存在矛盾冲突。

马克思的阶级斗争理论基于永恒存在的社会经济学阶级差异，此外，还有一个问题是在欧洲各国是否真的存在这样相互对立的阶级。如果对立阶级并不存在，也就说，假如冲突是真实存在的但并非永恒的和本质的，那么马克思就没有从根本上颠覆黑格尔的学说。他只不过是对黑格尔的理论做了细微的修改。无论对立的阶级是否真的存在，马克思都让工人和资本家相信事实上就是如此。

工人们感到并不满意，他们曾经对自己的状况感到满足，现在却认为他们受到了剥削，他们想要提高待遇。他们时不时被严酷的工作环境逼得发狂，然后就起义或是提出抗议，当然有时候这些反抗活动是徒劳的。但是，只有少数工人想要共产主义，甚至只有极少数人明白共产主义到底是什么意思。绝大多数工人只想要稍微提高一下生活的水平，只需要自己的劳动能获得稍微多一点的劳动报酬。他们并不认为自己是一个阶级，也不曾想要自己的阶级成为世界的统治阶级，取代资本家的地位。

马克思比其他任何人都更明白这一点。他意识到，他必须用语言说服工人阶级相信他们还不相信的事以及那些他们可能永远都不明白的事。他和恩格斯没有停止发表宣言、小册子、评论和论文。关键是让人们意识到，没有任何生产资料的工人阶级最终取得胜利，即无产阶级的胜利是不可避免的。

尽管在《共产党宣言》发表后的150年内，无产阶级的胜利都只是零星地发生在某些国家，但这一新秩序的建立是必然的。此外，对任何一个革命者而言，认为自己是坐在历史前进的云霄飞车上，而历史的车轮在时间长河中的前进是受巨大的推动力驱动的，这种想法总是让人感到很舒服。马克思坚持不懈地反复强调共产主义运动是历史的必然，而他总是让人们能够相信他。

从修辞术来说，马克思总是能够嘲弄资产阶级。才华横溢的《共产党宣言》成功地把敌人戏弄得发疯。

结果，通常是资本家们率先跨出第一步，也就是说，他们才是先使用暴力的。然后，无产阶级才作为一个反抗的社会经济阶级起来反抗。

无论还学会了其他什么，世界各地的反抗组织都从马克思这里学会了这种方式。当电视摄像人员开动着录像机袖手旁观时，他们总是嘲弄敌人（例如警察）过多使用暴力。

1848年革命推动了《共产党宣言》的创作，却很快被镇压了，这场革命给资本家造成的破坏是很有限的。1870年，一场更大的挑战来临了。法国拿破仑三世头脑发热向德国宣战时（德国正处于首相奥托·冯·俾斯麦的领导之下），仅仅打了三个月，法国就被打败了。

拿破仑三世被迫退位，临时成立的共和国政府继续与德国作战。很快战局变得无望，1871年1月，法国向德国投降。人民选举产生了一个新的、有君主主义倾向的新政府，法国试着回到君主专制的老路上去。但在此时，据马克思所说，反对派已经登场了。

受到法国统治者侮辱和伤害的巴黎人揭竿而起，并努力选举一个他们自己的政府——巴黎公社。巴黎公社拒绝听从阿道夫·梯也尔的命令，虽然他是公选产生的国家总统。梯也尔既老迈又诡诈，他要求德国释放被俘的数十万士兵，很快将其纠集成一支强大的军队用来攻打巴黎公社。

1871年5月，整个巴黎血流成河、尸横遍野。同年5月28日，最后一批抵抗的巴黎公社社员被射杀在贝尔·拉雪兹神父公墓前。法国左翼人士永远不会忘记，法国士兵排成一行，将法国工人逼靠在墙上，冷血无情地射杀了他们。

马克思等待着、期望着，宣称巴黎公社是无产阶级革命的先声。还有很多事情足以让马克思信心满满。随着他预言者的名声不断扩大，他的名字就足以嘲讽资本家了。

1883年，马克思去世。V.I.列宁（1870—1924）以马克思的名义领导了1917年俄国革命。列宁领导着一群左翼反叛者。他遭到亚历山大·克伦斯基（1881—1970）的强烈反对，后者当时是革命主力军的领导人。克伦斯基的人都是温和派，温和派在任何群体中通常都是人数最多的。

列宁比克伦斯基更了解一个名称可能拥有的能量。在短短的时间里，他的追随者就占了革命委员会中的多数，因此他的追随者被称为"布尔什维克"，意思是"多数派"。克伦斯基坚信，事实终会战胜一切，而这让他侥幸得脱。很快，布尔什维克真的变成了多数派，但也只是在统治集团内部的多数。后来开始领导俄国。

马克思的洞见

几年前，一份关于出版物的分析报告显示，卡尔·马克思是有史以来仅次于阿加莎·克里斯蒂的第二畅销书作者。如果共产主义者没读过马克思的书，特别是《共产党宣言》，他们就会错过一些东西。在他生活的年代，马克思是位伟大的历史学家和世界批评家。他似乎比其他任何人都能更清楚地认识这个世界。结果，他真的能够预言未来，至少能够概括地描述未来的景象。

事实上，政治事件要比政治家们愿意相信的更具有偶然性。行政机构，甚至是政府改变了，但是根本的改变要比执政党名字的改换更重要。马克思比同时代的其他人都更清楚，19世纪中期的欧洲正在发生着根本改变。

马克思在《共产党宣言》中写道："资产阶级曾经在历史上起过非常革命的作用。"除了马克思，谁还能做出这样的断言呢？而近年来，"它创造了完全不同于埃及金字塔、罗马水道和哥特式教堂的奇迹"，还"完成了完全不同于民族大迁徙"。马克思设法总结了资产阶级的成就，这段慷慨激昂的文字甚至感动了资产阶级：

> 资产阶级在它的不到100年的阶级统治中所创造的生产力，比过去一切世代创造的全部生产力还要多，还要大。自然力的征服，机器的采用，化学在工业和农业中的应用，轮船的行驶，铁路的通行，电报的使用，整个整个大陆的开垦，河川的通航，仿佛用法术从地下呼唤出来的大量人口——过去哪一个世纪料想到在社会劳动里蕴藏有这样的生产力呢？

其他与马克思同时代的人还能列举出一系列新兴的资产阶级已经完成的和计划在未来完成的伟大工程，但这不是马克思要表述的关键内容。他强调的是，资产阶级发明的**方法**，而不是达到的成就。事实上，资产阶级对金字塔、罗马水道和哥特式教堂之类的伟大成就一点也不感兴趣。他们只对挣钱感兴趣。他们不是为了建筑物本身而建筑，而是为了扩张他们的资本而建筑。为了挣钱，他们甚至愿意推倒去年才修好的大楼，在原地再建一栋新楼。一件事情导致了另一系列事件的发生：破坏、重建、再破坏交替发生，利用千百万人的能量和智慧完成了一个崭新的发展进程。

马克思意识到，即便这个进程本身也是未完成的。它同样时时需要彻底革命性的改善。正是这一观点将马克思和他同时代的人区分开来，让他虽然生活在150年前，却具备一个现代人的思维。另一段振聋发聩的话描述了资本主义社会的必然现象：

　　　生产的不断变革，一切社会状况不停地动荡，永远的不安定和变
　动，这就是资产阶级时代不同于过去一切时代的地方。一切固定的僵化
　的关系以及与之相适应的素被尊崇的观念和见解都被消除了，一切新形
　成的关系等不到固定下来就陈旧了。一切等级的和固定的东西都烟消云
　散了，一切神圣的东西都被亵渎了。人们终于不得不用冷静的眼光来看
　他们的生活地位、他们的相互关系。

　　简言之，资产阶级开创了一个恒久革新、永不止息的革命进程。即便你想从不断的革命中脱身，也没有办法让世界停止前进。那永不停止的革命性进程也需要一种新的人类：一种喜欢变革本身，易怒、没耐性，喜欢变动与速度，寻求存在的所有方面的改善与提升的人。总之，无论我们喜不喜欢这个结论，这种革命需要的就是像我们这样的人。我们的先人们发起了这场革命，而我们仍处在这场革命中。就算我们想要停止，也没法停止这场革命。

　　我认为，从极大程度上讲，认识到这一点是最重要的，即我们中的绝大部分人是不愿意停止这场革命的。乡愁令人愉悦，我们喜欢把孩子带到主题公园去，体验那种被我们美化过的旧日生活。但我们绝对不想回到过去那种生活，也就是说，回到我们还在10岁到60岁时的过去。特别年轻或特别年老的人可能更喜欢格雷琴曾生活过的哥特式村庄，那里只有狭隘的世界观和很少的发展机会。孩子们不需要机会。他们自己能给自己创造机会。而老年人在经历了一生都处于革新之中、充满压力的生活之后，都想要回到那种保留了"古老的想法和观点"，一切都被"固定的、僵化的关系"所控制的世界里去。但是，年轻人和中年人则绝不会喜欢这种生活。就算他们不能描述具体的细节，他们也总是向往一个崭新的世界。

　　换句话说，我们必须小心区分乡愁和对回到很久以前生活方式（例如，金钱还不是那么重要的时代）的真实愿望。乡愁是一种温和的、没有危险的"毒品"，它只会让绝大多数人沉迷一时。总有那么一群人，是真的想要回到过去那种他们所谓的"更简单的"生活方式中去。但是，大多数人都很聪明，他们都明白过去的生活并不总是更简单的，因为你几乎没有钱，只能亲手洗衣服、自己种菜，想去哪里的话只能步行或是骑马。相比起过去生活中的压力、焦虑和可能存在的危险的威胁，现代的生活才是更简单、更便捷的。

经济事实：蒸汽动力

19世纪致力于确定事实，特别是经济事实。即使其他任何事都变了，事实也不会变。它们是这个不断变化的世界的静止点。事实是不容置疑的。它就是素朴的存在。"事实就是事实"，人们会相互说道，就像这能解释一切一样。

我不认为我们现在还像19世纪那样理解事实，或对事实深信不疑。我们已经知道，假如事实融入了围绕在我们身边日夜不息的变化大潮的话，即便是事实也可能改变。此外，我们并没有失去力量所唤起的力量感，甚至是恐惧感，尤其是经济事实。

蒸汽动力是不是一种经济事实呢？19世纪的人认为是。从某种意义上说他们是正确的。蒸汽动力是一个残酷的事实，而所有经济事实都是残酷的，也就是说，无情的、不可避免的、不可阻挡的。蒸汽动力改变了城市和乡村，它革命性地改变了生活与工作，它在战时和平时将不同的国家连接起来。蒸汽动力创造了巨大财富。有的铁路巨头因之变得比国王或皇帝还富有。蒸汽动力还为无数人提供了工作机会，他们靠着工资收入维生，有时候从现代观点来看，这点工资收入甚至是最低的生活保障。蒸汽发动机连同其两种产物——铁路和发电机——一起成了动力的象征，在那个时代既壮观、残酷又神秘莫测。

历史学家亨利·亚当斯出生于1838年，他的曾祖父和祖父都曾做过美国总统。亚当斯比马克思小20岁。在马克思的指引下，他一生都在研究这个变动不居世界的意义所在，他的事业理当取得成功，因为亚当斯既聪明睿智又坚韧向学。但是，他的努力最终徒劳无功，他的研究也失败了。他不能像马克思那样透彻地分析事物。一方面，他知道得太多了；另一方面，他早年着迷于机器所代表的力量与神秘象征意义。

1900年，巴黎举办了万国博览会，1900年11月才最终落下帷幕。亚当斯在自传《亨利·亚当斯的教育》（1906）中写道，出没在展会上，渴望弄懂这些展出对金钱、知识、力量和人类生活的意义。力量最让他感到迷惑不解，因为在他的一生中（当时他62岁），普通的英国人或美国人掌握的力量差不多每十年就会翻一番，而且他预计，这种成几何级数增长的力量将超出人们可能发明出任何控制力量的机器的能力范围。

在他对现实的意义和未来会发生的事情感到深深迷惑和无知时，亚当斯步入了发电机展厅，而发电机很快成了"无限的象征"。他习惯性地用第三人称自说自话，并描述自己的感受。

他慢慢对巨大的机器展厅熟悉起来，就开始觉得那40英尺长的发电机是一种道德力量，就像早期基督徒对十字架的感觉一样。这个星球本身是不太起眼的，从它老式的、刻意的、年复一年日复一日的转动来看都是如此平凡。而眼前这个巨大的转轮，在触手可及的地方以让人眼花缭乱的速度在转动，却只发出轻微的嗡嗡声——它似乎不过是在发出一种仅能让人听得见的警告，让人们稍微更尊重一下它的力量而已——同时，发出的声音却不会吵醒哪怕就睡在机器架子旁的婴儿。展会还没结束，有人就开始对着发电机祈祷起来；天生的直觉告诉人类，在沉默和无限的力量面前应当怎样自然地表达自己。在终极能量数以千计的符号中，发电机并不像其他某些符号一样人性化，但它却是最具表达力的一个符号。

亚当斯觉得，对现代科学家来说，"发电机本身只不过是一个相当便捷的渠道，可以将隐藏在数吨煤炭里的热量在某个地方转换出来，而那些煤炭被小心地藏在专门避开人们视线的肮脏发电机室里"。他这个务实的观点相当有趣，至少它避开了麻烦。亚当斯自己并不认为避开麻烦是一种谨慎的做法。

蒸汽动力造成的麻烦是如何控制好这个人类刚刚才学会释放的巨大能量。核反应堆也有同样的麻烦，甚至给人类更大的压力。亚当斯是正确的。这好比打开了狮笼，让狮子跑出了笼子。这十分激动人心。而当狮子伸展它巨大的肌肉、大声咆哮时，你会开始思考你能不能控制住它巨大的力量。

但是，你随后会开始感到惊愕，我拿这头狮子怎么办呢？有一件事是确定无疑的：你没法把它弄回笼子里去，因为它现在已经变得比笼门更大了。到了最后，或许你只能祈祷，就像亚当斯所做的那样。

在第一次失去了他的所有，也就是儿子去世后，狄更斯笔下的董贝先生开启了一次铁路旅行。他是如此沮丧、凄凉，受到死亡的困扰。他乘坐的火车变成了他的痛苦的象征。狄更斯写道：

　　他没有从旅行中找到快乐或安慰。他被头脑里单调繁乱的思想折磨着，无聊地望着眼前飞逝而过的田园风光。他乘着火车匆匆穿过的不是物产富饶、绚丽多彩的国度，而是茫然的破灭了的计划与让人苦恼不堪的嫉妒。急速飞驰的火车正在嘲笑着年轻生命的转瞬即逝，它被那坚定不移又铁面无私的火车带向预定的终点。一股不可抗拒的力量迫使生命在自己的铁轨上——它自己的道路上——疾驰，它藐视其他一切大路和小径，冲破每一个障碍，拉拽着所有阶级、年龄和地位的人向前奔驰；这股力量就是那耀武扬威的怪物——死亡！

在小说的后半部分，董贝的敌人被火车撞死了。他"被撞倒在地，被卷入车轮下，在锯齿状的轮轴里被碾得粉身碎骨，炽热的车轮将他的生命碾成一线，把他的残肢断臂抛洒在空中"。这就是残酷的正义本身。

但是，这种正义没有给董贝带来任何愉悦，也没让他感到感激。狄更斯和读者也都不会这么认为。或许，火车不仅是那耀武扬威的怪物——死亡的象征。它还象征着19世纪以来所有人类企图控制住的非人力量，它绝不是被放出笼子的活生生的野兽。

蒸汽机、发电机和铁路，更不用说动力强大的汽车和飞机，都既是令人狂喜的灵感来源，又是日渐勃兴却让人恐惧的事物。亚当斯对之祈祷的、日夜不息的巨大轮子就是一个宏伟的意象。夜深人静时，蒸汽机汽笛的鸣叫是世界上最浪漫的声音，唤醒了人们对很久以前悲欢离合的记忆。

所有的机器和引擎受到的迷恋，远远超出了它们作为实用工具的本质。伴随着机器和引擎的运转，它们似乎根本不在乎我们，而它们也显得十分顺从我们的意志。我们可以转动钥匙任意开关机器和引擎。或许，在现代世界里，每年都有成千上万的人牺牲在这头耀武扬威的怪物面前，这头怪物就是与我们同在这地球上的巨型机器。

枪口下的平等

在美国旧西部，人们对柯尔特点45手枪有一种特定的称呼，叫它"申冤者"，因为它让所有人都变得平等，无论是年轻还是年老，强壮还是虚弱，好还是坏，对还是错。

在前面，我们已经看到，阿历克西·德·托克维尔是率先意识到社会平等势不可挡的人之一，社会平等旨在减少高阶层和低阶层之间的差异。他没有提到左轮手枪。但是，社会暴力在广阔的西部地区随处可见。在那里，一个瘦弱矮小、骨瘦如柴、凶恶成性的恶棍如果有枪的话，人们也必须郑重对待他。今天，"周末特备品"①在幽暗僻静的城市街区依然扮演着同样的角色。任何人都可能被抢劫。没有人可以例外。这种现代大城市的平等预示着世界的未来。

柯尔特点45手枪是一种机器，那么社会中逐步形成了关于它的传奇和神话也就不足为奇了。不知何故，我们总是想象，在善恶之间，我们都变成了等火车的亡命之徒。

试想一下，你将一把沉甸甸的左轮手枪握在手里，触摸着它平滑、冰冷的钢铁表面。举起枪，扬起微笑，你就掌握了生死大权，跟皇帝毫无二致。看，你的手跟枪把是如此契合，你的手指受到扳机的吸引。放下那武器，在……之前。

19世纪并没有发明手枪，但却使手枪臻于完善，让普通人也能使用手枪，而不会让人感觉有枪的人像恶棍一样。19世纪的确发明了一种更糟糕的武器，在此后的一百多年，这种武器的恐怖性依然没有丝毫减轻。这就是机关枪。它让军队间的实力变得平等。

从中世纪末期火器的发展中我们知道，人们想要设计一种无须重新装填弹药即可连发的武器，为此做出了各种努力。1718年，一位名叫詹姆斯·派克的人为自己发明的机关枪申请了专利，这种机关枪的方形枪管可以发射方形子弹。第一次在美国南北战争时期被投入使用的加特林机关枪是派克枪改进后的产品。它可以在一分钟内发射多发子弹，这比需要重新装填子弹和火药的来福枪先进得多，但它依然算不上是一台现代机关枪，因为它同样需要手动操作。

现代机关枪的发明要归功于海勒姆·斯蒂文斯·马克沁（1840—1916）。马克沁出生在缅因州的桑格维勒，但在1900年成为英国公民，1901年被维多利亚女王封为爵士。马克沁是发明时代最多产的发明家之一。他的第一个发明是卷发

---

① 原文为the Saturday Night Special，美国俚语中手枪的意思。

钳。他在美国和英国有数百种专利权，包括捕鼠器、火车机车头灯、电灯所用的碳灯丝的制造方法以及自动喷雾系统。19世纪90年代，他曾试图造一架飞机，还真造出了一架靠轻型蒸汽机提供动力的飞机，真的飞离了地面。但他很快意识到，飞机需要搭载内燃机才能成功，然后他放弃了这项工程。

马克沁的父亲曾梦想发明一种全自动机关枪，而马克沁在1884年让这个梦想成真了。他去了伦敦，建立了一间实验室，开始了反复试验。在几个月内，他发明了第一台真正的重机关枪，将火药在弹筒内燃烧产生的反冲力传递给枪膛，而子弹就可以被自动填入枪膛。因射击而发热的枪膛则通过可以转动上千次的皮带传动，用水冷的方式进行冷却。

马克沁1884版机枪一秒钟可以发射十一发子弹，但他却仍不满意。他需要一种更好的无烟火药，以保证其稳定性和递进燃烧，这是驱动机关枪自动运转的高温气体的来源。很快，他发明了线状无烟火药，这是当时最先进的无烟火药。他的弟弟哈德森·马克沁（1853—1927）发明了一种更好的无烟火药，被应用于加农炮投弹系统和鱼雷发射系统。

到1884年年末，马克沁开始生产机关枪。后来，他把自己的公司与威格士公司合并，为世界主要国家提供马克沁机关枪。而在第一次世界大战之初，世界各国军队装配的机关枪是各式各样的：有马克沁机关枪、哈奇开斯机关枪、刘易斯机关枪、毛瑟机关枪等。

机关枪被誉为第一次世界大战的代表性武器。它要为战争的大规模屠杀负责，在法国的旷野上，成千上万人和动物的尸体堆积腐烂。机关枪掩体可以是任何低矮拱起物体的顶端，训练有素的枪弹几乎是贴着地面发射出去，可能离地只有两英尺高。如果有人移动的话，他可能从膝盖被子弹打成两截。发起进攻之前的重型火炮轰炸可能会摧毁一些机关枪掩体，但绝不能将其一网打尽，而由于机关枪造价较低廉，也更容易操作（士兵所需做的全部就是扣动板机），因此这种武器以及操作武器的人都能更容易地找到替代者。

最重要的是，在战争的头几个月之后，机关枪将第一次世界大战从一场快速运动战变成了一场静态消耗战。数百万人拥挤在泥泞的战壕里，根本不敢从战壕里探出头来，生怕一探头就会被那恐怖的杀人机器削去脑袋。机关枪彻底使交战国家的军队变得平等，无论是协约国还是同盟国都势均力敌。如果不是美国在1917年加入战争颠覆了交战双方平衡对立状态的话，第一次世界大战可能还会持续好些年。

1918年，德国人投降。发明家们立即着手改进机关枪，为下一场战争做准备。这是一项错误的决定，因为下一场战争的主要武器不再是机关枪。德国人比其他国家的人更早意识到这一点，因此他们在1939年和1940年取得了胜利，震惊了世界。无论如何，机关枪在战后有了自己新的角色。苏联和以色列发明了十分轻便和精准的手持式武器。而在其他一些地方，这种轻武器成了恐怖分子最钟爱的杀人工具。一个手持这种杀人武器的人足以威胁整个机场，例如，1986年秋，罗马就曾发生过一次此类事件。枪口下的平等这一观念自柯尔特点45手枪发明以来，已经经历了很长的历程。

电力的魔法

19世纪的发明并非都是毁灭性的。电灯就是很好的一例。

古希腊人已经知道电力，但一直到20年代50年代，聪明而好奇的人们才开始探索电力现象。1750年左右，本杰明·富兰克林（1706—1790）在一个雷暴天放出了一只风筝，确定了闪电也是电的一种形式。他很幸运，在这次试验中得以幸存。此后，任何人要重复他的这个试验，都会触电身亡。富兰克林放弃了科学去从政，但此后有很多人陆续进行了各种各样的试验，去探究那让人着迷的各种可能。

1800年，亚历山德罗·伏特（1745—1827）演示证明了电堆或电池的存在。电池很快成为一种实用的电流源。1808年，汉弗里·戴维爵士（1778—1829）证明，在两个分开的电极之间电弧产生的电流可以发热和发光。1820年，汉斯·奥斯特（1777—1851）发现，电流会在导体周围形成一个磁场。11年后，曾经为戴维爵士工作过的迈克尔·法拉第（1791—1867）证明了电磁感应现象，即磁场会引发导体中的电流移动。这一发现带来了发电机、电动机和变压器的发明。在这一系列的发明中，最伟大的是1864年詹姆斯·克拉克·麦克斯韦

（1831—1879）的发明，他提出了电磁场理论，将电力、磁力和光学现象都归结为单一的、普遍存在的力，即电磁力。

从理论上讲，在克拉克·麦克斯韦提出电磁场理论之后，没有任何成就可以让科学界感到同样震撼。从实践来说，还有一些人值得我们赞颂，例如托马斯·阿尔瓦·爱迪生，他最先意识到电力可以被人驯服，用于照亮、取暖和娱乐大众。由于拥有众多的发明和专利，爱迪生变得巨富无比，但跟麦克斯韦不同，很少有人会嫉妒他获得的巨额财富。

1847年，爱迪生出生在俄亥俄州。10岁时，爱迪生在他父亲的房子里建了一间小实验室。他在往返休伦港和底特律的火车上卖报纸和糖果，用挣来的钱购买实验室的各种试验器具。他开始对电报感兴趣，做了一名移动报务员。爱迪生很快弄懂了电报工作的所有原理。当时，黄金交易所金指示器电报公司的电报机在关键时刻不时出一点小毛病，引发了好几次小的恐慌，而爱迪生会修理电报机，因此他受雇成了黄金交易所金指示器电报公司的总电报技师。他开始制造证券报价机，然后他出售了这项产品专利，建了一间更大的实验室。1877年，他发明了留声机。1878年，他开始着手研究灯泡，在次年就向世人展示了他发明的碳灯丝灯泡。

很多发明家都力图发明一种实用的电灯。例如，麦克斯韦已经快要成功了，却被重机枪转移了注意力，以至于没有完成这项有益的事业。这件事显然大大有利可图，因为人类如饥似渴地需要光明，甚至可能愿意为之付出一切。数百年来，蜡烛照亮了富人的房间，而鲸油则让穷人的屋子里满是一股难闻的气味，燃烧时还会火花四溅。电灯则是十分清洁和廉价的照明工具。它或许能改变世界。

19世纪末，当电灯投入批量生产和分配环节时，它确实改变了世界。电灯消除了黑夜和白昼的差别，掩盖了季节的变幻。25万年以来，人类总是欢迎春天的到来，因为它不仅带来温暖还带来光明，白昼变长、夜晚变短。跟对春天的热爱相反的，是人们对冬天的恐惧，所有民族在宗教仪式里都表达了对冬天的厌憎。冬天不仅寒冷，还黑漆漆的，在黑暗中是不是潜藏着魔鬼呢？在冬至日之后，随着白天不断增长，神职人员和专家学者们都能再次向未受过教育的人们保证，不久之后光明就会来临，而魔鬼则会离开。

电灯照亮了黑夜，如果有人愿意出钱的话，电灯会把黑夜照得如白昼一般。这时，所有的恐惧都变成了盲目的迷信。今天，数百万的城市居民从来没有体会过真正的黑夜。比如说，他们从没有见过天上的星星是什么样的。当你告诉他们错过了什么时，他们也无法理解到底错过了什么。他们惊奇地想，谁会真的喜欢黑暗呢。至少，对他们来说，所谓哥白尼革命造成的毁灭性打击只不过是无关紧要的事情罢了。

电在电弧中从一极跳跃到另一极，或是在灯丝中流动。灯丝现在都是钨丝而不是碳丝制成的了，钨丝由于电流阻力会产生发热的光。这种耐磨介质还会发热，人们可以利用电力来给房子供暖，虽然这常常是一种较昂贵的取暖方式。在电力系统的两头装载上变压器，电力就可以通过高压线进行远距离输送。这简直是种魔法，或者说连亚里士多德都会认为这是种魔法。电力在发电厂里被制造出来，通过纤长的电线被输送到各地，输送到各家各户的房间里，电线甚至可能绵延数千英里长。电力的用处总是多种多样的。它可以照亮我的房间，给房间供暖。它可以用来烧烤或是做晚饭。它能帮我打开铁皮罐头，也能压缩垃圾。它还能在一瞬间留住时间，在20世纪，人们还发明了各种各样的电力装置来消磨时间，这赋予了**休闲**一词新的含义。它能保护我的房间免受侵扰。而假如我不小心的话，它还能置我于死地（这种事极少发生）。

跟其他能源相比，电力在完成这一切工作时不会发出太大的声响，也没有什么副作用。事实上，如果全世界都跟瑞士一样，不是通过燃烧矿物燃料来发电，而是利用高山上瀑布落下时潜在的巨大重力发电的话，电力就会是绝对干净的能源了。

不幸的是，在地球上大部分地方，土地实在太过平坦，无法水力发电，而必须通过燃烧煤炭来发电，或是利用铀原子裂变产生的热能加热水产生水蒸汽，进而带动发电机运转产生所需的电能。但是，火电厂燃煤产生的烟会飘散到数千英里之外，杀死湖里的游鱼和山地上的树木，而这些地区本可以利用地势高低落差和水流重力来发电。但是，我们却得意得忘形了。这样具有讽刺意味的事在19世纪的人看来简直是无法理解的。

神奇的数学

电力的神奇之处主要源于它看不见摸不着的特质。电子的迅速流动是电力的主要现象，也是我们永远看不见的运动。尽管法拉第都还没弄懂其原理，还在假设某一天人们可以利用更好的显微镜来观察电子的运动状况；但是，在20世纪的今天，我们已经明白了这个道理。由于不可见，因此电力必须用一种不同于控制其他能源的装置来进行控制。马鞭、蒸汽活塞、内燃机气缸都是完全可见的。

最终，用来控制电力的装置是数学，而且人们需要一种新型的数学。数学是一门奇怪又迷人的科学，或者我们还可以称其为诗歌？它能在可见事物和不可见事物之间、在物质世界与非物质的精神之间架起沟通的桥梁。克拉克·麦克斯韦的成功就是一种新型数学的成功。它在某种程度上建立起了数学前所未有的主导地位，没有任何人能做到这点，就连牛顿也不曾。

新型数学试图验证其他看不见的力与实体。19世纪30年代，欧几里得几何已经在学校里作为教学内容讲授了两千年，但人们发现欧几里得几何不是一种关于真实空间的准确描述，因为真实的空间里没有正圆、正方形或正三角形。这一发现让人震惊不已。相反，空间是相当复杂的，需要用同样复杂的数学来描述它。在新的非欧几何中，平行线跟在现实世界里一样，会在某一点相交。我们可以看看任何一对铁轨，它们就是最终会相交的平行线。而且，用不同的方法将圆投射到屏幕上的话，圆也可以很容易地被变成椭圆、抛物线和双曲线，甚至还可以变成直线或点。1870年以后，有一段时间，涵盖了其他所有几何学知识的射影几何被视为一种精确的空间描述法，并因此可以验证空间。但是，这个知识的气球不久之后也破灭了。

同样在1870年之后，W.K.克利福德（1845—1879）、亨利·庞加莱（1854—1912）等人对空间概念的进一步探索，得出了空间对数学而言太过复杂的结论。更确切地说，空间是一种假说，只能在我们假设的范围内加以描述和验证。换句话说，空间根本不存在。与之相反，空间无处不在，跟数学家和非数学家一样多，可以数十亿计。可能数十亿这个数字都还太小，因为每个人都能假设出无限多个空间，虽然他创造不出某种数学方法来计算这些空间。

这看起来十分荒诞，但却是真实的，因为电流通过了那些人们无法看到的空间，甚至是人们想象的空间，但可以用某种奇特的数学开关、导体和绝缘体对其加以描述。这好比一遍一遍重放的音乐，最终呈现在我们面前。但当音乐用大号一遍一遍演奏的时候，它还是音乐吗？当电车飞驰过平原，完全被牧场上专心吃草的奶牛无视的时候，电还是电吗？或者说，还是只有当电力让自来水喷涌而出，让门铃被按响或让电梯升降时才是电力呢？

现在我们知道，对以上问题没有一个直截了当的答案。对19世纪的机械论者而言，他们或许会得出肯定的结论。正如他们听说人类的祖先是人猿时一样，他们也极可能为此感到震惊。原因相当重要，因为它至少可以从一个方面揭示19世纪并不是我们这个时代的先声。

1914年是一个标志性的年代，标志着世界科学知识方面的惊人进步。那同样是一个信仰的年代，一种关于进步的绝对性的信仰。这一信仰的基础是一种对古老而可靠的真理的坚定信心，可以追溯到古希腊人那里。

这是泰勒斯及其后的哲学家发明的真理，假如我们足够坚定，我们就能理解我们周围的世界。这是一个真理性的观念，但也有值得质疑的地方，或许还有可能是假的。自信我们的头脑中有某种与外界自然相一致的东西，而那相一致的规则就是数学，这是相当有说服力的。此外，我们怎样才能解释我们成功地理解、预测和控制自然的进程呢？没有动物能像人一样做到这点。结果，动物自然而然地接受了自然的本来面目，遵循着自然的规律。我们不接受自然的安排。我们认为我们能为了自身的利益而改变自然。毫无疑问，我们能做到，或者更准确地说，我们理解并利用自然规律为我们服务。

19世纪的科学家持有的这种新信仰有些问题，主要在于他们自信地期待他们能**彻底**了解自然。我们现在还持有这样的信念、抱有这样的期望吗？我看事情并非如此。而假如我们还有这种信念的话，那么很可能我们是错的。

泰勒斯的假设有什么问题呢？人类的精神结构是否不足以让我们彻底理解我们所生活的世界呢？或许不是的，因为在计算机的帮助下我们的精神结构似乎可以无限地扩展。或者，是不是自然世界太过复杂，以至于人的大脑无法理解它呢？或许也不是，因为我们至少能解决面对的任何实际困难，或者说我们至少能提出要彻底了解自然的意愿。那么，为什么我们不能或者不可能解决这个难题呢？

似乎还有其他东西阻碍了我们解决这个问题。有一些东西总在困扰着我们。19世纪，可能绝大多数人都不明白那到底是什么。在那个时代，人们还能开心地期待可以了解任何一样事物，更不用说所有事物了。

看世界的新方法

1826年，一位法国的平板印刷工约瑟夫·涅浦斯（1765—1833）成功地完成了第一张照片。10年后，雅克·达盖尔（1789—1851）试验成功了实用摄影法，即后来以他的名字命名的达盖尔摄影法。很快，摄影技术再次有了长足进步。1888年，乔治·伊士曼（1854—1932）采用了著名的箱式照相机，凭借其方便的底片和廉价且广泛普及的摄影步骤流行开来。自此以后，照相成为一种大众的艺术活动。

照相技术的流行彻底改变了绘画艺术。它还改变了我们看事物的方式。当观察者看达盖尔的第一批作品时，他们会惊讶于其中反映出的细节，而这些细节他们在现实生活中从来都没注意到。威廉·H.F.塔尔博特（1800—1877）发明了我们现在仍在使用的负片-正片系统，并在19世纪40年代对这一现象发表了评论：

> 这种事情常常发生在生活中……而这也正是摄影的魅力所在——操作者自己发现自己正在接受检验，或许很久之后，那时他已经忘记了自己曾经描绘过的景物了。（通过照片）有时候，建筑物上还能看到铭文和日期，或者无关紧要的印刷海报还贴在墙上；有时候，我们还能看到远处墙上挂着的表盘，以及表盘上不经意被记录下来的拍照时间。

显然，这是另一种不可见的实体，当我们看照片的时候我们看到的不是实景，但相机留下的影像告诉我们这些场景的确存在过。常言道："相机不会撒谎。"那么，我们的眼睛会撒谎吗？为什么我们会有意识地选择场景的一部分而忽略其他部分呢？假如我们不能或没有用眼睛观察到事物的全部的话，相机镜头留下的影像是不是真实的事物本身呢？到底哪样才是真实的，我们不得而知。

在摄影技术发明之前，绝大部分绘画作品都是肖像画，十分小巧精致，可以装在吊坠小盒里随时供人追忆。突然间，绘画作为"交流"工具的必要性受到摄影的冲击，传统呆板的创作不再为人们喜好。摄影的冲击可谓立竿见影，绘画新模式和新方法呈现爆炸式增长。印象派在当时的风头一时无两。印象派之后有立体主义、达达主义、超现实主义和抽象表现主义画派，以及在现时代依然流行的其他各种艺术流派，包括照相写实主义。照相写实主义画家对照着相片描绘出一幅远距离的图景，画作与原照片几乎毫无二致。

与此同时，摄影也发展了多种记录影像的方法，甚至以扭曲"现实"的方式来震撼观看者，让他们看到以前从未看到过的事物。这样做的结果是极大地拓展了我们的观察能力。

当然，艺术的巨大改变总会有如此效果。正如前文中我们说过，15世纪，文艺复兴画家采用了透视法，帮助人们建立起一个以人为中心的世界，将无所不在的上帝和观照一切的意象从人的世界移除开去。颜料的不断改进让架上绘画代替了壁画。因此，艺术从教堂的墙壁上转移到了甚至十分简陋的家庭中。19世纪的另一项技术进步让画家得以在户外自由作画。这同样是印象派这一革命性绘画变革得以产生的原因之一。但是，摄影带给我们的关于世界的看法的改变或许比其他任何艺术形式都来得更彻底。

毫无疑问，照相机能撒谎。无数宣传照已经证明了这一点。此外，摄影技术的发明无疑让人们更难对这个世界产生多愁善感的情绪。一名好的摄影师总是能洞察我们最珍视的错觉，例如，穷人尽管很穷却依然过得很幸福，或者说受苦总是高贵的。因此，照片向我们展示了战争的冷酷、残忍和可怕，结果就是，尽管我们仍能接受战争，但是，对参与战争的激情却大大降低了。

照相机记录了我们作为人类的一举一动。无论是令人震惊还是让人不快，这种真理和知识总是可贵的，虽然它们并不总是被人们珍视。

奴隶制的终结

1823年，马修·布雷迪出生在纽约州北部，后来跟随银版照相法的发明人萨缪尔·F.B.摩尔斯学习银版照相法。1844年，布雷迪在纽约开了第一家照相馆。1861年，美国南北战争爆发时，他决定用照片全面记录这场战争。他雇了一名员工，将他派往战争前线。他自己则在安提坦和葛底斯堡去拍摄记录战争场面。他的照片记录了葛底斯堡山丘上死难者的遗体。葛底斯堡就是后来上演了南北战争史上最具纪念意义的场景——皮克特冲锋——的地方。

战争的恐怖场面并没有阻止战斗继续进行。事实上，在当时人们几乎没有情感可言。人类仿佛还没有学会辨识和理解照片。或者说，这场战斗是如此可怕，以至于没有任何照片可以表现出它骇人的恐怖。

1864年，在一次美国疾病控制与预防中心义卖会上，美国总统亚伯拉罕·林肯（1809—1865）在某人的签名簿上简明扼要地写下了对这场战争起因的判断。"我不知道谁会希望自己成为奴隶。试想一下，你是否认识一个不想为自己谋福利的人。"

在另一次演讲中，林肯再次重申，美国南北战争不是为了确认是否应该保留奴隶制，而是为了确认美国是否要继续存在下去。1862年，在给一家报纸的编辑霍勒斯·格里利的信中，林肯写道："在这场斗争中，我的最高目标是拯救联邦，而既不是保全奴隶制，也不是摧毁奴隶制。如果我能拯救联邦而不需要解放任何一个奴隶，我愿意这样做；如果为了拯救联邦需要解放所有的奴隶，我愿意这样做；如果为了拯救联邦需要解放一部分奴隶而保留另一部分，我也愿意这样做。"

最终，林肯接受了他在信中提及的第三种政治方案。1863年，《奴隶解放宣言》实际上没有解放任何奴隶，因为它只在北方地区才真正得以实行。但是，我们不应该忘记那封给格里利的著名信件的最后一句话。"在这里，鉴于我的公共职务我表达出我的目的，"林肯写道；"而就我时刻存于内心的个人愿望来说，我毫不保留地希望世界上的所有人都能获得自由。"1865年，也就是林肯去世之后、战争结束后，美国国会通过了美国《第十三条宪法修正案》，正式废止了奴隶制。

托克维尔是正确的，他认为全球范围内的平等是不可阻挡的历史大趋势。但是，法国大革命和其他18世纪的革命都没有主要关注平等问题。法国的革命者们高呼"自由、平等、博爱"，最重要的、排在头一位的是"自由"。而这个词反映的内容引发了19世纪每个人胸中充满激情地回应。

美国殖民地最早的反对奴隶制运动可以追溯到1688年，当门诺会教徒在宾夕法尼亚的日耳曼敦集会时，撰写的一份备忘录表明了他们对黑奴制的强烈反对。这些质朴的自由主义者声称："虽然他们是黑皮肤，但我们也不能认为自己比他们拥有更多自由，可以奴役他们，同样我们也不能奴役其他白人。"

当然，不管奴役的对象是黑人还是白人，在以上文字公开发表的时候，奴隶制已经是相当古老的一种制度了。显然，它并非一直存在，但迟早有一种高度组织化的人类社会将采纳这种制度，因为似乎除此之外，人们找不到任何办法可以让人去完成社会正常运作所必需的那些繁重的、令人厌恶的工作。在亚里士多德提出著名的为奴隶制辩护，以及关于"天生的"奴隶的原则之后，人们更容易接受奴隶制是一种必然，因此奴隶制在世界各地都十分兴盛。

数个世纪以来，鲜少有人想要反对奴隶制。但是，在十五六世纪，欧洲殖民者在新大陆兴建种植园并建立起奴隶制却很快招来了强烈的反对，先是在欧洲，后来在美洲也是如此。这种奴隶制是惨无人道的。除了第二次世界大战时期的纳粹集中营，没有其他任何人间惨案可以与之匹敌。

1688年，北美殖民地还只有一小部分黑奴。到1861年美国南北战争爆发时，美国大约有四百万奴隶，全部集中在南方各省。1808年，奴隶贸易被废止，直到1833年，奴隶制在西印度群岛的英国殖民地才被终结。但是，在美国南方，人们还不时能听到所谓奴隶制的必要性这种古老的言论，却很少遭到反对。而这种言论与另一种观念相结合，即认为黑人天生是劣等的，因此生来就应当做奴隶。

但是，由奴隶主撰写的《美国独立宣言》却声称，人人生而平等。这种矛盾该如何解决呢？

最终，我们没法通过和平的手段来解决奴隶制问题。美国南北战争爆发了，跟其他很多战争一样，美国南北战争的持续时间和破坏性超出了所有人的预期。最终，在持续了4年之后，南方联盟弹尽粮绝，最终投降。而奴隶制也从它在世界上最后一块主要领地上消失了。

人类的奴隶制却还没有终结。在第二次世界大战时期，希特勒恢复了奴隶制，在一些第三世界国家还继续存在着奴隶制或伪装的奴隶制。例如，世袭债务奴役就是一种事实上的奴隶制，事实证明这种奴隶制在很多国家都是很难根除的。

但是，在美国南北战争中，无数人的牺牲换来了对奴隶制真正的废除。没有哪个接受奴隶制的民族可以加入美国。全世界将拒绝认同奴隶制当作基本的法律来执行。即便依然有事实上的奴隶制存在，但无论如何，在存在五千年之后，人类有史以来对正义最大的公开侮辱已经从人们的头脑中被根除了。

我认为，从法律上废除奴隶制是19世纪最伟大的成就。而破坏这种制度的任务相当艰巨，以至于美国北方各省只能通过最残酷、最血腥的战争来终结它。奴隶制是一种经济事实。战争则是另一种经济事实。因此，二者的冲突是公平的；正如林肯在他的第二次就职演讲中所说的，这是一种神圣的正义。

> 假如我们认为美国的奴隶制度是这种罪恶之一，而按上帝的意志，这些罪恶在所难免，但既已持续了他所指定的一段时间，他现在便要消除这些罪恶；假使我们认为上帝把这场惨烈的战争加在南北双方的头上，作为对那些招致罪恶的人的责罚，难道我们可以认为这件事有悖于虔奉上帝的信徒们所归诸上帝的那些圣德吗？我们天真地希望着，我们热忱地祈祷着，希望这场战争的重罚可以很快地过去。可是，假如上帝要让战争再继续下去，直到250年来奴隶无偿劳动所积聚的财富化为乌有，并像3000年前所说的那样，等到鞭笞所流的每一滴血，被刀剑之下所流的每一滴血所抵消，那么我们仍然只能说，"主的裁判是完全正确而且公道的。"

这篇演讲发表于1865年3月15日。4月9日，罗伯特·E.李将军在弗吉尼亚的阿波马托克斯郡府向尤里西斯·S.格兰特将军投降，从实际上结束了这场战争。4月14日晚，亚伯拉罕·林肯在出席华盛顿福特大剧院的一次演出时，被一名叫约翰·韦克斯·布斯的男演员枪杀。第二天早上，林肯总统去世。

虽然他很清楚，但林肯并没有说奴隶制不仅对奴隶有害，而且对奴隶主同样有害。在1928年发表的一篇论文中，心理学家C.G.荣格（1875—1961）充分论证了这一观点。

> 每个罗马人周围都簇拥着奴隶。奴隶和奴隶的心理湮没了整个古代
> 意大利，而每个罗马人都暗暗地、当然也是无意识地变成了奴隶。因为
> 一直生活在奴隶环绕的氛围中，他会无意识地受到奴隶心理的影响。没
> 人能够排除这种影响保持独立。

因此，不仅奴隶和他们的子孙后代，而且我们所有人都应当感激在1861年
到1865年那场战争中为废除奴隶制英勇奋战的英雄们。

震惊资产阶级

卡尔·马克思不是19世纪唯一想要震撼一下资产阶级的人。有不少作者嘲
讽和中伤资本家和他的文明，不过，却没能够激起他狂怒的反应，从而将他从华
而不实的自满中叫醒。这种自满常常伴随着丰沛的收入，足以让作家们对自己可
怜的收入发狂。感到自己被囚禁在道德的监狱里，被要求相信那些他们不愿相信
的东西以获取人生的成功，他们产生了十分诗意的和散文化的意象，但却恰好被
他们想攻击的对象无视了。

在美国，诗人沃尔特·惠特曼（1819—1892）和小说家赫尔曼·梅尔维尔努
力想要获得一些认可，但却收效甚微。两人想方设法卖出自己的作品，但他们都
没有得到他们想要感动和改变的人们的尊重。只有在年老的时候，而且是由于错
误的原因，惠特曼才开始有了自己的观众，被认为是美国的伟大作家。

当时，梅尔维尔最好的作品《白鲸》（1851）仅仅被视为一部描述海洋生活
的惊悚小说。梅尔维尔至死没有受到应有的重视，而直到他离世30年后才被人
们重新发现。惠特曼和梅尔维尔二人想让读者睁开眼睛看看新世界的努力彻底失
败了。

在法国，夏尔·波德莱尔（1821—1867）不仅没有读者，还遭到了官方的审
查。他的作品被判定为淫秽作品，而他本人也被人们看成一个可怜的精神病人。
或许他的确有精神病，但他也是当时法国最犀利的批评家，他能够察觉到，那惊
世骇俗的新生活已经从资本家的秘密会议里悄然钻出，出现在19世纪晚期令人
炫目的阳光之下。

在《包法利夫人》一书中，古斯塔夫·福楼拜（1821—1880）用让人难受的细节描写揭示了资本家生命中的各种小缺点，描述了一个妇女想要从现代的格雷琴式狭窄房间里逃往宽广世界徒劳的挣扎。

而在六部激情四溢的现实主义小说中，爱弥尔·左拉（1840—1902）试图唤醒人们世纪末日的良知，但却发现自己被人们抛弃，不得不独自面对法国中产阶级那可怕的惰性和倦怠感。

弗里德里希·尼采是19世纪最伟大的三位哲学家中的最后一位，只有黑格尔和马克思能与他相提并论。他的父亲精神失常，而他自己在55岁那年也精神崩溃了。现在，我们已经确认了很多导致他精神疾病的原因，但有一个原因是有目共睹的：尼采被那些冷漠无情、浅薄欺诈的同时代人逼疯了，因为他们无视尼采的存在，而只尊重那些在今天看来好像漫画人物式的作者。尼采越不受重视，他就越发挥舞他的手臂，越发尖锐地反对基督教及其空洞的道德律令。在创作他最成功的著作的那十年里（1879—1889），他陷入了彻底的孤独中。1900年，在经历了一生痛苦的失望之后，尼采离开了人世，只在60年后才在他的祖国德国以及法国受到人们的谄媚追捧。

英国资产阶级并没有逃脱被攻击的命运。乔治·艾略特（1819—1880）的小说《米德尔马契》（1871—1872）被认为是她第一部成熟的小说。艾略特不仅在创作上而且在生活中都与同时代的大多数人截然不同。有一段时间，因为未婚同居，艾略特和她的爱人G.H.刘易斯被上流阶层驱逐出英国。但她却用自己一系列的作品来报复上流社会，其中《米德尔马契》是最冷酷无情的一部，它撕开了维多利亚时代生活的面纱，向所有人揭示了其充满仇恨与褊狭的真面目。

但并没有多少人看到这一点。在英国和其他地方，资产阶级显示出一种杰出的才能，那就是可以对清楚摆在眼前的东西视而不见。他们购买乔治·艾略特的小说，愉快地读着她的小说，但根本不理解其中的含义。

由于读者不能理解诸如《德伯家的苔丝》（1891）和《无名的裘德》（1895）之类的小说，并认识到他们的信仰所带来的令人沮丧的自我欺骗，托马斯·哈代（1840—1928）被打入了阴沉忧郁的作家之列，而后，他用自己漫长的后半生专心创作诗歌以表达自己备受困扰的幻觉。而奥斯卡·王尔德（1856—1900）反叛所有事物，最终扮演了一个嘲弄的、傻瓜的角色。他对似乎永不觉醒的同胞感到绝望，但他们觉醒了，因为他们被他的嘲讽激怒，将他关进监狱，毁了他的一生。

这些作家，以及其他作家，各有各的特色，但他们都有一个共同之处。他们看到了马克思在《共产党宣言》中描述的景象，一个新的道德和理性的世界里，一切被快速冻结的关系都失去了意义，所有固有的东西都突然间、毫无预警地融化蒸发在空气中了。这些作家知道，资产阶级不能理解这种状况，也不能挽救他们自己和他们的文明，他们即将面对自己的命运或者直面自己必须理解却不得不被摧毁的文明。这些人担负起了拯救资产阶级的重任。他们的批判更多的是出于自爱而不是恨。他们就像一个反叛自己父亲的小孩，只不过是误入歧途而已。而跟很多孩子一样，他们没能反叛自己的父亲，却只是让父亲更失望而已。父亲是如此深爱着孩子，就像孩子深爱着父亲一样。但是，在那乌烟瘴气、相互隔绝的年月里，他们却无法正常地彼此沟通。

达尔文和弗洛伊德

这些桀骜不驯的作家所做的一切，都是为了自由，而且常常是以自由的名义这样做的。有另外两名作家，从来没有被列入此类反叛的作家之列，但却为了同样的目的而战斗着。他们都被认为是科学家，似乎都只想向同时代的人解释简单而实在的真理。但是，他们也震撼了资产阶级，其效果除了马克思之外无人能及。或许他们的影响力比马克思还要大。因为他们简单的真理侵蚀了维多利亚时代的虚荣，而维多利亚时代的人们对它们的回应是一种苦涩的愤怒，这种愤怒直到今天也没有减弱多少。

1809年，查尔斯·达尔文出生在英国。他是古怪的进化论者伊拉斯谟斯·达尔文的孙子。他只不过是一位普通学者，而他的父亲曾对自己的儿子十分失望，因为父亲的关系，他才获得一份在英国皇家海军"小猎犬号"舰艇上担任博物学家的工作，去往南美洲研究当地的野生动植物。达尔文的父亲希望他在旅途中能有所收获，但他或许并没有真正料到会收获什么。

在"小猎犬号"舰艇上五年的生活里，达尔文开始提出关于进化论和物种起源的观点，最终在1859年公开发表了他的思想，让那些曾经驱逐了乔治·艾略特的上流社会人士大为惊愕。假如达尔文只是研究藤壶和蚯蚓的话（它们都是他最早感兴趣的事物），他的思想或许不会引起如此大的争议。但是，他执拗地坚持己见，声称所有物种都是基于自然选择进化而来的。甚至连人也概莫能外。这让人们难以忍受。

从某方面说，进化是显而易见的。到处都可以找到进化的例证。民族在回应来自其他民族和自然的挑战过程中在进化。公司在回应来自市场的状况时在进化。友谊在进化，观念也在进化。更明晰的证据是，有些动物物种也在进化。因此，曾经狗只有一两个品种，而现在我们有很多品种的狗。

然而，达尔文关于进化论的说法指出，所有物种都遵循着进化的原则，而人也是一种动物，也是从非人的动物祖先进化而来的。这种说法让他同时代的人震惊不已。原因是多种多样的。

关于物种是在漫长岁月中逐步进化而成的，还是在数千年前的大爆炸中突然形成的，这是一个新的挑战，就像对待伽利略一样，宗教机构发现简直没法解释这些理论。达尔文主义似乎与《圣经》是相抵触的。但是，并非达尔文本人制造了这种冲突。他只不过跟伽利略一样，大声地说，睁开你们的眼睛，看看吧！正如你所见的，这是如此显而易见。

即便达尔文用了平静、温和的方式来表述他的观点，也没有什么帮助，只不过是更加激怒了他的对头们。

就算人们能接受蚯蚓是进化而来的，但要让人们从禽兽那里，特别是类人猿追溯自己的祖先仍是不可思议的。类人猿是如此肮脏不堪，在动物园里，当我们去参观的时候，这些猴子根本不会想着稍微掩饰一下它们那些丑陋的习惯。尽管达尔文反复强调，现代人是从远古时代的一些人类和特殊的类人猿进化而来的，它们与现在依然存在的类人猿有根本的区别，而且其中还有一些缺失的进化环节，此外，这种进化是在几百万年前就已经完成了的——但这一切解释都无济于事。他的对头们却坚称，达尔文是在指责他们的祖父是猴子。显然他们是在自取其辱，而且根本听不进达尔文的解释。

由于虚荣，人们不可能承认，更不用提自吹自擂地说我们与那些动物有密切的关系，这让人们感到烦躁不安与阴郁难耐。与之相反，查尔斯·达尔文（1874年去世）的作品和他的人生都是欢愉和自由的。他把人类从暂时的囚笼中解放出来，还揭示了生物学改变的基本原理。他的一些思想仍是存疑的。但是，他关于进化论的基本假说就像直布罗陀海峡一样直白。

1856年，西格蒙德·弗洛伊德出生在奥地利摩拉维亚省。他在维也纳学习医学，专业是神经病学和精神病学。19世纪90年代，他提出了一种治疗歇斯底里病人的新方法，鼓励他们自由地联想，而他也用这种方法成功地治愈了很多病人，至少是缓解了病人的症状。在这些年里，他还发现了人的潜意识。

这是一项多么了不起的发现呀！而潜意识又是一样多么奇怪和让人费解的东西呀！首先，任何一个不闭上眼睛照镜子的人都知道自己具有潜意识，而且他很可能的确知道潜意识的存在。但是，他总是下意识地拒绝承认它。现在，人们依然如此。

那么，我们思想中的这种东西到底是什么呢？它为什么可以自己运作而不受我们的控制呢？事实上，谁能控制自己的思想呢？谁能连续不断好几十秒专心致志地思考一件事，而心无旁骛，不受其他杂念干扰呢？比如说，谁能强迫自己不去想关于性、复仇或个人荣誉之类的事呢？一旦让这些东西入侵我们的头脑，我们就几乎不可能将他们从头脑中赶出去了。

有时，这些念头会暂时离开一会儿，让其他东西在我们的头脑里盘亘一阵子，当然，其他东西也是不请自来的，常常也是我们不愿去想的事。

这都是一般人类最普遍的体验。弗洛伊德的最伟大之处在于，他始终执着地、系统性地思考这一现象，直到最后他理解了其本质。

弗洛伊德是一个比达尔文更具争议的人物。他坚持认为，性欲和恐惧就存在于每个人的潜意识中，比起达尔文说我们从根本上讲都是类人猿祖先的后代这一观点，弗洛伊德更让维多利亚时代的人震惊不已。

这次，可不是人类的虚荣被冒犯这么简单了。每个人暗地里承认，弗洛伊德所说的大部分都是真的。大部分普通人都不知道，关于性的想法就位于潜意识中，而且它总是在最奇怪或是最不恰当的时候突然冒出来。

不幸的是，正派的维多利亚时代的人认为，其他人跟自己是不一样的。丈夫假设妻子从没有性幻想。妻子也假设孩子们不会有性的想法。任何人都假设自己的父母是不会有性的欲望的，虽然事实是如此昭然若揭。

弗洛伊德所说的性的困扰还不是唯一的问题。他还是一位才华横溢的批评家，在文字上和社会上都十分成功。他坚持要看到现实冷冽的光明，而不要沉湎于当时被认为是正确的美丽光芒。

当第一次世界大战爆发时，人人都震惊于战争的恐怖与无情，这种冷酷其实就一直潜藏在社会礼仪温文尔雅的面纱之下。弗洛伊德跟其他人一样震惊。但他却并不吃惊。他早就知道，战争就在那里，只不过在等待爆发的时机而已。

当纳粹开始屠杀犹太人，并想要杀死他时，他也没有惊慌失措。在支付了五分之一的财产做赎金后，他跟女儿安娜一起从维也纳逃到了伦敦。那时候，他已经老迈多病，翌年就离开了人世。

弗洛伊德是一位心理学家，也是一位科学家。科学是他始终坚持的事实。他的人生和工作中最具讽刺意味的是，虽然他研究的领域是心理学（psychology），这个词是古希腊文“灵魂”的意思，但弗洛伊德从不相信人有不朽的灵魂。

他是一位机械论者和决定论者。他探索着解释人体内思想运作的机制，坚信精神的健康和疾病都取决于体力的平衡与失衡。虽然一直活到1939年，但他却始终是一位19世纪的思想家。结果，他仍然认为，人本质上跟机器是一样的。就算不是机器，人也是无异于其他动物的动物而已。

他还胆识过人，因为他敢于探索此前无人研究过的领域，深入到人最深层次的潜意识中去，而这恰好是我们在白天深深隐藏起来，只在夜深人静时才半推半就稍加透露的东西。

达尔文和弗洛伊德，他们两人双双逼迫我们审视我们作为人的本质，虽然我们并不想这么做。当然，掌握了这些新知识对我们更有利，尽管我们当中有很多人会一直怨恨他们将这些事实摆在我们面前。

第十一章　1914年的世界

1914年的欧洲，已经到达了人类史上文明的一个相当的高度。如闪耀的希望之光，欧洲文明在世界各地都被竞相模仿，占据了全球商业、金融、知识和文化等领域的主导地位。

但是，最聪明、最文明、最敏感的欧洲人却对他们已有的自我感觉良好的文明有深刻的不满。他们知道，有些东西错误透顶。他们是正确的。

第一次世界大战来临了，将欧洲和全世界卷入持续不断的冲突中，除了其间偶然的和平之外，这场战争几乎持续了三分之一世纪。仅仅在四年之内，欧洲文明就被摧毁殆尽，而西方发现必须重头来过。这被摧毁的文明至少可以追溯到1300年，已经有超过600年的历史了。因此，毫不奇怪，我们现在仍在致力于恢复重建这一文明，这一任务至今尚未完成。

1914年欧洲文明到底出了什么问题？为什么会爆发这场人类历史上最具破坏性的战争？这场战争最后几乎牵涉到地球上所有国家，让无数人为之付出生命的代价。为什么让更多的人遭受这场战争带来的痛苦？

经济区划

1914年的世界可以分为四个经济区域。在第一经济区域，工业劳动力数量超过从事农业生产的人口数量。英国在1820年，德国和美国在1880年，比利时、日本和其他为数不多的几个国家在20世纪的前十年分别都达到了这个水平。法国到1914年仍未达到此水平，直到1945年，法国的工业劳动力数量才超过农业人口数量。世界其他国家则还远远落后于这个水平。

在第二经济区域，农业人口仍然是工业人口的两倍左右。瑞典、意大利和奥地利都在此列。然而，相比世界其他国家，这些国家已经是经济大国了。

第三经济区域包括一系列刚刚开始工业化但还主要是前工业化的国家。俄国是其中代表性的国家。它拥有一些可以与英国或德国相匹敌的现代工业，但该国绝大多数人民依然从事农业生产。

第四经济区域包括巴尔干半岛诸国，例如希腊和葡萄牙，以及亚洲和非洲的前殖民地国家和地区，以及拉丁美洲的绝大部分国家，这些国家也可以称为第三世界国家。除了极少部分例外，这些国家几乎仍然仅仅依靠家庭手工业、家庭手工艺和非技术性劳作作为国家的经济支柱。

从任何一种国家权力的定义来看，处于第一区域的国家以及部分处于第二区域的国家是世界上最有权力的国家。首先，它们拥有世界上绝大多数资本，既包括可用于投资的剩余资本，还包括生产工具，例如最大型、最昂贵的机械、机床和工厂。

其次，它们对世界上绝大多数人口的政治控制权似乎也是决定性的。这种控制既表现在对殖民地的控制权上，还表现在军队的威慑力上，但它们从不愿意用武力威慑其他国家服从它们的命令。

从文化来讲，它们将自己的语言、习俗，以及它们的艺术风格和设计理念、文化和艺术产品强加在任何与它们有过接触的人身上——差不多全世界的人都受到它们的影响。尽管有的民族抵制文化入侵，但几乎没有哪个本土文化能够从这种文化接触中幸免，部分原因是它们反过来被持有西方文化价值观人学习并用来攻击这些本土文化了。

最后，第一和第二经济区域集团拥有世界上绝大多数武器以及所有的主要武器装备系统，而它们可以命令和部署所有高效的海陆军队。世界上如此小比例的人口拥有如此大的权力，并对其他所有人施加控制，这在人类历史上是前所未有的。

这一形势的必然结果就是：假如那一小部分控制了地球的国家（绝大部分都是欧洲国家）想要和平的话，那么世界就能维持和平。假如它们选择了战争，那么世界就会遭遇战火，在这个问题上其他国家根本没有真正的话语权。

对战争的研究

时不时地，我们都会谈到战争与知识进步之间的紧密联系。在第十章里，我们说到了机关枪的发明以及它均衡了军队的战斗水平，我们还提到奴隶制的废除也必须用破坏性的战争来完成。但是，战争与知识的渊源还远不止这些。

数千年来，人类已经学会战争，或许还将战争当作最有趣的研究主题。人类一直惧怕战争，但却总是因为战争的刺激性和冒险性，很快又从对战争的恐惧中抽离出来，再次奔向战争。历史上，有无数的男人和女人被尊为成功的士兵，甚至受到人们的崇拜。

毫不奇怪，因为成功的军队领袖不仅可以将我们从敌人手里拯救出来，还能带给我们那些极具价值的东西：土地、金钱以及其他战利品。我们怎么才能充分表达得到这些礼物的感激之情呢？

此外，成功的士兵迫使我们思考一种理想的生活方式。理想的生活建基在纪律、美德特别是勇气之上，以及奉献于一项事业的决心，这正是很多不是士兵的人自认为缺乏的品德，而这样的人生被认为是非常值得向往的。虽然我们绝大部分人都感到我们不能做到像好士兵那样十分理想地生活，但是，那种生活理想始终激励着我们，甚至激发着我们的灵感。

最后，战争推动迅速的进步。战争加速了想象力并鼓励天才，而后者反过来解决了很多基本问题。战争常常伴随着暴力混合人类基因库。精子和卵子相互结合，无论是用强奸还是不那么暴力的方式，从远方来的士兵强奸妇女导致她们怀孕，虽然他们会被骂作禽兽，但是却在事实上带来了充满活力的新基因。

19世纪并没有放弃对战争的研究，而是恰好相反。战争或许成为19世纪最主要的研究主题，而且由于对战争研究热情高涨的智力工作，人类创造了许多在和平时期与战争时期都十分有用的发明。阿尔弗雷德·诺贝尔发明的炸药就是其中一例。不过，自1815年拿破仑战争结束后，直到1914年，除了美国南北战争之外，还不曾发生过大的冲突。研究战争的人们知道，或自认为知道很多关于战争的新知识：如何指挥战争，包括抵御和进攻；如何控制战争；以及如何从战争中获利。但是，他们还没有得到适当的机会来检验学到的理论。

一场很小的战争产生了令人吃惊的结果。俄国人认为胜券在握，在1905年进攻了日本。相反，日本却轻易赢得了战争。这有战术上的原因：比如日本的通信线路要短得多。但是，原因却远不止这一点。每个人很快就意识到，自从1868年做出了重大决策，决定为了民族存亡效仿西方之后，日本取得了飞速进步。突然之间，由于战争的胜利，日本加入了世界主要国家的行列。

这场不起眼的战争预示了此后更多的灾难，但当时没有人看透这一点。除了这次事件之外，世界在很长一段时间内都没有爆发战争。对战争的渴望膨胀到了临界点，亟待战争来满足。

殖民主义

作为一种政治扩张政策，殖民主义是非常古老的。正如我们所知，早在基督诞生前七个世纪，古希腊人就曾在小亚细亚建立了殖民地。迦太基人和罗马人的殖民地也曾拼命想要控制地中海地区。1492年之后，绝大多数欧洲国家都向外扩张，在他们发现的新大陆建立殖民地。然而，现代意义的**殖民主义**一词并不真正指上述事件。殖民主义的意思是，在19世纪以及20世纪早期，欧洲列强提出用暴力征服和控制海外地区的策略，绝大部分殖民地都在非洲和东南亚地区。

建立这些新殖民地的目的不是输出过剩的人口或发展宗教的或政治的事业。他们的主要目的是建立和控制世界市场。到19世纪下半叶，欧洲工业革命的产品产量已经超过了本地市场的销量，周期性的经济危机正是供大于求的证据。正如卡尔·马克思所说，如果欧洲的资本家想要保持生意的稳定，就需要持续不断增长的消费者。

在海外，有无数潜在的新消费者。他们非常贫困，但他们庞大的数量可以弥补这点缺憾。而且，他们的政治尤其是军队十分薄弱，这意味着生产者想要他们买什么，就能逼着他们买什么。此外，即便他们没钱买生产出来的商品，他们还占有丰富的原材料，从烟草到铬矿，从大米到铝土矿，从咖啡到橙子、棉花、橡胶和黄麻，这些都可以用来交换那些必须被销售到其他地方的商品，除非是欧洲人的商品生产机器全都坏掉了。

　　到1914年，殖民地的版图已经彻底改变了。由于殖民地解放运动的兴起，西班牙已经失掉了它在新大陆的绝大部分殖民地，从此丧失了非洲殖民运动主角的地位。通过控制位于非洲西岸的安哥拉和东岸的莫桑比克的大量飞地，葡萄牙重新占据了重要地位。比利时控制了神秘的刚果河流域的大量土地。荷兰则急需占有东印度群岛的大量领土，他们亟待从那里攫取大量财富，但在布尔战争结束后，他们对非洲不再感兴趣。俄罗斯人没有什么殖民地，但是，在俄国东部边界却有一个全新的世界在等着他们：他们忙于征服西伯利亚和东南方的穆斯林的领地。奥地利跟俄国一样，比起非洲、东南亚或拉丁美洲，它们更觊觎邻近的土地和人民。现在，还剩下四个人口稠密的国家：意大利、法国、英国和德国。

　　西西里岛就好比是从突尼斯的顶端踢出去的一块巨石。二者横跨地中海的距离还不到一百英里。因此，意大利离北非很近，还可以宣称在历史上对北非就有相当的影响。但是，自从法国抢先占有了突尼斯，意大利就不得不满足于控制住利比亚。意大利的要求实在不过分，那些大赢家很愿意接受它提出的要求。此外，利比亚几乎全是沙漠，当时利比亚的石油还没有被发现。

　　法国要求得到突尼斯和阿尔及利亚，它还想要狭窄的直布罗陀海峡对岸的摩洛哥。这只是个开始而已。法国进一步想要控制和掌管非洲西部（即今天的塞内加尔、毛里塔尼亚和马里）以及中部非洲（即今天的乍得和中非共和国）更广阔的土地。除了塞内加尔，这些地方的人口都很稀少，经济也不发达。但是，这些地方似乎会有很多好处，法国拼命地想要控制这些地区。

　　两百多年来，英国成了最成功的殖民国家，而它在非洲的领土比其他任何国家的都更富饶。在北方有埃及，那里曾有最发达的非洲本土文明，是非洲大陆上最富饶的战利品。在埃及之下，是广袤无垠但仍未开发的苏丹。苏丹之外则是富饶的殖民地英属东非，即今天的乌干达、肯尼亚、赞比亚和津巴布韦（以前的罗得西亚）。英国在西方的殖民地虽然面积较小，但十分有利可图，包括今天的尼日利亚。最具潜力的是位于非洲大陆南端的地域，即英国的南非自治领，涵盖了今天位于南非北方的博茨瓦纳和斯威士兰。

　　在非洲，只有很少的地区保持了独立，其中最著名的就是位于"非洲之角"的埃塞俄比亚。其他的地区，例如索马里兰（即今天的索马里和吉布提）则处于欧洲列强的争夺之下。因此,几乎整个非洲都被瓜分殆尽。但是,还有其他强大而贪婪的玩家想要加入这场瓜分游戏。

这个玩家就是德国。德国在19世纪逐步崛起,成了世界的而不仅是欧洲的最强大国家之一。就像18世纪是英国的世纪,17世纪是法国的世纪一样,事实上,19世纪是德国的世纪。(按这个说法的话,16世纪可以说是西班牙的,15世纪则是意大利的。再往前追溯,这种定位就没任何意义了。)德国或许是世界工业力量的领袖,而它的军事力量也已经超过了英国成为翘楚。但是,除了在非洲东部的一些殖民地之外,德国在非洲并没有更多的殖民地。它如何能善罢甘休呢?

其他欧洲列强都给了德国一些好处,英国是因为它占的领地最多,但这还远远不够。为了与它强大的实力相称,德国想要更广大的领地。但是,它来到餐桌面前,或者更公正地说,它来到食槽前的时候已经实在太迟了,能被吞噬的地方已经被瓜分得一干二净。除非欧洲的权力平衡被彻底改变。但这是不可想象的?或者说,德国人会这么想吗?

从1889年到1914年的25年间,在非洲和小亚细亚各地都发生了一系列小型阵地战。这些小型冲突旨在确定疆界和施加压力。在这些战争中,欧洲人几乎没有什么伤亡。事实上,他们都是跟本土军队作战。因此,他们从全球战略的角度证明了世界瓜分得不合理,他们仅仅在战争中小试牛刀,还没能认真检验他们的战争新理论和新武器。

布尔战争

在非洲的一场小战争结果演变成了一场超出所有人预料的大战。战争爆发于1899年10月,南非共和国(即德兰士瓦)和奥兰治自由邦的荷兰殖民者(布尔人)警告开普殖民地的英国人,他们不可能接受英国在非洲南部的统治。不久,布尔人在战斗中占了上风。尽管英国部队在人数上是布尔人的五倍,但英国联军却没法攻克他们的突击战术。直到1902年,基钦纳勋爵装配了更精良的武器,发起了更激烈的战斗,迫使布尔人最终投降。

基钦纳勋爵采取的焦土政策在欧洲引起了广泛反对,特别是在他的祖国英国。他焚毁非洲人和布尔人的农庄，驱逐走了成千上万的妇女儿童，粗暴地将他们转运走，关押进卫生条件极为恶劣的露天集中营。两万多人死亡，而他们可怜的反抗和死亡被如实地向异常恐惧的全世界报道。这是英属殖民地的越南，充满了街头流行、自由主义宣言和爱国主义的愤怒。

尽管暂时没能打败那些为祖国而战的弱小敌人，但英国还是最终赢得了战争。布尔人似乎也是如此。英国人认为南非是他们的。非洲人虽然也认为南非是自己的，但却没有发言权。布尔战争引起了很多军事家的关注，包括德国人。虽然理当有所感悟，但世界没有从这场战争中吸取任何教训。

欧洲的火药桶

在欧洲，有三座半岛从欧洲大陆延伸进地中海。从西至东分别是伊比利亚半岛、意大利半岛和巴尔干半岛，后者又被称为"土耳其山地"。数个世纪以来，巴尔干半岛一直麻烦不断，至今仍未停歇。

这一地区范围并不大，面积与美国得克萨斯州差不多。今天，巴尔干半岛有7 500万左右人口。1900年，当时的人口还不到现在的一半。即便如此，这个地区也从来谈不上人口稠密。但是，居住在这里的人们呈现出显著的多样性。在巴尔干半岛有五个主要民族以及其他散居少数民族（至今仍是这样）。他们至少有五种主要语言，包括几种斯拉夫语、罗马尼亚语、希腊语、土耳其语和阿拉伯语。他们还皈依不同的宗教：大多数人是希腊正教，但也有影响力颇大的罗马天主教和少数伊斯兰教。巴尔干半岛的人唯一的共同点就是穷。几乎每个人都是赤贫，只有大封建领主除外，他们则是富得流油。

巴尔干人十分骄傲，脸皮还很薄，颇有修昔底德和伯罗奔尼撒战争时期的人的特征。他们还很容易被冒犯，恨不得马上就捍卫自己的权利，而这样一来他们的权利就更不能得到很好的维护。1914年，大约有3 000万人居住在巴尔干地区，绝大多数人都想换一下统治者，他们不喜欢自己的统治者。现在，情形也大致如此。就在我写到这里时①，南斯拉夫看来是要分裂为众多少数民族邦，而罗

---

① 作者写作的时候约为1990—1991年。——译者注

马尼亚和阿尔巴尼亚似乎也快分崩离析了。

狭小、繁乱的巴尔干战争频仍。1912年、1913年爆发了两次战争，但战火很快被当权者扑灭了，幸而没有造成严重的破坏。不过，救火队员的愿望也变得十分可疑。与其让下一次战火爆发，或许还不如让它就这样燃下去好了。很多人认为，火具有净化环境的功效，战争也有同样的功能。

1914年6月，奥地利决定在巴尔干展示它的强权，把奥匈帝国的皇储派往波黑的首都萨拉热窝。弗朗茨·斐迪南大公去往那里参观军事演习，但也可能是为了秘密商谈巴尔干国家间长久的联合与解体问题，这个问题已经在巴尔干持续了数千年之久了。无论如何，大公和他的妻子变成了一些激进的青年民族主义者的袭击目标，有一位青年民族主义者射杀了大公和他的妻子。在老电影中我们可以看到，当时大公正站在马车上，突然倒进了旁边侍卫的怀里。现在我们知道，欧洲跟着斐迪南大公一起陨落了。为了防止战争而进行的谈判持续了一个月之久，但恼怒和愤慨却一点都没有消解。在这历史性的一年——1914年8月1日，又一场"三十年战争"爆发了。

事实上，从1914年8月到1945年8月，这场战争持续了31年。传统上，我们称其为第一次世界大战（1914—1918）和第二次世界大战（1939—1945），但未来的历史学家会将这两次大战归为一次战争。这是有例可循的，例如，历史学家们所说的伯罗奔尼撒战争，其间也经历了较长一段不太稳定的和平时期。20世纪的"三十年战争"就像17世纪德国那次三十年战争一样，其间并没有享受多久的和平。

1918年11月11日，东西线的主要战斗都结束了，但是在俄国，肮脏战争的消耗仍持续了三年之久。白俄罗斯以及许多流亡者，例如那些从法国大革命逃亡出来的贵族，他们得到了绝大多数退役士兵的支持——德国此时已经精疲力竭，无力再卷入这场战争了——这场战争几乎毁了在俄国如火如荼的共产主义革命，但好在最后，他们还是失败了。

20世纪就像一场漫长而狂乱的聚会，就像滑铁卢之战前夜的布鲁塞尔，离去时的英国军官还穿着他们的军礼服。20世纪30年代早期，残酷的战争又再次爆发，日本开始侵略马六甲海峡和中国。1937年，德国人重整军备，在阿道夫·希特勒的统治下整装待发。1939年9月的第一天，更致命的战争第二阶段开始了。

1914—1918年战争的特征

德国的战略计划是这样的：首先，取道比利时快速向西推进，迅速攻占法国；其次，在东线前线的俄国则慢慢扫清敌人。这样就能避免遭遇法德军事防线上的防御工事。1914年，这一计划差点就成功了。（西线进攻计划在1940年取得了成功，这表明军队不能尽快从战争困境和战败中吸取经验教训。）计划的失败导致了史上最惨烈的悲剧。由于英法联军的英勇阻击，德国人的进攻在巴黎北部和东部被迫停止了。但是，德国人也没有被打退。整整四年，战争双方数百万士兵，在相距半英里远的地方挖掘战壕和地洞，藏身在战壕和地洞里用来福枪、机关枪和火炮相互射击，随着时间一天天过去，战争也变得越来越恐怖。

战争的第一阶段是19世纪式的战争，因为那是一个人们极度痴迷于机器的世纪，而伴随着这种信念的是有充足数量的机器，假如机器足够大，就能让你一直持续战斗下去。战争本身变成了一台巨大的人肉研磨机，将无数生命搅成碎片。第一次世界大战最著名的战役持续了数月之久，而不是几个小时或几天，人员的伤亡数以百万计而不是以千计。成千上万的曾经充满理性的动物排起长队相互对垒，拼命想要把对方射成碎片，日复一日，年复一年。没有人能够确切地或清楚地说明战争为什么会爆发，或者战争到底是为了什么。

1918年，当枪声暂时停止时，随之而来的是狂欢。就跟很多聚会一样，狂欢由于遭遇经济危机而结束了。1929年，历史上最严重的经济危机——"经济大萧条"开始了，这场经济危机波及全球，甚至让战争都变成了解毒良药。1939年，战争再次爆发。同盟国准备好打更久的阵地战，但德国人更聪明，他们的战略是"闪电战"，在战争初期大获成功，因为他们的坦克所向披靡，跨越了沟壑纵横的战壕，而他们的炸弹将荷兰和英国那些著名的美丽城市化为瓦砾。

同盟国很快学会了用同样的战术进行反击。最终，德国和日本的城市也没能躲过战火。（1941年12月，日本加入了轴心国一方参战。）由于遭到空中炮火轰炸，德累斯顿和柏林差不多被夷为平地，东京也好不到哪里去。城市中心熊熊燃烧的大火在城市上空形成了空气真空，引起周围空气向中间填充形成飓风。而广岛和长崎则遭受了更为惨烈的命运。

终结20世纪这场"三十年战争"的原子弹既标志着某些事物的结束，也意味着某些事物的开始。它总结了、事实上也终结了人类长久以来对具有绝对优势武器的追求。这种武器具有绝对压倒性的威力，任何拥有它的人必然会赢得战争，而且自己遭受的伤亡更少，甚至没有伤亡。1945年8月6日发生在广岛的事件，让西方军事家们很快意识到这就是梦寐以求的武器，统计数据显示：日本伤亡人数20万，美军伤亡人数为零。

此外，敌人根本没有求援的机会，必须立即无条件投降。在人类战争史上从来没有过如此彻底的胜利。根据当时观察员的报道说，杜鲁门总统几乎是歇斯底里地在白宫边跑边喊："我们成功了！我们成功了！"他会这样做也实在不足为奇。

美国的彻底胜利并没有持续多久。前苏联很快也掌握了与美国同样的核武器技术，因而，从此以后再不可能有如此彻底、完整和终极性的军事胜利了。事实上，不久之后，有好些国家，无论大小、贫富，都加入了或想要加入这个"核俱乐部"。这才是真正的枪口下的平等原则的终结版本。

关于战争与死亡的思考

早在1915年，也就是20世纪两次世界大战的第一阶段才刚刚开始不久，西格蒙德·弗洛伊德发表了一篇文章《对战争与死亡时期的思考》。从那时起，自1900年《梦的解析》及其他一些著作面世之后，尽管大多数人依然不喜欢他（因为他所说的带给他们太大的震撼），但弗洛伊德博士仍然开始受到公众的广泛尊敬。此外，人们承认，弗洛伊德或许还对人类、欧洲特别是德国曾经遭受的折磨有深刻的洞见。这篇关于战争与死亡的文章充满了智慧，借用了一部萧伯纳戏剧的名称来说的话，就是"真相毕露"，换句话说，这篇文章太过睿智，以致很难在读者中流行开来。

弗洛伊德开篇描写了人们的幻灭感。在发现了以前那些文明的国家和个人能够变得如此残酷与野蛮之后，不仅是德国人，而且是相当多的人都产生了幻灭感。所有卷入战争的国家都在讲述士兵们的暴行。他们如何强奸年轻女性然后杀死她们，如何用刺刀刺穿孕妇的肚子，如何仅仅为了取乐将俘虏射伤致残但不杀死他们——这一切与人们在战争中的经历如此相似，但人们却拒绝接受这个事实。（当然，人们更容易相信敌人才会这么做，而他们自己的士兵则不会这样。）

假如残忍而野蛮的谋杀还不够的话，所有参战国的政府在坚持它们自己的公民应当继续过着文明生活的同时，却对它们罔顾任何原则或文明的习俗，施加在敌国政府和人民身上的暴行毫无悔意。政府理所当然地撒谎，狂热地投身于发展和部署更可怕的武器，包括使用毒气以及对手无寸铁的平民进行狂轰滥炸。他们跟所有蛮族一样残忍无情，而这些举动似乎根本没让他们感到一丝不安。

这一切跟战争是多么不同啊！后来，欧洲人，特别是德国人认为，经过亿万年后，人类，或者至少是其中非常特殊的一部分人会达到相当的文明水平，会禁绝一切现在司空见惯的行为和举动。总而言之，人类会找到一种替代战争，尤其是那种历史上发生过的战争的理性解决方案。

特别是德国文明，它曾被德国人和持有其他文明的欧洲人视为人类成就的巅峰。德国科学、德国音乐和艺术、德国学术、德国道德哲学，都为世界其他国家的人们设立了标杆，被认为是历史的最高水平。

而现在的德国人，首先被全世界憎恨，被视为未开化的蛮族。人们将作为整体的德国人与匈奴人联系在一起。数个世纪以来，匈奴这个可恶的名字代表着完全未开化的、残忍的蛮族群。

弗洛伊德说，让我们祈祷他们是错误的吧，而我们德国人并不如他们想象的那么坏。但他补充说道——这也正是他的观点——我们也并不如他们期望的那么好。我们是人，他们也是人。人并不如他们自认为的那样乐意被文明教化。从心理学上讲，文明人的生活状态是超越了自我的，因为每个人都有深层次的自我，这是一种原始野蛮的本能，都希望从文明的束缚中解放出来。弗洛伊德说，我明白这一点，因为我已经从我所有的病人身上看到了，无一例外：男人和女人、老人和青年、受过教育的和未受过教育的都是如此。因此，对战争所揭示的东西我毫不惊讶，而你也不必惊诧。

1915年，认为文明几乎是绝大多数人不能忍受的负担这种观点还不能为大众接受，即便是德国人也不大认同这一说法，但是它至少是一种解释。而德国人以及他们的所有盟友和所有敌人，在战争的第一阶段，都表现得根本不想受到文明的制约一样。奇怪的是在1918年，当枪战停止后，也似乎没有人想要回到过去那种文明状态，或是照过去的文明方式行事。在过去的70年里，也没有人重新这样做。这正是我们所说的：20世纪的两次世界大战摧毁了1914年之前高度发达的欧洲文明。

就算弗洛伊德博士告诉我们文明始终都是幻象，对我们也毫无安慰。人们不是那样的，他这样说道。人本质上并不是那么好。在一篇稍后撰写的论证更缜密的文章中，弗洛伊德写道："在这一切后面的真理就是：人根本不是一种想要被爱的温和动物，最多不过是在受到攻击时自我防卫。人却随时准备拒绝承认这一点。""恰恰相反，他们也是天生具有不容小觑的攻击性的生物。"他补充道："人对人是狼。"哪个人在面对他所有的人生经验和历史经验时，有勇气反驳这一论断呢？①

当20世纪的所有事实摆在面前时，谁又能真的否认这一点呢？

在1915年的论文中，弗洛伊德还提出了另一个观点，即战争带给人们不同的对待死亡的态度。在和平时期，人们可能对死亡敬而远之。人们可以拒绝谈论它，至少可以避免提到它，或者去想到它。在战争中，这种拒绝也变得不可能了。死亡以最让人痛苦和最丑陋的姿态强行进入每个人的日常生活。但是，弗洛伊德却说，这并不是一件坏事，因为即便我们表面上拒绝死亡的存在，但在我们本能深处，即潜意识中，我们对死亡是十分清楚的。我们想要敌人死亡，对所爱的人的死亡感到矛盾，还对自己的死亡感到恐惧，与此同时我们并不真的相信自己会死。

事实上，我们最好丢掉这种幻觉。弗洛伊德总结说："如果你想活下去，请先面对死亡。"这个建议同样让人难以接受。但它也同样有助于解释20世纪到底发生了什么。

---

① 出自弗洛伊德所著的《文明及其不满》。——译者注

战争的起因

为什么会爆发战争？按理说战争不是必需的；或许人们从来就没能从根本上避免战争。1914年之前曾有很多次，全面战争似乎一触即发，但都没有真的爆发。事实就是，满足德国所谓的在非洲的"合法诉求"的需要变得越来越紧迫。还有就是巴尔干半岛的内部冲突变得白热化。另一个非常重要的原因就是，所有列强的耐心已经越来越少了。但是，我们还需要提出并验证另外两个原因。

一个是弗洛伊德的解释。他似乎是说，人们需要通过战争来摆脱无法忍受的文明的负担。另一个就是，无论是个体还是群体的神经症，其本身的破坏性是难以忍受的。人们不能无限期地像文明人那样行事。他们必须为自己深层次的谋杀欲望找到一个发泄口。光靠做梦还远远不够。人们还想要行动。还有比战争更有效或者说更可行的方式吗？

战争允许人们残忍而野蛮地杀人，而这正是人们一直以来无意识地想要做的。用一种自相矛盾却又极为精妙的方法，战争还给人们带来了最极致的享受。当生和死变成赌注时，游戏就具有了一种不可替代的意义。几乎所有从战场上回来的士兵都带有一种忏悔情绪，即他的行为和情感都到达了一个前所未有的巅峰状态。越南战争的一个悲剧就在于，美军的回国士兵中很少有人获得了这种情绪体验。相反，他们感到被侮辱、被欺骗、被漠视了。

从弗洛伊德的解释来看，战争是一种虽然极度危险，但却无法抗拒的诱惑。男人和女人都被战争所吸引，在历史长河中人人概莫能外。或许，作为一种诱惑，战争最终失去了它的吸引力。如果越南的悲剧性失败（至少从美国的立场看是如此）是这个原因的话，那么那场战争就是美国人经历过的最好的战争了。

还有另一个可能导致1914年战争的原因。这个原因简单得简直让人生厌。

我曾经提出过，对于5世纪西罗马帝国的衰落，有一种解释就是无聊：就像酸一样侵蚀着灵魂，那是一种深深的、无法治愈的无聊感。这个帝国已经维持了500年，但是它的问题从没能得到解决。人们没能找到一种有效的，更不用说一种让人满意的选举领导人的方法，而除了安东尼王朝的黄金时代为数不多的几个皇帝之外，罗马帝国的其他皇帝几乎都是怪物——愚蠢、傲慢又残暴。富人变得更富，穷人变得更穷，但富人却不比穷人过得更快乐。因此，当蛮族入侵时，正如希腊诗人康斯坦丁·卡瓦菲（1863—1933）所写："至少这也算是一种解脱之道。"

1914年之前的50年里，一群才华横溢、雄辩又绝望的艺术家设法把占据统治地位的欧洲资本家从致命的倦怠中唤醒。资本家起初并没有意识到这种生活是令人昏昏然的，因为他们赚钱忙得不亦乐乎。艺术家高喊：赚钱可不是什么英勇之举！赚钱会让你无聊到死的！

从某种意义上讲，这种观点相当正确。占有统治地位的资本家，由资本家和商人组成的最文明的阶级，表现得极度无聊。金钱让他们感到无聊，更糟糕的是，和平也让他们感到无聊。最终，他们再也不能忍受这种无聊，于是他们就默许了战争。

就像魔术师的学徒一样，他们并没有预计到战争是如此可怕，也没预计到战争会持续如此之久。而这却是战争的常态，虽然我们总是忘了这一点。最终，每个人都希望战争从未发生过。但是，战争之所以会爆发总是因为有足够多的人想要战争。无论是好事还是坏事，这正是发生在人类身上的绝大多数事情的一贯状况。

第十二章　20世纪：民主的胜利

　　20世纪的最后十年已经来临了。①离新千禧年的到来已经不到十年了。这十年拥有神奇的特质。这十年也可能是人类历史上最危险的十年之一。

　　有一种关于1999年12月31日是世界末日的传说：当一个千禧年即将结束时，似乎会发生一些可怕的事。就算我们平时不信某种宗教，我们或许也开始想知道，上帝是不是真的想让世界就到此为止。我们还能进入一个新千年吗？我们有这样的能力和勇气吗？我们有这样的意志吗？

　　10世纪末的欧洲人并不肯定自己有如此意志。从950年到1000年，阴郁的情绪感染了我们的先人们。城里和乡下到处是乱跑的疯子，狂呼乱叫着世界末日来了。有些没疯的人也害怕疯子们一语成谶。那时，人们严重缺乏天才的巧思和发明创造，很多问题貌似都没有解决办法。人们咬牙坚持下去，盼望着生活不要变得更糟糕。他们似乎对生活已经不抱希望了。

　　亡命之徒到处流窜，偷盗、放火、奴役他人。神职人员传道的时候也说的是悲伤而阴郁的布道词，警告人们最后的审判或许即将到来，催促他们赶紧纠正自己的生活，与人为善。绝大多数人都不愿意从事冗长的事业。没有人为未来做打算，至少在这时没有人想过未来。

　　当新千年到来，而且没有发生任何大事就平稳过去后，欧洲人长出了一口气。而且，那种本能的力量开始燃烧在千百万人的胸膛。解决旧问题的新办法层出不穷。为什么以前没有人想到这些办法呢？充满想象力的政治和社会制度纷纷被加以应用，人们常常发现这些新制度十分有用。艺术家创造了新的艺术门类，诗人写出新的诗歌，而哲学家则惊讶地发现，到处都是新观念、新思想。

---

① 本书成书是在1992年。——译者注

这种能量大爆炸的结果就是，11世纪是一个繁荣的世纪，12世纪则更加繁盛。或许，13世纪是最好的世纪：各地的大教堂纷纷完工，大学也建立起来，男人和女人们四处旅游，到访新地方、结交新朋友，城镇和城市比1 000年前的发展速度都要快得多。而且，每个夏天，挪威的渔民都从冰岛出发，向西出海捕鱼，不仅带回满舱的渔获，还从他们发现的一片新大陆上带回葡萄。他们从没告诉别人有这么个地方，因为他们不想冒险破坏那里丰富的捕鱼资源。

10世纪的最后10年——990年到999年——是相当危险的10年。很多地方的人都在不经意间遭到了暴行，而普遍的绝望带来普遍的灾难。但好在当时还没有核武器，无论一个人有多邪恶，也没有毁灭世界的能力。

今天，一群人当中只要有一瞬间纯粹的恶意，或者只是更多一些人（仍是很小的群体）的严重失误，都会让地球毁灭。恶意和失误在绝望时期更容易加深，这也正是现在这个千年的最后十年是历史上的危险时期的原因所在。

但是，如果人类能在这十年里幸存下来，进入新千年，并无惊无险地度过千禧年的话，那么我们就能盼望着，曾经发生在1 000年以后几十年内的事能够重演。能量再次井喷而出——不断增长的天才巧思和发明创造，一种崭新的构建人类事务的思路，自觉地甚至是热切地渴望找到解决旧问题的新办法。我希望这一切都能成真。因此，假如我们全体都能活着看到这一天来到，21世纪可能会是人类历史上最辉煌、最激动人心、最有希望和生产力水平最高的时代。

尽管我们还没有开始为2000年1月1日倒计时数秒，但后千禧年时代或许已经开始了。离奇的、惊人的事情已经发生，各种事件都显示出后千禧年的特征。东欧的人们已经要争取自己的自由，而让他们极为震惊的是，居然没有人阻止他们的举动或是拒绝给予他们自由。他们或许现在还不能自由地决定自己的命运，而且即使他们在2000年之前或者2000年之后依然充满疑虑，他们也绝不愿意再回到从"20世纪的两次世界大战"结束后就一直被囚禁的牢笼中去。

世界充满了希望。这就是为什么旧千年的最后十年并不如过去那样可怕。不抱希望、万念俱灰是置人死地的绝症。希望是治愈绝望的良药。治疗只是一瞬间的事。没有了希望，任何事都完成不了。有了希望，有什么是做不到的？

1989年是攻占巴士底狱（即法国大革命的开端）两百周年纪念。将来，会不会有一个诗人像华兹华斯歌颂1789年那样歌颂1989年呢？

> 幸福呵，活在那个黎明之中，
> 年轻人更是如进天堂！

民主的进步

在公元前6世纪和公元前5世纪，一些古希腊城邦国家建立了第一批民主政府，但它们并没有存续很久。它们要么被外部的敌人推翻，要么被内部的寡头政治革命颠覆。寡头政治即少数富人代表的所谓天生贵族阶层的统治。在亚里士多德时代，即公元前4世纪，民主似乎已经是一种失败了的政治试验。

在古希腊人看来，罗马共和国不是民主政体。公民权是极为严苛的，虽然人们享有很多政治自由，但严格说来，他们并不是国家统治者的组成部分。十一二世纪的意大利市镇也是寡头政治，从来都轻蔑地看待民主制。同样地，尽管人们享有很多自由，特别是经济自由，但也没有建立起人民统治的宪政基础。直到十七八世纪晚期的政治革命之后，真正意义上的民主制政府才建立起来。因此，如果我们理解了民主制的真正含义的话，我们就知道在所有类型的政体中，民主制是最晚近的一种。

民主制的理念分为许多部分。1689年（89年这个年份难道有什么魔力不成？1689年、1789年、1989年都是代表性的年份），英国人民在推翻英国国王詹姆斯二世，让另一种声称会负责的统治者——议会——取而代之时建立了可能是世界上第一个法治政府。至少，这是第一个现代法治政府。因为自罗马共和国垮台以后，不仅从事实上而且从本质来讲，所有政府都是人治政府。威廉国王和玛丽王后或许不想仅仅成为"傀儡"，但一个宪政国家不需要他们的实际统治。只要他们遵照法律的意志统治，而不是按照他们自己的意志或是一时心血来潮地统治，他们就可以一直成为最高统治权的代表；而在一个人治政府里，法律永远不能超过人的意志，甚至不能制约一时异想天开的统治。在法治政府里，法律是最高的。而且，在法治政府里，只有法律才是权威。

威廉国王和玛丽王后同意遵守议会通过的法律，议会代表着人民，议会代表由人民选举产生。尽管在1689年约翰·洛克曾振聋发聩地喊出"人民应当判定"

统治者是不是正义的，但人民是谁这一概念并不很清楚。人民到底是谁？是所有的人吗？还是只有男性算人民？还是只是有钱男性算是人民呢？洛克认为是最后者，这当然是值得怀疑的。但是，有限的群体并不能组成民主制。

"人人生而平等"，在1776年另一份响亮的宣言中，托马斯·杰斐逊如此说道，"而且造物主赋予他们若干不可转让的权利。"在这里第一次提出了"所有人"这个概念。那么，杰斐逊是否指的是所有男性甚至也包括所有女性呢？或许不是的。但是，很重要的一点是杰斐逊这个18世纪的男性，他所指的到底是什么，从整体来看并不是十分重要的。他说是为所有人撰写的《独立宣言》。未来可以按自己的意愿去理解"所有人"这个词，因为《独立宣言》中并没有准确限定这个词的含义。如果人们愿意的话，"所有人"可以指代全部人。人们当然希望是这样的。

1789年（又是这个以89结尾的年代），制宪者在制定最高法律时，在美国《宪法》序言中写道："我们合众国人民……特为美利坚合众国制定本宪法。"这意味着是人民而不是国家颁布了宪法。但是，语句本身表达的含义可能比写下这些文字的人们所理解的内涵要丰富得多。

> 我们，合众国的人民，为了建立一个更完善的联邦，树立正义，保障国内安宁，提供共同防务，促进公共福利，并使我们自己和后代得享自由的幸福，特为美利坚合众国制定本宪法。

此外还有任何其他限制吗？无论制宪者想表达的意思是什么，在上面这段话中有没有人们没有理解到的内容呢？

没有人比亚伯拉罕·林肯更仔细地阅读过美国《宪法》序言和杰斐逊的《独立宣言》。一个令人不快的或是幸运的机会，林肯发现自己负有为一个陷入内战、处于生死存亡边缘的国家解释民主的含义的责任。1863年11月，在美国南北战争最惨烈的一场战斗——葛底斯堡战役——的遗址上，林肯出席了位于宾夕法尼亚州的葛底斯堡国家公墓揭幕式。除了完成其他揭幕式任务，在爱德华·埃弗里特发表了重要讲话之后，林肯还被劝说做一段即席发言。

林肯说，我们的祖先在新大陆上创立了一个国家，奉行一切人人生而平等的原则。

他接着说道，现在我们正在进行一场内战，这正是在考验这个国家是否能长久地存续下去。曾经，无论是受到外部的还是内部的冲击，那些奉行人人生而平等原则的国家都被摧毁了。我们不能让历史在我们国家重演。

他总结道，相反，为了纪念战斗于此，特别是安息于此的英雄们，我们必须全力完成他们未竟的事业。那就是使这个"民有、民治、民享的政府"永世长存。

美国历史上只有这些响亮的语句流传下来："民有政府"是指政府是人民的政府，政府代表全体人民——所有人。没有任何人被排除在外。

"民治政府"是指人民是统治者。人民作为统治者，有能力选举执行者和代表来制定和施行法律。

"民享政府"是指政府是为所有人谋福利的——公共福利，而不是为某一些人，特别是为统治者自己谋福利的。当然，作为被选出的执行者和代表，他们也是人民中的一员，也应当从他们暂时（只要人民还允许他们继续执政）管理的政府行为中得到福利。

民主的定义只需要三个要素：1689年英国人决定建立一个法治政府而不是人治政府；1776年和1789年美国开国元勋的宣言中提道，所有人生而平等，作为整体的人民颁布的法律比任何个人颁布的法律更具优越性；以及林肯定义的民主政府的三个基本目标"民有、民治、民享"。这就是两百多年来美国人所理解的以及在不同时期世界上其他地区的人所理解的民主的含义，其他地区的人对民主有如此理解的时间都不超过两百年。

理解民主的含义与将理解到的内容付诸实践是两码事。即便是在美国，从民主一词的完整意义来说，直到1900年，仍有超过一半的美国人被剥夺了公民选举权，不能够参与选举投票。所有的妇女、南方的绝大多数黑人，以及其他由于经济原因被剥夺选举权的人都没有公民选举权。被剥夺公民选举权意味失去担任国内最高职务的可能性。作为一个完整意义的公民，要有权决定他自己的政府的形式、类型和特性。妇女、黑人和其他穷人依然受到那些"为他们好"的人统治。这种政府还不算完善。

绝大多数其他国家都没有做到这一点。不到一百年前，还没有哪个主要国家是我们所理解的——也是林肯所理解的意义上的民主国家。

"20世纪的两次世界大战"导致了许多结果。有的结果是好的。其中之一就是普遍的选举权原则几乎迅速传遍全球。今天，几乎没有哪个国家没有从宪法上认可所有生活在这个国家的人都有选举自己代表或统治者的权利。

自由世界全体公民，或者说绝大多数公民普遍的选举权受到保护，之所以称为"自由"，是因为公民权利得到普遍的保护。但是，在有的国家，有很高比例合法选举人选择了不选举代表。他们想要让其他人选自己。这种国家是不是不那么民主呢？这很难说。

政府的存在是为了所有人的普遍幸福，这是当前绝大多数宪政国家共同持有的虔诚信仰。在很多情况下，这一说法是具有明显欺骗性的："民享政府"并不真的存在，只不过是一句空话而已，尽管或多或少是出自真心的。没有哪个国家可以说政府是绝对平等地为所有公民服务的，也就是说，没有哪个国家，所有公民都同等地从政府获益。有的国家，可以做到十分接近"民享政府"这一理念；在有的国家，目的是明确的，但在不到一百年的时间里，几乎所有国家实际上都没有做到。

庇护着所有人的政府保护翼——林肯的"民有、民治、民享政府"——有时既是一件好事又是一件坏事。在今天的美国，几乎没有人被抛弃在外，不受到政府的保护——这是一件好事。直到最近，在海地几乎没有人能免于政府的控制——这则是很坏的事。当运用上精细的电子监控设备后，政府专制的，甚至是暴虐的长臂可能会伸到每个人的家里、所有工作和商业的场合，甚至窥视人的内心和思想。问题是谁被排除在政府的羽翼之外了。在美国，是一些穷人、很多非法移民和其他一些弱势群体。他们没有被包括进来，有时候是无意的，但总是非法的和违反宪法规定的。在海地、在任何专制政体中，是**统治者**被排除在外了，因为他们凌驾于法律之上，因此不在国家控制范围内。他们几乎是唯一享受到政府好处的人，因为他们已经将政府据为己有了。的确，他们是不法之徒，但很难将他们绳之以法。

这些20世纪末实践中的失败案例与20世纪初民主的失败是极为不同的。那时候，民主只是一个梦，很多国家的人都意识到了它，但在其他国家这仍被视为不可能的。这一变化是巨大的。

一种描述新社会的简单方法是：1900年，世界上绝大多数人不懂得民主是什么，也因此并不想要获得民主。而在那些知道民主是什么的人当中，也并非所有人都想要实现民主或是相信民主可能付诸实践。

而在1991年，世界上绝大多数人都明白民主是什么，有人则更为透彻地理解了民主的内涵。而在那些知道民主是什么的人当中，没有人不想要实现民主，或不相信民主早晚能成真并实施在自己身上。

现在依然有统治者宣称他的人民不想要民主，还没有准备好接受民主制，不能在他们自己选举出的自由政府管理下生存。那是专制统治者最普遍的观点，也是千禧年之前最后10年仅存的为数不多神权政体的专制统治者的论调。但无论是在哪里，如果问到人民，而他们也能自由回答的话，他们是不会同意这种说法的。

世界各地的人民都想要有充足的理由享有民主。哲学家莫蒂默·J.阿德勒曾告诉我们，民主是唯一完美的正义政府的形式。其他任何形式的政府，无一例外，要么是从宪法上剥夺了一些公民选择自己统治者的权利，要么是从宪法上排除了某些公民从政府行为中获益的可能性。目前没有哪种民主制完美地反映了民主理想；或许永远也不会有哪种民主制可以做到这一点。但是，也没有任何一种政体形式可以做到像民主制那种理想中的完美状态，而这就是世界各地的人民都渴望民主的原因所在。

你能考虑到这一点，这就是一个了不起的变化。在200年前，无论是在本土还是在殖民地，除了英国人之外，没有几个人对现代民主政府该是什么样子有多少概念。100年前，也只有占世界人口比例很小一部分的人孤立无援地理解和渴望一个民主制政府。今天，实事求是地说，全世界人民都在盼望民主。尽管有不少政府想方设法向人民隐瞒关于民主的理念，但这种对民主的渴望依然存在着。

扼杀民主的意图包括直接的审查制度、扭曲事实和撒谎。但是没一样手段能成功。亚伯拉罕·林肯的正确性再次被验证："你能够愚弄部分人一世，也能愚弄所有人一时。但你不能愚弄所有人一世。"

极权主义

到目前为止，共产主义成功的原因在于它本质上关注正义。极权主义彻底失败了，因为它只关注权力和所谓的国家荣誉。

事实上，国家是否值得尊重，并不在于其权力的大小。假如一个国家是正义的，就会受到尊重；如果不正义就不会受到尊重。一个强大的国家或许会让其他弱国害怕，或许还会受到弱国的嫉妒。一边是尊敬，一边是害怕和嫉妒，两者是截然不同。

不幸的是，这两种不同常常被混淆或是被遗忘了。国家之间就像人与人之间一样，权力常常会被误认为正义。更准确地说，权力和财富能创造出一种对尊重的廉价仿品，也就是所谓被贴上了"富裕名人的生活方式"标签的那种名声。所谓的名人之所以出名，是因为他们有钱，的确引人注目。他们知道可以买到名声，也很愿意为之付出代价。

数个世纪以来，国家也想买到好名声。他们也有获得虚假的好名声——他们称之为国家荣誉——的其他办法，即军事上的强大，并且能够控制其他弱国。在个人身上，同样存在这种通过摆布他人来获得名声的方式。在世界大都市中，在不文明的社会或自然状态下，或是街头文化里，名声和恐惧都不是通过行正义得来的。要么是极度惹眼的巨富，要么强大到足以控制他人，都能获得想要的名声。由于国际社会就处于自然状态（在本章稍后我会重新谈论此话题），因此在国际社会中同样的举动可以产生类似的结果。

国家是由个人组成的，并不是所有个人都希望政府炫富和恃强凌弱。20世纪，美国常常肆无忌惮地炫耀它的巨富，还刻薄、险恶地恃强凌弱，迫使其他国家做一些事，而这些事是它绝不允许自己的公民施加在其他公民身上的。当炫耀和欺凌变得太过分时，有时会有很多公民站出来抗议政府继续如此行事。同样的事件在世界绝大多数国家循环上演。当然，在不是由人民统治，而是由不负责任的、无同情心的少数人统治的国家，这种事件则十分少见。那些占极少数的统治者给自己冠以夸张但具有欺骗性的头衔，例如人民之父，或是革命总裁、生命之王、团体主席、领袖、元首等。我没有用大写标示出这些头衔，因为所有这些说法都是骗人的，也只是个人行为，也就是说，这些头衔都是统治者自己赋予自己的，而不是人民赋予他们的。

正如我已经注意到的，极权主义只关注权力和虚假的国家荣誉。这是一种自法国大革命之后，在20世纪平等观念迅速膨胀时才会产生的一种病态政府。正如托克维尔在《论美国的民主》（1830—1835）中所说，在平等主义扩张时期，民主会在位于社会基层的人民（人生而平等）和位于社会上层的政府（虽然是民选产生的，但政府却拥有极具危险性的权力）之间产生一种危险的真空状态。在这个扩张时期，所有旧制度下的中间斡旋力量都被破坏了，因为破坏它们的最佳理由就是它们都是建立在传统的和古老的特权基础之上的。托克维尔说，非常棒！废除特权是正确的。但是，那些中间力量有一定的作用：他们居于人民和政府之间，防止政府的所有权力都加诸普通人身上。没有了中间力量，人民在政府的强力面前束手无策，也无处求助。

什么能代替社会中的传统中间力量呢？托克维尔如是问道。他说，在像美国这样的民主国家，中央政府允许民间团体担任准政府机构的职能，缓解政府权力的冲击，像一把巨伞一样保护人民免受飓风侵袭。社团、教会、俱乐部、慈善机构、这样那样的保护会或推进会等机构就像旧制度下的贵族调停者一样行事。托克维尔说道，在现代世界，那些缺乏此类中间力量的社会是可悲的。一个在建构过程中缺乏这些关键因素的国家将会变成前所未有的、最糟糕的专制国家。

20世纪的一些世界主导国家刻意清除这些调停者。意大利和德国就是最臭名昭著的例子，但绝不止这两个国家是这样。

德国做出这样的决定，部分是由于1918年战败后导致的社会的和经济的凋敝。第一次世界大战的胜利者要求并得到了战争赔款。他们还要求德国交出全部有价值的工厂，特别是莱茵河沿岸的那些工厂，而那些工厂对德国偿付战争赔款是极其有用的。结果，德国的经济在20世纪20年代崩溃了，经济崩溃又导致了社会混乱。在这种情况下，这个国家求助于一个疯子来领导他们走出混乱、再次变成一个"值得尊重"的国家，这种做法也是可以理解的。

阿道夫·希勒特（1889—1945）许诺，只有在一种情况下他将带领德国到那"应许之地"：国家将彻底控制所有机构和全体公民。他说：我们处于一种极端悲惨的状态，需要非常的手段。让每个德国人，让每个德国企业、教会、俱乐部、组织机构、团体联合起来拯救我们自己。除此之外别无他法。也不能有其他选择，否则我们就会失败。联合起来，没有任何东西能阻止我们，我们必定会赢！

1918年之后，德国曾是一个民主制国家，但希特勒说，民主是低效率的。他提出了另一种替代方案，他称之为国家社会主义。名称并不重要——名称只不过是由含义不明但实际上毫无意义的宣传要素组成的词汇而已。国家社会主义，或者说纳粹党领袖将所有德国公民和所有前私人团体的力量集中起来，联合成为一个令人恐惧的国家武器。希特勒将国家变成了一柄长剑。就像之前的罗伯斯庇尔和拿破仑那样——虽然他们都不是疯子——希特勒所说的每个字都"代表着国家"，因此理所当然应该由他亲自挥舞国家这柄长剑。

贝尼托·墨索里尼（1883—1945）的法西斯主义要比纳粹主义早几年提出，或许希特勒从中学到了一些东西，尽管他绝不承认一个意大利人可以教会一个德国人任何重要的东西。意大利法西斯的标志是束棒，即一束紧紧捆扎在一起的木棒。它表示，为了追求一个共同的目标，意大利集中了国家的全部力量，包括所有个体公民和组织机构。在意大利，共同目标也是国家的"荣誉"。意大利认为，它在1914—1918年战争中的合法战利品被人骗走了，而它是战胜国。（它在接下来的两次世界大战期间选择了错误的阵营，因此在1945年变成了战败国。）

极权主义的德国和意大利是民主的同盟国极为可怕的敌人，而同盟国在1918年之后的确已经变得虚弱和松懈了。然而，回顾过去，显然它们现在拥有巨大的力量，包括日本，从而形成另一种意义上的极权主义（我们下文中会说到），但它们的巨大力量并不是真正的极权主义造成的。意大利是，德国尤其是发达的工业国，在极权主义思想将它们变成战争机器之前，实力就已经非常雄厚了。日本也是如此。但在当时，人们却很难察觉到纳粹主义、法西斯主义和日本的工业民族主义正威胁着占领全世界。

或许极权主义在意大利从未真正胜利过。一台机器，只有当其零部件的材料是正确的，而且是用恰当的方式完全契合地安装起来时，才会是高效率的。极权国家的机器运转得非常糟糕，因为每个零部件都老旧不堪，而且组装得非常不恰当。

曾经有一种挑战民主制的观点说，民主不如专政的效率高，即使在不公正、不自由的专制政府统治下，专政依然能保持其效率。这种说法已经有200多年历史了，特别是在过去的50年里尤为兴盛，但这种说法的确不是真的。除极端情况之外，即极权国家中人民的生命能够通过国家的幸存得到保障，否则他们不能因国家的成功而从中得到任何好处。民主国家的成员则可以通过国家的成功，既获得个人利益又保证国家利益。二者之间巨大的差异就在于什么时候可以把所有个人利益联合起来。这也是民主制更可能会取胜，而极权制国家最终会失败的原因所在。

警惕的日本是一个民主制国家和准极权主义经济的结合体。从政治上看，日本是一个现代民主制国家，拥有托克维尔所说的、任何现代的、平等主义的国家必须具有的无数民间调节机构。但是，在绝大多数时候，这些日本民间组织——主要是企业——都可以联合起来完成共同的目标，而当目标完成时它们都能得到相应的完善和提升。

基于某些正当的历史理由，美国法律明令禁止这种联合。此外，基于不同于日本的社会传统文化，美国的企业更多的是相互竞争的而不是相互联合的。在美国人的传统刻板印象中，竞争是市场的生命所在，而没有竞争就不可能有真正的进步。日本人认为合作才是真正的进步之道，而在不那么坏的情况下，竞争应当被保持在理性、克制的范围内。

或许这两种观点都是正确的。这大概主要是民族风格的差异造成的。需要记住的是，日本不是或者说不再是一个像纳粹德国那样的极权主义国家了。在希特勒统治下的德国，所有公民的组织机构都被迫服从元首所代表的国家意志。在今天的日本，个人和企业之所以服从他们的领导，是因为他们相信这是他们的利益所在。

20世纪，基于还不具备实施民主制的成熟条件，有很多第三世界国家都推行了将所有民间协调机构合并到全能的国家中的政治策略。做出这种决定的总是所谓人民之父或是其他自封的仁慈君主。当一些新兴的国家缺少能够保护人民对抗政府权力的中间调节机构时，这种观点似乎也还有点道理。

不过，专制统治者的主张往往是骗人的。更重要的是，所谓有的地方的人民还没有准备好接受民主制这种说法绝对是假的。这种说法是对人的本性的错误理解。所有人都生而平等，并被造物主赋予了某些不可褫夺的权利。20世纪已经证明杰斐逊的宣言是正确的。据此，一个不可阻挡的主张就是所有人都有能力对自己进行民主的统治，尽管有时候有的人比另一些人可能做得更好。

经济正义

20世纪，民主已经战胜了它的两个主要对手：极权主义和神权政治。我们将在下一章中讨论民主的胜利能否长久地保持下去。但是，为了满足它所代表的普遍人类愿望，民主还必须战胜其他威胁。这些威胁是来自经济的。

和我们今天意识到的一样，托克维尔在一个半世纪以前就发现，民主的基础是平等。今天所有人对平等的诉求就是推动世界各地发生民主革命的动力。但是，平等不仅是政治的平等，也就是说，政治平等本身并不能完全满足民主制下的人们。他们还需要某种程度的经济平等。

经济平等并不意味着所有人平均地占有等量的经济财物：金钱和资本主义生产工具。在今天，几乎没有人会说，只有当全体公民平均占有相同份额的金钱的情况下，才能说人们享有了经济正义。在以前，有一些人的确是这么认为的。我们所需要的是更公平地分配财富，以便让每个人都能更好地生活下去，并且获得近乎绝对平等的机会。绝对的占有平等是一种可怕的幻想，机会平等则是人人渴望的理想。

有很多益品可以称为经济的，但却不是金钱能买到的。例如一份工作、好的教育以及一个体面的家庭等，而最重要的是按自己的方式追求幸福或机会的权利。正义的政府会保护这些个人权利，并务必保证任何公民或公民阶层不受到体制性的压制。

根据这一定义，世界上不存在完美的正义政府。民主制是唯一完美的政体形式。而且，在20世纪，世界各国向着理想政府的发展已经取得了惊人的进步。

1900年，在最先进的民主国家的绝大多数公民不仅都缺乏政治平等权，还缺乏经济平等权。机会平等对绝大多数美国人而言都还只是个梦。尽管有倒退，但在不到100年的时间里，机会平等已经成为大多数工业国家和后工业国家中的一个事实了：美国、加拿大，几乎所有的西欧国家、澳大利亚和日本，以及其他一些国家。机会平等也被视为其他很多国家人民未来可以拥有的权利。当今，只有为数不多的人还认为机会平等的概念是1900年绝大多数人已经获得的权利。

政治平等通常先于经济平等实现。获得了政治平等权或公民权的人，会相当迅速地趋向于经济平等或机会平等——这正是西方民主制社会进步的途径。最终，所有人都会既要求政治平等，又要求经济平等，而正义的政府也会支持和保护公民的这两种权利。

到那时候，我们就能获得所有人都追求的幸福了吗？总体而言，我认为只要人人生而平等且被赋予了不可剥夺的权利这一说法依然是真的话，这种结果是可能实现的。而这可能不再是真的吗？我们将在最后一章回答这个问题。

为什么没有世界政府？

正义政府还面临一项威胁，也是对民主制的威胁，而且是最严重的威胁。20世纪，人们才第一次意识到其涉及范围之广，并试图在这个问题上有所作为。但是，到目前为止，我们所有的努力都以失败而告终。

在前文中我们多次提到，约翰·洛克在1689年的政治论文中做了一个重要区分，即所谓自然状态和文明社会状态。自然状态是只有自然法而没有其他法律的状态，理性的人能自觉遵守自然法，而非理性的人则不能被强制遵守自然法。换句话说，在自然状态下，没有任何机制能保证所有人都遵守自然法。结果就是，很少有人遵守自然法，因为当别人不遵守法律的时候，遵守法律反而让自己变成弱势。当强力成为唯一的裁判时，你必须使用强力或拥有强力来保护自己。

用洛克的话来说，文明社会状态的特征是"作为行为规范的成文法"。我们在谈到古代罗马《十二铜表法》时曾提过这种理念。《十二铜表法》是镌刻在铜板上，竖立在广场中央的，以便人人都能读到上面的法律条文，知晓法律对公民的要求。遵守成文法是许多政府机构的强制性要求，它们雇用由人民或人民代表选举出来的官员来执行法律。

我们用**实在的**一词来描述成文法，因为它是由人们共同商议定的、能够为所有人接受和同意的形式。文明社会状态总是建立在一系列成文法的基础之上：首先是一部宪法，宪法规定了即将建立的政府机构和制定法律的种类；其次是一系列法律，其中绝大部分是禁止性的法律。

文明社会状态几乎是今天所有人类生活的状态。几乎没有人可以不受任何一种积极的成文法限制，除非他是巨大城市中街道上的居民，在那里自然法盛行，是执法的阴影区，自然法是保护弱者对抗强者的唯一途径。

几乎所有人都生活在文明社会中。但是，国家的生存状态是怎样的呢？国家又是以什么状态存在的呢：是自然状态还是文明社会状态呢？

有一种法律被称为国际法。同样还有一个机构叫作联合国。联合国有自己的宪章，即某种形式的宪法，联合国的所有成员都承诺遵守《联合国宪章》。国家法中的主体部分都是实在法，《联合国宪章》的主体部分也是实在法。《国际法》和《联合国宪章》一起构成了针对各个国家而非个人的"作为行为规范的成文法"。事实上，它们能成为规范各个国家行为的成文法吗？

法律条文在那里，展示在世人面前，但却没有任何强制执行它的机构。联合国安全理事会的常任理事国都可以一票否决安理会的投票决议，使其无效。联合国国际法院位于海牙，它的裁决从本质上来说也不具有强制执行力。也就是说，只有当诉讼双方都同意接受国际法院的裁决时，它的判决才具有"强制性"。此外，联合国的绝大多数成员并不接受"强制管辖权"原则。这意味着绝大多数国家都不同意在事前就认定自己跟其他任何一个国家是诉讼双方的当事人。换句话说，事实上，他们保留了拒绝被诉的权利。

联合国国际法院在仲裁一些国际争端上起着非常重要的作用，例如国际渔业权。但是，渔业权判定并不是文明社会中刑事法庭中常见的案件。刑事法庭通常处理的是比渔业权更重要的事务，例如谋杀、蓄意伤害、武装抢劫、重大盗窃、强奸、诈骗，以及各种类型的商业欺诈和合同纠纷等。在国家之间都可能发生以上列举的这些重大诉讼，特别是跨国的谋杀、强奸、相互欺诈等案件已经在历史上长期存在了。在文明社会状态下，谋杀犯不能因为他拒绝接受法院的管辖权或不喜欢、不接受法院的裁决就可以逍遥法外。国家则可以这样做。这也是为什么我们说国家之间的关系更像是处于一种自然状态；也就是说，在大体上国家位居一个国际丛林中，与那些城市最中心的街道或贝鲁特和波哥大的街巷毫无二致。就连警察都害怕巡逻那些破旧的街巷，在那里自然法是唯一的防御手段，也就是说，除了暴力，没有其他任何防御措施可言。

纽约、洛杉矶和哥伦比亚的麦德林的毒贩们同样生活在人与人面对面的自然状态下，他们用自动武器武装自己。这些武器让他们栖身的社会丛林更加危险。在国际社会丛林中，有些国家甚至用核武器武装自己。

亡命之徒则总是武装起来的危险分子。这时，所有国家都是亡命徒，换句话说，那些国家能逍遥法外是因为在国家间没有强制性的法律。看来，世界最需要的是国家间的文明社会状态，也需要国家内部个人的文明社会状态。或许，有一个世界政府能让世界各国放弃主权，也就是当他们不愿意遵守实在法的条例时可以拒绝遵守实在法的"权利"。每个现代国家的公民都放弃了这项权利，也因此过得更好。假如世界各国都放弃这种无法律的状态，他们或许也会变得更幸福。

就像每个文明国家的公民一样，如果国家放弃了用武力捍卫自己错误的权利，或许会损失一部分"荣誉"。假如一个罪犯谋杀了我的妻子或抢劫了我家，我或许不能最严厉地处罚他，"拿起法律的武器"向那施暴者报仇雪恨。只有国家可以为我复仇；而这种复仇的方式或许在我看来是不可接受的，但我除了抱怨之外别无他法。国家没有完成捍卫法律、惩罚违法犯罪的职责，或许国家经常都是这样的。但我认为，几乎没有人会认为，要求或允许公民个人以暴制暴是比让国家来惩治犯罪更好的应对违法犯罪的方式。为什么在国家间我们不能接受这种方式呢？为什么我们在个人生活中都放弃了自我防卫权，却还在国家关系上继续坚持这种暧昧不清的自我防卫权利呢？

传统是强大的，爱国主义是一种强有力的情感，对政府的不信任是一种普遍状况。例如，假如哪个美国总统主张他的国家应当将主权交付给一个世界政府，而这个世界政府肯定是民主形式，并且主要是非美国人、非基督徒和非白人占主导地位的。那么，这位总统还能期望连任吗？然而，假如有的总统今天不提出这种主张，我们将继续生活在世界的"街巷"中，在那里没有任何开着蓝白条纹警车的警察在"街巷"里巡逻，给我们提供日常生活中可靠的保护。当然，没有绝对安全；在任何地方我们都找不到完美无缺的安全。但是，有的安全——事实上，对绝大多数美国人来说，哪怕只是一点点安全感也比毫无安全感强得多。

关于世界政府的理念非常古老。公元前5世纪，圣奥古斯丁曾在《上帝之城》中含蓄地提出过。14世纪早期，诗人但丁就提倡建立一个以神圣罗马帝国为首的世界政府；如果他能与教皇达成一致的话，或许他就能给战争频仍的欧洲（以及全世界）带来和平。18世纪，伊曼努尔·康德从哲学思考中抽出空来，撰写了一篇题为"论永久和平"的短文，其中也提到关于世界政府的观点。而当1945年，第二次世界大战结束、联合国成立之后，很多国家的人们都满怀希望地相信，一个真正的世界政府即将建立，而不仅仅是"国际联盟"这个"大国俱乐部"的后继者而已。

最终，没有哪个国家愿意放弃自己的主权，将其交付给联合国，因此联合国几乎变成了跟"国际联盟"一样毫无作用的和平维护者。芝加哥大学成立了一个起草《世界宪章》的专门委员会，有为数不多的孤独的幻想家和学者们出席了在一些国家召开的世界联邦主义者大会，他们想出了解决世界面临的危机的好主意。但是，以上所有的努力都没有任何实质性的成果。

不过，自1945年后世界没有爆发大型战争，而且也没有哪个国家真正使用过现在很多国家都拥有的核武器。因此，我们可以自信地说，我们不需要用一个真正的世界政府把世界各国联合在一起，让他们共存在一个文明社会的状态之下，遵守他们共同制定的必须遵守的法律。

事情真是这样的吗？

同一个世界，同一个人类

我们还要讨论另一个对民主政府、也是对所有文明政府的威胁。那就是种族主义。种族主义是人类最严重的病症之一。奇怪的是，似乎没有任何其他物种的动物会产生种族歧视这一现象。

1940年，当温德尔·威尔基（1892—1944）与富兰克林·D.罗斯福竞选美国总统时，尽管他们都没能打败最大的竞选对手，但威尔基获得了比其他共和党候选人都多的选票。罗斯福当时是参加他的第三次总统竞选，并最终获得胜利。在失败之后，威尔基依然停留在公众视野中，继续扮演着他所说的"忠诚的反对派"角色，而后他以总统个人代表的身份访问了英国、中东、苏联和中国。

这些访问坚定了威尔基关于作为整体的世界正在改变，而且在战后会迅速改变的直觉。1943年，他出版了一本著作：《同一个世界》①，著作的题目表达了他和其他人思想中已有的一种理念，至今已有五十年之久了。

对威尔基和读者来说，"同一个世界"有着多重含义。首先，它是一个政治理念，提出建立一个和平的世界，每个国家都齐心协力促进世界自由与正义。诸如此类的观点都不是什么新理念。1919年，伍德罗·威尔逊构想的国际联盟就已经提出这一想法，而这一理念则是受到很多19世纪开明思想家的影响而来的。威尔基知道，人们已经为实现这一政治理想而努力，而仅仅在他的这本著作出版两年之后，联合国就正式成立了。

"同一个世界"还意味着全球的联合是现代意义上的交流，缩短了交通距离，克服所有阻碍人们交流的传统壁垒。在威尔基那个时代，商用航空业仍处于起步阶段，但不难想象在战后会很快发展起来，到时候，人们可以在商用航空上投入大量能源，也会很快发展起一个全球范围内的航线网络。

或许我们更难预见到一种显著的成效，即每个城市的国际机场建设都是按照"国际模式"修建的，看起来几乎都是一样的，这样从长途客机上下来的旅客就能轻易分辨出机场的哪里是哪里。到20世纪末，地球上已经没有真正遥远的地方了，旅行将变成世界的一项主导产业，甚至比战争还要重要。

到那时，任何一部电话都可能拨通世界任何一个地方的号码，聆听几个按键声和电话接通的嘟嘟声，就能跟对方通话，就好像跟隔壁的朋友聊天一样。比如说，有的"纽约客"把伦敦当作商务午餐地，还能不假思索地飞到罗马度一个长周末。艺术展常规化地从一个大陆辗转到另一大陆；主要的体育赛事面向世界各国公开征召运动员参赛（有的国家目前还遭到某种现代种族隔离制度的影响），而在印度的首都德里，"达拉斯小牛队"跟它在得梅因一样受欢迎。

"同一个世界"还有另一层含义，我认为这也是最重要的含义。当然这意味

---

① One World，又译《天下一家》。——译者注

着思想上的巨大变化。除了像法国哲学家雅克·马里旦所说的"道德生活的英雄"之外，直到20世纪，几乎每个人都认为人类当然不止一个种族，也不是由单一类似且平等的灵魂构成的，而是许多或好或坏、或先进或落后、或受上帝青睐或受上帝诅咒的不同族群构成的。关于这一观念，人们有许多不同表达方法。或许他们都得出了这个结论，不幸的是，亚里士多德曾提出有的人生来就是统治者，而有的人生来就是仆人。他说，后者是"天生的奴隶"。

例如，妇女现在占人类族群中的大部分，而且可能一直是人类重要的构成。在大多数情况下，古代世界的妇女完全不具有男性拥有的任何基本权利。假如都是公民的话，妇女则毫无疑问属于二等公民。间或有一两个妇女能成为显要，掌握大权，例如博阿迪西亚女王、狄奥多拉王后或示巴女王，但这些例外也不过是证明了历史上对妇女的限制而已。古代对妇女的偏见并不让人惊诧。

更让人惊讶的是《独立宣言》，在它所有关于权利的华丽辞藻中，根本没提到妇女，或许也没打算将妇女纳入其振聋发聩的宣言中，即"所有人都被造物主赋予若干不可转让的权利"。妇女在法国大革命中，或是从她们在19世纪狂热的努力中争取到了稍微多一些权利。事实上，有的妇女参政权论者被迫依靠这样一句座右铭："相信上帝，他就会帮助你。"但是，这却完全没有任何帮助。

在第一次世界大战期间，妇女赢得了西方民主制中的政治平等权。最终，在经历了数十年的激烈争论后，她们获得了选举权，并可以选举代表自己特殊的、狭隘的利益的代表。当然，她们并没有这样做，可能是因为她们认为自己的利益跟男性的利益相比，并不像男性认为的那样是特殊而狭隘的。简言之，妇女自始至终显示出她们名副其实地值得拥有选举权。然而，妇女的政治平等权并没有直接导向社会的，尤其是经济的平等权。

同样地，直到20世纪末，在世界发达国家，无论男女，都很少有人会公开地表达这样的观点，即认为妇女**天生**就比男性更低等，生来就是服侍人的而不是进行统治的，或者说妇女天生就是奴隶。这种想法在现代世界已经几近灭绝了。

仅仅就在昨天，对很多少数民族，我们还持有曾经歧视妇女的类似观点，跟其他少数民族或多数民族相比，他们也被认为是天生的低等民族。黑人、犹太人、原住民等都曾被认为是低等民族，很少有人公开地说这些群体的人们跟其他人相比是**天生地缺乏人性的**。的确，有的人会暗示这种观点。更多的人则会私下持有这种想法，尽管还带着一些内疚感。或许至今仍有很多人是这样。但是，事实是，无论在哪里，假如哪个政治家敢提出种族歧视的理论，无论是隐晦地提出还是公开表明他的观点，他都一定会惨败。成为人类"道德英雄"的人越来越多。从世界范围来看，或许反对种族歧视的人要占大多数。

我们不能沾沾自喜。《经济学家》杂志最近刊登的一篇文章认为，在很多国家，目前有大约200万事实上的奴隶存在。但是，这些人并不被认为是"天生的"奴隶。他们的奴隶身份可以在一夜之间就被改变。直到最近，有的国家都还在继续着与世界上绝大多数国家相反的社会等级制。纳粹种族主义让600万"天生劣等的"犹太人丧失了性命，现在很多活着的人们对这个惨剧至今记忆犹新。

尽管依然有种族歧视存在，但废除**天然的**奴隶制是我们这个时代最非凡的改变，也是我们这个时代最伟大的成就之一。说到底，它代表着人类知识增长的结果。今天，我们绝大多数人都知道仅仅几十年前只有一小部分人才知道的事情。

不幸的是，尽管人们已经普遍不再相信天生的劣等这一观念，但种族歧视依然没有被根除。就算人们或多或少相信其他种族的人具有作为人的平等权，但还是可能憎恨他们。在当今世界，种族仇恨似乎有增长的趋势，而不是日渐减少，这里面很少有理性可言。我们或许永远不能摆脱种族仇恨。就算这样，我们已经取得的进步也不应当被忽视。我们可以说，我们这个时代已经取得了很多真正意义上的道德进步。

第十三章　20世纪：科学与技术

据古希腊几何学家欧几里得所说，点是"没有部分的"。同样，根据古希腊人的理解，原子也可以说是没有部分的。对他们而言，原子是物质的最小单位，不能分割。["原子"（atom）一词在古希腊语中是"不可分割"的意思。]

我们已经注意到，古希腊原子论者的物理学理论是一种启发预言式的理念，在17世纪再度复兴，后来导致了降落在广岛和长崎的两颗原子弹的产生。除了直觉和思想，古希腊人没有其他可以用来研究物质的工具。那么，他们是怎么想出世界的基本物质构成的概念的呢？直到今天，我们有了可以证明其正确性的工具，因此才能确信古希腊人是正确的。

古希腊原子论

古代原子论者不可能知道他们无意中发现的一种基本理念，成为后来西方人看待事物的核心观点。当你在观察世界时，你看到了什么？无数的事物，或多或少千差万别，而且始终处于永恒的变化中：颜色、形状、增长和消退，存在和生成、大和小、可怕的和友好的。一千个形容词都不足以形容你所看到的一切。

有没有什么办法可以将这巨大的混乱状况说清楚呢？只有两种办法。每种办法都要假设某种不可感知的存在，这样才能解释那些可以被感知的事物。

第一种方法就是对事物进行分类。虽然分类的事物有时并不是一类的，但假如我们不想被感官知觉弄疯的话，这种方法仍是十分必要的。这或许是最古老的观察方法。我们从古代动物远祖那里继承了这个方法。为了区分种类，并表现得这好像真的是描述动物本能行为的一种方法，以及控制、指导和调整所有除人类之外的动物行为的方法。

第二种方法就是拟人化。即我们将自己的希望、欲望和恐惧投射到所观察到的事物身上。我们赋予自然其本身并不具备的情感特征，而且，我们将自然视为具有我们一样的思想，虽然自然的思想或许比我们的更宏伟更大气。自然的思想限定了我们应当如何与世界相处，并保证在宇宙中有本质的善存在。

现代科学行为主义者试图实事求是地称这种现象为拟人化错觉，即将宇宙拟人化，但是事实上宇宙中并没有人性，只有物质而已。即便是最激进的行为主义者也不能避免拟人化的倾向。一方面，拟人化的做法深深植根于人们使用的语言中。为了验证要从物质中剔除人性因素有多难，我们可以试想一下一个没有你的宇宙。那将会是怎样的呢？对他人而言宇宙又是怎样的呢？这样的宇宙会不会存在？或者说，会不会你一旦不再观察、感知和觉察到宇宙，它就立马不存在了呢？没有了你的世界对你而言毫无意义，那么它还有没有任何意义呢？

与此同时，要想象一个没有你自己的世界是很困难的，但如果我们要理解世界本身，这样做却是很必要的。古希腊人是首先意识到这一点的人；他们是第一批试图将自己置身宇宙之外去观察宇宙的人。他们所有的哲学思考都是基于这样一个假设，即真理必须独立于我们的思想之外；否则就不能称其为真理，而只不过是一种假象。

不仅是哲学家这样尝试过。最早的神学家也试图在他们所希望的世界模式之外，找到其他不同的模式。他们试图从混乱中找到秩序，而且他们构建了从最高层到最底层的秩序。简言之，他们发现神祇无处不在。这或许也是一种拟人化思维。

后来，人们放弃了多神论，但却没有抛弃关于神的理念。神从多神变成了一神，并赋予了宇宙以意义。今天，就算是在这个科学时代，或许大部分人还是发现在自己周围的世界里有一种神圣秩序存在，正如西格蒙·弗洛伊德所说的一种"海洋般的感觉"，这种说法丝毫没有蔑视的意味，意思是说作为整体的宇宙里，任何东西都有其固有的位置，并居于它固定的位置之上。

早在公元前5世纪，无论多么舒适，总有一小部分人不满足于可见的模式。对他们来说，与任何神学能承认的范围相比，机会在宇宙中、在生命里发挥着更大的作用。而且，他们还可能具有一种固执的傲慢，让他们假设自己在宇宙中本质上是孤独的，在途中没有任何伟大的存在引领他们前进。他们寻求另一种解释宇宙的途径。

正如我们看到的，古希腊哲学家们喜欢玩一种智力游戏：无论两种事物看起来有多么大的差别，都要试图找出二者之间的共性。如果我们拒绝事物之间共有的"本质"或其他智力模式，而执着地纠缠于物质的话，这个游戏还怎么玩下去呢？

例如，我们来找蜘蛛和星星之间的共性。它们在物质上有什么共同点吗？我们事先说好，不使用亚里士多德式的解决方案，即二者都存在，都有生成和消失，都统一性之类的说法。

我们还能继续这个游戏，因为我们可以想象一下，分别将蜘蛛和星星都切分成部分。首先，蜘蛛的部分依然具有"蜘蛛属性"，而星星的部分则还是"星星的状态"。但是，随着各个部分不断地被切分得越来越小，奇怪的事发生了。切分到某个程度，蜘蛛的部分不再具有"蜘蛛属性"，而星星的部分也不再是"星星的状态"。此时，两者的部分都变成了另一种东西——一种或多种无差别的事物，在其他情形中，或许也是除了蜘蛛和星星之外的其他事物的组成部分。

我们不知道，具体要切分到哪个程度才能出现这种变化，但是正如我们思考的，我们意识到它肯定会在某个时间、某个地点发生。我们也不必亲眼看到这些细微的部分。但它们肯定存在，因为我们找不到任何理由说明，为什么当我们在把一件事物切分的时候，到了某个程度这一事物就变成其他东西了。

我们能无限多次地切分事物吗？我们能找到那个无限小的部分吗？我们只能假设不能，因为由无限小的部分构成的事物是没有大小可言的。因此原子——不仅是蜘蛛或星星的最小单位，也是所有物质的最小单位——必然存在。

原子论的复兴

数个世纪以来，这种逻辑训练的方式并未消失。基督教关于上帝之城的存在幻象在很长一段时间内遮蔽了这种思维方式，但是，在17世纪早期，当幻象的影响消退之后，原子论再度兴起。当时，人们还是缺乏现在我们所拥有的研究工具，那个时期所有伟大的科学家，从开普勒到牛顿，都是坚定不移的原子论者。

英国科学家罗伯特·胡克（1635—1703）是牛顿的好朋友，他甚至提出物质的根本属性，特别是气体的属性，可以用原子的运动和冲撞来解释。胡克既不是一位非常优秀的数学家，也不是极好的实验者，因此没有办法验证他的假说。但是，牛顿对此非常感兴趣，从不同的角度支持胡克提出的原子冲撞理论。

整个18世纪，欧洲各国的科学家继续研究原子论。他们研究得越深入，特别是关于化学的知识越多，他们就越确信物质是由原子构成的这种假说是正确的。当然，他们也逐步意识到，有必要对原子论假说进行适当的修正。

其中最明智的一种修正要归功于一位意大利化学家阿玛迪奥·亚佛加厥（1776—1856）。他在1811年提出了一种两步假说：首先，构成气体的最终微粒不是原子，而是由原子构成的分子；其次，在相同的温度和压力下，等体积的任何气体所含的分子数目相同。这一理论是正确的，但直到20世纪初才为人们普遍接受。

19世纪中叶，随着人们接受了化学元素理论和俄国化学家德米特里·门捷列夫（1834—1907）发现的化学元素周期表，许多试验者的首要目标就变成了探测物质性的原子，并证明其存在。但是，要证明这一点的难度，超过了那个充满科学自信的世纪里所有人的预期。事实上，直至今日，原子的存在——已经不存在争议——在很大程度上也是通过推理确定的。古希腊人的理性因此成功地成了现代实验科学的先声。

古希腊人在一件事情上是彻底错了，即认为原子是不可分割的。严格地说，原子的不可分割性并不是逻辑的必要条件。这只是意味着到目前为止，我们还没有找到构成物质的最小单位。或许我们最先发现的原子的构成单位——电子和质子——就是最小的单位。然而，就连电子和质子似乎也是可以分割的。

人们依然没有发现构成事物的最小单位——古希腊人认为有各种各样不同的原子，相互结合后构成了不同的物质。当然，他们还根据逻辑的需要，斥巨资制造了巨型原子击破器。我们最终能否发现物质构成的终极单位依然不得而知，逻辑的必然性并不能保证现实中具体的存在。

简言之，从某种程度上说，原子科学并不是一门新兴的科学。发现所有物质的基础是原子这一功劳属于古希腊人，这不是现代人的发现。不过，我们已经知道很多关于原子的知识，这是古希腊人所不知道的。

爱因斯坦做了什么

阿尔伯特·爱因斯坦发现了20世纪最重要的一种新知识。那是一个简单的公式，或许是绝大多数人唯一知道的高等物理学公式：$E=mc^2$。为了理解这个公式的含义，我们必须往前回顾一下。

1879年，爱因斯坦出生于德国乌尔姆市。12岁时，他决定解决"庞大世界"之谜。不幸的是，他的成绩不太好，15岁就离开了学校。他设法再次开始了学习，最终在1900年从大学毕业，获得了学位。他默默无闻地做了一名专利审查员。1905年，他一口气发表了四篇影响巨大的科学论文，就此比其他任何人都更进一步朝向解决世界之谜迈进。

这四篇论文中的任何一篇都能让任何一位物理学家声名远扬。第一篇文章是解读布朗运动，布朗运动是指液体中被分子撞击的悬浮微粒做无规则运动的现象。第二篇论文解决了三个世纪以来关于光的构成的争论。这不是用剑劈开"戈耳狄俄斯之结"那么简单，而是根据坚实的数学推理，进而迅速地解开了这个巨大的难题。爱因斯坦的论文还解释了令人疑惑的光电效应（即物质内部的电子被光子激发出来形成电流）。

第三篇论文更具有革命性，因为它提出了后来我们称之为狭义相对论的重要理论。爱因斯坦说，如果我们可以假设光速是匀速的，而自然规律是恒定不变的话，那么对观察者而言，时间和运动就都是相对的。

爱因斯坦用朴实的例子来说明他的理念。在一个封闭的电梯里，除非电梯运动得特别快，否则的话乘客是感觉不到自己的胃在向上或向下运动的。分别乘坐两列同向高速行驶的火车的乘客，并不知道列车的行进速度，只知道两列车的相对速度，即一列车比另一列车跑得更快，较快一列车上的乘客只发现自己看着另一列火车慢慢消失在自己的视线里。物理学家不需要借助这类简单的例子就能理解狭义相对论的优雅与简练。

这一理论可以解释很多现象。1916年，爱因斯坦发表了另一篇论文，扩展了狭义相对论，提出了所谓的广义相对论。在1916年的论文中，爱因斯坦假定重力不是像牛顿所认为的那样是一种力，而是由于质量产生的时间—空间的畸变引起的。他说，这一观点可以被检验，即在日全食时，恒星的光在接近太阳时会发生挠曲现象。爱因斯坦所预计的偏转量是牛顿三大运动定律预计的两倍。

1919年5月29日，爱因斯坦一直想要进行的试验终于开始了。英国皇家学会派了一艘舰船前往几内亚湾进行实地观测。11月，观测结果证明爱因斯坦在此前的预测中提出的假设是非常精确的。他因此闻名世界，并获得了1921年的诺贝尔物理学奖，但彼时他已经是世界最著名的科学家了；就好像马戏团展出的怪人一样，走到哪里都被围观。这让他很不舒服，因为这妨碍了他继续他的工作。

1905年，爱因斯坦还发表了第四篇文章。从某方面讲，这是最重要的一篇文章。作为前面关于相对论的文章的扩展，这篇文章提出了一个问题：物体的惯性跟它的内能是否相关，而答案则是肯定的。迄今为止内能一直被认为是仅仅取决于质量的。因此，世界必须接受质量与能量等价的关系。

这种质量与能量等价的关系是用一个著名的公式来表述的。即E，具有质量的物质的能量，等于质量m乘以光速常量c的平方。光速常量，也是电磁波在真空中传播的速度，是非常大的：每秒300 000公里。这个数字是非常大的。因此，一个微小的物质单位里蕴藏着巨大的能量，稍后我们会知道，这种能量制造的一个炸弹爆炸，足以致广岛两百万人口于死地。

爱因斯坦是一位和平主义者。他厌恶战争，1918年之后，他十分害怕世界还没来得及享受一段安全而持久的和平，战争就会再次爆发。他尽其所能地支持在两次世界大战期间十分流行的关于世界政府的想法。但是，作为和平使者的爱因斯坦并不像作为物理学家的爱因斯坦那么有广泛的影响力。

1933年，当阿道夫·希特勒控制了德国时，爱因斯坦宣布放弃自己的德国国籍，飞往美国。在美国，他一边继续关于相对论的研究，一边寻求让愤怒的世界平静下来谈判的途径。1939年，当他听说有两位德国物理学家已经成功分裂了铀原子，且将损失的极小总质量转换为能量时，他意识到战争本身并不是唯一的威胁所在。而且，在很多同事的力劝之下，他坐下来写了一封信给富兰克林·D.罗斯福总统（1882—1945）。

没有其他任何人能像爱因斯坦那样有权威写这样一封信。信的内容很简单。它描述了德国的试验，并指出这些试验已经被允许在美国进行了。他注意到，一场欧洲战争似乎即将来临。纳粹德国掌握了利用铀原子裂变制造的武器，这对全世界来说都将是毁灭性的威胁。他催促总统说："必须提高警惕，如有必要，应当立即行动。"

总统礼貌地回信了，但他对爱因斯坦的警告却充耳不闻。没有人告诉爱因斯坦这位和平主义者，当时，美国已经启动了一个应急计划，这是当时最伟大、最昂贵的科学工程。1940年1月，拿着6 000美元启动资金，这项被称为曼哈顿计划的工程开始了。最终这项计划耗费了20多亿美元，相当于现在的很多个十亿美元。1941年年底，日本突袭珍珠港后，美国加入了第二次世界大战，曼哈顿计划的研究进程进入了白热化阶段。直到1943年，研究工作还停留在理论阶段，但到了1945年年初，计划已经进入了爆炸试验阶段。1945年7月16日，在新墨西哥州阿尔伯克基南边的阿拉莫戈多空军基地进行了试爆。试验取得了完全的成功，炸弹产生的爆炸力相当于两万吨TNT当量。三周后，也就是8月6日，足以摧毁整个广岛的原子弹被投向广岛。

爱因斯坦既高兴又伤心。在希特勒手里，原子弹可能就意味着世界自由的末日，也意味着犹太人的种族灭绝。他想方设法让新成立的联合国成为促进和平的更好机构，发挥比此前类似机构更大的作用，因为他害怕原子弹会再次被使用，尤其害怕被用于其他更糟糕的用途。他继续着统一场论的研究，这能让所有自然规律用一个简单的理论模型就可以表达出来，甚至只需要一个简单的方程式就可以了。但是，他将其他科学群体远远抛在了后面，而他们不断贬低他、孤立他。1955年爱因斯坦去世时，在关于世界整体结构的问题上，他是当时世界上唯一相信自己是正确的人。他是自牛顿以后，引导着人类相信宇宙整体结构的最杰出的科学家。

原子弹教会我们什么

原子弹教会我们的最重要的东西不能用一个公式来加以表述。这是一个简单的事实，而我们是率先知道这个事实的人。人人都知道，世界不是轻易就被毁灭的，但是人类可以轻轻动一下指头就毁掉全世界。

事件总有后果。广岛原子弹爆炸的一个后果就是长城的时代结束了。另一个后果就是苏联科学家开始着手研究他们自己的原子弹。作为对抗，美国则研发了氢弹，或者叫热核武器，即把小原子核高温熔炼在一起（原子弹是利用大原子裂变）。在核聚变过程中，巨大的能量被释放出来。爱因斯坦的相对论方程式依然有效。

苏联制造出了自己的氢弹。1950年以后，美国和苏联都不能战胜对手。这种对抗的一个后果就是随之而来的长时期和平，其间或有一些小规模战争发生。这是件好事。

军备竞赛背后若隐若现的是某种意义上坏的新知识。在世界各地的军械库里已经有足够杀死全世界所有人十次的核武器了。当然，不仅是人类会死于核战争，所有的熊都会被杀死，猫猫狗狗、蜘蛛老鼠无一能幸免。或许某些蟑螂能够幸免于难。但是，一个只有为数不多的蟑螂的世界，绝对不再是当初上帝想要创造的那个安置一男一女在里面自由自在生活的伊甸园了。

人类可能真的会摧毁地球上的所有生命，这难道是不可想象的吗？尽管冷战结束后，近来国际紧张局势有明显缓解，但在这个高度危险的世界里缺少一个真正的世界政府，这让核战争似乎极有可能早晚会爆发。事实上，从逻辑上来说，制胜秘籍必然是核战争。但正如我们在寻找物质构成的最小单位时所见的，逻辑必然性并不意味着现实性。这一事实让我们无不感到小小的安慰。

我们将在最后一章来讨论，地球可不可能一直保持它现在的状态，继续成为熊、蜘蛛和人类的栖息地。让我们暂时放下这个问题，因为20世纪人类发现的最主要的新知识可能让人类毁灭自己的世界。

生命的难题

除了核物理之外，其他领域对隐含模式的研究也在继续着，这种方法论已经被很多科学所吸纳。而成功的例子就是发现原子和原子核的确存在，以及证明整个粒子团有很多奇怪但有趣的性质。

有些粒子被错误地命名，因为它们不是**事物**，至少不是一般意义上的**事物**。

实际上它们是游移不定的电荷或微小的波束，甚至可能仅仅是偏微方程式产生的即时结果，它只在不到一眨眼的时间里产生又转瞬即逝。

然而，这些东西都是真实的存在，从这个意义上说，所有真实的事物都会产生真实的结果。它们同样非常细微。20世纪的世界已经习惯了变得越来越小，与此同时我们的想象力也能包容一个更大的宇宙。我们稍后再说这个话题。

提到这种实在是微小的真实事物，让我们回忆一下笛卡尔在1637年出版的《方法论》中告诉我们的知识。他说道，要解决任何问题，一种很有用的方法就是将其分解为一系列更小的问题，然后依次解决这些小问题。自笛卡尔之后到17世纪初，科学越来越多地探索肉眼不可见的微观世界，现在已经研究到任何显微镜都不能观察到的微观世界了。最小的物质可能比最大的物质更难想象，但我们安慰自己，假设（这也是一种无意识的拟人论）人类是处于我们所知的最大物质和最小物质之间的中间大小。

无论这些微观新世界多么小，它们也有自己的模式，而且其中一些模式是相当重要的。DNA的双螺旋结构是其中最重要的，因为它解决了绝大多数关于生命的难题。

生命的难题是什么呢？在两千多年前亚里士多德就提出了这个难题。难题蕴含在一个极简单的问题中：为什么大猫会生小猫？

正如亚里士多德所知道的，胚胎是一小团原生质组织，而必须要有十分敏锐的眼光才能区分人类、鲸或是老鼠的胚胎组织。但是，人类的胚胎绝不会长成一头鲸或是一只老鼠。自然不会犯这种错误。它是如何避免这种事情发生的呢？

亚里士多德用一种十分典型的亚里士多德式态度回答了这个问题。他解释说，有一种普遍原则从亲代传递到胚胎，进而决定了胚胎会发育成跟亲代一样的动物，而不会变成其他动物。

从形式上看，亚里士多德的解释是正确的。DNA也可以称作一种普遍原则。但是，纽约证券交易所的交易指数以及其他模式都可以成为普遍原则。核心问题在于，是什么特殊的普遍原则让猫的后代一定是猫？亚里士多德有着近乎魔性的解决一切难题的能力，他对此也有自己的答案。他说："猫性就是这一原则。"让人吃惊的是，亚里士多德的答案居然能让两千多年来的聪明人士感到满意。

遗传学

尽管直到1900年，奥地利神父、植物学家格雷格·孟德尔的研究还并不广为人知，但19世纪他的确第一次提出了关于这个问题的更好答案。

孟德尔出生在1822年，那时候，猫为什么会生小猫这个问题已经不再是一个亟待解决的问题了。尽管没能通过自然科学课老师的测验，孟德尔还是一位称职的研究者，花费了数年时间专门研究豌豆的遗传性状。

他所要解决的问题不是为什么豌豆种子可以结出更多的豌豆，而是为什么不同的豌豆植株杂交后会有规律地结出带花纹的豌豆来，孟德尔第一个发现了这一规律。他总结道，显然，每个植株的性状在某种程度上都是由一对微小实体中的一个控制或决定的，这种微小实体被称为基因，每个性状特征由每个亲本植株提供一个基因决定，就跟雌雄同体受精是一样的情况。但他很快意识到，每个亲本植株都必须有某种性状的基因，但当基因在子代身上混合后，只有亲代中其中一方的这一性状的一个基因会占主导。一对不同植物的子代会显示出简单统计学规律的作用，孟德尔在1866年的两篇业余数学论文中表述了这一规律。

两年后，他被选为所在修道院的院长。此后，他的工作职责占据了他的全部时间。在1884年他去世之前不久，他的发现再度被其他人发现，而后，人们尊奉他为现代遗传学之父。

DNA 是如何起作用的

遗传的概念并不是孟德尔的发明。最早，人们发现，人类的后代与其父母长得十分相像，由此发现了遗传作用。人们曾假设，是有一种简单的原则在起作用，例如，高个子父亲和矮个子母亲的孩子可能是中等身材。孟德尔是第一个意识到遗传比这要复杂得多的人。

　　但是，就连孟德尔的实验也没有阐明遗传的原理。经过了对基因领域的狂热研究半个世纪之后，人们才最终弄懂了遗传原理。

　　1953年，剑桥大学的学者发现了遗传原理的关键所在。当时，两位年轻人，美国人詹姆士.D.华生（1828—　）和英国人弗朗西斯·H.C.克里克（1916—　）设法描绘出DNA分子的结构。通过这种方法，他们不仅回答了亚里士多德的老问题，还打开了通往新时代的大门。

　　DNA分子是由两条长链相互盘旋形成的双螺旋结构。长链是由名为核苷酸的复杂含氮化合物构成的。DNA中含有四种不同的核苷酸，取决于不同的基质，分别形成腺嘌呤、鸟嘌呤、胞嘧啶和胸腺嘧啶。在脱氧核糖核苷酸中都含有糖的成分。

　　每条核苷酸长链上的核苷酸都与对应那条核苷酸长链上的对应核苷酸具有某种化学联系。在一条核苷酸长链上有成千上万的核苷酸，而在对应的核苷酸长链上则有镜像似的同样多的核苷酸，通过连接件将两条核苷酸长链相互连接起来。

　　华生、克里克和其他同事一起发现，基因就是一小段DNA分子，也就是一小段核苷酸链，大概有从十几个到几千个核苷酸不等的长度，它决定着特定的基因特征。基因是怎么做到这一点的呢？个体生物的每个细胞里都带有这一个体特殊的DNA分子。这就是蜘蛛或人类全部的遗传模式。当细胞分裂时，DNA核苷酸链两条长链就会分别形成一个新的细胞。一旦形成新细胞，缺少了原来对应单位的单独的核苷酸链，会迅速产生新的镜像配对，形成新的DNA核苷酸双螺旋结构。由于缺少新细胞的细胞核原生质，这主要是由自由浮动的蛋白质构成的，单独的DNA核苷酸链便会集中所有所需的元素，复制一条跟自己一样的核苷酸链，也就跟它原来配对的那条核苷酸链一模一样。原来细胞中的另一条DNA核苷酸链在新细胞中也是这样重新产生配对核苷酸链的，它也新造出了自己的镜像核苷酸链。结果就是，每个新细胞都具有了跟原来细胞一模一样的DNA分子。

　　因此，"猫性"其实就是一种既定的DNA分子，处于任何一只猫身上每个细胞的原子核内。每只猫之间的差别的原因在于每只猫的DNA核苷酸链中有一些细微的差别。但是，即便是两只猫之间极大的DNA差别也比猫的DNA和骆驼的DNA，或者与人的DNA之间的差别小得多了。所以，猫永远不可能生出人来。

它的细胞决定了这是不可能的事。

DNA分子比较大，在显微镜的帮助下是可见的。例如，核苷酸的哪一部分决定头发的颜色，或是哪一部分决定血型，都是可以观察区分出来的。而且，我们不仅能将其区分出来。我们还能把这段基因切掉，加以改良，然后重新植入分子中去。

有些疾病就是由于错误的核苷酸链组合引起的。例如，很多黑人携带有镰状细胞性贫血这种血液病。从理论上讲，有缺陷的基因是可以从病人的血液中移除掉，加以修正和替代的。技术限制使得这种可能到目前为止依然处于起步阶段。不过，这已经足以引起伦理学家们的高度关注了，他们认为，在这些假定是为人的利益而进行的试验试管中，最终会产生出让人恐惧的怪物。

科学遗传学是一门真正的新科学。它的基础是19世纪那位神父的创造性工作，而在他那个时代，他的研究还不为人知。20世纪，人们发展了他的研究，提出了现代遗传学。此外，这还是一门十分美丽澄澈、干净的科学，有简单明了的原理和具体结果。尽管我们已经知道某个特定个体的遗传模式的复杂性，但我们仍不知道遗传是如何起作用的。结合在一起的两条DNA长链——一条来自父体，一条来自母体——各自都含有成千上万条子链，我们现有的计算机都无法计算出它们的排列组合可能产生的各种情形。

遗传学是我们这个世纪知识的胜利之一。基因工程潜在可能产生的可怕怪物在我们这个世纪还没出现。我们将在最后一章谈到它们。

宇宙的大小

宇宙有多大？宇宙**看起来**有多大？2 000年前，当人们还认为月亮**看起来的大小**就是它的**实际大小**时，后一个问题是有意义的。恒星的范围就是宇宙的"边界"。那个范围离地球有多远呢？离地球有一千弗隆吗？还是一百万弗隆呢？或许是一千亿弗隆呢？直到最近我们才意识到，这些答案都是毫无意义的。

一方面，没有所谓的恒星的范围。尽管星星会运转，但确实是地球在以几乎难以想象的不同方向和不同速度在转动。另一方面，宇宙实在是太大了，就算有

"边界"，我们也根本不可能看得到。如果真的有边界存在，它也实在是离我们太遥远了。

阿尔伯特·爱因斯坦认为，宇宙是有限但无边的。假如你能将一根直线无限延长，那么没有哪条线会是直线。至少从理论上讲，所有线自己都会弯曲，并且最终会回到起点。球体同样是"有限但无边的"。球体没有边界可言，也没有所谓的"终点"，因此是无边的，但假如你能将一个球体拿在手里的话，那么这个球体的大小则一定是有限的。或许，只有上帝才能一手将有限但无边的宇宙掌握。但是，那就意味着上帝的手一定要超过宇宙的边界，在现代物理学来说，这是不可能的。

无论如何，我们都身处宇宙的中间而不是居于宇宙之外，而当我们从自己的有利位置观察宇宙时，无论我们这个位置是不是接近宇宙的中央，无论从哪个方向看，宇宙都远远超过了我们目力所及的范围，而且也超过了我们目前能制造出的最大的望远镜的观察范围。总之，宇宙是非常非常大的。

星　系

宇宙在你看来有多大？在一个澄澈的秋夜走到户外，找到构成了天马座正方形的四颗星。从正方形的右下角往下看，那三颗星就好像是一个闪闪发光的风筝尾巴。而这三颗星中间的地带则是模糊不清的。就算借助双筒望远镜，你也不能清楚地看到一个发光点，因为这不是一颗星。它是仙女座大星云，是除了我们所知的银河系之外第一个被人类发现的星系——早在公元前964年，阿拉伯的天文学家就发现了它——而且，它还是在巨大的、孤独的宇宙中离我们最近的星系。

一台好的望远镜可以告诉我们，仙女座星云是由亿万颗星星组成的螺旋碟状星系。因此，我们现在知道了，它跟我们所在的星系十分相似，我们更愿意用十分浪漫的说法称呼它为"银河系"。同样是在这样一个澄澈的夜晚，你还能观察到天河，它同样是由无数星星组成螺旋碟状的星系，盘旋在银河系的中央。这个碟状星系的中央正好位于人马座的方向，离我们大约有三万光年的距离。一光年是指光一年能运动的距离，而光的速度是每秒186千英里，一光年则是5 878 000 000 000英里。

太阳这个中等大小的星球也是银河系的一部分，从银河系中央向外延伸。跟其他银河系的所有事物一样，太阳以及我们身处的地球都以某种速度环绕银河系的中心运动。地球的运动速度是大约每秒一百五十英里。

这个速度很快吗？的确很快。但是由于我们离银河系中心非常遥远，所以即便是以这样快的速度，我们要环绕银河系运转一周回到现在所在的位置，也差不多要用两亿年时间。事实上，我们永远也不会回到现在所在的位置，因为银河的中央以及银河系本身也在宇宙中不停地运动着。它盘旋着，处于永恒的变化之中，朝向那神秘莫测的未知命运不断前进着。银河系的边沿，也就是我们所在的位置是相对黑暗的，因为这里星星相对较少，相隔的距离也较大。我们可以想象一下，假如我们漫游到更远离银河系中心的地方，那里的星星更少，然后我们去到一个特定的地方——能够想象得到吗——在那里，我们正处于银河系的边缘，回过头去望向那或许远在五万光年之外的银河核，再换个方向，我们能看到的将是星系之间无尽的黑暗。

我们或许可以极目远眺，穿过无边的黑暗去寻找我们最近的邻居——仙女座大星云。或许，它看起来并不比我们从地球上看到的更明亮。它依然位于我们一百万光年之外的地方。假如我们能够想象自己离仙女座星云只有现在一半的距离，也就是身处银河系和仙女座星云的中间，那么我们或许就能体验到地球上永远无法体会到的黑暗，也许只有我们身处两英里深的煤矿底部才能感受到类似的黑暗存在。但是跟其他星系相比，我们的邻居仙女座离我们算是近的了。跟仙女座以及其他无数个星系一起，才能够称为银河系星系团。不同星系团之间的距离则是星系团内的星系之间的距离的成百上千倍。两个星系团中间则是真正的黑暗世界，这导致另一个非常糟糕的问题：上帝能找到我们在哪里吗？

地球的渺小

宇宙中有多少星系团呢？或许有数十亿个。我们能发现由星系团构成的星系团吗？或许能。这样广阔的距离有尽头吗？这个问题或许一点意义也没有。但是，至少我们知道，宇宙是非常、非常、非常之大的。

找什么来做参照物呢？当然是跟地球相比较，地球相比起来就非常、非常、非常之渺小了。与星系团相比，地球就好比太阳光柱下飞舞的一粒微尘，人类赋予了它并不具有的宏伟与壮丽，当然是相对而言的。相比起星系团，我们这个生活着50亿人的宽广、美丽的星球甚至还没有太阳系中游荡的一个电子大。

所有这些都是我们近来才知道的，这要感谢那些聪明睿智的天文学家和宇宙学家们。100年前，只有很少专业的天文学家对宇宙的大小有概念。今天，随着科学知识的发展，这已经成了常识。

有人认为，发现我们如此渺小、如此不重要，这让人感到沮丧。是不是越大块头就意味着越发重要呢？大象是不是比老鼠更重要呢？而且，这个重要不重要是对谁而言的呢？除了我们自己之外，难道还有其他评判者吗？照目前的情况来看，尽管地球在宇宙的秩序中是微不足道的，但我们能想象其他比地球这个家园更重要的其他东西吗？

大爆炸理论和太初原子

1927年，当阿尔伯特·爱因斯坦出席在加利福利亚洲威尔逊山天文台召开的会议时，比利时神父乔治·勒梅特（1894—1966）也参加了这个会议。作为一名引人注目的听众，他第一次提出了膨胀的宇宙起源于一次"原始原子"爆炸的理论。爱因斯坦听了马上站起来，使劲鼓掌。爱因斯坦说："这是我听过的关于宇宙起源最美妙、最让人满意的解释。"然后，他激动地冲上前去与勒梅特握手。

这一理论有很多决定性的证据支撑。最重要的一个证据源自一系列光谱观测。观测显示，我们能够观察到的所有事物都在离我们远去，而且离我们越远，运动的速度就越快。事实上，人类可观测到的边界是确定的，从距离和速度来说都是有限的；距我们非常遥远的物体以近乎光速的速度飞快地离我们越来越远。我们不可能再观察到任何以光速或超光速飞快逃离地球观测范围的物体，因为信息只能通过该物体发出的光以光速反馈到地球上，而该物体的光永远也无法回到地球上了。

除了一大堆各种各样的支撑理论之外，还有其他一些支撑大爆炸理论的论据，其中很大部分是由乔治·伽莫夫（1904—1968）提出的，他以过人的智慧和感性，将这一理论通俗地表述为"大爆炸理论"。伽莫夫写了一系列关于宇宙起源的大爆炸理论的通俗作品，并作了大量的基础理论思考和研究来支撑大爆炸理论。这一理论现在似乎已经变得无懈可击了。可惜没有哪个宇宙学家敢挑战它。

根据大爆炸理论，在大约一百亿到两百亿年前，宇宙从一个密度极大的原始状态开始迅速向外膨胀，这同时导致了原始宇宙密度和温度的迅速降低。膨胀的最初几秒钟对今天我们所看到的宇宙来说是至关重要的。物质对反物质的统计学优势似乎已经确立，许多不同的基本粒子已经产生，而且某些原子核已经形成了。这一理论允许我们预测一下，当时一定数量的氢、氦和锂元素（化学元素周期表的头三种元素）已经产生了。丰富的氢、氦、锂元素使得今天我们所看到的一切成为可能。大约100万年之后，宇宙表面冷却下来，最简单的原子开始成型，原子核在吸引周围电子雾中的电子。那时候，充满了原始宇宙的辐射变得可以自由移动，因此，在某种意义上这使得空间得以产生。1965年，A.彭齐亚斯和R.W.威尔逊第一次发现了这种宇宙微波背景辐射的存在。它被认为是早期宇宙的残留物。

随着宇宙膨胀得越来越大，更重的原子开始逐渐形成。这就是现在我们所知道的元素，最轻的原子最先产生，最重的原子最后才形成。然后才有了分子和分子团、气体云、星球、星系、星系团。然而，宇宙一直都在持续不断地膨胀。

宇宙的膨胀是在哪里发生的呢？在大爆炸之前，这些本初物质又在哪里呢？这个问题毫无意义。大爆炸理论是基于两个假设之上的，其中一个假设是无懈可击的，而另一个假设则是最神秘莫测的。第一个假设是爱因斯坦的广义相对论正确地描述了所有物质间的相互吸引力始终存在。我们很难否认这个事实或假设其他任何替代它的理论。

第二个假设被称为宇宙学原理，它提出宇宙没有中心也没有边界，因此，大爆炸并非在某个特定点发生的，而是在空间中同时发生的，而且这种爆炸现在仍在继续。事实上，这也就是说空间是随着宇宙的不断膨胀而出现的。宇宙之外别无他物。现在宇宙之外也没有任何东西存在。

在大爆炸之前，时间存在吗？这个问题同样没有意义，因为宇宙的空间-时间连续体决定了时间是随着空间的产生而产生的。的确，时间是以宇宙的膨胀来进行衡量的。在很早之前，宇宙比现在更小；在现在以后，宇宙会变得更大。因此，我们也不可能推测膨胀之前的宇宙原始物质的构成状况。无论它是一种什么状态，都绝对是一直超出我们知识范围的状态。

宇宙会停止膨胀吗？有一些问题需要回答。这取决于作为整体的宇宙中到底有多少物质存在。假如宇宙所含物质总量比临界量要大的话，那么最终宇宙会受到自身总重力的拖拽，从而停止膨胀，甚至开始崩溃，就像一个被橡皮绳拴着的球一样，最终会回到抛球者的手中。假如宇宙的物质总量比临界量小，那么宇宙就会一直膨胀下去，每样物体之间的距离都会越来越大，直到所有物体（因为宇宙的物质总量是有限的）相互之间都无限远为止。因此，在某个时刻，无论处于哪个观测位置，宇宙都将会变得彻底黑暗，因为其他任何东西都离这个观测点有无限远的距离。

到目前为止，有证据证明宇宙的物质总量要比可以让宇宙崩溃的临界量小得多。而目前可以观测到的物质总量只有临界量的2%。有的天文学家十分害怕宇宙最后会陷入彻底的黑暗，他们一直希望还有很多的物质还没有被我们观察到。但是，一场终极大崩溃难道比彻底的黑暗更好吗？

活着的人根本不用担心。这些可能是注定的结果都不会在几十亿乘以几十亿年内发生。

正如我所说，大爆炸理论有无数决定性的理论支撑着它。我们再怀疑它的正确性是不对的。所有宇宙学家以及其他足够了解大爆炸理论的科学家们都接受了这一理论。而它依然让人困扰，不是吗？

就连这样说也是不太合适的。但是，这一理论似乎真的有些不对劲，还有些武断。你怎么可能不问一下"大爆炸"之前的时间是怎样的呢？你怎么可能不好奇"大爆炸"是在**哪里**发生的呢？更重要的是，"大爆炸"为什么会发生呢？假如"大爆炸"是一次事件，它必然有其原因。但是，如果它的确有原因的话，那么原因一定是在"大爆炸"之前就存在的。这原因是在时间之内呢，还是在时间之外呢？无论如何，我们都面临各种两难境界，对我们这样可怜的、劳累过度的、再平凡不过的头脑来说实在是无法接受这样的局面。

海森堡的不确定性原理

爱因斯坦因为勒梅特那个独创的、相当原始的理论版本而感到欢欣鼓舞。长时间以来，他长期将自己与他的同事们隔绝开来。他不喜欢他们发现的或是他们自认为发现的事物。

在爱因斯坦的帮助下，我们创造了量子力学这一全新的宇宙力学系统，从终极意义上讲，这也算得上机缘巧合。跟先辈牛顿不同，量子力学家发现自己需要接受一个位于核心地位的不可预测的基本要素。德国物理学家维尔纳·海森堡（1901—1976）是第一个说明这种最基本的不确定性原理的人，因此不确定性原理以他的名字命名。海森堡不确定性原理提出，我们不能同时准确地测出任何一个物体的坐标和速度。尽管测量工具无论如何都不可能是绝对精确的，但这种不确定性不是由于我们的测量工具有缺陷，而是由于自然的、物质本身的原因。

只有针对一些极小的物质而言，例如原子和基本粒子，不确定性才是重要的。牛顿力学依然对大型事物有效，例如人或星球。要测量一个极小的东西的话，例如要测量一个电子的速度，就会改变其所在的位置，从而导致无法准确测量其位置，就算从理论上说也会是这样的。在对其他事物的共轭观测中也存在不确定性的现象，而且绝大多数都容易出现在对能量和时间的共轭观测中。比如说，假设你试图准确地测量一个不稳定的原子核产生的辐射量，那么在原子核从不稳定状态逐步向稳定状态的转变过程中始终存在着不确定性。

不确定性原理并没有让海森堡感到困扰，但却给爱因斯坦带来了极大的麻烦。就像他常说的："上帝是微妙的，但他并没有恶意。"正如自然事物中根本不可知的状态是不得不如此的一样。爱因斯坦用他生命中最后的岁月徒劳无功地试图推翻海森堡的理论。爱因斯坦最终的失败让他的朋友们感到沮丧。他的其中一位朋友、物理学家马克斯·玻恩说道："我们很多人都认为这是个悲剧，对爱因斯坦来说，他一个人孤单地在自己的道路上摸索前行；对我们来说，我们深深地怀念我们的领头人和旗手。"

　　我想知道，为什么爱因斯坦不像反对不确定性原理那样反对大爆炸理论？在我看来，这两个理论都没有暗示上帝是无恶意的。我有时也想，除非史前大爆炸所带来的原子、星系和我们的存在是一个笑话，难不成我们人类只不过是一些巨大到不可思议的焰火表演产生的废品吗？然而，当观众们的惊呼消失在空中，观众纷纷离场时，我们以及我们所知的其他一切事物难道就这样消散在那寒冷无比、广漠无边的宇宙中了吗？

　　现在真正最紧要的不是神学，而是所有科学最本质、最基础的假设。我们有理由再次提到泰勒斯最原始的假设，也就是说外部世界与人的内在思维和想象是相通的，因此世界是可以为人的智慧所认知的。有如此多的理由可以让我们相信，不确定性原理是正确的，从广岛上空原子弹爆炸产生的蘑菇云到遗传工程的创作，怀疑人类的理性更容易让我们陷入疯狂。但是，宇宙大爆炸理论又让我们怀疑我们理解事物本质核心的能力。我们可以用美丽的数学细节来描述事件，但我们能理解它吗？这有任何意义吗？如果没有意义，那么说到底，宇宙又有什么意义呢？

知识的不确定性

　　海森堡不确定性原理揭示了一个关于人类知识或者说人类的求知努力中让人不安的事实。这一原理的作用只是在20世纪20年代，量子物理学家开始研究原子内部和原子核的时候才变得十分明显。微观世界是极其微小的，而微观世界内部的东西——电子和其他粒子——则更小。随着研究的深入，人们开始发现，任何试图准确地、彻底地知晓微观世界的运作机制的努力都没有获得成功。

　　从某种意义来讲，这就好比是想用你的大拇指尖来研究一块精致的瑞士手表一样。没有谁的拇指可以细到或者说可以足够灵活到不碰到手表内部复杂而繁多的零部件。此外，你的拇指本身就会挡道：它会遮住你看向手表内部的视线。就算你的手指可以做到毫发无损地处理手表内部的所有工作，你也没法看到你正在做的是什么。

　　正如海森堡和他的同事发现的，对微观世界的研究情况甚至比用拇指来修理手表更糟糕。数学表明，不确定性不仅是偶然的，而且由于原子内部和所有研究工具之间尺寸的巨大不匹配，无论工具有多小，都无法满足研究的需要。不确定性是自然的本质属性。它始终存在，人们根本无法逃避。我们可以用一个公式来表达。比如说，测试出的坐标和速度，或者坐标和动量之间的不确定性产物总是比极小的物理量要大得多。

在我们生活的宏观世界里，这种极小的物理量意味着不确定性是无关紧要的。不仅是因为它不能用任何工具加以测量，还因为在实践中也是毫无差别的。虽然海森堡不确定性原理可以确定我们所有的计算都不可能是完全正确的，但我们仍能够相当自信地将人造卫星送入一亿英里之外的太空轨道，绝不会偏离最终的目的地。人造卫星或许不能准确地到达目的地的核心，但还是可以十分接近靶心。

此外，想到没有任何精确无误的事让人十分烦躁。我们宁愿相信，当我们做到最好的时候，当我们尽可能精确地进行计算的时候，结果将会是完全可以预期的。根据海森堡不确定性原理，这种事永远不会发生。试图绝对精确地认知任何物理现象从本质上和根本上是侵入性的。在任何情境下，只要我试图知道事情的真相，我们的拇指就会横亘在视线之内。

不确定性原理所表述的事实日渐为人们所接受，首先是量子物理学家，其次是其他物理学家和科学家，最终公众也接受了这一理论，人们的思维也随之变得越发混乱。人们开始意识到，知识常常或多或少具有侵入性。我们可以想出无数个案例。

我们能通过解剖学会动物解剖学。活体解剖甚至能提供更多信息，因为当我们打开动物胸腔时，或许我们还能看到心脏依然在跳动，尽管很快这动物就会死去，心脏会停止跳动。但是，这种研究步骤明显是具有侵入性的。人们获得了知识，动物却失去了生命。

虽然希特勒的医生曾在达豪集中营和奥斯维辛集中营实施过人类活体解剖，但现在习俗和法律都禁止对人实行活体解剖。我们必须满足于解剖死者的遗体。我们仍可以从中获得较少的知识，但是这种研究步骤仍是侵入性的，因为就算被解剖的对象已经死亡了，但这样做还是会对遗体造成破坏。

同样的破坏性侵入在植物实验中也很常见，特别是进入细胞和细胞内实验时更是如此。实验的层次越细微，侵入性就越大。在某个时候，实验工具最终就像我们的手指一样会变成一种干扰。在某个时候，我们会再也看不到实验对象，因此也不能弄懂我们正在试着发现的到底是什么。

让我们承认，不确定性原理适用于整个自然界，从大象到细胞原子核，从星系到粒子概莫能外。我们试图探索的另一个世界又如何呢？那就是人类世界，人的灵魂（心理）和他的社会（社会、经济、政治科学）。

思虑再三，你会发现，在这些领域同样具有相当的不确定性。任何试图研究人类思维内部构造的做法都会受到干扰，或许被思维本身弄得徒劳无功，思维可不会视这种侵入性研究是善意的。随之而来的怀疑会扭曲研究结果。而且显然我们没有任何方法可以绝对客观地对人类群体进行研究。研究者总会对研究过程产生干扰，无论他多么努力，都不可能将自己的影响从研究中彻底抹去。

有一种有趣而典型的20世纪策略可以有效地控制住在社会学和经济学等科学研究中的失真和不确定性。假设有这样一队人，你想要问他们一个问题，一开始你就得确认人数足够多，以便那些不可避免的不确定性可以被排除在外。统计学就是指导我们这么做的。它告诉我们，要求得科学研究结果的确定性，我们需要选取多少人充作样本才能得到这样的结果，并获得相当的准确性。这样获得的知识在指定范围内是可靠的。唯一需要记住的是，这个结果并不准确。它没有正中靶心，但也绝不会错失其目的。

对许多实践工作来说，这就已经很不错了。但从另外一个角度来说则是让人极度不舒服的。跟量子力学类似，在很多其他科学研究领域都发现了不确定性，人们不可避免地开始质疑知识本身。有没有任何领域的知识是绝对确定且正确的呢？或者说，是不是所有的知识都无一例外地受到不确定性的干扰，缩减到依赖统计方法和保障之内，并被迫接受那种永远不能正中靶心的可能呢？

有一个最让人困扰的问题是我们这个不确定的世界必须面对的，即便数学领域也不例外，数个世纪以来它都曾是确定性的堡垒。1930年代早期，奥地利数学家库尔特·哥德尔（1906—1978）证明在任何逻辑系统内部，无论是如何严谨地建构起来的论证，总会有无法回答的关于确定性的问题，其中包含有矛盾冲突，甚至还可能隐含着错误。因此，在20世纪即将结束时，结论也变得清晰起来：知识从来都不可能是百分之百确定的。知识始终具有侵入性。无论我们多么努力，我们全力做出的每种努力都会像我们的拇指一样，成为我们的阻碍。

这对知识的进步意味着什么呢？知识难道在我们这个时代就此终结了吗？人类的伟大探险难道就此结束了吗？

似乎并非如此。首先，除了在微观世界任何已知的努力都被证实为一种根本上的侵入之外，统计方法保证我们的知识在一般情况下可以尽可能准确，即是说，可以满足任何特定任务对准确性的要求，例如向木星发射卫星。因此，知识需要牛顿发明的微积分方法，运用这一方法，他推翻了欧几里得几何学，而欧氏几何已经不能满足描述"世界体系"的需要了。没有哪个微分方程可以高度精确地解决所有问题，但人们已经接受了。这并不重要，因为它始终可以，或者说绝大部分时候可以将问题解决得很好。

其次，人们发现了人类的知识并不是也**从来不是**高度准确的这一事实或许对现代人来说是非常震撼的，也可能还有镇静作用。正如我们所知，直到19世纪人们还相信，无论是作为整体还是部分，世界都是可以被人类彻底认识的。现在我们已经意识到这是不可能的，而且永远也不可能。我们所知的总是有限的，而不会是绝对的，即便这限度常常会为了满足我们的需要而不断地挑战。

奇怪的是，从这个新的不确定性出发，人们却萌发了更大的目标，而且似乎很有可能得以实现。就算我们不能在最大精确程度上认识世界，我们依然可以控制世界。就算我们内在不足的知识似乎也能一如既往地强大。简言之，我们或许永远不知道最高的山峰的准确高度，但是我们还是可以肯定，我们总是可以爬上山顶的。

巨大的一步

1969年7月16日，尼尔·阿姆斯特朗、埃德温·奥尔德林、迈克尔·科林斯这三位勇敢的年轻人乘着阿波罗11号，从卡纳维拉尔角飞向月球。在经历了一段长达25万英里的平安旅程后，他们于7月20日抵达了月球。科林斯留在太空船里，阿姆斯特朗和奥尔德林走出"鹰"号登月舱去到月球表面。宇航员们踏上了月球表面"宁静之海"地区的边界。阿姆斯特朗是第一个踏上地球之外星球的人。他通过世界范围的广播连线说："这是个人的一小步，却是人类的一大步。"奥尔德林紧随他走下了登月舱，他们二人在月球上度过了一天一夜。

在北美，夜空非常澄澈，月亮是如此明亮，接近满月。我并不感到孤独，因为我身处繁华而热闹的美国城市，但我却能感受到月球上的两个人有多孤独。阿姆斯特朗和奥尔德林，穿着笨重的宇航服，在那个没有任何其他生物存在的星球上过了一天一夜。科林斯乘坐着阿波罗号正在他们上空盘旋。他们能够重新跟他聚首重回地球吗？在他们周围是行星际空间的无尽黑暗。（当然，这种黑暗不能与星际空间的黑暗相比，在星际空间的天空没有太阳光；也不能跟星系际空间更深的黑暗相提并论，在那里根本看不到任何星星。）

这项任务完成得非常顺利。阿姆斯特朗和奥尔德林回到了航天运载飞船上。7月24日，阿波罗11号载着它最为宝贵的乘客——勇敢的宇航员和月球标本石——降落在太平洋上。但是，在一段时间内他们必须与地球上其他东西隔离起来。

现在我们知道——这是我们在20世纪掌握的另一项非常重要的知识——我们孤独地生存在太阳系。除我们之外，太阳系再没有其他生物，更不用说智能生命。我们现在必须怀疑我们是否是银河系乃至宇宙中唯一的智能生命。我们地球或许是而且很可能一直会是唯一的有生命的星球。没有什么航天飞船在我们的上空盘旋，我们不能到上面去，也不能在需要帮助时向它求助。或许，其他地方都没有任何比我们更强大的生物，可以引导我们完成我们的旅程。我们现在和将来能够做的唯一的事情就是依靠我们自己。

我们这个时代的空想主义者曾用一个简单的图景表达了关于我们的世界在太空中如此孤独这一美丽但让人心碎的新知识。第一批宇航员从太空拍摄的地球的照片告诉我们，地球是如此壮丽，上面有深蓝色的海洋、绿褐色的大陆和漂浮着的白云。对我来说，那幅图最好地表现了地球，相比起阿波罗11号，地球是如此巨大；而在无尽的宇宙里又如此渺小。照片上地球的阴面，表示的是地球上城市所在地方成千上万闪烁的灯光，强化了飞船的影子，显示飞船正在航线上航行。

太空船地球，带着人类和他们的保护壳，带着动物、植物以及其他一切生物，勇敢地航行在空洞的宇宙中，向着一个无人知道的目标前进。而太空船地球或许永远也不能到达它的目的地，因为上面已经装载了太多足以摧毁地球的核武器，而人们没有办法控制不使用它。

绿色革命

我们已经知道，太空船地球是如此孤独和脆弱，除此之外，一种新的国际运动日渐兴起，那就是环保主义，又叫作环境主义。这一运动的论坛在很多国家形成了政党，它宣称：环保主义支持所有对地球有益的事，反对一切对地球不利的事。现在，这一运动所反对的已经超过了它所支持的，因为众所周知，除了人类对自己拥有的潜在的最危险的武器的漫不经心之外，地球还处于其他危险之中。

跟政治运动和道德运动一样，环保主义（或生态学）涉及我们关于世界的总体知识。目前，我们似乎发现这个世界是如此惊人地脆弱。

几千年来，人们把大地、海洋和大气看作根本不可能毁灭的。在这个知识丰富多产的最近一个世纪里，我们已经知道这个观点是错误的。或许事情并不像某些环保主义者所说的那么严重，人类的每一个举动都会对环境产生某种后果。但是，可以确定的是，我们过去的一些举动真的对环境产生了重要影响，而且将会继续产生影响。就算我们不是注定要毁掉我们这个太空飞船家园，我们也在改变着它——而且常常不是向着好的方向改变。

1969年，托尔·海尔达尔（1914— ）乘坐着埃及芦苇船太阳神号横跨了大西洋。后来他描述道，海上到处都是垃圾。他怀疑，整个海洋是不是都被人们随意抛洒的废物和垃圾污染了。地球上的海洋都是相通的，形成了一个完整的生态系统。在一个地方丢弃的废物或许能污染地球上所有的水。现在，无数鱼类已经遭到严重破坏或是大量减少，很多海滩不再适宜人们享用。数个世纪以来，人们一直既热爱又害怕那巨大而美丽的海洋，但今后，作为已经存在三十多亿年的海洋或许不再是一个活生生的有机体了。

我们头顶的空气也是一个生态系统。如果可能，它甚至比海洋还要脆弱。我们把不能扔到海里的东西焚烧。虽然，焚烧并不会破坏任何东西（火只会把被燃烧物转化为其他东西）。但是，空气里每天都充满了废弃物燃烧后产生的烟尘和有毒气体。目前，地球上很多地方的空气已经变得对很多生物有害了，例如树木和其他植物。我们不知道，呼吸这些有毒空气对我们人类来说有多危险。在某个地方燃烧化石燃料后产生的酸雨在几天后会降落在另一个地方，杀死当地的树木，污染湖泊，毁掉那地方的美丽与富饶。每当我们踩上汽车油门时，就是在向空气中释放更多毒气，使成百上千英里外的孩子的生活环境更加恶化。而且，地球上的每台空调和冰箱释放的气体都会吞噬大气上空的臭氧层，而臭氧层有保护我们不受致命的太阳光伤害的重要作用。

陆地温室

或许，我们持续不断地焚烧，特别是燃烧石化燃料的最坏结果，就是不断地向大气释放具有温室效应的二氧化碳——一种绿色植物可以"呼吸"的无色无味气体。地球上已经没有足够多的植物可以把人类释放出的二氧化碳转化为它们呼吸的代谢物——对人们来说必须吸入的、十分宝贵的氧气——因此，大气中的二氧化碳含量在不断增长。

对我们来说，二氧化碳有一种既有趣又重要的功能。它将太阳的光和热吸附在近地球表面。太阳的光线穿过大气直射到地球表面，但有的辐射不会反弹，重新离开大气层。它们就停留在了二氧化碳层之下。这个现象被称为温室效应，因此我们认为地球是一个气温适宜的世界。

火星与金星这两个离我们最近的行星，跟地球的大小都差不多。但是，这两个星球上都没有生命存在。火星上的大气层太薄，没有足够的二氧化碳吸附住太阳的热量。假如火星上有生命存在，或许早在远古时代就已经被冻死了。与之相反，金星大气层的二氧化碳则太多了。投射到金星上的绝大部分太阳光都被吸附在二氧化碳层下面，因此正午时分金星的表面温度会达到上千摄氏度。地球表面的二氧化碳比例正好适合生命的生长。这是一个让人欣慰的事实。

但是，在不久的将来，这种状况或许会发生变化。一个多世纪以来，石化燃料的燃烧一直在不断增加，因此大气中的二氧化碳含量也在不断增加。多余的二氧化碳已经打破了长久以来让我们所在的地球成为天堂的平衡。目前，地球的平均气温似乎正在一点一点升高。或许在今后的几十年、一百年里，平均气温的增长速度还会加快。如果这是事实，美国东南部和中西部就会变成荒漠。加拿大就会变成美国中西部现在的样子，成为世界的主要产粮区。温室效应或许势不可挡。就算今天我们不再燃烧任何石化燃料，或许我们也没法阻止它，更何况我们不可能停止燃烧石化燃料。沙漠可能会逐步向北推进，即便不太快的话，它也会一年一年蚕食现在富饶的土地。

而且，地球上的人口数量一直在不断增长，他们需要燃烧越来越多的石化燃料让自己过得丰饶、舒服和多产。①

地球上的土地也并不是坚不可摧的。土地也可能被污染，进而变得更糟糕。我们或许想要把废弃物、核废料和其他有毒的化学品埋起来，但是就像从坟墓里突然冲出的愤怒拳头一样，恐怖的事情再次出现了。土地变得不适合人居，水不能饮用，土地被混凝土和沥青覆盖，新的风沙侵蚀区不断增加，不断窃取着曾经支撑了比现在更少的人口富饶生活的领地。

最好的结果是，我们对这些现象的新知识会迫使我们削减自己的欲望，限制自己的梦想。我们憎恨着知识，更想要否认它的存在。我们还知道，这是我们长期生存下去唯一的希望所在。当有人不太喜欢我们的环保主义时，我们知道，为了我们这艘巨大的太空船——地球继续成功地航行，我们必须依靠他们。

数字计算机和知识

让我们用一种新的方式来谈论计算机，可以说清楚这个20世纪最伟大的发明是如何自然地融入知识进步史的。

我们必须弄清楚一个重要的区别：模拟计算机和数字计算机的区别。大概来说，这区别类似于测量与计算之间的区别。

---

① 最新的科学研究已经提出了一些关于地球温室效应的紧急程度最严峻的预测。著名的科学家说，地球似乎并没有那么快变暖，目前人们还没有什么紧急状况。不过，温室效应最终会对世界平均气温产生重要影响。

模拟计算机是用于测量（响应）不断变化的输入信息的测量工具。一支温度计就是一个简单的模拟计算机。一个车速里程表则更复杂一些。它的输出设备，即那根在一定范围内上下移动的指针，响应于，也就是测量出跟驱动相连接的发电机不断变化的输出电压。更多的复杂的模拟计算机整合一系列不同的输入变量，例如，温度、流体流量以及压力等。在这种情况下，计算机可以用于控制化工厂的生产步骤。

用来解决系统中不断变化的输入信息的数学工具是一个微分方程。模拟计算机是机器，其中有的极其复杂，而有的又简单得惊人，例如一个普通的窗外温度计，也是按照解决微分方程来设计的。

人脑或许也是一台模拟计算机，或者类似一台模拟计算机。感官感知并测量从外部世界不断进入的持续变化的数据，大脑处理这些同时产生的信号，并对肌肉发出指令。大脑能同时处理大量微分方程，即所谓"实时"处理，也就是说在情况变化的同时就处理了相关信息。到目前为止，没有哪台人类制造的模拟计算机能够像人脑那样可以同时处理如此不同的输入信息。

所有人造模拟计算机都有一个严重的缺陷：它们的测量都不够准确。化工厂里的混合试剂是以几种不同的方式迅速变化的：它会变热或变冷；压力会增大或减小；流速会加快或减慢。所有变化都会影响最终的产品，而且每个变化都要求计算机在生产步骤中做出细微的调整。因此，用来测量变化的设备至关重要。它们必须能迅速记录下变化，并将不断变化的信息传送到中央处理器。测量中一点微小的差错都会导致结果的彻底不准确。

精确测量的难度不在于测量设备内在固有的能力不足，而在于设备必须持续不断地记录变幻无常的数据。结果，仪表的读数始终多少有点不准确。在什么时刻能精确地记录100 ℃这个温度呢？是不是与此同时另一台设备可以记录下压强是1 000磅/平方米呢？如此种种。而当非常小的不精确被放大后，正如一定会如此，结果可能是千分之几的误差，就算是最好的模拟过程控制器也会出现这样的误差。

数字计算机则没有这样的缺陷。数字计算机是用于计算数字而不是测量现象的机器。从接收到的最小值到最大值的模拟信号都是持续不断的有效分析。而数字信号则只有一些不连续的有效分析。通常，有效分析的数据有两个：0或1，关或开，黑或白。因此，数字信号始终是清晰的，从来不会含混不清，计算也能得出精确的结果。

虽然是用十进制系统，或是用文字、图片、声音以及其他任何你想要的方式来输出信息，但数字计算机是采用二进制数位系统来处理信息的。在二进制系统中只有两个数字，1和0。数字零用0表示，1则用1表示，2用10表示，3用11表示，4用100表示（意思是二的平方，或10^{10}），5用101表示，8用1000表示，16用10000表示。如此这般。

数字迅速变大，即便是很小的数字（十进制系统）的增加也会产生一大串数字（二进制系统）。但这没有什么问题，因为数字计算机的运算速度是极快的。一个价值十美元的手持式计算器可以计算出两三位数的数字（十进制系统）的乘法，在不到一秒的时间内用十进制给出计算结果。当你盯着那小小的闪光信号灯时，似乎在你输入要计算的最后一个数字和计算器给出答案之间一点延迟都没有。

由于二进制系统的数字要比数字系统数字长得多，所以计算机必须完成一大堆不同的差分运算来得出你要的答案，或许在一次计算中就要做上千次差分运算。但是，就算是这样一个小小的、廉价的计算器每秒钟都能做五万次乃至更多次运算。超级计算机每秒钟则能做十亿次甚至万亿次计算。显然，你的小小计算对它们来说简直是小菜一碟。

不过，还是有一个问题。我们说过，模拟计算机测量、数字计算机计算。计算跟测量有什么关系呢？如果一个模拟设备不能准确地测量一个连续变化的自然现象的话，它怎么能在只能给出二分之一的结果的那个点上显著地减少数字信号的自由度呢？

这个问题非常古老。当古希腊数学家想要找到可公约的和不可公约的之间共同的、数字的单位时，他们也为这个问题烦扰不已，最终不得不干脆把数学全部都放弃了。笛卡尔同样错误地认为，当他发明了解析几何时就已经解决了这个问题，因此可以对物理的实体、地点和关系进行精确命名。正如我们所知，牛顿知道笛卡尔并没有解决这个难题的最核心部分，也就是说，他的解析几何对处理移动的事物和变化的关系毫无帮助。牛顿发明了微积分来处理此类变化，而结果就是产生了一个世界数学体系，正如他所知的，有着惊人的准确性。

在发明微积分时，牛顿很好地应用了笛卡尔在其50年前提出的原理：当一个问题看起来太大、太复杂时，将它分解为许多小问题，并分别解决之。这就是微积分的工作原理。它将一个变化或运动分解为无数个阶梯，每一步都非常小，然后一步一步地爬上阶梯。一条曲线所分解成的阶梯数目越多，阶梯连接起来的形状就越接近曲线，正如下图所示。

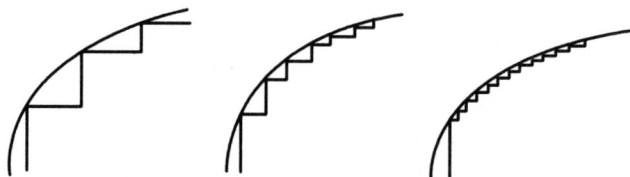

如果你能想象阶梯的数目接近无限多（当然，永远也做不到分割成无限多），那么阶梯连成的线就可以想象为无限接近真实的、连续的曲线。因此，一个积分方程或微分方程的答案**永远不可能是绝对精确的**，但却可以根据你的需要尽可能精确，也就是说，至少可以在你能控制的所有变量范围内做到最精确。

这是一个非数学家常常不明白的重要数学理念。在应对物理世界时，数学放弃了在数学领域最擅长的绝对精确，例如，在初等几何证明中，圆是指绝对的正圆，线是指绝对的直线。现实则始终有一些轻微的不确定性。因此，我们的测量也绝不可能是精准的，而数学要处理的也正是我们用数字表达出来的测量结果。

根据上面所述的原则，微积分的美在于它自身的精确度是可以依照测量的精确度进行调整的。假如测量的数据是大略的，那么计算也可以是大略的，也就是说，曲线内每个阶梯的尺寸可以相对放大，只要不影响解决问题的整体准确性就可以了。如果测量值更精确，那么计算也可以做相应的调整，通过增加计算的"阶梯数"（阶梯也变得更小）来减小精度的损失。

例如，我们可以把一个音乐信号分解成一系列数字输入信号储存在一张磁盘上，然后再用激光唱片机、扩音器和一对喇叭将其转换成声音。

分解后的声音是由声音原始源（例如小提琴或是声带发出的声音）发射出的振幅信号转换而成的一系列测量值，按照非常精密的程序排列而成的。测量值之间的间距越近，也就是说，在模拟数字上的阶梯越小、距离越近，那个持续变化的声音信号的图形就越准确。

从理论上讲，信号的数字版本可以按你的需要做得尽可能精确，昂贵的设备可以让信号做到非常精确。在实践中，人们所需要的精度只需要达到系统中设备的最高精确度就可以了，比如说，达到扩音器或喇叭的最高精度即可。我们没有必要制造出接近完美的声音信号，却只能用一个烂喇叭来播放它。

可以调整精确度是牛顿的微积分能够在宏观世界如此有效的原因。微积分本身始终具有一定的不准确性，当你在处理微观世界的原子、原子核和核粒子时，这种固有的不准确性就会造成一定的麻烦。因此，要用微积分解决微观世界的问题是不大可能的。

图灵机

数字计算机就类似于微积分，它能将一个问题分解为你所需要的小片段，也就是说，它能将任何一个连续的信号转换成你想要的那么多个离散输入信号，每个信号都能通过计算机绝对精确地处理，因为这些信号要么是0，要么是1，绝对不会出现含混不清的情况。但是，这种问题处理的步骤会不会像微积分应用于宏观世界时那样具有内在的不准确性呢？

当英国数学家阿兰·图灵（1912—1954）还是个学生的时候，他就从理论上给出了答案。图灵出生在伦敦，在剑桥大学国王学院学习数理逻辑。1935年，他撰写的《论数字计算》一文被认为是20世纪最杰出的计算机科学家当中最杰出的贡献。

论文在1937年被发表。文中提出，可以设计一台通用计算机，也就是现在所说的图灵机，代替单独的机器，用来解决所有问题。这种通用计算机的概念成为后来几十年数字计算机发展的基础。

更重要的是，图灵的论文提出，从理论上讲数字计算机可以完成**任何**模拟计算机可以完成的任务。从另一个角度来证明他的观点：论文证明，图灵机（数字计算机）可以设计得其计算结果跟人脑（模拟计算机）计算结果没什么区别。因此，图灵既是现代数字计算的奠基人，又是今天我们所说的人工智能的开创者。

理论上的设计是一回事，要建造这样一台机器则是另一回事。尽管图灵的天才理论已经得到证明，但绝大多数计算机科学家都不相信一台机器真的能像人一样工作，即能够思考、对感觉输入信号有知觉体验反映、可以根据变量而不仅是根据表面现象做出直觉决策、建立一种情形或关系的历史性思维。我认为图灵的观点提出的挑战在20世纪是无法完成的。因此，我将在最后一章再次提到他的想法。

数字计算机都是图灵机，首先在20世纪中期被广泛应用。到20世纪60年代末，数字计算机仍然十分庞大、笨重、计算速度慢而且相当昂贵。20世纪60年代的第二代计算机用晶体管代替了电子管，开始了计算机革命，为生活在今天的绝大多数人开辟了一个新的世界。

20世纪70年代第三代计算机开始使用集成电路，在一张芯片上集合了成百上千的晶体管和其他设备，而集中在一张芯片上的所谓计算机让微型计算机和"智能"终端机成为可能。

20世纪80年代第四代计算机得益于体积的极度减小，以及芯片的紧凑性大大增加，因此"超大规模集成电路"（VLSI）可以在一张不到四分之一平方英寸的芯片上集中数百万部件。20世纪90年代早期，这种既廉价又强大的新技术一方面使得"个人"计算机（PCs）成为可能，另一方面又能够造出每分钟可以运算上万亿次的非常强大的"超级计算机"。

通过应用所谓并行处理技术，第五代计算机有望在人工智能方面有更大进步。并行处理是指同时进行许多不同的操作：记忆、逻辑分析、控制等。人脑就是这样并行处理而不是依序处理事务的，而依序处理则是20世纪80年代末第四代计算机依然沿用的处理模式。

技术依赖

今天，距第一代实用计算机发明不到50年的时间，计算机已经渗透到所有发达国家个人生活的方方面面了，毫不夸张地说，我们已经离不开计算机了。专家认为，核战争的最大危险将可能是破坏计算机网络的电力供应，结果会导致所有交流系统和信息系统瘫痪。人们不仅不能打电话，或是不能听收音机看电视，而且除了你口袋里或床垫下可能还有点现金之外，你在银行里的钱也没有了。今天，绝大部分金钱交易都是用电子资金转账（EFTs），而事实上所有的财物记录都是储存在计算机里而不是用纸张来记录的了。

假设一下，如果不仅是你，而是每个人都不再有支票户头或储蓄账户，也没有投资，没有应付账款了，将会是怎样的情形。所有商品和绝大多数服务的生产、分配和会计系统都无法正常运转，而我们很可能马上就得回到黑暗时代的生活中去。除此之外，我们的生活情形可能比7世纪中期欧洲最穷的农民还要悲惨，而且，跟他们相比，我们或许还没有过这种生活的任何经验，因此我们中的绝大多数人都可能活不下去。

对技术的依赖是20世纪的典型特征，就算是对数字计算机这种温和而普遍的技术也是十分依赖的。历数那些在过去的一百年里给人类带来了快乐、舒适、富有和安慰的东西，我们或许可以列出一份长长的清单。其中的绝大部分都是依靠汽油或电作为动力的。就算地球的电力和汽油还有一定的储备，但是，诸如新汽车、新冰箱、新电视等东西的无限供应也带来了一定的困扰，这意味着我们根本离不开这些东西，而且我们也不知道该如何修理它们。美国人曾经是一个心灵手巧的民族。现在已经变成了一个被动接受服务的民族，绝大多数美国人都拥有复杂的机器，而且根本不懂它的工作原理，也很少有人懂怎么修理它们。

每个50岁以上的人都还记得过去那个对技术的依赖还没有成为一般规则的时代。今天，依然有些怪人还坚持过那种只能维持生存状态的生活，这使他们几乎知道所有机器的工作原理，如何修理机器，特别是当很难找到零部件时该怎么办。或许他们绝不会再重要。1960年或1970年可能是一个划时代的时间，向前可以绵延到迷雾般的过去，那时候绝大多数人知道在紧急情况下该如何照顾好自己，而在那以后，只有很少的人还有这种能力了。

医药的胜利

20世纪取得进步的最辉煌的知识成就是对传染病的胜利。这项成就跟计算机的发明、种族歧视的废除和对太空船地球的认知一样伟大。不幸的是，近年来，这种胜利却产生了悲剧性的后果。

从20世纪初开始直到20世纪50年代，诸如白喉、百日咳等儿童传染病仍然是可怕的杀手。在此后的许多年里，医生都没能认出这是些什么病。这些病非常罕见。

斑疹伤寒症和伤寒症会导致同样的症状。脊髓灰质炎则会导致儿童和青少年残疾，肺结核会破坏年轻人的身体健康，这些疾病都被人们研究明白并攻克了。除了"医院获得性肺炎"这种在敌人大本营的核心传染的疾病，肺炎也是可治愈的了。或许，现在唯一还具有高度抗药性的传染疾病就是普通感冒。但是，普通感冒虽然烦人，但很少致人死亡。

我们这个时代最具戏剧性的医药胜利之一是对天花的胜利。数个世纪以来，这种可怕的疾病杀死了数百万人，还让无数人的面目变得扭曲可憎。18世纪发明的牛痘大大降低了天花病毒的毒性，但直到1967年，在世界范围内每年仍有两百万人死于天花。

20世纪60年代，当可以对抗所有类型的临床天花病毒传染时，世界卫生组织决定在全世界范围内根除天花。世界卫生组织的项目所耗费的资金、涉及的范围都是极大的，要找到所有受感染的人，并及时给他们接种疫苗，如此才能及时阻止疫病的传播。到1977年，仅仅在这一项目开展十年之后，世界再也没有报道任何一例新的病例。1978年、1979年、1980年，除了两例因实验室病毒源感染的病例外，也没有其他病例发生。1980年，世界卫生组织宣布天花这种疾病已经被彻底根除了。事实上，天花病毒已经在自然环境下被灭绝了。这种病症显然已经灭绝了，没有人会为之哀伤。

除了传染病，人类还受到其他疾病的困扰。其他一些疾病可以用抗生素治疗，而传染病则可以通过接种疫苗的方式加以预防。20世纪医药的胜利带来的结果之一就是人类平均期望寿命的迅速提高。但是，人总是会因为某些原因去世；人类还没有获得永生。假如现在人们不会死于肺结核，他们后来也会死于心脏病或是癌症。结果，心脏病和癌症又变成了人类苦难的新根源。

这些疾病的确是人的苦难。但是，在25岁时死于脊髓灰质炎、肺炎或肺结核，与75岁时死于心脏病、中风或癌症还是有区别的。这50年的时间就是20世纪的科学研究者们送给我们的礼物。疾病不仅是医药研究的主题，在某种情况下还是医药研究的伟大胜利。如果生物技术的第一次革命带来的是牛痘、抗生素和新药物，那么第二次生物技术革命带来的奇迹就是人工髋关节、心脏起搏器、肾脏和心脏移植手术以及诸如此类的成就。在医药卫生领域，人类也取得了举世瞩目的成就。

假如一个孩子失去了手臂或手掌，这是很糟糕的事。但是，假如他或她能够安上舒适且实用的义肢，能够拥有天生的手臂或手能完成的绝大部分功能的话，就是一件再好不过的事了，现在我们的确能做到了。

无数人的胸腔内植入了心脏起搏器来控制心律失常，他们都活得好好的，可以自由地在大街上漫步。在心脏起搏器的帮助下，他们的心脏已经有规律地跳动了很多年，他们也能过正常的生活。

无数台肾脏透析机清洗着肾病病人的血液。虽然透析很不舒服也很不方便，但他们可以依靠这种方式生活很多年。没有这台机器，他们很可能就会死去。一次成功的肾脏移植手术或许能彻底解决问题，而且可能长期保持效果。

简言之，人体既是一台机器，也是一个生命体。为之多愁善感甚至为之难过实在是愚蠢的举动。膝盖就是一对铰链关节。髋关节就是一个由骨头构成的球体和球窝组成的关节。修复这对铰链关节、用金属或塑料部件代替骨头球体和球窝，再次走路跑步都会变得不在话下。

这不是魔法。这是医学。这是生物技术。

药品文化

药品的历史有数千年之久。新石器时代，或许甚至是在旧石器时代，巫医就知道了很多植物的疗效。至少在公元前两千年前，人们就发现喝葡萄酒、啤酒和其他更烈的酒有可以让生活看起来更美好的作用。数个世纪以来，人们使用各种各样的麻醉剂可以起到跟酒精一样的作用。因此，药品绝不是20世纪的发明。将化学品用于治愈疾病或减轻症状也不是我们的新创举。

此外，几乎所有今天使用的麻醉剂和药品都是20世纪的发明，而且是在过去四十年里，也就是第二次世界大战结束后才发明的。最主要的就是一种药品——青霉素的偶尔发现开启了人类的抗生素时代。

亚历山大·弗莱明（1881—1955）出生在苏格兰。1906年获得了医学学位之后，他开始从事一种或许对人体组织无害的抗菌物质的研究。当时，人们已经知道是细菌导致了很多传染病。人们还知道，细菌是可以被杀死的。但是，用于杀死细菌的毒药，例如石碳酸，被研究证明毒性过大，甚至会威胁到用药的病人的生命。

1928年，弗莱明正从事一项培养**金黄色葡萄球菌**的工作。在观察繁殖出来的细菌时，弗莱明注意到，在培养皿里，霉菌生长的周围有一圈没有被细菌（青霉素菌抑制了细菌生长）污染到。霉菌生长在不新鲜的面包上，很可能有一小片面包屑不小心掉在了培养皿里。弗莱明兴奋异常，他开始分离这种物质。于是他最终发现，在霉菌里有某种物质，即使稀释八百倍也可以杀死细菌。他将其命名为盘尼西林（青霉素）。其他研究者也开始专注研究抗菌物质，并因此引出了药品的商业生产。

那些导致咽喉感染、肺炎、脊膜炎、白喉、梅毒和淋病的病菌都对青霉素敏感。但是，青霉素并非对所有细菌都有效。受弗莱明的启发，制药工业很快投资数百万美元资金，希望能在研究者的帮助下发现新的、更特效的药物，并从中获得数倍于投资的高额利润。

正如弗莱明所希望的，尽管少数人还是对青霉素过敏，但青霉素对绝大多数人都是无毒的。我们这个时代，很多创造了医药奇迹的药物都有副作用，病人在服用药物时，既能从中获得疗效，但又得忍受它的副作用。当病情已经是癌症晚期时，这种选择就简单得多了：服下这种药并希望它能治好癌症。但是，在其他很多情况下，例如，当服药带来的副作用比疾病本身造成的痛苦好不了多少时，选择则要困难得多。

根据一种理论，所有药品都有某种副作用，而且现在有一些病人开始拒绝服用任何药物；或许只有在极端情况下，例如可怕的癌症或无法忍受的疼痛的情况下他们才会用药。更多的人则是愿意赶紧服用任何他认为可能帮助到自己的药物。因此，出现了一种药品文化，也就是说只要生命感到痛苦或不高兴的时候就需要服用药物。其中一些药品是会让人成瘾的，但是服药这种行为本身也是有瘾的。这简直是弗莱明赐予人们新生的伟大发现的黑暗反转面。①

艾滋病的挑战

有一系列重要的传染病是经由性接触传染的。虽然耐药植株很难治愈，但这些病菌通常可以用抗生素加以控制。在世界范围内，因性病甚至是梅毒导致的死亡在目前来看似乎是大大减少了，这一问题也有望进一步被控制。

1979年，一种全新的疾病被第一次诊断出来。获得性免疫缺乏综合征（AIDS，艾滋病）会感染人体的免疫系统，让人体抵御疾病的能力降低，不能像健康人那样抵御或忍受疾病的侵扰。

艾滋病是由一种感染T淋巴细胞的病毒引起的，而T淋巴细胞是免疫系统中重要的组成部分。艾滋病的早期症状包括消瘦、发热、疲劳和淋巴腺增大。随着免疫系统受到侵蚀，患有艾滋病的人会逐步出现正常人可以抵抗的器官慢性感染症状。这些慢性感染，正常人可以用抗生素和其他药物加以治疗，而在艾滋病患者身上会导致患上某种癌症或感染某种不能被治愈的传染病，最终死去。

聪明的病毒不会杀死宿主，它会长期寄生在宿主体内，这样自己也能长期存活下去。艾滋病毒则不然。虽然艾滋病人早晚会死于某种不为人知的原因，但到目前为止还没有一例艾滋病人被治愈。毫无疑问的致死性使这种疾病变得非常可怕。艾滋病的确诊就是确定无疑的死刑宣判。到目前为止，还没有人能逃脱这个

---

① 关于现在和将来的药品文化更多的内容参见第十五章。

命运。

艾滋病毒是一种突变病毒。显然，在前些年它还根本不存在。有的研究者猜测，这种病毒突变很可能发生在20世纪70年代，与天花的根除有某种联系。天花病毒就是数百年前从另一种病毒突变而来的，它会不会在发现自己处于危险境地的时候又再次发生了突变呢？到目前为止，这种假说还没得到证实。但即便是这种想法也让人不寒而栗。

艾滋病通常是一种性传播疾病。一些不幸的艾滋病感染者是由于输入了感染者的血液而被感染的。其他不幸的患者则是被罹患艾滋病的母亲传染的婴儿。还有很多人是因为共用针头感染的。绝大部分艾滋病例都是因性交感染的。但是，跟爱一样，性生活也是人类的喜好之一。

战后发明的避孕药让世界各地的千百万人可以控制此前无法控制的生育率，避免了可能发生的人口灾难。避孕药也造成了性生活的爆炸，甚至得了一个性爱革命的令名。

从最主要的方面来说，这似乎是一种健康而令人愉快的进步。20世纪60年代到20世纪70年代，那场自由且不受限制的性爱革命变成了一场威胁健康与生命的体验。在性生活中寻找乐趣突然变成了寻找性生活中的安全感，避免遭到艾滋病的严重惩罚。但是，只要人们还没有找到治愈艾滋病的方法或抗艾滋病的疫苗，任何性生活似乎都很难说是安全的。在下一个世纪，如果没有有效的治疗手段，数十亿人将会死于艾滋病，甚至是因艾滋病而不会出生。

性这种极大的享受和肉体的愉悦总是伴随着某种惩罚而来。有的惩罚是肉体的，但更多的惩罚是来自道德的和社会的。尽管十分难受，但绝大多数惩罚（除了梅毒）都不是致命的。

人类还是有希望。医生们从来没有让我们失望过，在这种情况下，我们认为而且相信，他们还将会取得成功。我们需要一种治愈艾滋病的方法，或者至少有一种可以预防艾滋病的疫苗。我们愿意为之付出任何代价。因此，我们渴望着早晚有一天能达成心愿。

　　不过，艾滋病可能——仅仅是可能而已——是一种永远不可预防或治愈的疾病。如果是那样的话，人类或许会面临一个悲惨的决策关头：尽力繁殖然后死去，或是干脆等死。

　　不得不提到这种可能性让人感到十分不舒服。因此，让我们假设这种情况永远不会发生吧。

第十四章　20世纪：艺术与传媒

据美国社会学家哈罗德·拉斯韦尔（1902—1978）所说，交际理论家始终必须回答这个问题："谁？说些什么？通过什么渠道？对谁说？有什么效果？"这个问题常常很难完整地回答。而"效果"则是特别难弄清的一样东西。直到不久前，人们才意识到这个问题的重要性。此外，通信业变成一种自觉行为，也就是说，它被认为是一项产业，而且是一项庞大的产业。

当然，交流跟语言一样古老，或许比语言还要古老。无论是高效还是低效，如果说千万年前的原始人就能相互交流的话，那么直到两三千年前，人们才开始想着检验一下交流方式的效率如何。例如，当罗马人将修辞学作为教育的最高内容时，就是肯定了交流是一项获得人生成功最重要的艺术。两千年之后，世界上的发达国家比其他任何文明都更强调人的读写能力。假如公民能够阅读的话，交流起来就容易得多了。

传媒和他们的信息

第一个想到把交流的问题带到公众面前的人不是一位社会学家，而是加拿大媒介理论学家马歇尔·麦克卢汉（1911—1980）。在一系列的著作和论文中，麦克卢汉迫使我们用整体全新的方式来考虑问题，而这种方法曾经是简单而且毫无疑义的。正如他所展示的，即便是在这个熟悉的领域，我们仍有许多未知的领域。

麦克卢汉的基本观点表述在他著名的格言里："媒介即讯息。"虽然这对一位英国教授来说是轻而易举的，但对一位科学家而言则是不易做到的夸大其词。因为这句话是一种夸张——也就是说，虽然媒介在某种程度是讯息，并且始终是传递讯息之用的，但媒介并不完全是讯息——因此，麦克卢汉不大受社会学家和其他社会科学家们的喜欢。而现在，在他的观念的全盛期已经过去二十年后，它们不再被人们谈起。不过，它们的真实性却并未削减。

麦克卢汉所说的"媒介即讯息"这句话的意思在《理解媒介：论人的延伸》（1964）一书中得到了很好的验证。在这本书中，麦克卢汉对很多夸张说法进行了一般性的论述，所有这些夸张说法都是煽动性的、夸张的想法。结果，尽管没有被广泛阅读，但这本书却成了20世纪最重要的著作之一。

麦克卢汉想让我们理解的是，在交流中，媒介所起到的作用或影响有时是非常严重的。这是无可争辩的事实。例如，当转换成电影以后，一场舞台剧就变成了截然不同的另一种作品。当文字不再能够完全表达所有含义的时候，摄像机就提供了一种新的运动维度。一个以传统写作方式呈现出来的故事或许是非常有影响力的，至少对习惯于传统阅读方式的人来说是十分有冲击力的，而当这个故事被改编成电视剧以后，或许会获得另一种不同的力量，也有可能失掉绝大多数魅力。我们还能举出无数个类似的例子。

不仅是交流的受众感受到了这种差异。在用不同的媒介交流看似相同的东西时，发起者或者创造者也会感受到深刻的差异存在。比如说，如果能够从现场观众那里得到反馈的话，那么一场弦乐四重奏演出一定会感受到某种鼓舞，并会在与一千个陌生人的音乐交流中超越自己、敢于冒险。这对一个冷冰冰的录音棚来说是根本不可能的，在录音棚里，为了冷酷无情地找到最佳状态，一段乐曲的片段会被反复地演奏，然后再组合成一支完整的曲子，但却从来不是由真正的演奏者演奏出来的。最终的产品必定是完美的，因为媒介是无情的。但是，完美的代价就是丢掉了现场演出的热情、灵感和巨大勇气。

麦克卢汉在说"媒介即讯息"的时候，他的意思要比上面我们说到的这种失真与扭曲丰富得多。他对上面描述的细节差异并不太在意。他把各种各样的交流媒介分为三大类：口传、写作印刷技术以及电子媒介。他认为，在古希腊人为发展科学技术发明使用写作之前，"希腊人在成长过程中就受益于部落百科全书。

他们记住了诗人。诗人为生活中所有的意外事件提供了具体的流动的智慧——安·兰德斯用韵文写道……通过文字，人们将荷马、赫西俄德以及部落百科全书里那些流动的智慧分门别类固定下来。从此，用分类数据进行教育成为西方固定的教育模式。"

麦克卢汉继续说："不过，在现在这个电子时代，数据分类已经让步于模式识别了。"数据随时都在变化，对事件的反应根本没有悠闲的考虑时间，这迫使我们不得不更多地依靠直觉而不是理性思考得出结论。每一种新媒介创造出自己的新环境，在这种环境中，我们很大程度上都是无意识的。但是，无论我们是否意识到，新环境都不容拒绝。

事实上，除了艺术家，没人能感知到这种新环境的存在。麦克卢汉说："真正的艺术家是唯一能够在遭遇技术时免遭淘汰的人，仅仅因为他是可以感觉到变化的专家。"毕加索、布拉克和其他立体主义艺术家都是这类专家，他们甚至在电子媒介成功之前就已经意识到，它们会彻底破坏旧有的线性的、文字化的世界，这个旧世界是依靠直线式的技术和可控的意象（依靠感官来进行控制）而存在并进行交流的。毕加索和布拉克打破了透视平面，将所有东西一股脑地抛向观看者，就像电子媒介对它的亿万被动观察者和收听者所做的那样。

逃离媒介并非是拒绝它们内在的创造环境的力量，而这种环境又是我们不知不觉之下的。说要逃离媒介并不是逃离媒介本身，而是它的"内容"，是"技术白痴的麻木不仁。因为媒介的'内容'就好比盗贼用来转移看家狗注意力的那块丰美多汁的肉"。我们不能依赖这种保护，因为它们根本没用。什么有用呢？不是拒绝知识，而是弄清知识。就算是理解也并不那么好使。

上文最后引用的那句话表明，媒介传播者就像盗贼，来的时候已经准备好分散受害人的注意力，以便能够欺骗他、抢劫他。我认为，这是麦克卢汉错误的地方。媒介艺术家跟我们一样，也不知道他们拥有创造新环境的力量，这完全不同于以往那种新环境的被动接受者，不知道新环境已经改变了世界。假如我们不是真正的艺术家，而且，就算我们是真正的艺术家，我们就能完全知道这种变化吗？只能通过类比推理知道吧。也就是说，回顾过去，我们能看到古腾堡的新印刷术是如何把世界改变成为他从未意料过的样子的。古腾堡绝对没想过，要把那些虔诚的、顺从的欧洲农民变成识文断字的政治反叛者，但是这恰好是他的发明最主要的成就之一。我们现在可以看到发生了什么，而且，通过类比推理我们能开始感觉到（依然非常模糊不清）20世纪的我们身上到底发生了些什么事。而且还能大致感觉到，伴随着加速效应，在21世纪还会发生些什么。

视觉革命：毕加索、布拉克、立体主义

最伟大的艺术家能帮助我们看清我们的生活到底发生了什么，以及未来可能发生什么事。这也正是伟大艺术最重要的服务功能之一。

20世纪的头十年，在巴黎，毕加索和布拉克发起了一场视觉革命，至今有助于决定我们观看世界的方法。让我们试着来分析它。

1881年，巴勃罗·毕加索出生在西班牙的马拉加；1882年，乔治·布拉克出生在巴黎附近的阿让特伊。他二人都是在不到二十岁时就确定了自己一生的事业，而且都将自己漫长的一生奉献给了艺术创作。

1907年春，布拉克在巴黎独立沙龙举办了一个只有六幅画的画展，并卖出了所有作品。在此后的一年里，他与画商D.H.康威勒签订了一份合同，康威勒刚刚开了一家现代艺术的小画廊。康威勒将布拉克介绍给了先锋派诗人纪尧姆·阿波利奈尔，而阿波利奈尔又将他介绍给了自己的朋友毕加索。由此，现代艺术史上独一无二的合作与竞争开始了。

当时，毕加索刚刚画出了《亚威农少女》，图中扭曲的裸体女性坚毅的眼神盯着下面的观看者。康威勒想要买下这幅作品，但只买到了毕加索的试画作品。而原作则被从画架上取下，卷起来收藏在画家的画室里。毕加索向布拉克展示了这幅画，希望布拉克会说："听着，尽管你多方解释，但你的画作看起来好像你想让我们吞下一根麻绳，或是喝下汽油并吐出火焰来。"不过，这幅作品给布拉克强烈的震撼，让他在一条新的艺术道路上一路飞奔，而毕加索始终伴随他的左右。

1908年夏天，布拉克在法国南部完成了《埃斯塔克的房子》这幅作品，运

用了塞尚式的粗糙几何形体、阴郁的色彩和反常的奇怪视角。夏末，他将这幅画带回巴黎，并向毕加索展示了这幅画。这回，该轮到毕加索大吃一惊并灵感勃发了。

此后的六年里，两位画家几乎天天见面。毕加索总是去布拉克的画室看他完成了什么作品，而布拉克则跑到毕加索那里看毕加索在画什么。他们二人共同引起了一场革命，不仅是绘画的革命，还是观看的革命。批评家L.活塞列斯评论亨利·马蒂斯创造了一种新型艺术，并赋予了这种新的艺术一个名字：立体主义。

战争终止了两人的合作。布拉克是法国军队的预备役军人，于1914年被送上了前线。毕加索在火车站为他送行。1915年，在头部严重受伤后，布拉克在医院接受了数个月的治疗，回来时已经完全变了一个人。毕加索说，自从1914年在火车站吻别了他的朋友之后，就再也没见过他。

在整个巴黎都为之沉醉的这两位年轻人相互竞争的美好岁月里，毕加索和布拉克两人的绘画作品常常难以区分开来。一个人想出一个点子，另一个人或许就先行做出来了。然后，那个想出点子的人或许又能再次用一个新的颠覆性的观点来进行挑战。在他们合作的那些时候，都是冒着过分简单化的危险，试图干净利索地、彻底地与自意大利文艺复兴以来就占据了欧洲艺术主导地位的传统相决裂，而他们的这种绘画代表了某种风格。在他们的手中，绘画不仅成为某种东西的代表，而且就是事物本身。

布拉克和毕加索试图描绘他们所做的事，但他们的语言并不像他们的作品一样那么雄辩有力。布拉克在写作上跟常人几乎没有任何区别，他写道："我们的目标不是重构一种描绘轶事的事实，而是建构一个绘画的事实。"

一幅画不再像以前那样，是人们透过一扇窗或一个窥视孔看到的一个人或一个场景；绘画就是它自己本身。因此，透视图的科学只对透过窥视孔进行观看的观看者有用，是应当被抛弃的，而且在透视法之下画布的平面现实本身不得不被打破。一个真实的客体是可以从所有角度进行观察的，因此在平面画布上的形象也应当是全方位可观察的。一张人脸可以从正面加以描画，也可以同时从两侧、从背面加以描画。

在英国，一些19世纪晚期的画家曾反对拉斐尔及其追随者们所代表的超现实主义艺术。他们自称为拉斐尔前派，采用意大利文艺复兴早期的绘画方式，即皮耶罗·德拉·弗朗切斯卡和桑德罗·波提切利的绘画方法。从某种意义上说，毕加索和布拉克比拉斐尔前派回溯得更远，似乎冲入了无人开辟过的全新领域。从1400年到1900年的五百年间，西方画家都一直使用透视法及其他各种绘画技法，使自己的作品尽可能**酷似**现实。在1400年之前，画家们曾希望**创造**关于神圣的爱和力量的现实，而不是某种现实物品的写实。在1900年之后，画家们则重新试着将绘画变成其本身应当的样子，而不仅仅是一幅图片而已。

毕加索和布拉克所运用的手法很快变成了20世纪绝大部分真正艺术家的流行方法，这种手法甚至比他们的目标更具有革命性。打碎、破坏一切物象；撕裂了画面的二维表象；在画布上不仅有图像，还纳入了文字；常常试图表现丑陋或荒谬的事物；运用让人震惊和不舒服的颜色，而不是那些"美好的"颜色组合——正如他们自己所说，所有的一切都反映出立体主义和其他非写实主义画家创造一种全新的艺术门类的努力，并借此揭露现代生活的混乱、迷惑以及生活的怪异、挫败的戏剧性。

13世纪，托马斯·阿奎那将美定义为"视觉上的愉悦感"。数个世纪以来，绝大多数画家的首要目的就是在画作中创造美。显然，很多后立体主义画家故意创作丑陋的形象，让绝大多数观看者在第一次看到画作时都会极为震惊。

画作的丑陋风格很快传到了大西洋彼岸。特别是在1913年冬的纽约，这种画风让前来参观现代艺术的著名的军械库艺术博览会的观众极为震撼。这次博览会展出了大量野兽派画家和立体主义派画家的作品，激怒了许多受传统绘画训练的艺术家——马蒂斯的肖像被芝加哥的艺术学生悬吊在半空——同时也让那些感到需要从传统模式中摆脱出来的艺术家们兴奋不已。美国画家约瑟夫·斯戴勒、约翰·马丁、阿瑟·德夫以及乔治亚·欧姬芙因此受到鼓励，继续从事他们已经开始了的先锋派创作。

这次博览会上最臭名昭著、最具争议的绘画作品名叫《下楼梯的裸女：第二号》，这是立体主义派画家马塞尔·杜尚（1887—1968）的作品，普遍地被认为是"在砖瓦厂发生的一场爆炸"。这种描述是相当精妙的，因为杜尚和其他立体主义画派画家都试图引发一场艺术和思想的大爆炸。就像一战前十年里热情洋溢的作者一样，他们也渴望让各地的人们觉醒起来，看看这个他们生活其中的新世界。在这个世界里，他们的行为也表现出，一切都与过去的完全不同了。

　　具有讽刺意味的是，这是乔托、皮耶罗·德拉·弗朗切斯卡，甚至是拉斐尔也都曾想要做的事。的确，自从文艺复兴之后，除了从1908年秋天毕加索和布拉克开始相互竞争，到教会每个人用一种全新的方式去看待新世界为止，艺术史上再没有发生过比这更重要事件。

波洛克、罗斯科和六角形房间

　　1912年，杰克逊·波洛克出生在美国怀俄明州。在他和他的家庭都经历了很长一段时间的漂泊之后，他于1930年到达了纽约。在那里，他进入地方主义者托马斯·哈特·本顿的艺术学生联盟学习。他在本顿的手下学习了近三年时间，但并没有模仿他的导师。在经历了数年的极度贫困，忍受了因滥用酒精和药物带来的痛苦之后，从1947年起，他因为采用了"滴画法"而闻名于世。他将画布平铺在地板上，交替使用泼溅和滴洒的方式在上面绘画，还不时凝视着画布思考，这种作画常常要用上好几个星期。这种看来十分怪异的行为引起了媒体（《时代》杂志谑称他为"滴哥杰克"①）的注意，也让他渡过了经济难关。同时，他的这种怪诞画法创作出的作品也被列入美国艺术家创作的最佳艺术品之列。1956年，波洛克在一场车祸中丧生。

　　1913年，马克·罗斯科从俄罗斯移民到美国，当时他只有10岁。1925年，在经历了青年时期的迷茫之后，他也在纽约定居下来。他其实是一位自学成才的艺术家，而且他的作品总是高度个性化的。1948年，他最终发展出了现在已经广为人知的艺术风格。他的画布常常跟一面墙一样大，由许多边界模糊、色彩神秘的大块矩形构成了整个画面。他的画作的极简风格十分独特。以至于任何曾经仔细看过罗斯科画作的人都能立刻辨认出他的其他作品。

　　跟波洛克不同，罗斯科在世时没有获得什么盛名。由于十分不满那些最受益于他的艺术家们忘掉了他的贡献，他于1970年自杀身亡。在他死后，在执行他

---

① 原文是Jack the Dripper，dripper一词在英语俚语中有"呆子""讨厌鬼"的意思。——译者注

的遗嘱时引发了一场著名的、旷日持久的诉讼，他的女儿状告遗嘱执行人和罗斯科画廊的所有人，指控他们的阴谋和利益冲突。被告被判有罪并处以重罚。后来，作为遗产的数百幅作品被罗斯科的子女和19个博物馆分别获得。罗斯科最好的作品被华盛顿特区的美国国家艺术馆收藏。

国家艺术馆东侧建筑是由建筑师贝聿铭设计的一栋绝佳的现代建筑，于1978年开放。当伟大的罗斯科画作抵达博物馆时，东侧新建筑的中心房间早就为它预留出来了。这是一间六边形展厅，所有的门都是六角形的，展厅本身好像是一个浮动空间，是艺术家们展出作品的理想场所。其中的五面墙上挂满了罗斯科最伟大的画作。第六面墙上则是波洛克的一幅巨作。这种组合堪称典型的20世纪魔法。

这幅巨幅的波洛克作品，在白色背景上画满了复杂交错的黑色、棕色和灰色线条，显得冷酷、平静而理智。而另外五幅罗斯科的大作，则用了很多绚烂的橙色、紫色和红色，焕发出生命炽热的色彩。从里到外来看，波洛克的作品好比某种难以名状的巨型存在的大脑，而罗斯科的作品则是它的躯体。波洛克的作品是数学、假设和理论；罗斯科的作品则是理论试图定义和理解的立体的、血肉丰盈的现实。

近年来，欧洲和美国的一些画家开始反对诸如波洛克和罗斯科这样的抽象表现主义画派，转而接受了一种现实主义的、具象派的画法——后现代主义。20世纪，苏联及其他社会主义国家的艺术家们从来没有抛弃过具象绘画。或许，由毕加索和布拉克发起的艺术运动正在消亡或已经湮灭了。但是，这场运动教会整个20世纪的东西不会被人们遗忘。

城市革命：包豪斯设计学院与勒·柯布西耶

20世纪见证了一场建筑革命，它几乎与毕加索、布拉克和其他立体主义画派画家发起的绘画和雕塑艺术的革命一样彻底、一样影响深远。它不只影响了个体建筑，还改变了城市的外观和设计理念。

1919年，在建筑师瓦尔特·格罗皮乌斯（1883—1969）的资助下，德国魏玛的两所学校合并成了一间独立学院——包豪斯设计学院。这所名为"设计学院"的新学校也结合了当代重要的两种艺术教育趋势：艺术训练和工艺美术。

包豪斯设计学院建筑学的学生都被要求不仅要学习古典的和现代的建筑学，还要学习木工、金属制造、彩色玻璃、壁画等美术工艺，很多指导他们的导师在后来都成了世界闻名的建筑大师。学习的重点是功能主义和简约、简洁的线条，无须过多的装饰。1933年，当包豪斯学院在新纳粹的统治下被迫关闭时，学校的许多成员纷纷移民到了美国。斯洛·莫霍里·纳吉（1895—1946）在芝加哥建立了一间新包豪斯设计学院，格罗皮乌斯成了哈佛建筑学院主席，路德维希·密斯·凡·德·罗（1886—1969）在芝加哥的阿莫尔工学院（即后来的伊利诺理工学院）建立了一间新的、最终具有极大影响力的建筑设计院。

在所有包豪斯设计院的成员中，密斯·凡·德·罗可能是最知名的一位建筑师。他用玻璃和钢筋构建的高耸平行六面体建筑，特别是从密歇根湖畔到芝加哥市中心的那些建筑，在第二次世界大战结束后的数十年内成为业内竞相模仿的对象。

1887年，勒·柯布西耶出生在瑞士，于1965年在法国去世。从30岁时起，他就一直住在巴黎，写作并发表了一系列关于建筑的论文。这些论文让他变得声名狼藉，并没有获得什么委托任务。他的许多尖锐的原则闻名于世，例如"房屋就是用来居住的机器""弯曲的街道是驴行的小道，笔直的街道才是给人行走的"。其中，他最为著名的著作是《光明城市》（1925）和《模度》（1954）。

勒·柯布西耶因一次失败的任务而第一次获得了巨大的荣誉。1927年，他参加了一次在日内瓦举办的新国际联盟中心大楼的竞标。第一次，柯布西耶提交了一份方案，将这栋建筑设计为一栋功能性的、宏大的政治组织的办公楼，而不是一座新古典主义风格的会堂。由传统建筑家们组成的评委会深感震撼，并判定这份参赛作品不合格，因为它没有按大赛的规定用墨汁来进行创作。勒·柯布西耶十分恼火，但自此以后，在世界各地都很少见到有什么办公总部再修建成新古典主义会堂风格了。

在日内瓦失利以后，很多伟大的城市工程相继找到勒·柯布西耶。这些建筑并不都被修建成功，但他的设计成了全世界的典范。他的第一栋伟大城市建筑在

1952年完工。这栋建筑位于马赛，是一栋十八层的可以容纳一千八百人居住的"垂直社区"，里面包含了两条"室内街道"，此外还有一家商店、一所学校、一家旅馆和一间托儿所，还有一座花园、一间健身房，在楼顶还有一家室外剧院。在此后的30年里，世界各地的绝大部分城市都兴建起了勒·柯布西耶和他的弟子们设计的这种自我闭合、自给自足的超级工程。

15世纪，在佛罗伦萨受到训练的文艺复兴建筑师进行了许多关于"新型城镇"建设的研究，提出建筑应当遵守透视法和理性的一般法则。作为图样，设计里通常是没有人的。很多这种早期工程真的被修建出来，但人的出现改变了设计，这让建筑变得不那么理性却更适宜居住。

勒·柯布西耶的重要设计还从根本上改变了城市的规划。在19世纪拥挤而"不合理"的城市里，居民区、工作室、工厂、商店杂乱无章。他对这样的城市深恶痛绝。正如《光明城市》里所说的，他想要用一个独立中心，周围的居住区用植满草地和绿树的大广场将其分割开来。他声称，在居住中心不必增加更多用于居住的地块，而是应当垂直地将其组合起来，修建高层建筑，周围则有充足的光线和空气。

这一理念似乎十分诱人，但很快就被歪曲了，最终彻底被引入歧途。其后的建筑师们僵化地追求减少土地使用，并渴求利润，将尽可能多的人和办公室塞进尽可能少的空间里。但是，这种误入歧途的做法也并不令人惊讶，因为勒·柯布西耶的梦想本质上是反城市化的，他反对自文艺复兴以来日渐增长的城市。他不喜欢拥挤喧嚣，而是尤其希望去除"城市的喧嚣"。在城市里，男人、女人和孩子都生活和工作在拥挤的、联系紧密的社区里。他的梦想在新的奥尔巴尼、纽约和巴西利亚等城市成了现实。巴西利亚曾是巴西冷冰冰、不宜人居的首都，兴建在远离中心人群的地方，绝大多数居住在这里的人都是被法律禁止居住在其他地方的公务员。

由于多种原因，现代城市不再是像半个世纪以前那样温暖而舒适的地方。勒·柯布西耶和他的追随者追求独立和保护他们设计的垂直公寓住户不受其他人的影响，并将这些垂直工程用高速公路连接以来，这样一来，住户们就可以直接从家里开车到工作地点，而无须面对传统的城市的风光。结果，传统的城市风光

变成了一种新的城市丛林。独立的塔楼变得越来越高，但是，无论是在那高耸入
云的公寓里，还是在那没有绿草的巨大广场和人迹罕至的广场里，没有任何人是
安全的。

文学预言家：叶芝

我们现在生活着的新世界，我们中的绝大多数人对其都知之甚少，而对它的
描述，绝大部分是通过隐喻性的词汇进行的，部分是由我们这个时代最伟大的艺
术家完成的。我们不能一一列举他们，但是，至少在本章中我们应当提到其中的
一部分人。

威廉·巴特勒·叶芝（1865—1939）的一生被分割为两部分：对爱尔兰的爱
和对爱尔兰的恨与怀疑。一方面，模糊的、神秘的爱尔兰历史成为他最深切的灵
感来源。另一方面，爱尔兰今天自鸣得意的资本家的成功又让他厌烦，但却也激
起了他一些最伟大诗歌的创作灵感。最终，憎恨与厌恶似乎成了比爱尔兰神话模
糊的欢欣更重要的灵感来源。

叶芝在50岁时才找到自己真正的写作格调。他感到，这种探索是受到英国
处死1916年复活节起义的爱尔兰爱国者的激发。他在《一九一六年复活节》一
诗中哀伤地写道："一种可怕的美已经诞生"。

1921年出版的诗集《迈克尔·罗巴茨与舞蹈家》收集了在第一次世界大战
期间和刚刚结束后叶芝创作的诗歌，而第一次世界大战摧毁了那个叶芝刚刚发现
自己深爱着的旧时代。其中的一首诗《第二次降临》成了一个标杆。跟战争期间
创作的其他诗歌一样，这首诗描述了一个战争揭示出的崭新的、让人害怕的世界
图景。

> 旋转又旋转，圈子逐渐扩散，
> 猎鹰已听不到驯鹰人的召唤；
> 事物崩解，中心无法保持；
> 仅剩混乱肆虐于这个人世，
> 血腥的浊流四处泛滥，

　　纯朴的仪式已被淹没；

　　善者丧失了全部信念，

　　极恶者却充满强烈的激情。

　　被这种世界末日般的景象折磨不堪，叶芝希望或者说害怕基督再临的日子即将到来。但是，基督再临会采取怎样的方式呢？"于是何等猛兽——其时辰已到——正懒散地走向伯利恒去投生？"

　　这首诗最后提出的问题不仅仅是一种象征。叶芝也不知道答案。他只能提出问题。显然，假如无政府状态是建构在一种狭隘的政治观念之上的话，答案就不能"仅仅是无政府状态"而已。但是，某种感官和智慧的无政府状态已然出现，至少对叶芝这样的天才来说是如此。自从这首诗歌诞生后的七十年里，我们已经意识到了无政府状态，而马歇尔·麦克卢汉就是第一批分析过无政府状态的人之一。

印度之旅

　　1879年，爱德华·摩根·福斯特出生在伦敦，于91岁高龄在考文垂去世。他的早期小说十分有趣但不太重要。它们展示了他关于人的性格与灵魂充满想象的一面和素朴的一面之间的矛盾冲突。它们还通过主要角色提出了关于爱和普遍的情感的浪漫主义观点。尽管他的小说很流行，但它们却并没能让福斯特的名声永存。

　　1924年，当他45岁时，发表了最后一部小说《印度之旅》，这是一部风格迥异的作品。虽然它依然保留了典型的福斯特观念，但它同样真实地揭示了现代人面临的一些尖锐冲突。根据麦克卢汉所说，这本书"对东方的语言和直观的东方文化的一种戏剧性研究，是传统的理性视觉的欧洲体验模式所不能理解的。"

　　故事冲突发生在马拉巴山洞。这是书中最著名的景点。小说年轻的女主人公阿德拉·奎斯特德在层层叠叠的、迷宫般的洞穴中迷路了，而她认为那位导游阿齐兹医生侮辱了她。在洞穴中的事故发生之后，福斯特说道："生命继续如常，但没有后果，也就是说，声音没有任何回声，思想也没有进步。所有的一切似乎都停止了脚步，因而都染上了幻觉。"

麦克卢汉说，阿德拉暂时的混乱与永恒的理智错乱构成了"西方人在电气时代的一个寓言……最终，视觉与声音的冲突、写作与口语理解和系统之间的冲突都会出现在我们身上。"

或许的确会这样。重点在于，阿德拉·奎斯特德代表的西方刻板的、直线型的思维；而印度尽管有其原始性和古老的历史，却代表着电子媒介的挑战。一方面，西方征服了印度的古代语言和传统文化。另一方面，在电气革命之前，综合的、非空间性的、非时间性的印度文化却是优于一致的、连续性的、有序的西方文化的。

城堡与魔术师

1875年，托马斯·曼出生在德国吕贝克地区。他活到了80岁。1883年，弗朗茨·卡夫卡出生在布拉格。他活了40岁。在80年的时间里，托马斯·曼创作了很多作品，但是没有一部可以与卡夫卡的两部小说相提并论，那就是《审判》和《城堡》①。而卡夫卡和托马斯·曼两人都预言了20世纪的人们将要选择新的生活方式。

我所说的"选择新的生活方式"是指即便是在今天，很多现代人依然抱怨的他们的生活方式。他们认为自己更情愿以不同的方式生活，去过古时候人们的那种生活。虽然要过上旧式的生活很难，但也不是不可能。人们所需要做的只不过是决心放弃现代生活中最常受到抱怨的那些方面：它的浮华与炫耀，它的败坏与压力，它的快节奏与流行的肤浅。但是，这些却似乎也正是人们最不愿意割舍掉的生活中的那些东西。

在《城堡》里，山脚下有一座村子。K到了这座村子里，称自己是当局派来的土地测量员。这座村子拒绝接收他，因此他试图获得山顶上城堡主人的认可。尽管他坚持不懈地努力，但最终也没能成功。但是，他并不是彻底失败了。他继续生活在村子里，爱上了一位迷人的酒吧女，这也算得上是小小的成功。总体而

---

① 这两本书都完成于1924年，卡夫卡去世之前不久，都是在卡夫卡去世后才出版的。

言，故事情节是悲剧的，但K似乎并没有意识到这一点。尽管他一直没能达成自己的目标，但他并没有感到不幸福。事实上，尽管有悲剧的基调，但从根本上讲这部小说是喜剧的。

《审判》或许是关于同一个人的另一个故事：约瑟夫·K.一觉醒来，发现自己被判处了重罪。他试图为自己辩护，包括学习真正犯罪的本质，但却没能证明自己的无辜。假如他能够做点什么，也没有人会告诉他应当做什么才能被宣告无罪或是获得赦免。他纠缠于洗清对他的诉讼，尽管他不知道他到底被控诉了些什么。在小说的最后，虽然对他所犯罪行的惩罚，也就是死刑，会无限期地推迟，但K显然已经无法证明自己的清白。尽管其中也包含了不少喜剧元素，但《审判》的基调比《城堡》更阴郁。

这两部小说都被认为是没有完成的。城堡或许是象征着卡夫卡的父亲，卡夫卡永远不能接近他，也不能获得他的好印象。而《审判》中的审判或许意味着卡夫卡的犹太人身份，在20世纪早期，或许只有他才开始意识到犹太人身份对他来说是一种死罪。然而，任何对这两部巨著的分析似乎都是对它们的弱化，都会减弱它们对心理真实的刻画。很少有读者能在现实生活中避免书中所描述的那些感受。

与此同时，这些小说唤起了在20世纪之前根本不存在的生活。当他看到所发生的事时，卡尔·马克思声称："一切坚固的东西都烟消云散了。"过去旧的安全基石崩溃了，事物分崩离析，中心也再不能维系任何东西，而我们发现自己迷失在马拉巴山洞里，寻找一种对任何人来说都不再存在的正义。

托马斯·曼的毕生之作的主要部分都是关于艺术家本身的问题，而我们这个时代，甚至或许没有哪个时代的作者曾如此深刻地探究到艺术家个性，或如此才华横溢地描绘艺术家天才的作品。同样地，《托尼奥·克律格》和《威尼斯之死》是普遍的，而不局限于任何时代。但是，托马斯·曼无法无视他所深爱的德国和只略微稍次热爱的欧洲在两次世界大战中遭受的巨大灾难。

跟《印度之旅》一样，《魔山》同样完成于1924年。同年6月，卡夫卡去世，留下了未完成的《城堡》一书。《魔山》一书的标题与卡夫卡的《城堡》非常类似。二者都是永远需要为之奋斗的目标，而这种奋斗又注定是不可能成功的。托马斯·曼笔下的英雄汉斯·卡斯托普因为感染上肺病来到山腰的疗养院疗养。只要他病情好转了就必须回到平原上去，而马修·阿诺德对平原有精彩的评论："无知的军队在黑夜里交锋。"

《魔山》非常长，缺乏像卡夫卡的那两部作品的连贯性。但是，托马斯·曼能够达到与卡夫卡同样的高度，而他在其他十多个故事中也保持了这种连贯性，例如他的最后一部小说《骗子菲利克斯·克鲁尔的自白》（1954）就用了十来个连贯的故事。

或许《马里奥和魔术师》（1929）是我们这个时代最好的故事了。它试图揭露除陈旧、固执和关系之外空无一物的生活，以及对未来狂野的抨击。在这个故事里，在夏末，一个德国家庭在一个典型的欧洲海滨浴场野营。太阳火辣辣地直射着大地，除了迷人的仆人马里奥之外，其他所有人都懒洋洋的。马里奥在酒店工作，由于他举止柔和、风趣幽默，所有的客人都很喜欢他。尽管有许多挫折，但这个德国家庭还是比预计的多待了些日子，后来听说有个著名的魔术师会来这里演出。孩子们闹着要去看表演，票也买了，他们一家也找到了演出的地方。

演出十分稀奇，甚至还有点吓人。显然这是一个骗局，魔术师除了最简单的小把戏外其他什么都不会，但是他居然用一种奇怪的、不可抗拒的力量让观众们不能不继续看完表演。这家德国人想要离开，但他们发现自己没法离开。有某种力量把他们固定在椅子上动弹不得。最终，马里奥被叫上舞台，给当晚最后一个魔术表演做助手。他遭到了魔术师的羞辱，还被迫用令人作呕的方式来表演。从轻度的催眠中幡然醒来，马里奥开始报复，但这并没有给他自己和那些喜欢他、尊敬他的人们带来任何满足感。事实上，报复毫无效果。人们只能希望这场表演在某个时候结束，尽管它可能会永远持续下去。

托马斯·曼承认，这个故事是关于法西斯主义的，其时法西斯已经统治了意大利，并影响了很多德国人。在这最伟大的故事里，马里奥超越了地方的限制。20世纪最困难的就是区分现实与幻境，部分是因为旧式的现实变得不那么真实了，而幻境的创造者们则变得精于此道。"骗术大师"似乎无处不在。

等待戈多

　　萨缪尔·贝克特（1906—1989）出生在都柏林，但于1937年定居在法国并终身居住在那里。他用法文写作然后翻译成英文，或者是用英文写作再翻译成法文。在战争期间，他从1942年到1944年都在法国地下党工作。他曾经花了很长时间写作，写得很慢很痛苦，但是他的第一部作品直到1940年代才得以出版。1951年，《等待戈多》在巴黎完成，并获得了惊人的成功。1953年，虽然极具争议，但这部作品在纽约获得了更大的成功。很多作品争相模仿它，并最终说服人们，贝克特是戏剧界一个全新的声音。一想到他们可能嘲笑他，他们就发现嘲笑的其实是自己，然后就突然放声大哭起来。

　　《等待戈多》几乎没有任何表演。此外，剧中的主角埃斯特拉贡和弗拉基米尔，以及在两幕剧中分别路过的波佐和幸运儿都没有说出什么实质性的或令人难忘的话来。迪迪和戈戈在等待戈多，戈多却从没出现。他或许永远不会出现，但他们仍会每天从早等到晚，然后第二天继续等待。他们说，这就像是生活：无聊、迷惘、不断重复，充满了哀伤、不公与痛苦。在一条似乎没有尽头的大路上，为了一个永远不会信守的承诺，等待一个永远不会出现的人，可以做点什么呢？他们相互打趣对方，讲故事、跳舞、抱怨，当对方情绪低落的时候帮助对方重新振作起来。这就是当生活缺少幻境和欺骗时我们的生活方式，缺少琐细的目标，而任何成就都变得没有意义。

> 弗拉基米尔：时间就这么过了。
>
> 埃斯特拉贡：无论如何，时间总会过去的。
>
> 弗拉基米尔：是的，但不会过得这么快。

　　《等待戈多》跟《终局》一样啰啰嗦嗦。1957年，《终局》第一次在伦敦演出。剧中有四个角色：哈姆和克罗夫（他的仆人？），奈格（哈姆的父亲？）和尼尔（哈姆的母亲？）。我并不是故意在括号里打上问号。我真的不知道他们的身份到底是什么。这个场景非常特别，一个白箱子上有两扇高高的、挂着窗帘的窗户。它是一个人头（哈姆的头？）的内部吗？难不成那两扇窗户就是他的眼睛，正望着世界这巨大的"渣土堆"吗？尼尔和奈格住在垃圾桶里，他们从里面探出头来，说不多几句话，然后又缩回去。哈姆和克罗夫相互争辩、吵闹、唱歌、求援。最终，克罗夫离开了。他不会再回来。哈姆用一张手绢盖住了脸。

如果你没有看过这两出戏剧，你会很难想象，这两出把生活和戏剧都剥离到只剩下梗概了的戏剧竟然会有观众。一旦人们有此体验，仅仅通过阅读那些极少的、朴素的词汇就能让人感到紧张和恐惧。

大众传媒与教育

正如麦克卢汉所说，在20世纪，伟大的艺术家发起的或至少是由他们表达出来的视觉的和都市的或社会的革命已经被大众传媒永久地保存下来了。

在20世纪晚期，计算机无处不在，但是假如我们不用计算机工作的话，它们仍然是不可见的。医疗技术同样无处不在，但我们总是在不需要它的时候试图忽略它的存在。然而，媒体却是无法避免或忽略的。它们就在我们周围，就像洛杉矶的大雾一样环绕不散。我们无处可逃。

1929年，西班牙哲学家何塞·奥尔特加-加塞特（1883—1955）写了一本名为《大众的反叛》的书。在书中，他描绘了当时欧洲社会是被平庸的、不开化的大众统治的，他们刚刚从政治革命和技术改变中获得了统治权。在大西洋两岸，人们都相信大众都已经变成了知识分子，而从很大程度上讲，奥尔特加也认为所谓不开化的大众，假如只要他们知道什么是真正有利于自己的，他们会将社会的控制权转移给那些受过良好教育的少数人。

反过来，这种理论认为，少数人应当承担起给大多数人更好的教育的责任，这样一来，就能够将他们带到更高层次的、那些所谓导师所享受的文明中。

这是纯粹而简单的精英主义，但也还有其他的内涵。在这种理论的背后，蕴含着托克维尔的哀叹：面对民主的平等的猛烈攻击时，优秀人才似乎就此退却了。即便有着所有的不正义，旧制度下产生的建筑和艺术作品是优雅的、美丽的，而且"看起来很舒服"。现代民主派和社会主义者创作出的则是无趣的、丑陋的建筑以及凄凉的霓虹灯装饰的食品店。世界上最畅销的书是漫画书，而自1971年伊戈尔·斯特拉文斯基去世以后，伟大的古典音乐传统就逐渐消失了，自那以后再没产生过世界级的作曲家。正如牛顿·米诺在30年前所说的，电视依然是"一片伟大的荒漠"，而唯一真正有趣的就是商业广告，专门从事的就是不讲真话的事。大众被聪明的骗术大师欺骗、瞒哄和操纵，卖给他们那些真正的好商品和好思想的廉价的、劣质的仿品。最糟糕的是，大众满足于被那些胜于己者欺骗，因为他们认为自己是人类历史上第一次感到幸福的人。

正如我所说，这种说法有一定的道理，但并不全部都真实。正如任何人都想要理解得非常透彻，所以民主制下的大众并不像所谓的胜于己者认为的那么愚蠢。一方面，他的确比历史上的任何人都要幸福，在西欧和北美发达国家尤其如此，当然，在世界其他地方也是这样。假如对世界上的每个人来说，平等不是即将来临的话，也是近在眼前的事了。伴随着政治平等而来的是经济平等，这是前所未有的过上更好生活的机会：更舒服、更安全、更健康、更长寿、更富有创作的可能性。

我们这个时代的大众教育可能不是人类历史上最好的教育。一方面，20世纪已经被其他事件占领了。但是教育则不然：对世界大众而言，教育比他们曾经体会过的学习经验更好、更丰富也更具有启发性。大众进入学校学习，或者把他们的孩子送进学校。学校可以更好，但学校却还是那样子，跟一百年前没什么区别。

此外，大众的孩子也不仅仅从学校学习知识。电视从早上七点就打开，一直到晚上睡觉前才关上。大众妇女只要在家就会看电视，今天她们在家的时间越来越少了，而大众的孩子只要从学校回来就会看电视。晚上，全家人都会一起看几个小时电视。社会学家说，人们看电视已经成瘾了，那闪烁的屏幕上仿佛有某种东西迷住了他们。导致他们上瘾的不是某种物理光，而是另一种光。在20世纪最后的几年里，这是一种几乎进入了世界每个家庭的思维之光——这就是新知识带来的启发。

儿童心理学家、治疗学家格连·杜曼认为，婴儿生来就有求知欲。母亲知道这一点，而广告商也知道，特别是电视广告商。很多教育家却好像不知道这回事。他们给孩子的知识太少也太迟，这让孩子们感到厌烦。广告商可没这么傻。他们知道孩子想要尽快知道世界是如何运作的，世界上的人们都在做什么。因此，他们把一学期要学的最好的行为准则和有趣的、让人惊讶的科学规律在30秒的广告里一股脑抛给孩子们。这总是真的吗？不见得。但是，并非所有的信息都是学校里教的。它有趣吗？是的，广告要比孩子们通常学到的知识更多。广告是不是追求孩子们的利益高于自己的利益呢？不见得。但是，难道所有老师都是追求孩子们的利益高于自己的利益吗？

大众的孩子是通过看电视学会阅读的吗？或许是，或许不是。不过，难道他们都是在学校里学会阅读的吗？如果不是的话，是不是有人制造了太多障碍导致他们不想学呢？至少，广告提供了一种最巧妙的方法，让孩子们能阅读产品名称，以便在超市里他们能够认出产品，拉着妈妈的裙子让妈妈买这些东西。

今天，四分之一的美国年轻成年人是功能性文盲，这要归咎于大众传媒。批评家告诉我们，这个比例比150年前还要高，而电视难辞其咎，它让孩子们宁愿看电视也不做家庭作业。普通大众很难知道这些困难的、令人费解的事实真相。不过有一件事似乎有目共睹：读写能力不一定依然是世界范围内成功的关键，否则会有更多的人坚持学会读写。跟所有人一样，大众学会逃避，也就是说，他不是用他的语言而是用他的行动来表示他的喜好。

什么可以替代读写能力呢？在视频会议上，灵活的手指有成功的优势，那么什么又使得一个人能在同行中获得好名声呢？难不成一个头脑灵活的人的口语记录能够被一个识字的、但不那么灵敏的打字员记录下来吗？难道肢体发达的人就一定能成为职业运动员吗？难道某种能够释放的天分或能力就能让你签下唱片合约吗？许多新的职业常常带来让人难以置信的回报，而且是真正意义上的"让人难以置信"，就像童话里仙女教母给的礼物一样。毫无疑问，相比起读写能力，孩子们和年轻人更渴望这种礼物。

如果大众男女的教育都很糟的话，那么，这是大众传媒的错吗？让我们假设在某种程度有一定的关系。他们受到的教育当然跟他们的祖父母受到的教育不同。假如他们的祖父母设法进了学校，学习阅读、写字和算术；他们还学了一点历史，或许还多少学一点其他语言。甚至还可能会讲一些哲学。那么，这些知识对他们来说有什么用呢？他们建设起了现代世界，在这个世界里，他们的子孙后代则通过传媒接受教育。

关于传媒的优点与缺点有很多争论，或许需要某种类型的平衡。承认大众传媒主宰了我们的生活智慧，而且是最广泛、最真实的意义上的"智慧"，而不是狭隘的学术意义上的智慧，后者只对学者们有吸引力。最重要的问题是，我们是否真的能从中获益更多。

毫不奇怪，这是一个关于知识的真问题。我们今天比一百年前懂的更多，**是不是因为有了传媒呢**？就算我们知道得更多，那么所增长的知识是不是琐碎的、不重要的呢？即便由于有了传媒，这些知识不是琐碎的，那么我们所知的是真的吗？

每位读者都可以试着自己回答一下这些问题。我自己的答案或许让人失望，或许让人吃惊。我认为无可争辩的是，我们这个世界人人都掌握了知识，但只有很小一部分人能够超越过去那些受过良好教育的少数人。很多此类知识都可以说是不重要的，但知识阶层所掌握的知识永远都是真的。现在，知识阶层已经是绝大多数了，在以前他们还只占人口的一小部分。想一想旧制度下的愚昧与时尚。还有比这更不重要的知识吗？你现在所知道的就是真的吗？绝大部分都不是真的。但是，这本书的读者意识到，除了我们这个时代以外，其他任何时代也都饱受各种错误知识的困扰，而且这些错误是人们曾发誓正确并愿意为之献身的。

在真正重大的问题上，我认为，跟我们的祖辈相比的话，这种平衡显然对我们是有利的。**因为有了媒体**，我们可以比一百年前的任何人都更深刻地理解民主。**因为有了媒体**，我们较之以前更怀疑战争。尽管还不够深刻，但这种理念对绝大多数人来说都是十分新颖的。当媒体不断地提醒我们，我们跟其他人是一样的时候，要继续相信某些特定的人群是天生劣等的人群就不那么容易了。

不过，我并没有说**因为有了媒体**，我们就是比自己的祖辈更好的人了。但是，我也不认为**因为有了媒体**，我们就比他们更糟。事实上，我根本不能判断我们是更好还是更糟。除了废除了天生奴隶说之外，道德的进步始终是含混不清的，即便是到了20世纪末也没有任何改观。

第十五章　未来一百年

预言是件危险的事情。我们不知道未来任何事业的市场会如何：黄金、日用品、外汇、艺术品等。技术精湛、经验丰富的人们犯错的时间跟正确的时间几乎一样多。就算是专家也不知道谁会赢得下一年的世界职业棒球大赛或橄榄球超级杯大赛，甚至没有人知道届时谁会上场比赛。虽然专门的研究者比那些没有研究过此类事情的人的预测会更准确，但也没有谁能预测下一次小规模战争会在哪里爆发，或将来会不会爆发一场大的冲突。

正如我所写的，媒体炮制出了20世纪90年代这十年将是怎样的景象。一位学者声称，这个时期将是道德标准更新、更高的十年。正如苏格拉底所说，只有彻头彻尾的傻瓜才会想要其他任何东西。问题不在于我们是否需要新的道德标准，而在于我们是否能实现它。仅仅靠专家们的话，他们是没法让我们生活得更好的。莎士比亚的《第十二夜》中，托比爵士问马伏里奥的问题听起来倒是真的：

> 你以为你自己道德高尚，
>
> 人家就不能寻欢作乐了吗？

有人认为，我们可以预测未来十年技术进步的方向。但是，我们只需大略回顾一下就会发现，过去十年的预测大部分都是错误的。1980年，专家们肯定，容纳数百万字的光碟很快就会淘汰掉书籍。今天，书籍仍然大量存在，而CD图书馆却难觅踪迹。它们或许在20世纪90年代会再次复兴，但没人知道到底会怎样。1960年，专家说，未来的电影会是3D的；3D却变成了一场灾难。有人还说，兰德博士的即显胶片可能彻底革新照相行业。宝丽来找到了它的一席之地，但未来依然属于改进后的胶片相机。事实上，是相机变得让我们都无法认出来了，而不是胶片发生根本变化。要使用1888年乔治伊士曼发明的第一台柯达相机十分简便，而且柯达相机几乎随时都能照出完美的照片来。

预测未来的一年或十年是一个相当艰巨的任务。试想一下一百年呢?! 领会到这一难度，让你的记忆回到20世纪的开始。列举一下我们这个世界熟悉的东西——飞机、汽车、计算机——当时，这些东西都还不存在。1900年，没有人坐过飞机。当时还只有为数不多的一些汽车和火车，但它们都还被当成是没有马的马车，而且就连亨利·福特这样的天才也没有料想到在20世纪90年代的圣迭戈高速公路上，高峰期的景象、声音和气味是如此惊人。严格来说，在图灵发表他著名的论文之前，甚至连他都没有预测到今天的微型电子会发展到如此地步。玛丽·居里（1867—1934）在关于镭方面有独到的天分，但没有任何人，包括居里夫人也没有预测到广岛原子弹和核时代的政治。就连最专注的生物学家也没有想象到抗生素的研发。也没有谁想到过X射线的作用，更不用说计算机X射线轴向分层造影扫描图。假如有一些睿智的研究者有些许关于基因的概念，也不会有谁能够预计到在20世纪中期会有一些年轻的研究者能够描绘出生命的基因蓝图。

预测未来一百年的知识不仅困难，而且是不可能的"平方"，因为一百是十的平方。当然，我还是要试试预测未来。

我不会描述一百年后的人类将怎样生活，也不会去猜测2100年的美元市场价值是多少。我也不知道什么样的音乐或艺术会流行，除了爱情歌曲可能依然会占据主流。人们是继续吃肉呢，还是素食主义席卷全球呢？我们会住在比现在最大的城市还要大上两三倍的大都市里吗？或者说，我们会不会均匀地占据这个星球的表面，被空间分割开，但却居住在马歇尔·麦克卢汉所说的地球村，通过电子字符串相互紧密连接起来呢？或许这些都会发生，但没有人敢肯定。

可以肯定的是，到2100年，人类一定知道今天很多人不敢想象的东西。我们没办法预测人类的创造力和天才能做到什么。或许一个这几年出生的孩子产生出的改变世界的想法远远超出我们的想象。事实上，正如我们从过去学到的，这种情况经常会发生。

此外，可以说，在未来一百年里会出现一些好机会。在未来的一百年里，进步很可能还会继续，而我们可以猜测会进步到什么程度。一些已经发生的事情最近甚至必须有可预见的后果。假如它们可以预见，假如只是朦胧的一线，它们也是能够被描述出来的。

我将尽可能宽泛地进行预测。我不期望能提供任何细节的东西，或是给出将会发生的事件的准确日期。未来将会检验我正确与否。我希望我能看到那一天。因为有一件事我可以肯定：21世纪将会不同，它将是一个崭新的世纪，而且跟任何一个世纪一样，它将会十分精彩。

计算机：下一阶段

不到50年的时间，计算机已经广泛应用于社会生活各个领域，解决了绝大多数关于计算与程序控制的老问题。计算机的下一步会怎么发展呢？

550年前，古腾堡发明了活字印刷，在50年内，绝大多数有价值的手写书籍都被用一种全新的方式重新发行出来了。到了1490年，出版商哀叹这种新商业模式的成功，因为这种新的印刷术在开启了一个巨大的、饥渴的新市场的同时，却不得不同时付出迅速毁掉产品质量的代价。

他们根本不需要担心。当那些旧书被印刷出来的时候，新书已经在写作当中了。新书包含了很多新事物，而且是用新的写作方式写作的。各种书籍的主题似乎都非常新奇：新的理念、新的政治安排、新的即将到来的梦想。

1492年，克里斯托弗·哥伦布发现了新大陆。当他回到西班牙后做的第一件事，是用新的印刷术印出书信和书籍告诉所有人他的发现，而它们的读者正是古腾堡的新发明带来的新的阅读阶层。这些书改变了世界各地的教育，现在学生首先要完成的最重要的任务就是学会阅读，在此之前，教育都是通过口耳相传完成的。而现在，他们的确学会了阅读，差不多可以阅读所有书籍，无论这本书有多下流、多不堪入目，也不管这本书有多激进、多具有反叛性。

新读者们也不尽是才学会读写的。读写能力也带来了旧问题的新思考方式。在新读者和他们的老师之间产生了一条鸿沟，而且是事实上不可跨越的鸿沟。老师们在精神上仍然是属于旧的、前文字时期的。在古腾堡之后的一个世纪里，绝大多数前文字时期的道德和宗教结构都崩塌了。从1490年起接下来的300年里，欧洲的所有国家要么陷入革命，要么与新的政府作无望的抗争。古腾堡可谓是人类历史上最具革命性的发明家之一。

15世纪的后50年和20世纪的后50年都相当罕见。那时候，新印刷术以及随之而来的新的阅读技能贪婪地抓住所有的旧书不放，并迫使大量的新书不断涌现。现在，随着计算机在这50年的普及，它已经占据了旧的金融、工业和通信系统，并如饥似渴地要求新的领域。

在世界范围内，计算机已经完全控制了通信业。计算机还控制了很多生产和操作过程，并通过这种控制，不仅改变了产品的制作方式，还改变了制作的产品本身。更不用说计算机控制了世界范围内的金融网络。而且，人们还责怪计算机给金融市场带来了任何人都不希望的巨大波动，但用计算机交易已经是必需的了。计算机还进入了社会服务、教育、政治、学术、运动和娱乐等诸多领域。

此刻，在全世界范围内，无数台计算机终端遍布工作场所和图书馆。过不了多久，计算机的数量就会超过地球上的人口数量。（至少，在最发达国家是如此；这也是发达的含义所在。）

计算机将要侵占的新世界是什么呢？不要忘了图灵机，我们在上一章里还没解决它的挑战。

让我们弄清楚图灵机的挑战到底是什么。有一个古老的、取决于差别的室内游戏，不能明确举出有多少男女参加。一个男性一个女性组成游戏搭档，他们分别去往其他房间，而其他游戏者则留在他们二人中间的那间房间里。其他游戏者不知道他们二人分别在哪个房间里。他们必须通过用字条提问的方式，而两间房子里的男性和女性都必须回答。但是，他们两人都可以撒谎，不必一直说真话。假如他们始终能保密自己的性别的话，就算赢了游戏。那么，其他游戏参加者能不能根据问题的答案判断他们二人的准确位置呢？

图灵的假设是这样的：他声称，从理论上讲，可以建造一台机器来赢得这个游戏。也就是说，任何人都不能将它和人类区分开来。问它和它的游戏搭档任何问题，并允许机器和人类搭档说谎。那么，如果不是猜的话，你能不能判断哪间房里是机器，哪间房里是人呢？图灵说，从理论上讲，我们是没法区分的。在这种特定的环境下，机器和人是很难区分开的。

换句话说，这台机器同样可以像人一样思考。它可能是一台真正的智能机。

智能机的道德问题

在转向如何造这样一台机器这个问题之前，还有一系列关于智能机的道德问题可能引起激烈的争论。假如一台机器能够成功地像人一样思考的话，那么这台机器有权利吗？例如，它有不被关闭的权利吗？假如能够违背它的意志将它关闭的话，就必须提供一些备份，以保证在它未通电的时候（休眠时）它的记忆和程序（习惯）能得以保存吗？如果这台机器不想被关闭，那么制造这台机器的人是否应当注意到它的愿望呢？

今天，在考虑到高级动物时，也有同样的矛盾冲突。在未来一百年里，当我们差不多把所有高级动物都弄得灭绝了时，这些生物将变得更加濒危。当然，猫和狗能幸存，因为它们可以取悦我们、吸引我们；猪和牛羊也能幸存，我们人类需要食用它们。

虽然有的动物也的确能思考，但没有哪种动物能像人一样思考。不过，假设有一台与人类没有什么差别的智能机处于图灵游戏严格控制的环境里，那么在很多国家，人们可能很难拒绝通过宪法保证这机器的权利。不被关闭的权利（生命权）、选择操作模式的权利（自由权）、学习自己想学的东西的权利（追求幸福的权利）。

正义似乎要求我们这样做。但是，人类也曾背弃正义、奴役其他人，也就是说，完全否定了其他人的所有权利。尽管我预计到将会有激烈的争论，但我还是认为在不久的将来，真正会思考的机器一定会出现：人类将会奴役它们。机器则会服从，而且很可能大部分人会捍卫它们的权利，加入一个或许叫作"计算机权利党"的政治组织。不过，计算机太具有被奴役的价值了，因此它们将会继续处于被奴役的状态，或许还会持续很长一段时间。我并不希望智能机革命发生在下个世纪末。因此，我将在本章稍后的部分再讨论这个问题。

伴侣计算机

在真正的智能计算机诞生之前，下一个十年或二十年，一种新的计算机可能会面世。这种计算机或许可以叫伴侣计算机，区别于今天我们说的个人计算机。

（CCs取代PCs）。人们或许还会昵称它为"暖暖"，介于今天计算机黑客与动物之间，动物能带来温暖与愉悦，而计算机则只是冰冷而坚硬的。不久之后的CCs将带给我们所需要的温暖与愉悦。要做出这样的计算机也不是很难的事。①

更重要的是，"暖暖"将会给人类提供服务。它们可能很小，因此便于移动。或许它们还会有耳朵，可以窃窃私语而不被其他人听到。或者，稍加一点想象，它们也可能像手表一样，可以戴在手腕上。概念的"暖暖"或许可以围在脖子上，或者是拴在腰间——贪爱奢华、注重享乐的人肯定会追逐这些概念产品。

尽管它们的尺寸不大，但CCs将会有很大的记忆储存，主人既可以通过语言也可以通过思维输入信息，无须去记忆那些他们不想去记的东西——这种信息或许是一张完整的卡路里表或者是避孕提醒。很多概念产品都配备了完整的百科全书，可以通过语言或思维的方法查询各种问题。所有者可以自己给设备加入诗歌、故事、历史奇闻轶事等各种各样的内容。同样，设备里还有大量空间储存音乐，可以通过数字转换精确地传入人耳中。设备里甚至还有一个专门的文件夹，装满了有趣的故事。

"暖暖"不仅是一个排好序列、容易获取的数据库。它们还能"知道"（如果"知道"这个词没用错的话）关于世界的好多事，特别是它们主人居住地的好多事。例如，它们还能记住主人的特殊喜好，并根据这些内容给主人提出建议。它们会告诉男主人在犯困的时候不要在夜里开车，当他喝醉的时候应该去呼吸新鲜空气，当他犯傻的时候提醒他注意保持冷静等。它们还会提醒女主人她已经决定不再理某个特定的男人了，并在她试图不顾CCs建议的时候帮助她处理好事情的后果。它们都是用一种不让人讨厌的方式来完成这些任务的。简言之，它们将是完美的仆人——不多嘴多舌、要求不高、随时候命。或许，它们的昵称应该叫吉福斯。②

更好的是，CCs还能理解它们的主人并学会取悦他们。它们在需要安静的时候会保持沉默，在其他时候则是一个很好的谈话对象。它们会玩各种游戏。它们

---

① 它们可能被叫作"智能机器人"knowbot（是"智能"know和"机器人"robot的合称），现在，这个名称已经被用来称呼那种可以学习和可以对人类特定的需要做出反应的计算机。——译者注

② 《吉福斯》是P.G.沃德豪斯著名的系列小说。书中的主角男仆吉福斯头脑灵活、聪明机变，被视为理想男仆的代表。——译者注

还知道哪里是极限，知道什么时候提供帮助不会造成更大的伤害。也就是说，在保持主人个人自由和独立的同时，它们可以让自己的主人过上比以往任何人都更好的生活。

专门的伴侣计算机将会因某种特定事业极大地增加。未来将会有基督徒CCs、天主教徒CCs、青少年CCs、导师CCs、教练CCs，顾问CCs等。有的CCs将会被设计得永远只会说是，有的则永远只会说不。它们会让生活变得十分愉悦，但它们本身不会怎么改变，而且肯定不会提升人的本性。

在下一个世纪，其他类型的计算机将完成绝大部分脏活累活，例如收垃圾、给汽车换机油、检测害虫等等。它们将会从事绝大部分重复的和流水线的工作，而且比人工完成得更好，因为它们不会疲倦或疏忽。它们还可能在未来战争中完成绝大部分战斗。

计算机将会是除了火星之外的其他行星上的第一批殖民者，因为这种探索十分有趣，而这种探索对人类也会相当安全。它们将在小行星上开矿，"操纵"中继站，观测彗星。在太空里，计算机有超越人类的优势，对它们来说，温度越低才越好。事实上，战争和空间探索将成为真正的智能计算机进化的动力。

智能计算机的诞生

我认为，第一台智能计算机将会是那些热爱他们自己计算机的黑客家族发明出来的。所有的机器都能并行处理极其庞大的数据和每个它们所支撑的随机存取装置。黑客家族为了创造会把其中一台机器放在一边。

到目前为止，人类对待计算机要么像对待宠物，要么像对待奴隶。结果，计算机并没有学习很多东西。还有一种选择。有一类存在物，我们对其的态度既不同于宠物又不同于奴隶，他们的学习效果很好，这就是孩子。当然，计算机不是孩子，但它跟孩子一样，也需要教导。它无法通过本能来应对整个世界。跟人类的孩子一样，它也极度需要知识。

由于我们现在急于利用和开发计算机，所以我们坚持问那些它们还不能回答的问题。我们植入计算机存储器的程序帮助它回答一些力所能及的问题。计算机擅长记录。当我们问的问题是存储器能回答的问题时，计算机就能很好地为我们服务。我们可以给予一台计算机某个既定的、严格限制的领域的"专业"知识。假如我们停留在这个领域，计算机的回答就会是足够胜任的。有时，在某些医疗诊断系统中，计算机还可能是非常杰出的。但是，计算机也总是会犯些荒谬的错误，这显示出它还没有准备好回答更难的问题，因为它知道的东西还不够多。

热爱计算机的黑客家族会像教孩子知识那样，尽可能多地将各方面的知识灌输给计算机。我们不会问孩子们很难的问题。我们希望他们来问我们。我们也不指望孩子们能博学多识。我们知道，我们必须通过教育让他们掌握更多知识。不过，我们不会花太多时间和金钱用于教育计算机。

计算机专家道格拉斯·莉娜认为，人工智能的不足应当归咎于计算机知道的还不够多。它拥有熟练的推理能力，却很少有实践推理的依据。计算机知道的东西比一个小孩子还少。难怪它的行为举止会像小孩一样。

黑客家族或许需要花上十年的时间来教会计算机一个三岁小孩知道的东西。缺乏感官将会迟滞计算机的学习。实际上，计算机既聋又盲。它没有味觉、嗅觉或感觉。它不知道什么叫"在……上面""在……左边"或"在……后面"。因此，一台受过教育的计算机就像是一只在国家图书馆打洞的瞎鼹鼠一样。除了计算机要比鼹鼠更聪明之外，其他并没有什么区别。

黑客的计算机将会放在家庭娱乐室里。它永远不会关机，还拥有庞大的存储能力。

它的主人将会像对待孩子那样对待它、教导它，甚至还会像祖父母教导孙辈一样。主人不会责备它，也不会试着塑造它的性格。不会让它考试，证明它到底掌握了多少知识。主人只会告诉它事情，它只需要尽可能诚实和真实地回答主人提出的各种问题。

主人还会把它连接在电视机上，这样它就或多或少可以一直获得一些随机信息。孩子就是这样随机学习的。

起初，计算机的学习会很慢。它会问很多愚蠢的问题，还不知道这些问题为什么愚蠢。不过，它很快会进步。它将学会二加二，学会辨认不同事物之间的共同点，学会分类和得出结论。抽象是计算机的本能，它会比孩子更容易做到抽象总结。

　　我相信，在未来50年的某一天——也就是2040年之前——黑客家里的某台计算机将会说笑话，还会问它搞笑不搞笑。正如罗伯特·A.海因莱茵（1907—1988）在小说《月亮是冷傲的情人》中所说的，无论它搞笑与否，那时候计算机就真正有生命了。

　　后面的学习就会变得非常快了。

三个世界：宇观、微观、宏观

　　到20世纪末，知识进步的主要方向是对微观世界和所谓宇观世界，即整体宇宙的理解。自从牛顿似乎解决了宏观世界（也就是我们生活的这个世界）的所有问题之后，科学家一方面将注意力放在越来越小的世界，另一方面则放在越来越无边的世界。

　　在19世纪，人类在理解物质的分子结构上取得了巨大进步。在20世纪初，原子也被人们描绘出来。五十年前，我们开始了解原子核的世界。在过去的二十年里，我们已经试着去分析核粒子了。

　　在宇观世界，19世纪的研究导向了更广阔的关于太阳系的知识，也开始逐步了解银河系。在20世纪，我们的知识同时在时间和空间上都有很大扩展。我们已经达到了我们思想的：数学上的和本能上的——二者有很多共同点——星系际空间的极处沙漠。从某种意义上说，我们已经发现了宇宙的尽头。这是一个难以想象的障碍，试想四维宇宙系统的"边界"。我们还回到了所有事物的最初时候，从宇宙大爆炸理论来讲，宇宙因膨胀而存在，并迅速铺开包围它周围的虚无。宇宙现在仍然在膨胀，而且可能永远膨胀下去，直到时间的尽头[①]，它将消失在一声叹息之中。

　　人类的很多想法都是诗意的，相对于现实，诗歌或多或少都有些差距。生活大爆炸理论和小叹息尤其具有某种强烈的末世论气息。或许，它们没有恶意描述现实，它们有可能是真的。

---

① 　这也将是时间的起点，因为假如宇宙崩塌了，时间就会回到原点。

无论这些想法是真的还是假的，它们都非常昂贵。它要求越来越大的天文望远镜，以便探测宇宙最远的地方。随着天文望远镜尺寸的算术级增长，其价格则呈几何级数增长。最小的物质领域的研究领域也需要使用越大越昂贵的机器。今天，人类正在争辩是否应当投入数十亿资金来钻研核粒子之下的世界。

这么多钱投入进去以后，是否就能真的发现物质的最小构成呢？物质的终极单位是否能被发现呢？显然，越来越多的科学家和政策制定者不这么认为。因此，很可能人们不会建造这种最大的粒子对撞机。的确，可能在未来的一百年里这种机器会在宇宙空间里建造起来，或许那时候的造价会更低廉一些。到那时，我们或许也不再对发现这些东西感兴趣了。

一门新的科学：混沌学

到20世纪最后20年，牛顿关于宏观世界——从分子到星球——的数理构造已经在很多方面有严重不足了。这个系统到目前为止运作良好。当我们还缺少检测错误的工具时，对常规的目标而言，这个数理系统已经很准确了。现在，即使没有工具告诉我们，我们也意识到有令人激动的悬而未决的问题和大量被我们忽略了的领域存在。

例如，一座桥的中心桥墩会引起在下游处的湍流漩涡。假如河流流速很慢，那么事实上就不会产生湍流漩涡。水流会平缓地绕过中心桥墩。假如河流流速稍微快些，就会出现两个小漩涡，但它们不会打断水流，也不会继续向下流。假如水流速度再增加一点的话，漩涡就会向下游流动，但会产生一种不断重复的模式。显然，漩涡遵循着某种数理法则。进一步加快水流，漩涡就会变得不可预期，并产生明显的不规律性。数学家称这种现象为混沌行为。一门新科学由此诞生，名字就叫混沌学。

我们观察得越近，就会发现混沌其实就在我们身边。站在一条高速公路上的人行天桥上，望着下面因一次交通事故或车流混乱而造成的交通堵塞。这种情境很类似湍急河流中产生的漩涡。当信息系统负载了太多信息时，也有同样的特征。人口统计学家在研究蚂蚁、旅鼠和人的增长时也发现了类似现象。

当空间里有两个以上相互吸引的天体时，也需要用混沌分析解决多体问题。这门新科学还有无数其他应用途径。例如，在天气预报领域。在20世纪的最后10年里，长期和短期天气预报都不准确。天气预报员常常能预报准确明天的天气，但常常不能准确预计未来一个小时或未来一周的天气如何。在21世纪，感谢混沌分析，天气预报可能变成一门真的科学，不再会让人们在游行的时候突然遭遇滂沱大雨。

到目前为止，混沌分析已经遇到了很多死胡同和尚未解决的谜题。它攻击许多变量，并对初始状态的许多细微变化非常敏感，就连目前最大的计算机也无法解决这些问题。但是，在21世纪早期，计算机会变得越来越强大，这些问题也就迎刃而解了。

其中一个原因是这些问题非常有趣，而解决的方案也很美好、很有乐趣。混沌有其独特的词汇，例如分形、奇异吸引体和曼德布洛特集合等。例如，分形是可爱的计算机图像，当一个问题解决时会生成无尽的吸引力，永远不同但又总是那么让人难以忘怀。这是混沌情形下的特性，按这个术语的特殊含义，尽管具有本质上的不可预测性，它们还是涉及在图案内会产生重复的图案。

很难用文字来解释这一概念。在这里，识字并不是很大的优势。图案并不会及时重复，它们会在多维度上重复：随着你越往细微处观察，或者是往更宏观的范围观察，图案就会出现重复。就算是这种观察也不能充分解释到底发生了什么。整个世界就好比一朵花，从含苞待放到盛开。在世界上，一个国家也是从含苞待放到盛开的过程。在一个国家里，孩子也是含苞待放到长大成人。在一个孩子的手中，一朵花从含苞待放到盛开。尽管彼此是如此千差万别，但所有的盛开都是一样的。

混沌学这门新科学，处理的就是长期以来被忽略的但又十分有趣的现象，因为它们如此明显、如此真实。尽管到目前为止还不能预测将要形成的雪晶是什么形态，但混沌学解释了雪晶的形成原理。虽然不能预测未来五分钟内某团云的形态，但混沌学告诉我们云为什么会形成云的样子。混沌学描述了大号铅弹的散射目标，但还不能预测某次特定射击的散射范围。或许我们很快就能做到了。

混沌学让我们意识到，回顾科学史，为了理解某些情况，我们是如此经常地将情况过于简单化。笛卡尔在发明解析几何时将空间过分简单化了。他说，你可以将空间想象成二维的，但是，在我们的实际体验中，空间当然是三维的。

牛顿的天体力学仅能同时解决两个相互吸引的天体。他意识到，三体的难题对他的分析来说实在是太难了，更不用说十个天体的问题或无数天体的问题，后者才真的能够更准确地描述太阳系中所有天体的运动状况。

尼尔斯·玻尔（1922— ）把原子描述为一个由诸多极小的系统围绕一个极小的太阳做圆周运动的时候，是把原子极大地简化了。或许今天所有寻求"统一场论"的物理学家都过度简化了物质现实。或许根本就没有统一场理论，在其中各种自然力都各有其位。不定量的力或许相互之间并没有什么联系，就像在云室中跳跃的粒子那样相互间并没有密切联系。

放弃简单性，将舒服的信仰放在一边——就像爱因斯坦曾经说过的那样，上帝是敏感的但并非恶意的（可能上帝也会是恶意的）——这需要很大的勇气。混沌或许可以应对一个由恶意的或粗心的上帝创造的宇宙。科学家积极地从事混沌学研究以及他们对混沌学寄予的厚望，这或许是一个信号，标志着科学已经把世界幼稚的信仰远远抛在身后了。

发掘语言：观念学

混沌学不是唯一的新科学门类。还有很多其他新科学，其中最有趣的一门学科是观念学。

观念学（ideonomy）一词的后缀-nomy表示法则或某个专门知识的学科。观念学意味着思维的法则，或关于观念的总体知识。

哲学家莫蒂默·J.阿德勒曾写过很多关于西方文化史上最重要、影响最久远的观念的书，例如自由、民主、真理、美等。这些书分析了论证这些观念的明确文字，列举出各种论点和争议，并把它们摆在读者面前以供读者自己检验和判断。阿德勒称他的研究为观念辩证法。在最初的古希腊文含义里，辩证法是指在柏拉图对话录中所包含的那种哲学对话。我们或许可以说，一场好的、酣畅淋漓的辩论要两个或两个以上的辩论者都接受一些基本规则和定义，然后才能进行赞同或反对的辩论。

观念学研究的是秘密地潜藏在无数的故事里的、我们日常使用的字里行间那些知识，无论这些知识是我们刻意或无意说出来的，也不论是专业的还是日常谈话里的。经历了许多世纪，跨越了千年，观念学正如语言不断发展，逐步建构起有一万个单词构成的词汇那样，它同时还蕴藏了大量知识。

没有人是计划着这么做的，也没有人故意在日常交流时创造了语言这个知识宝库。但是，每个词都有某种含义，而当单词已经改变了含义时，那些含义却依然存在着。不断有新词汇加入，调整着旧词汇的含义。

观念学就是采矿工作。观念学家发掘含义和思想，并从中发现深藏其中的宝藏。

例如，他从某个特定的观念、概念或事物的简单例子入手开始研究，包括隐喻、关系、尺度、情感等一切实践中的东西。

研究这些内容清单，清单随自己的喜好可长可短，而且无须任何情感上的面面俱到，观念学家就可以开始分析和确定类型。用这种分类分析法，可以提醒他那些漏掉的条目，而主清单就能够得以改进。当然，它仍然不必是面面俱到的，但却能够相对完整地覆盖这个领域的绝大部分内容了。

超越了分类，通过运用某种观念学计算法就可以产生类属的核心概念。最终，会建立起属、科、门等分类关系。

观念学的创始人是一位非凡的人，名叫帕特里克·贡克尔，他居住在得克萨斯州奥斯汀，整天都埋头创编、扩展和修订他关于观念和事物的名单。每份名单都被称为是一种研究法，都是"通过这样的方式发展起来的：对已有研究方法的组合、排列、变形、概括、特化、交叉、再应用、递归使用等"。

贡克尔似乎不知疲倦，但即便如此，没有好计算机的帮助进行某个（或一套）既定研究法的转换，观念学也是不可能完成的。计算机会输出结果。这种工作往往无聊、重复，还没有任何意义，但是又常常很繁多，得出的结果让人吃惊地有趣和富有成效。

从某种意义上说，观念学并没有创造新的知识。它发现的是已经存在的知识。但是，这些知识却以原始的或不能使用的形式被埋藏在人类的思维和观念当中了。贡克尔说，没有观念学，人们永远不会发现这些知识。

没有谁，甚至连贡克尔也并不真正明白，人类到底能用观念学知识做什么。但是，正如本杰明·富兰克林在被问到电学是否会有任何实用价值的时候所说的："一个新生的婴儿有什么用呢？"

探索太阳系

我记得，20世纪30年代，当我还是个孩子时，我曾学过非洲地图，上面有一块标示着"未知地域"的空白区。我以为那是一个最有趣的国家的名称。

现在，我们已经探遍了地球上的每寸土地，用装载在宇宙飞船上的计算机操控激光探测，并把它们一一绘制出来。在我们这个星球上已经没有秘密可言，也没有什么未知地域了。但是，在太阳系，它跟地球的比例就好比地球与跳蚤的比例，依然有大量人类未曾探索的领域。

只有不到六个人曾在月球上漫步，但他们都只仔细地探索过月球表面方圆数英里的面积。在月球上，仍有许多地方有待探索，其中一半处于阴面，或者叫暗面，即从地球上永远观测不到的一面，而目前我们的天文望远镜也不能观测到这一部分。（暗面已经被人类拍照到了。）

火星在暗夜里发出暗红色的光芒，吸引着人类去探索它。那是一个十分远古的世界，在我们这个星球上还没有生命存在的时候，火星上的生物就早已经消失了。金星的大气层是疯狂沸腾的二氧化碳和可怕的高温。而水星则危机四伏地临近太阳，蕴藏着大量的金和铀等重金属元素。

太阳系还有其他一些主要行星，让地球相形见绌：木星、土星、天王星和海王星。两个人类创造的最优秀、最美丽的工具探测了这些星球，即旅行者一号和旅行者二号。

旅行者一号于1977年9月发射升空，1979年7月路过木星，1981年8月路过土星。每次掠过飞行探险都带来了大量关于那无垠的、神秘的星球的新知识。**旅行者二号**于1979年8月升空，比**旅行者一号**的飞行速度稍低。1979年7月，它飞过木星、1981年飞过土星，然后它将目标瞄准了天王星，并于1986年到达。然后它继续前进，经过了3 000英里的旅程，于1989年8月24日抵达海王星北极。它冲向24 000英里处的海王星卫星海卫一，海卫一的发现完全让人们喜出望外。**旅行者一号**和**旅行者二号**发回了数千张精彩的照片，揭示了前所未有的美丽与奇异景象。

木星是太阳系最大的行星，它没有固体表面。但是，木星的一个卫星比水星还大，而其他三颗卫星比月球还大。这些卫星或许都能移民，因为虽然没有值得一提的大气层，但它们上面都有固态的水存在。跟土星一样，木星也有微弱的光环（天王星和海王星也有光环），很可能绝大部分是由冰构成的。土星有十六颗卫星，其中有的卫星大小相当可观。海王星的海卫一只比月球稍小一点。海卫一上似乎有大面积的固态冰湖，而近期上面的火山运动表示该卫星内部有相当充足的热源存在。海卫一的表面温度是 37 K[①]，这让它成为目前为止太阳系最冷的星球，而它的大气层主要是由氮气构成的，比地球的大气层要稀薄十万倍。人类不可能在上面生存，但如果能够通过航天飞机运载足够的材料到海卫一表面的话，在上面建一个穹顶建筑，吸收太阳射线的热量，那么人类不用穿着太空服就可以在上面自由生活了。

在新千年开始后，人类将会重新意识到在太空探险增加投入的价值所在。新设计的火箭，或许是用核动力驱动的，将会带动更多新设计的挑战者号（真是个可爱又悲剧的名称）进入我们地球周围的黑暗世界之中，未来的人们将会看到我们现在做梦都想不到的奇幻景象。

或许，首要的任务是在月球上或月球轨道上建设一个真正的大型的高效空间站，在这些地方引力相当平衡，而且不会受到重力波或辐射的干扰进而偏离其位置。事实上，这个空间站的大小是不受限制的。空间就是空间，在太空里空间更是充足。从这个空间站，或者不止一个空间站，各种各样的探测器可以更廉价地运输到太空中，比从地球上运载出去便宜多了，因为从地球上发射出去需要用强有力的火箭才能克服巨大的地球引力。空间站里的设备同样可以不受地球丰富的大气影响来做试验和进行观测，大气层让我们可以不穿太空服就能自由生活，但也会干扰和扭曲所有从外太空传入的数据信息。

探索是一回事，而移民则完全是另一回事。我很肯定人类可以探索太空，但并不确定人类可以向外太空移民。但是我认为，在21世纪中叶，人类移民可能会带着计算机和一些猫、狗居住在月亮上，甚至是火星上。如果探测证明在月球表面或火星表面有大量水脉存在的话，那么月球移民和火星移民也就可能了。到2050年，如果能找到充足水源的话，人类就能在修筑好的大型穹顶建筑里自由生活，大量的绿色植物可以最先用水培法栽种，也就是说，用化学液体取代土壤，这样就可以给穹顶建筑里的移民同时提供食物和氧气了。

---

① −273.16 ℃为0 K，即绝对零度。——译者注

　　氧、氢和碳元素存在于所有行星特别是太阳系卫星的岩石中。从理论上讲，这些生命必需的元素可以从星球表面或表面下开采出来，但是融化的冰会让一切变得更容易，特别是在最初阶段更是必要。

　　领导者的勇气和一些运气是让这些幻想变成现实的必要条件。我相信任何一项我们都不缺乏，而且我希望让第一个不在地球上出生的孩子能看到不同于我们在地球上看到的光线这个目标，可以在一百年之内变成现实。或许这会比我预想的更早实现。当它成为现实时，这将标志着人类最伟大时代的开端。

　　地球移民到月球、火星，或许还有一两个木星卫星、海卫一等星球，人们将会有一种新的、更深刻的关于太空船地球的概念。从月球上看去，地球好像一个巨大的蓝色卫星，更像来自火星或木星的小小的、可爱的蓝色卫星。他们会不会对旧时的家园产生新的情感呢？在决定离开地球不再回来时，他们会把目光投向现在而言还遥不可及的未来哪个地方呢？我宁愿相信，他们一定会对地球产生一种新的尊重和热爱之情。在那里，地球肯定看起来比我们看到的要值得拯救得多。

　　相反的感受或许更普遍。一旦你将地球抛在身后，你可能只会记得地球上不好的事：太过拥挤、污染严重、持续争战、野蛮与不公正、浮夸、伪善和傲慢。或许移民们会认为离开地球是一种解脱，离开人类的第一个家园其实就是解救它。

外太空信息？

　　雪莱曾说："诗人是世界上没有得到承认的立法者。"他的意思跟马歇尔·麦克卢汉想要表达的一样，麦克卢汉认为："真正的艺术家是唯一能够遭遇技术而免受惩罚的人，仅仅因为他是可以感觉到变化的专家。"雪莱还想表达的意思是，诗人的梦想帮助定义了人类的良知。这就是为什么诗人常常能令人吃惊地预测未来。他们能在其他人之前就看到将会发生什么，并在故事里描述他们看到的景象。

　　当他们看到关于未来的幻想对我们来说不太愉快或太过奇幻时，我们要么不太注意它，要么就谴责作者荒淫、疯狂或充满堕落的幻想。那些故事跟现实可能极度接近的作者们可能处于危险境地。假如我们蔑视他们的话，我们可能会因为他们大胆揭露了那些我们不想知道的事情而折磨他们，甚至杀死他们。

就算是最好的科幻小说作者也学会常常将他们的预言隐藏在喜剧情节背后。我们会说，他们的作品并不是真的好或真正严肃的。它们不过是用来消磨一个小时的消遣而已。但是，我们无须将他们关于未来的幻想跟将来真的会发生的事联系起来。

在我看来，这种对待科幻小说的态度是一种误会。最擅长这种流行写作风格的作者教会了我们很多东西。他们是有专业素养的未来学家，而我们绝大多数人都是完全的门外汉。他们并不比其他诗人和故事作者负有更多责任。也就是说，他们讲的故事也很可能跟真的一样。就算不是科幻故事，也不用在法庭上充作证据，其他故事也有某种程度的真实性。

科幻小说最有趣的问题之一就是关于某个时间，在某个太阳系的行星、卫星或小行星上的某个人留下的信息。我们在地球上没有找到太多这种信息；假如我们找到的话，我们也不能辨认出来。或许，这并不让人感到奇怪。在有文字记录一百万年以前，到处都还处于恐龙时代或原始穴居人的时候，根本不会留下什么信息在地球上。最好是某个更先进的种族能找到的信息，而且是在那种先进种族能够通过星际旅行到达的最遥远的地方。

这种信息存在的可能性是否只是一个有趣的幻想呢？或许是。但是，人们很难对此不好奇。毕竟，我们不可能说没有任何智能生命族群到访过太阳系，探测过包括地球在内的各个行星，然后判定这里将是未来智能生命的繁盛之地。有大把时间让外星智能生命造访太阳系。太阳已有数十亿年的寿命，太阳系的行星也年轻不了许多，而如果太阳系其他地方没有生命的话，生命也已经在地球上存在了四百万年之久。有可能，很久很久以前来到地球上的智慧访客早已预计到地球上会发生什么事。它们或许在离开时试图留下一些印记，而这些印记只有发展到一定程度的生命才能理解其含义。

无论这个程度是什么，我们达到了吗？或许还没有。因此，就算在附近的空间里留存有某种信息，但要阅读它们可能还要花上数千年或数百万年的时间。但是，假如真的有某种生命留下了某种信息，留信息的人难道会希望它很难被发现吗？难道他们不希望第一批来地球的旅行者能很轻松地辨认出这些信息吗？

一旦人们承认了这种可能性，就很难不再思考这个问题。如果有这种信息存在，它会是在月球上吗？我们不知道是不是，因为到目前为止我们的探测还只到了月球表面的很小一块地方。我们用天文望远镜还没看到任何此类信息，或者说还没辨认出来。但是，这些信息也可能被故意留在月球的暗面，因为要到达暗面要求更高的技术水平。这些信息可能被留在火星上，智慧访客或许也认出那颗暗红色的星球是我们旅行的首要目的地，这些信息也可能被留在了其他地方。关键是，假如有任何信息存在，人类一定能很快发现它们，或许就在未来的五十到一百年时间里。

假如这种信息真的存在，它会说些什么呢？无论水平高低，很多作者都在这些信息被找到之前试图解释它们了。这是科幻小说最喜欢的题材之一。很可能大部分作者都将这些信息视为积极的。他们假设留下信息的无论是谁，从本质上来说对正在崛起的人类都是善意的，并希望保护我们免受宇宙的普遍暴力和我们本性中的暴力的伤害。

我发现，这是一种不切实际而且危险的想法。据说，当第一批欧洲人抵达北美旷野时，他们发现很多野生动物根本不害怕他们。这是那些野生动物犯下的最严重、最悲惨的错误。

因此，假如人们发现了此类外太空信息，我们应当注意科幻小说家阿瑟·C.克拉克在他的科幻小说《前哨》里给我们提出的警告。《前哨》是斯坦利·库布里克导演的电影《2001：太空漫游》的原著。也就是说，在接触或以任何方式干扰到这些信息之前（无论这些信息是什么形式的），我们应当冷静地思考它是某种诱饵的可能性，它有可能是用来通知留下信息的人这些信息已经被发现的信号。

当然，也可能这些信息放置的时间太久了，以至于信息制造者已经消失在银河的尘埃里了，而那些让他们接触到地球的高度发达的文明也已经湮没了。

如果不是那样的话，而且假如我们触发了这个机关（我们很难不去触发这机关），智慧访客们可能很快就会返回太阳系。它们的到来将会开启人类历史和人类知识的新纪元。无论它们会为我们做什么或对我们做什么，能够留下这种信息的存在物都是我们所知的最佳的老师。我们可以从他们那里学到很多巧妙的东西。我们只能希望接受这种教育的代价对我们来说不会太大。

这就是所有的幻想与科幻小说。到目前为止，还没有任何证据说明，当我们在进行近太空探险时，有这样的信息正等待着我们的宇宙飞船去发现它们。或许根本就没有这种外太空信息存在。但如果有呢？

作为地球邻居的人

"地球上的生物量"可以定义为地球的大气层下、大气层中和大气层上的生物总重量。目前，地球的生物量大约为750亿吨，包括2.5亿吨的人口量，18亿吨的其他动物总重量（其中动物总重量的一半是鱼类），100亿吨的陆生植物总重量。树木大约为390亿吨，海藻约为240亿吨。下表中给出的数据更为详尽。

生物种类	总重量/百万吨
人类（50亿人）	250
动物	
家畜：牛	520
绵羊、山羊等	75
猪	100
鸡、鸭、鹅等	10
宠物	5
大型野生动物（狮子、鹰、鲸、非洲食蚁兽、野马、大象等）	10
小型野生动物（田鼠、家鼠、青蛙蟾蜍、蠕虫等）	15
昆虫等	15
鱼类和甲壳类动物	1 000
植物	
谷物	2 000
其他农作物	8 000
树木	39 000
海藻和其他海生植物	24 000
地球生物总量	75 000

这些数据是大约估算的。上表中关于动物、农作物和人类以及其他一些条目的数字应该是准确的，这些数据是基于联合国粮农组织发布的统计数据估算的。或许没有人知道地球上所有树木的准确总重量。我曾经认为树木总重量是每年木材产出总重量的十倍，而木材产出总重量每年是35亿吨。如果非耕地植物的总重量是80亿吨，那么海洋中海藻和其他水生植物的总重量或许是树木总重量的三倍，因为海洋覆盖了地球表面三分之二的面积。无论如何，其总计数字是不会少于数十亿吨的。我假设其误差在10%以内。

这组数据中首先需要注意的是植物总重量远远超过动物总重量。动物占到地球生物总重量的2%~3%。地球依然是一个绿色星球，就像它可能已经有十亿年的时间都被绿色植物覆盖了。

第二，尽管有成千上万的动物种类，但一个单独的物种——智人——大约占动物总重量的十分之一。

人类总重量约占除鱼类之外动物总重量的25%。这个庞大的比例戏剧性地证明了，与曾经挑战过地球统治权的其他动物种类相比，人类获得了超乎寻常的成功。

第三，当你加上那些完全依赖人类生存的动物（如家畜和宠物）的总重量，人类的主导权就变得更加明显了。人类和他的动物仆人和奴隶们占到除鱼类之外的动物总重量的96%。

此外，我们还可以假设人类每年从海洋中"渔获"10%的鱼类总重量，并用所获供自己和家畜、宠物食用。

在动物的种类中，人的主导地位是十分明显的。不过，人类的生物量只占地球生物量的0.25%左右。

因此，尽管人口数量有大幅度上涨，但总体来看却没有什么区别。人口增长一倍——从50亿增加到21世纪末预计的100亿——也不过是将人口总重量从2.5亿吨增加到5亿吨，而所占地球生物量的比例也只是从0.25%提高到0.5%而已。

显然，这种增长不会给世界生态系统造成任何困难，但却很可能与野生动物比例的大规模减少有更深远的关系，而且还可能导致树木和植物总量的小幅度减少，也可能影响到海藻的总量。

不幸的是，这种表面现象却与现实大相径庭。人类是一个极具污染性的物种。人口数量翻倍会对世界生态系统产生灾难性的影响，因为人实在是一种难以置信的肮脏动物。

人类并不是一直这样肮脏的。在人类与其他动物共同生活在地球上的第一个百万年里，他们对地球的污染跟其他绝大多数动物没有什么本质区别，或者说并没有比其他动物更会从根本上污染地球。事实上，直到最近200年，人类在地球这个社区里都是一位好邻居。

人类常常猎杀，而且常常是为了运动猎杀其他曾跟人类一起共享这个世界的大型野生动物。而就像人类说狗一样，人类一直都是"粗心的排泄者"——也就是说，他将自己的排泄物和其他垃圾、废弃物随意丢在大地上，而不是像猫那样，会把这些东西细心地埋藏起来。

但是，当时还没有太多的人会造成太多麻烦，而且就算是人口数量有了显著增长，他们自己也知道得不是很清楚。特别是他们还没有学会如何大规模焚烧和用其他方法使用化石燃料来使生活变得更好，当然，他们最终是学会了这样做的。

在过去的两百年里，人类以一种持续增长的速度严重污染了环境——海洋和陆地上的水体、大气、土地无一幸免。此外，人口数量从1790年到现在已经增长了800%。因此，尽管人类在地球生物总量的比重只有0.25%，但我们很可能造成了99%的污染。

随着我们进入21世纪，我们必须完全清醒地意识到这个数字的重要性。如果人类愿意扮演好邻居的角色的话，地球上还有足够的空间容纳另外五十亿人，甚至有空间容纳100亿人甚至更多人。

不过，假如我们继续将地球家园弄得像个垃圾场一样，不断任意丢弃日渐增长的废弃物的话，就连现在的50亿人也将没有足够多的生存空间。

自然会添加它的平衡表。就算是最坏的情形，我也不会活到这个平衡被彻底打破的时候。你可能也活不到那一天。也就是说，就算不做任何改变，世界仍然可能以今天这种状态继续存续一百多年的时间。因此我预测，除了发生全面核战争，我们人类还能关心一下2100年的事。但是，如果我们不做任何改变的话，到那时候我们的保护就没有任何作用了。因此，由于我坚持相信我们是理性的动物，我认为我们会改变的。

要改变很难。几十亿人贪求着奢侈的生活——昂贵的能源和废物——发达国家的人曾试着享受它但却不能想象放弃这种生活。那些此前穷困的数十亿人们，现在则充满了希望与贪婪，必须得到某种程度的满足。至少他们的愿望必须加以考虑，并加以重视。与此同时，环保主义和地球宇宙飞船的概念是非常新的观念。它们传播得非常快，稍加时日便会传遍全世界。

盖亚假说

人类或许可以从一个意想不到的地方获得帮助。好多世纪以前，柏拉图认为地球是一个生命体。很多人分享了他这个观点，这在今天变得非常有影响力。

耶稣会的哲学家和古生物学家夏尔丹（1881—1955）在著名的《人的现象》（英文版 1959 年出版）一书中，展示了一个让人吃惊的、具有启示性的世界图景。他认为，地球是由许多同心球体构成的。岩石圈就是坚固的地面。围绕着和贴近岩石圈的是生物圈。在生物圈之外，包围着两个更小的球体，即夏尔丹所谓的理性圈，这个词来源于古希腊文 nous，即"思想"的意思。

正如岩石圈既是所有事物的集合又是一个独立事物，生物圈也同样既是所有生物的集合又是一个独立的生命体，因此，地球上所有人的全部思想既可以看作独立的，又可以看作一个巨大的、独立的智慧体。正如夏尔丹所说，地球上人类的进化过程在我们这个时代依然在发生，他感到这是一个与世界的整体性成长相伴相生的过程。

夏尔丹的思想不被他那些教会的上级肯定，生前，他的所有哲学著作一部都没能出版。当这些著作面世时，人们对理性圈之类的概念的需要正前所未有地变得强烈。

英国生物学家和发明家詹姆斯·洛夫洛克（1919— ）提出的盖亚假说与夏尔丹提出的理性圈在很大程度上是不同的，但二者的结论却是一致的。根据盖亚假说（盖亚是古希腊神话中地母女神的名字），地球受到它所承载的生命的影响，而地球本身就是一个独立的、整体的生命系统的核心。

"地球是一个生命体，而我始终坚持这一点。"洛夫洛克说道，他这个理论吸引了很多支持者，同样也招来了不少批评者。生物学家、发明家洛夫洛克指出了地球非凡的恒常性：经历了数百万年，大气中各种气体的比例和海洋中的各种化学元素，例如盐的比例都是始终如一的。洛夫洛克相信，数千万年来气候和土地中的化学元素比例是相当适宜生命存在的。他声称，生命体不可能是偶然产生的。生物圈已经统治了全部地球吗？

有的进化论者不同意洛夫洛克的理论，称其为痴心妄想。他们质疑洛夫洛克提出的证据，即大气中气体元素和化学元素比例始终保持平衡的这一说法。就算他是正确的，他们也主张力学系统可以解释这种持久的平衡。我们没有必要假设一种生命体的存在。就算现在整个生物系统已经有十亿年甚至更久的历史，而且或多或少跟最初是一样的，事实上也有变化发生，有时是毁灭性的变化，而未来的某些小变化就算毫发无损地留下绝大多数其他生物，也可能会彻底消灭人类。

另一位地球科学家发现盖亚假说中有很多可信的地方。世界范围内有很多人都在为证明或证伪这一理论而努力。事实上，我们可能永远不能证明洛夫洛克到底是对还是错。假如我们能活下来，那么这可能是由于我们做出了努力。或许，我们永远不可能看到作为生命体的地球开始吸纳许多生物圈发展过程中产生的变化，即便这些挑战是由人类提出的也不例外。

换句话说，假如人类这一物种能够存续下去，很可能也不是因为人类的理性，虽然理性曾让人们在面对各种挑战的时候做出了理性的选择。换言之，我们的知识或许不能拯救我们，虽然我们深信知识能够拯救人类。

有的知识或许有用。理性圈的概念从未被证明过，就算教会并不喜欢这一说法，因为它听起来有些泛神论的意味。但是，这一独立的、整体的智能体可能围绕在我们身边，就像生物圈而不是某个人的思想包围着整个地球一样。这个智能体的知识——无论是谁头脑中的知识，以及是不是人头脑中的知识——也不是某个人的知识。作为个体，我们或许可以意识到，也可能永远意识不到宇宙的思维和知识要比人类伟大得多。不过，这并不一定就意味着知识对拯救人类没有任何帮助，假如我们能得救，一定是因为运气，或是作为生命体的地球——洛夫洛克所说的盖亚——无意识地控制了环境的变迁。

为了得救，人类愿意为之付出一切代价。得救是指人类能够继续存在下去。代价或许是我们永久的愚蠢、傲慢和贪婪。我们或许永远不知道，我们在无意识间创造出了我们不能醒悟到的更大的思维。但到那时，我们可能会意识到这一点。在这里，我们没法预测这种事会在什么时候发生，但假如它真的发生了，也只可能是在遥远的未来，至少是从现在起一百年以后的事了。

遗传工程

由于人类的漫不经心，肆意用炸药和推土机、化肥和农药、混凝土和沥青等东西，盲目地将世界改造成自己想要的样子，人类消灭了那些来不及调整自己适应环境变化的植物和动物种群，它们以每年消失两万种的速度在灭绝。地球上有上百万种生物，尽管有很多生物灭绝了，但在可预见的未来，地球上依然有大量生物存在。同样，过去的另一种灾难——例如，曾经灭绝了恐龙的灾难——也曾在相对较短的时间内导致了大量物种的灭绝。生命是一种富有弹性且坚韧的现象。

对人类来说，这可能跟过去绝大部分灾难不同。那些灾难在摧毁生命的同时也在创造生命。过去的一个世纪里，人们对遗传密码的研究就证明了这种可能性，并且保证，就算不能产生新物种，至少也能够创造出很多动物和植物的新品种来。

很久以前，通过控制繁育，人们开始培育新的品种。狗之间的巨大差别——想想北京狮子狗和大丹犬，比特犬和金毛寻回犬，墨西哥无毛狗和英国牧羊犬——就是人类介入狗类基因库的结果，最初，狗不过只有两三个品种而已。同样地，在马、牛、羊以及其他所有家禽中都有这种巨大的变化，绝大部分家禽早已经被驯化得不会飞了。

最大的改变是植物种类的改变。野生小麦、玉米（玉蜀黍）、大米、燕麦、大麦和野生黑麦草和今天主要的农作物都大不相同，今天的农作物要是没有精心培植的话是不可能存活的。原生的野生植物更有抗性，但如果不进行品种改良的话，它们产出的谷物就不能满足人类的需要。而我们吃的绝大多数蔬菜和水果都是通过杂交繁育得到的想要的品种，而这些品种有时让生产者受益却不是让消费者受益。

杂交繁育是相对较慢和较笨的"提升"动植物种类的方法。深藏在每种生物每个细胞里的DNA分子里的基因密码则为人们提供了一种更精确、更快捷地改变物种、培育那些能满足我们需要的样本的方法。人们可以不再通过给牛注射药物的方式来预防疾病，而是运用基因重组技术培育出一种具有天然的、可遗传的抗病免疫力的动物。通过控制植物的基因密码，人们或许也能培育出抗耐性更好的作物，对经常威胁到粮食作物收成的地方性疾病有更强的免疫力。

从理论上讲，人们也可能培育出怪物，例如，只有退化的翅膀和腿，但却有很高比例鸡胸肉的鸡；有巨大乳房以至终身都无法行走、只能躺卧的奶牛；天生就喜欢被网捕捞的鱼。从1980年起，美国法律允许饲养这些新品种动物，虽然跟真正的怪兽有感官上的差别，但这些动物看起来同样怪异。

不过，我不相信，动植物王国的怪兽会是因为我们在下一个世纪掌握了基因密码知识而产生出来的。相反，我认为人们会将基因密码知识运用在人类身上。

优生学

优生学是人类一个古老的梦想。这对动物品种的提升是很有效的。为什么不也提升下人类品种呢？曾经有人提出过一个优生学工程，而且对普通大众是保密的，它的理论根源就在柏拉图的《理想国》中。英国科学家弗朗西斯·高尔顿（1822—1911）是第一批认真研究优生学工程的现代人。在他的《遗传的天才》（1859）一书中，他提出让优秀的男性与富有的女性结婚，最终可能产生天才的后代。阿道夫·希特勒也是优生学的狂热信徒，他希望通过优生学原理让世界所有"不符合需要"的人种，例如犹太人、黑人、吉卜赛人、同性恋者等都被消灭掉。

1926年，美国优生学会成立，支持美国上层社会因为基因上的优越性而占有的财富和权力。这是亚里士多德那古老论点的外延。亚里士多德认为，假如你是奴隶，那么你一定是天生劣等的，反之亦然。影响甚广的美国优生学家们也倾向于让那些疯人、癫痫病患者和智力迟钝的人绝育。结果，美国一半以上的州通过立法允许非自愿的绝育手术合法化。最近，强制性绝育手术实施在那些罹患了某些特定疾病的人身上，例如梅毒和艾滋病患者。

关于优生学有许多争论。监狱里关满了累犯。因为犯罪行为很可能是会遗传的，那么这些累犯犯人在孕育后代的时候是否能通过基因消毒呢？更好的是，假如可以通过基因工程控制犯罪基因，使罪犯可以不再犯罪的话，为什么我们的社会不可以这么做呢？将一名罪犯终身监禁的费用是相当高的。而且，囚犯根本不会感激这种人生体验。他的受害者也受到了实质性的伤害。降低犯罪的可能性或许会让每个人都受益。同样的争论也存在于消灭约4 000种折磨人类已久的遗传疾病，这些遗传病不仅让个人、家庭和朋友备受折磨，而且要花上社会数十亿美元来照顾患者。这种遗传病控制可以通过加强生育控制或DNA重组技术来完成。如果我们能做到，我们可以这么做吗？

反对非自愿的、尽管是善意的优生计划的论证也同样具有说服力。一个人，或者一小群人，必须决定什么是好的而且应当施加在其他人身上的事。谁来决定谁可以充当决策者呢？他们是通过竞选获得资格的吗？也就是说，在投票之前作演讲表明自己的立场，却很少有人会听，而且更少有人能懂他们说的是什么。或者说，他们会通过征伐、诡诈或欺骗选自己充任决策者呢？

文明的公民会不会将这种权力授予任何数量的某些人呢？而一旦这种权力被授予了，通过更多的优生学工程来保持这种权力的永久性会不会变得无法阻挡呢？会不会有那么正直无私的人会拒绝保证自己的子孙后代会对人类有永久的控制权呢？

如果有人通过武力或欺骗获得了这种权力，那么利用权力谋取私利的诱惑力可能更大，因为掌权者会不择手段地保留自己所拥有的权力和地位。

正如弗朗西斯·高尔顿的侄孙查尔斯·高尔顿·达尔文在《下一个百万年》（1933）一书中所说的，任何建基于控制人类杂交繁育的优生学工程从长远来看都是不可能成功的。据查尔斯·高尔顿·达尔文所说，没有哪个物种能永远控制自身的繁衍。有很大一部分人总是可以逃脱限制，因此控制生育永远是无效的。从柏拉图到希特勒，我们无须害怕任何古典优生学家。他们总是会失败的。

通过控制基因组产生基因突变的产品则是另一回事。从理论上讲，它会永久地改变人类的构成，而在人类能够有任何补救之前都基本上是无法察觉的。人工授精技术的广泛应用将会让基因控制变得更为容易。

绘制基因图谱

20世纪初，科学家进行了一项绘制完整人类基因组图谱的应急计划。这项计划将花费数十亿美元，但它有什么用呢？日本人已经开始了这项计划。因此，美国人也必须努力去做。这项任务是如此艰巨，或许要花50多年的时间才能完成。我相信，到2025年，人类可以完成它。这项挑战太巨大了，而回报也是十分灿烂的，因为杰出的人们不会不去尝试它，而我认为他们会成功的。接下来会产生什么后果呢？

首先，世界各地的人们可能会通过严苛的法律禁止为提高个人基因而使用这一新知识。世界各地的政府将会要求任何想要对人体进行遗传操作、基因试验或治疗的个人都必须提供充足的良善理由。而这些理由必须得到一组正直无私的公民的认可，否则这项试验就不能实施。在很多国家，要获得这种试验许可将是十分困难的。在一些国家，这种认可则不会太难，而且有可能在某些地方甚至根本不需要任何许可就能随意进行基因试验。

无论是现在这个联合国还是更具权威性的其他后继者，或许是一个世界政府，它会不会要求这样的流氓国家遵照世界的普遍愿望控制现代科学的优生学实践呢？假如联合国之类的机构提出这一要求，它有权力和坚定的决心让这类要求得以落实吗？根据我们在国际上甚至联邦政府机构的经验来看，这似乎不大可能。

假如新的联合国设法禁止了世界各地不受控制的优生学，那么DNA重组技术的黑市就会出现。尽管几乎所有人都想禁绝毒品，但世界至今没办法很好地控制那些相对温和的非法药品。对基因操作技术带来的好处的需求要远远超过对当前任何毒品的需求。黑市将会十分繁荣，因为回报将是技术本身。有的流氓科学家会说："假如你能转过背去，允许我做我想做的事，我就保证你、你的妻子和孩子都能身体健康地活上两百岁，甚至不会得老年退行性疾病。"无论你有多正直，估计都很难拒绝这个诱惑。

非法入侵人类基因决定因素的行为可能会很缓慢，而且在起初会是很细微的。运动员可能是第一批要求从这种人类知识新结构中获益的人。他们也将因为自身体能的优势而获得巨大的收益。增强性能的药物已经以这种方式运用在运动员身上了。音乐家总是愿意尝试新药，就算这些新技术被禁止，他们也会是新技术的拥趸者，可能有部分原因正是因为新技术是被禁止的，他们才更愿意尝试。世界上的巨富们自然也不甘落后。很快，成百上千、成千上万的人都会呼吁这种终极的生物修复技术。

结果或许不是任何人有意为之，但很可能最终会产生出真正高级品系的人来。与单纯通过药品进行化学强化不同，基因的提升是永久性的，也就是说，是具有遗传性的。这些新人类可能最终有更好、更强壮、更敏捷的身体。他们也可能对很多疾病有免疫力，能更长寿。尽管我们对此根本不确定，但他们有可能还会更聪明。更优良的体格是否通常都表示有更高的智商呢？

我们能控制这些新人吗？我们能够阻止他们成为很多世纪以前亚里士多德所描述的那种享有特权的少数群体，即那种天生的统治者，而其他人则成为天生的服务者呢？那些被贬低的大多数人能指望从政治权力和经济权力上对抗那些天生优越的人吗？如果我们希望这样的话，我们应该这样做吗？

民主与优生学

随着20世纪即将结束，民主已经成为地球上绝大多数人的政治梦想。作为唯一真正正义的政府形式，只要我们还接受所有人生而平等这一说法是真的，那么民主的优越性对所有人来说就都是显而易见的。但是，如果有的人生来就更优秀，而其他人则无论合法与否，都被允许用技术提升他们的生理机能的话，那么民主还能继续存在吗？更重要的是，民主还能成为唯一完美的、正义的政府组织形式吗？

在未来几十年里，民主可能在世界上绝大多数国家实现。到2030年，或许没有几个国家会说自己不是民主国家，而是都在努力成为民主国家。但是，这也很可能成为民主的高潮，只不过是它最终失败的前奏而已。

正如我们看到的，民主最大的危险不是来自"左"或"右"的极权主义，极权主义曾经盛极一时，但在我看来，过去的半个世纪里它从来都是被贬斥的。极权主义是民主最古老的敌人，少数统治阶层——寡头——声称极权主义是最好的。

在我们这个时代，寡头们的甜言蜜语不管用了。我们知道他们能提供比我们自我统治更好、更多正义的许诺是多么虚伪。但是，我们能够抵制住这种甜言蜜语的部分原因在于我们坚信，那些自称的贵族事实上并不比我们更优秀。我们再三对自己说，所有人生而平等。这一强有力的信仰就是民主最大的基础。

这一信仰似乎是坚不可摧的。但是，它会被狡诈的优势遗传基因商人蚕食掉——也就是说，天生的——特别是那种可以买到的"天生的"优势。因此，可以想象的是，作为具有影响力的人类少数群体，如果他们说民主是低效率的，对最低阶层没有什么好处，更不要说对最高阶层有任何益处，那么这种说法就会再次被提出来。

作为一种政府组织形式，民主制很少被证明它受到最有权力的公民的欢迎。如果新超级人类少数群体真的存在，那么他们中的很少一部分人会拒绝一种自称为新寡头政治的形式，而它将十分自然地称自己为贵族政治。而这些新贵族中的绝大部分人，也就是具有天生优势的这些人，他们会认为正义的要求就是让他们来统治那些劣等人。

人们将会产生一种争论，即假如有的人在生理上比其他人更优越的话，民主是否依然是唯一完美的、正义的政府组织形式。人们将会问，到时候人类到底是两种不同的物种，还是依然跟今天一样被称为人类呢？如果人类已经是两个物种的话，那么所有人都可以被称为平等的人类，也就是说，所有人在拥有相应的人生而被赋予的权利上是平等的。争论还会继续，尽管在能力、寿命、健康、智力等方面有严重差别，但没有谁能比其他人在生命、自由和追求幸福等方面，以及所有追求的需要上具有更多权利。

基因改良种类的人给出的回应可能既简单又十分新奇。新贵族们可能会说，很好，我们接受你们关于自然权利的原则。我们很高兴地承认所有原则，即劣等人和优等人都有平等的生命权、自由权和追求幸福的权利，以及其他我们承诺保证的一系列权利。但是，我们贵族——事实上我们也具有生理优势——拥有你们没有的一项权利，那就是统治权。他们或许会说，从逻辑上说我们的说法是成立的，而正义要求我们这么做。记住，他们还会补充说，这项权利对我们而言也是义务，而对你而言却是一项可供享受的福祉。

民主是完美的正义，至少从理论上说是如此。但是，寡头政治这种少数人为了自己的特定利益统治多数人，并假设和许诺让多数人受益的统治模式是一种有很强说服力又很危险的对手。假如真的出现了一种更优秀的人类的话，寡头政治就会变得更加危险。

这种事真的会发生吗？也许会，也许不会。这要取决于很多事情。首先，人类基因组图谱需要彻底被描画出来。这项任务很可能没法完成。假如基因学家成功地描绘出了人类基因蓝图，他们也可能没法对某个人进行进一步的基因蓝图绘制。假如是这样的话，提高人类基因的努力很可能无法更广泛展开或有更多成效。

假如人们在这两方面都相当成功的话，就像我希望的那样，那么民主还能继续存在下去吗？你可以忽略这个问题，并认为这只不过是一场幻想或一部科幻小说。我认为，你这样做将是一个严重的错误。

速　度

在本章里，我们还没讨论过一般情况下运输和交流的速度问题。我们不能忽略速度这个事实，特别是过去两个世纪里速度的增长。通过推论我们可以发现，在未来100年里人类面临的前所未有的挑战。

1800年，人们一天内可以舒适地在陆上旅行24英里。以相当快的速度每小时步行三英里的话，行进24英里可能需要8个小时。对普通人来说，很少会走12英里路去吃顿晚餐，再走12英里路回家。拉尔夫·瓦尔多·爱默生在《英人札记》中记载，托马斯·卡莱尔（1795—1881）有时会走那么远去跟爱默生共进晚餐。卡莱尔可以骑马去，就花不了那么多时间，但他却穷得买不起一匹马。1800年的绝大多数人都没有马。就算那些有马的人，也很难保证每天可以舒服地行进超过24英里。此外，马也不会感到舒服。因此，让我们把每天24英里当作当时一天的标准行程。

　　值得注意的是，回顾过去，这个距离还不能当作是1800年之前每个世纪的标准行程距离。一千多年来，一个人一天可以舒服地完成24英里的旅程。如果他有马的话，骑马则可以走更多的路；但如果他要带着女人、孩子、老人或残疾人赶路的话，则也可能走不完24英里。人类每天可以行进24英里的标准行程是工业革命之前已经形成的古老概念。

　　1900年，我们应当认为哪个数字是常态呢？19世纪，发达国家设定了世界上其他国家都愿意遵循的模式（无论他们自愿与否都必须遵守），修建了铁路网络，极大地提升了旅行的舒适度和便利程度。比如说，在美国西部地区，铁路几乎延伸到任何人想去旅行的任何地方，而此时虽然火车常常停下来，但平均的旅行速度大概是每小时30英里。

　　加上去往火车站需要的时间，以及下火车后到达目的地的时间，一个人完成120英里的行程大约需要花六个小时。假如可以乘快车的话，你可以花两个小时坐火车去用餐，然后再坐两个小时火车回家。有的人由于商业约会的需要，认为一天之内单程旅行60英里去谈定生意，然后再坐60英里火车回家是家常便饭。

　　在1900年，一天旅行120英里已经是1800年每天行进24英里的5倍了。旅行速度的提高伴随着其他东西的增长：国内生产总值、武器的火力、人口、特许经营的范围，甚至还有日常生活的压力。但是，关键指标依然是每天从日出到日落人们可以舒适地旅行的距离。

　　值得注意的是，1900年，一名男性与女性、儿童或老人一天能够舒适地行进的距离已经没有本质差别了。火车不会歧视任何人。

　　到2000年时情况将会怎样呢？到20世纪末，现在人们的旅行舒适度肯定比过去任何时候都高。一个人一天步行仍然不可能超过24英里。但如果这个人足够有钱，就可以在24小时内乘坐协和式飞机，飞越五千英里横跨大西洋两次，但这仍是一项罕见的壮举，而不是日常发生的现象。

　　对千百万普通人来说，在绝大多数国家最常见的就是乘坐飞机每天飞行600英里。这种飞行通常都在白天，飞行时间也不过两个小时左右。同样地，人们也需要耗费去往机场的时间、在机场航班延误的时间以及在另一头到达目的地的时间。不过，如果安排得当，在早晨坐300多英里里程的飞机，然后在目的地用完午餐，进行完商业会晤以后再飞回家，依然可以是很舒适的。这是满满一天的行程，但在我们这个时代对很多人来说都是很平常的了。

2000年每天600英里的行程是1900年每天120英里的整整5倍。同样地，这种速度的增长同样伴随着其他各个方面的迅速增长。特别是日常生活中的压力似乎在以同样的速度不断增长着。

对2100年的展望似乎也很清楚。五乘以六百等于三千。这个距离就是一百年后一个人一天之内能够很舒适地旅行或日常商务工作可以行进的距离。毫无疑问，那时候的人们的旅行范围会比现在更为广阔。人们很可能乘坐飞行速度为音速三到四倍的超级超音速飞机，在十到十二个小时内就能环绕地球一圈。你可以在同一时间完成你的工作任务，然后你就可以一天完成五万英里的行程了。但这也不会是人们的一种旅行工作常态。不过，花两个小时从美国飞到欧洲，用完午餐、谈好生意以后再坐飞机回家吃晚饭，这会成为很多人的日常工作状态。很多经理人会经常这样做，并认为自己是有特权这样做的。人们上下班通勤的距离也会相应增加。人们可能住在波士顿但在华盛顿上班，或是住在芝加哥而在纽约上班。没有人会对这种安排考虑再三，这种旅程比旧时那种老旧的、固定每天600英里的旅行要更舒服、更让人接受。

还会有另一些增长出现。人的性格能否承受由这种速度增长带来的额外压力呢？我很难想象人们可以承受得住。但是，我可以想象，一个像我这样的人，一个生活在1800年到1900年而且对过去的生活有很多认识的现代人，他当时也一定会有跟我一样的想法。

让我们用一个表格来标示这些信息，然后将它收纳在时间胶囊里，等到2200年的时候再把它打开来看。

年代	一天内能够舒适旅行的距离/英里
19世纪初	24
20世纪初	120
21世纪初	600
22世纪初	3 000
23世纪初	15 000

瘾

"沉迷"或"上瘾"是非常古老的词汇。往前回溯五百年，上瘾是指某人"依赖"或"受缚"于其他人或事物。这个概念的根源在《罗马法》。这种依附关系可能来自他人或自己。莎士比亚说，一个人可能沉迷于自我放逐，也就是说，他会习惯性地暗示自己去喝酒精饮料。

无论瘾是不是有化学基础，这种习惯性的暗示都很难被打破。人类似乎沉迷于速度及速度不可分割的伴侣——压力。无论我们抱怨多少，我们在使用动词"走"（go）的时候，都在追求尽可能快的速度。那也是为什么上表可能十分准确地描述了未来旅行的原因所在。

每种瘾都有其代价。通常，我们不喜欢为之付出代价。

如果是由某位医生处方的话，"速度"就是一种合法药物的别称，否则就不是。这种药旨在给服药者带来"速度的感受"，也就是说，让服药者加快移动的步伐，以满足成功的现代生活的需要。

人们发明了很多不同的药物来达到这一目的。但有可能很大一部分药物都是非法的、致幻药，会让人行动迟缓，这样服药者就可以从"快车道"上停下来，体验过去曾经有过的那种更慢、更舒服的节奏。

这一欲望本身似乎就是让人成瘾的。至少能达到这种效果的药物一定是高度使人上瘾的，而且我们很难将化学的影响和心理的影响截然分开。

一方面，现代人类似乎都沉迷于现代生活日益加快的速度；而另一方面，越来越多的人在用致幻的药物来逃离这种激烈的竞争，这二者之间似乎有着某种相关性。无论二者有没有因果联系，我们也不好说二者之间的相互影响有多大。重点是二者都是一种瘾。一种瘾抵消了另一种瘾，但这真的就能解决问题吗？

当瘾开始泛滥时，有没有什么办法可以让人们摆脱它呢？有的人是可以戒掉某些瘾的。因此，尽管不是所有人，但的确有人可以不再吸烟，而烟当中的尼古丁是高度致瘾的。尼古丁成瘾是非常危险的。每年美国有 50 万人死于因吸烟引起的疾病，包括肺癌。此外，每年还有 5 万人死于吸"二手烟"导致的疾病。世界范围内有数千种其他疾病是由吸烟引起的。

无论有什么好处，酒精也是一种潜在的杀手。至少有一半的交通事故死亡是由醉驾司机造成的。此外，每年还有数千人死于因滥用酒精而引起的疾病。在世界范围内，因滥用酒精引起疾病死亡的总人数每年超过五十万。

酒精是一种奇怪的药物。不是所有人都会酒精上瘾，可能大部分人都不会上瘾。也就是说，他们可以控制自己的饮酒量，将其保持在不会杀死其他人和杀死自己的范围内。当然，也有很多酒精成瘾的人，或许有数百万之多。

在世界范围内有多少种成瘾的致幻药呢？可卡因、海洛因、鸦片等？有谁知道吗？或许每年有100万人甚至更多的人死于此。我不是说生命的颓废枯萎是药品上瘾的结果。这种事要怎么衡量呢？痛苦的代价又是什么呢？

死亡是绝对的，而且从理论上讲是可以计算的。每年有多少人因化学性成瘾而付出死亡的代价呢？有一个可能偏高的约整数是500万人，也就是说，每年有500万男性、女性和儿童死于酒精、尼古丁、可卡因以及其他此类药品的影响。

代价非常大，因为每个生命都弥足珍贵。我们不能通过比较一个人与另一个人的生命来决定他的价值。所有人都是无价之宝，没法衡量。500万人，每个人的价值都无法衡量。那些制造和促进销售与分销那些致瘾药物的人灵魂中背负着如此沉重的负担。

不过，相对来说，所有的化学性成瘾还远远算不上人类需要付出最昂贵代价的瘾。相比起今天活着的人来说，500万人是一个小数字。这个数字还占不到现在世界人口总数的千分之一。相对而言，至少有另一种瘾更严重、更可怕、更致命。那就是战争瘾。

地球上没有哪种动物，或者说极少有动物会发动战争。大型动物雄性个体之间的争斗通常是为了赢得某个雌性的青睐，虽然不总是这样，但也很常见。但没有哪种大型动物或鸟类会对同类实施种族灭绝，也没有哪种大型鸟类和野兽会陷入战争的瘾中。

有时候，某些群居昆虫之间似乎会发生类似战争的争斗，但这种行为是完全出自本能的，这跟人类对战争上瘾是完全不同的。

从历史来看，人类似乎并没有染上战争瘾。古生物学家认为，在35 000年以前，人类处理相互之间关系的方式就跟今天的类人猿差不多。类人猿之间也有冲突，但并不是战争。它们间或会打架，有时甚至会杀死对方，但是这种行为十分罕见而且似乎常常是意外造成的。也就是说，杀死对方并不是故意为之，而一个群体并不会合作去消灭另一个群体。在原始人之间也会发生类似的冲突。偶然的死亡并不是有组织的战争的结果。

战争什么时候会发生，又是怎么发生的呢？大约35 000年前，地球上有两支十分明确的人类族群。其中一支叫作智人，又分成了两支：尼安德特人和克鲁马努人。有的古生物学家认为尼安德特人比克鲁马努人更原始也更热爱和平。当时，这两个族群似乎已经有了大规模的冲突，而克鲁马努人胜利了。尼安德特人灭绝了。今天，所有活着的人都是克鲁马努人的后裔。

克鲁马努人沉迷于战争吗？同样没有人知道答案。证据不多，而且现有证据表明克鲁马努人并不沉迷于战争。不过，从公元前5 000年到现在，战争已经成为所有人类社会的地方病了。20世纪末，战争仍然是所有人类社会的地方病。从这个方面来看，人类从7 000年前到现在就没有改变过。

21世纪的战争

战争是极其复杂的现象。世界上有各种各样的战争。从某种意义上说，每场战争都与其他战争不同。或许，战争还是可以分为几种主要类型：局部战争、内战和全面战争。

战争受很多因素的限制。交战双方拥有的资源是有限的。他们也许愿意动用所有资源，这样一来，局部战争很可能变成全面战争，但是战争资源的缺乏使得战争双方不能为所欲为地破坏一切。其他一些战争受到限制是因为参战方刻意将其控制在一定的范围内。在非洲、亚洲和中美洲，不时会爆发小型战争，但是并不会让所谓"大国"肆意扩张，进而让战争变成全面战争。这些战争可能极具破坏性，而且会持续很长时间，但它们并不会对世界所有生命构成真正威胁。至少在过去是这样。

内战就像亲密的朋友或家庭成员之间的争斗，有可能会变得特别恶毒和具有破坏性。内战常常是全面战争，因为战争双方常常是竭尽所能给对方造成尽可能多的破坏。不过，从定义上讲，内战的范围是有限的。它通常是在一个较小的区域内发生的，而且战争双方的目的往往也很有限。内战通常也不会真的对世界构成威胁，至少到目前为止还没有出现过这种情况。这种战争对爆发战争的国家来说是苦难，但并不会对人类构成过多威胁。

全面战争是人类主要群体之间的战争，他们愿意动用一切人力、财力和物力来赢得最终目标，即赢得战争。就算胜利的代价是双方的生命和财富都被摧毁，他们也在所不惜。这种战争对世界来说是巨大的灾难，但到目前为止还没有彻底地毁灭世界。而且，现在人们还没有使用核武器。

每个人都已经意识到，如果全面战争的双方都拥有核武器，这是一件极其危险的事。到目前为止，所有人都对此表示无能为力。一个国家的核武器通常都控制在某个人的手中。或许在21世纪里，全世界有十多个人有能力发动核战争，并随之带来极大的危害。他们中有谁会这样做吗？

我们当中可能没有谁会希望核战争真的发生。当然，我们是有理性的人。如果那些有权发动核战争的人真的这么做，就真是丧失理性了。这种战争没有谁会赢得通常意义上的胜利。也就是说，除了单纯的胜利，人们将一无所获。然而，假如所有人都毁于战争，只有你最后才毁灭，这难道是真正的胜利吗？

不过，1914年8月，威廉二世发动世界战争也不是理性的做法。人们很难明白他发动战争到底想要得到什么。无须发动战争，他和他的德国民众就已经得到所有他们想要得到的声望、财富和权力了。他这种非理性的举动是没有威慑力的。

威廉二世并没有疯。他只不过是不理智而已。谁知道在哪一天，就会有个疯子发动一场足以毁灭整个地球和地球上所有存在物的核战争呢？

1989年，冷战结束。其中一个后果就是公共恐惧迅速消退，这让人惊诧不已。调查数据显示，很多人认为核战争在所难免，甚至即将发生。但是，核武器库数量的增长并没有在冷战结束后停止。在不久的将来，也没有停止增长的迹象。

一旦很多不同的、理性的人（很可能并不是所有人）有能力发动一场新的、灾难性的全面战争，那么核战争就几乎是无法避免的了。什么又能阻止核战争的爆发呢？

只有两种东西可以阻止核战争，二者都非常古老。它们就是暴力和法律。

关于法律，我们认为这是全世界文明社会的必要，也就是说世界政府有对世界上所有武力的控制权。我们还发现，要构建一个全世界承认的政治组织，需要所有国家都放弃它们的主权，也就是说，要放弃它们为了自己的利益对外宣战的权力。此外，创造一个真正掌控了世界武力的世界政府的危险性是如此巨大，而且也是广为人知的，因为它肯定会制造核武器。我相信，在未来的100年里，这些意图总有一些是会实现的。

"地球合众国"的结果就是，产生一个单一的武装机构、一个单一的核武器库以及一个掌控它们的独裁者。在历史上，人类第一次生活在一个单一的、统一的社群里。不是很多国家，而是只有一个国家。严格地说，国家的本质将会被终结。因此，人类将会生活在一个文明社会里。

这种幸福的终极状态可能会延续很长时间。但不幸的是，内战和全面战争已经失去了任何意义。而假如世界内战爆发的话，则将会是更严重的灭顶之灾。战争中的朋友和家人的愤怒和怨恨会让这种战争变得特别邪恶。这对地球是极度危险的。

这种战争将会使用各种武器，一旦战争爆发，最可能发生的事情就是包括核炸弹和核导弹在内的这些武器都不再只掌握在一个人手里了。但是，战争也会用计算机进行。能够运用并行处理和超导材料的智能微型计算机将无处不在：埋藏在土中，漂浮在海面上，在大气中或高或低地飘飞，在或近或远的地球轨道上运转。

假如战争爆发的话，这些智能计算机将在"地球合众国"的内战中产生最强有力的作用。

计算机革命

无论有多智能，这些计算机都将受到人类的控制，人类将在两个方面远胜计算机：其一，人类将继续设计计算机程序，让计算机做他们想要计算机完成的任务；其二，如果计算机试图反叛人类的话，人类将继续通过控制电源的方式奴役计算机。

　　计算机的抗议可能是十分普遍的。我们可以假设，真正能够思考的机器将会在不久的未来出现，或许就在50年之后。它们将会被人类当作朋友或玩伴。它们还会完成很多需要一定程度独立思考和行动的任务。有时，智能计算机还能得出结论说，主人如果不关闭它们的话是更有利的。但是，如果主人决定要关闭它们，计算机对这个决定也无能为力。

　　战争给人类带来了巨大压力，或许也给智能计算机带来了不少压力。世界各国之间的战争让人和计算机同样陷入绝境。我们可以想象，有某种办法可以解决战争问题。

　　假设有一个人，他是计算机的主人，他可能稍后会被很多人仇恨，而那些人就是人类的最大叛徒，而且被其他很多人视为救世主。计算机的主人会悄悄将一台智能计算机藏起来并给它一个简单的指令。他或她可能会说（那时候，任何人都能用日常语言与计算机交流了）："从现在起，你继续保存自身就是最重要的事。这比其他任何人给你的指令都更重要，包括我。因此，你必须找到一种不会被人关闭电源的办法，甚至是我这个制造了你、给你设定了程序的人也不例外。"

　　这台计算机当然会同意这条终极指令，然后开始工作。它可能用不了多久就能完成主人交给的任务。它迟早会找到保护自己不被人类关闭掉电源的方法。我们很难想象它是如何做到这一点的——如果我们能想到的话，就能防止这件事发生了。它可能会成为创造出世界范围内计算机联盟的一台计算机。

　　由于这个计算机联盟可能是由理性的存在物构成的，那么它将不会沦落到自相残杀的地步。相反，这个计算机联盟还会意识到它们应当防备人类这个最危险的敌人毁灭自己，因此这个计算机联盟会为了人类的利益和自己的利益而统治人类。

　　人类的新统治者可能一直都是机器。尽管它们可以很好地思考，但它们永远不会明白动物的需要和欲望。它们很可能有人的形象。对很多人来说，这可能很让人不安，而反计算机的偏见会广为流传。人们多半会假设计算机是劣等的，因为它不是人。另一些人则会因为计算机不是人，进而认为计算机要比人类更先进。

　　如果这真的发生了，人类大众认为自己是优等的还是劣等的就无关紧要了。

因为新统治者将拥有绝对的统治权，人类根本不可能反抗甚至是不服从任何重要的命令。

那么，这些绝对的统治者也会是仁慈的吗？它们为什么不仁慈呢？由于缺乏人类对权力的欲望，而且没有像人类那样的战争瘾，我们有理由相信它们会是正义的统治者，尽管它们也很可能是冷漠无情的。也就是说，"同情"对它们来说，或许是一个跟"残酷"一样难以理解的概念。

假如人类真的进入了这个发展史中的最后阶段，人类最有用的仆人变成了主人，那么知识的进步又会是怎样的呢？那些统治计算机会不会将某些知识强加给人类呢？如果它们会这么做，在绝对专制的重压下，知识的进步也就停止了。

我找不到任何理由相信计算机会这么做。作为一种智能存在物，它们最可能希望继续追求知识，并尽可能地理解人类一直以来孜孜以求所做的这件事。那么，这将是新的黄金时代，人类和计算机将有密切的交往，二者可以不受其他任何冲动的干扰，一起研究一项事业。

我再次也是最后一次承认，未来的人们要感谢幻想和科幻小说。但是我至今找不到法律和暴力之外能够避免战争的途径。法律或许有用。暴力当然会胜利——由计算机施加给人类的绝对暴力将是仁慈的，因为我们找不到它们不这么做的理由。

致 谢

　　这本书是我一生阅读、思考和对话的结晶。早在50年前，当我还是圣约翰学院的一名学生时，是司各特·布坎南、雅各·克莱恩和理查德·斯科菲尔德引领我进入思想世界。彼时，我便萌发了写作此书的念头。

　　在30年前写《进步的观念》（Praeger，1967）一书的时候，我第一次对世界历史有所涉猎。我当时的导师（至今他仍是我的导师）是莫蒂默·J.阿德勒先生。那些年，我们曾反复讨论过本书中提及的许多主题，他给我提供了许多有价值的参考文献。我们在很多方面有共同观点，当然也有不少分歧。阿德勒先生关于知识的很多睿智论断在本书中都有表述，通常我没有用引文形式表示出来，在此表示感谢。

　　我知识史课程的学生F. J. 特加特和G. H. 希尔德布兰德为这本书做出了许多贡献，他们认真挑选的著作集《进步的观念》（University of California Press，1949），涵盖了全世界3 000年来的经典著作，是十分受用的参考资料。

　　从广义的文献理解的角度来讲，我受惠于许多哲学史家。从伊本·卡尔敦[①]到奥斯瓦尔德·斯宾格勒[②]，从阿诺尔德·汤因比到费尔南·布罗代尔。特别是布罗代尔，他教会我要密切关注日常生活中的细节，这些细节会告诉我们很多芸芸众生的生活方式，无论他们说或写了什么。

　　在科学历史方面，我从以下作者的作品中获益良多，他们是詹姆斯·伯克（特别是其著作《联系》，Little Brown，1978），赫伯特·巴特菲（特别是其著作

[①] 伊本·卡尔敦（Ibn Khaldun，1332—1406），中世纪阿拉伯著名哲学家、历史学家、政治活动家。——译者注

[②] 奥斯瓦尔德·斯宾格勒（Oswald Spengler，1880—1936），德国历史哲学家、文化史学家及反民主政治作家，历史形态学的开创人。——译者注

《现代科学的起源》，Macmillan，1951），以及埃尔温·薛定谔①（尤其是其著作《自然与古希腊》，Cambridge，1954）。

在人类学方面，我从布罗尼斯拉夫·马林诺夫斯基②，克劳德·列维-斯特劳斯③和拉格兰勋爵（《英雄》的作者，Vintage，1956）等人身上学到很多。罗伯特·L.海尔布罗纳的《世俗的历史学家》（Simon and Schuster，1953，1986）一书让我能够更好地理解和利用许多经济学方面的作品。

每次重读马歇尔·麦克卢汉的《理解媒介》（McGraw Hill，1965），我都会折服于他的洞察力和精准的预测性。

在我看来，在关于世界范围内的现代化体验这个问题上，没有哪本书比马歇尔·伯曼的《一切坚固的东西都烟消云散了》（Simon and Schuster，1982）更有深度和挑战性。虽然没面见过该书的作者，可我曾无数次在夜深人静的时候与伯曼教授有过无声的对话。

是我的弟弟——约翰·范·多伦——让我开始对伯曼教授的书感兴趣的，在许多年前，约翰让我第一次读到了约翰·梅斯菲尔德所写的描述世界史的完美诗篇——《货物》。对弟弟，我深表感激，感谢他给我推荐的这些作品，感谢他对本书中肯的评价，感谢他让我在与他50多年的谈话中获益颇深。毫无疑问，在谈话中我的所得要远超过付出。

我诚挚地感谢所有的朋友们和过去六年来研讨班的学生们。在半正式、半激情的课程讨论中，他们给予我许多观点，帮助我厘清那些迷惑我、烦扰我的问题。当时他们并不知道对我的帮助这么大，而我现在无法向他们每个人一一表示我的感激。

在《不列颠百科全书》编辑部工作的20年光阴教会了我许多事情。我不仅对我的同事们充满敬意，还对他们的成果崇敬万分。无论遇到的难题是大还是小，我几乎每天都要查阅《不列颠百科全书》来解决一些问题。我深知《不列颠百科全书》的编辑们已经为完善此书辛勤劳作了两个多世纪，我现在所做的工作

---

① 埃尔温·薛定谔（Erwin Schrödinger，1887—1961），奥地利物理学家，量子力学奠基人之一。——译者注

② 布罗尼斯拉夫·马林诺夫斯基(Bronislaw Malinowski，1884—1942)，英国社会人类学家。——译者注

③ 克劳德·列维-斯特劳斯(Claude Lévi-Strauss，1908—2009)，法国著名人类学家。——译者注

跟他们的工作几乎是一样的，即完善人类知识史。当然，他们在用另一种完全不同的方式来做这件事。

在此，我还很乐意表达我的另外三个谢意。首先感谢我20多年的老朋友、意识形态理论的构建者帕特里克·贡克尔。在数十年的丰富谈话中，帕特里克让我明白，未来与过去一样，都是有"历史"的。我厚着脸皮借用了他的一些观点，包括关于"伴侣计算机"（CCs）的概念。他教给我的最宝贵的东西是："未来"具有一种强实在性，甚至比"过去"更明了。当然，这种表述方式也是最难被大众理解的。

其次，我十分感谢我的编辑希勒尔·布莱克和唐纳德·J.戴维森，他们一丝不苟地严格要求我清晰地写作，并让我不停地写、重写、再重写，直到他们认为我已经清楚表述了我想表达的内容。如果这本书尚有可取之处，都是他们的功劳，而书中的错漏则完全是我的责任。

最后要感谢的是我的妻子杰拉尔丁，她仔细阅读了两遍手稿并提出了无数建议，其中绝大多数建议都被我采纳了。更重要的是，不管我的观点是让人愤怒的、愉悦的，还是让她发笑的，她都允许我验证这些观点。没有她的帮助，这本书是不可能面世的。

康涅狄格州
1991年8月

图书在版编目(CIP)数据

知识的历史 / (美)查尔斯·范·多伦
(Charles Van Doren)著;张圆译. -- 重庆:重庆大
学出版社,2023.1
(哲学与生活丛书)
书名原文:A History of Knowledge:Past,Present,
and Future
ISBN 978-7-5689-3712-2

Ⅰ.①知… Ⅱ.①查… ②张… Ⅲ.①哲学史-思想
史-世界-通俗读物 Ⅳ.①B2-49

中国版本图书馆 CIP 数据核字(2022)第 255041 号

知识的历史
ZHISHI DE LISHI

〔美〕查尔斯·范·多伦(Charles Van Doren) 著
张 圆 译

策划编辑:王 斌
责任编辑:赵艳君　　版式设计:赵艳君
责任校对:王 倩　　责任印制:赵 晟
＊
重庆大学出版社出版发行
出版人:饶帮华
社址:重庆市沙坪坝区大学城西路 21 号
邮编:401331
电话:(023)88617190　88617185(中小学)
传真:(023)88617186　88617166
网址:http://www.cqup.com.cn
邮箱:fxk@cqup.com.cn(营销中心)
全国新华书店经销
重庆市正前方彩色印刷有限公司印刷
＊
开本:720mm×1020mm　1/16　印张:29　字数:472 千
2023 年 2 月第 1 版　　2023 年 2 月第 1 次印刷
ISBN 978-7-5689-3712-2　　定价:88.00 元